Juan Carlos Calderón

Director de la colección "Música" de Editorial Milenio:
Javier de Castro

MAR NORLANDER

Juan Carlos Calderón

¿Quién eres tú?

LLEIDA, 2024

El editor y el autor se disculpan por cualquier error u omisión.
Si se detectan, serán rectificados en cuanto tengamos oportunidad.

Sant Salvador, 8 — 25005 Lleida (España)
editorial@edmilenio.com
www.edmilenio.com

Primera edición: junio de 2024

Impresión:
Arts Gràfiques Bobalà, S L
Sant Salvador, 8
25005 Lleida
www.bobala.cat

ISBN: 978-84-19884-67-1
DL: L 424-2024

Printed in Spain

Índice

Juan Carlos Calderón en el recuerdo

•

Las buenas canciones nunca dejan de sorprenderme. Algunas, incluso, de emocionarme. Y las mejores han sido capaces de quedarse en mi memoria y en mi corazón para siempre. Una larga vida de escuchar y disfrutar música me ha convertido en una especie de esponja capaz de asimilar cientos, quizás miles, de canciones en los archivos de mi memoria. Pero aún más me admira encontrar, de cuando en cuando, a alguna persona que comparte esa adoración por una canción, un artista o un compositor a los que ha descubierto diez, veinte o treinta años después de la muerte del artista. Por tanto, que no conoció la canción cuando triunfaba, sino que se le reveló, como una aparición, muchos años después.

Una de esas personas es Mar Norlander. Sí, la autora de este libro imprescindible no solo para saber quién, qué y cómo era Juan Carlos Calderón, sino cómo fue la época en que le tocó vivir, cuáles las motivaciones que le llevaron a la música y de qué vivencias propias o ajenas extrajo esos centenares de canciones que todavía nos hacen vibrar cuando las reescuchamos. No voy a hacerles en este prólogo una nota biográfica de Mar, que espero aparezca en algún otro lugar de este libro. Pero sí les quiero contar cómo la conocí, porque tiene que ver mucho con lo que van a leer en las siguientes páginas.

En la primavera de 2023, es decir, ayer mismo, me llegó una proposición de la Universidad Internacional Menéndez Pelayo, de Santander, que me ofrecía dirigir un curso en el verano de ese año, sobre un cántabro ilustre y célebre, que no siempre van juntos estos calificativos: Juan Carlos Calderón. Nuestras carreras, él como autor, yo como crítico musical, nos habían hecho coincidir en muchas ocasiones para hablar de jazz, de folk, música de cine, de éxitos y decepciones.

Quien había propuesto mi candidatura para dirigir el curso había sido Jacobo Calderón, hijo del cántabro ilustre, y seguidor de su carrera como músico y productor. Me reuní con él y con su hermana Teresa, albacea musical de Juan Carlos

Calderón, y fue ella quien me habló de una joven musicóloga asturiana que estaba haciendo una tesis doctoral sobre el músico. Era Mar Norlander. Inmediatamente me puse en contacto con ella y le pedí que me enviara una copia de su trabajo, aún no presentado al examen final —en el que por cierto, unas semanas más tarde, recibió un merecido sobresaliente *cum laude*— y aproveché para invitarla a formar parte de alguna de las mesas redondas que conformaban el curso.

Ya he anticipado que me sorprendió su interés por Juan Carlos Calderón y su obra, más cuando me contó que le había descubierto en un concierto de El Consorcio, en el que las hermanas Uranga, Amaya y Estíbaliz, que por cierto participaron también en el curso santanderino, presentaban muchas canciones refiriéndose al autor, que no era otro que el maestro Calderón.

Aquellos datos le bastaron para ponerse en marcha y plantearse una tesis doctoral sobre el músico, su vida y su obra. Rebuscó y encontró datos y fechas que la propia familia casi había olvidado, investigó en el trabajo de Calderón en California, contratado por Herb Alpert para dirigir artísticamente el departamento latino de su discográfica, la famosa AM Records, y, sobre todo, hizo un magnífico trabajo sobre su obra musical con un riguroso análisis de su forma de componer y de escribir, porque no olvidemos que Juan Carlos era autor también de las letras de sus canciones.

Aquella tesis, debidamente limada para rebajar los tecnicismos y destacar la humanidad del artista y su obra, es el libro que tienes entre tus manos. Un concienzudo, y a la vez ameno, recorrido por su vida, su Santander, su familia, su jazz, sus composiciones, su técnica y, en suma, su enorme talento. Estoy seguro de que van a disfrutar del libro porque, como toda buena biografía, coincide en mucho con las experiencias del lector. Es difícil olvidar aquella noche de 1973 en que Mocedades presentaron "Eres tú" en el festival de Eurovisión. O su reconstrucción técnica de las mejores canciones de dos artistas coetáneos a él, pero ya entonces fallecidos: Nino Bravo y Cecilia.

En estas más de trescientas páginas viviremos el Santander que le vio nacer, el Madrid que le recibió como músico de jazz, los primeros encargos para hacer arreglos y producciones de artistas ajenos, desde sus inicios con el Dúo Dinámico a ese momento cumbre del "Mediterráneo" de Joan Manuel Serrat, los años dorados de "Secretaria", "Tómame o déjame", "Tú volverás", "Cartas amarillas" o "La fiesta terminó". Sus años modelando a un Luis Miguel todavía casi niño prodigio, sus trabajos en California con los grandes nombres latinos. Y su sencillez personal, su amor por el trabajo bien hecho y esas más de ochocientas canciones creadas en letra y música y muchas veces producidas por él mismo. Gracias, Mar Norlander. Y muchas gracias, Juan Carlos Calderón.

José Ramón Pardo

Prólogo

En la primavera de 1973, yo tenía ocho años y disfrutaba de unas vacaciones junto a mis primos adolescentes, así que vimos juntos en televisión el Festival de Eurovisión. España estaba representada por Mocedades con aquella canción tan hermosa, "Eres tú", que todos esperábamos que ganase. Recuerdo que me emocioné con la música, la interpretación de Mocedades y, luego, con el nerviosismo de las votaciones. Como niña que era, no presté atención al hombre que dirigía la orquesta, que era además el compositor de la canción: Juan Carlos Calderón. Tampoco fui consciente de la importancia geopolítica que suponía la primera participación de Israel en el festival.

Permítanme comenzar el prólogo con este recuerdo infantil. Han pasado cincuenta años y "Eres tú" sigue muy viva en mi memoria, pues es de esas canciones que activa la nostalgia de la niñez y el recuerdo de aquellos años setenta aún en blanco y negro: unos recuerdos amables, porque "Eres tú" hace olvidar la oscuridad de la España franquista ya moribunda, tiempos de juicios sumarísimos y atentados. El poder de una canción es inmenso. Pero detrás de una canción que, como en este caso, es hoy de todos y constituye una hebra más de nuestro patrimonio musical, hay un músico y un talento como pocos: Juan Carlos Calderón.

Con los años, y en mi profesión, me fui haciendo consciente de la importancia de este compositor y de la magnitud de su obra, de su labor como arreglista, de la cantidad de intérpretes cuya carrera contribuyó a construir, de la calidad de su música de jazz (de la que había oído hablar, aunque no la había constatado con detenimiento) y, más recientemente, de la relevancia de su música de cine (que intuía más que conocía). Cuando Mar Norlander me planteó su interés por el compositor cántabro, me pareció un gran tema para una tesis doctoral, y la oportunidad de hacer justicia académica a uno de los grandes compositores españoles de música popular. Sabía que iba a ser una labor larga, tortuosa, casi policial, porque la información estaba muy dispersa y era probable que las fuentes necesarias para una investigación no fueran fácilmente localizables. Un trabajo que requeriría mucha paciencia y dedicación, porque la obra de Juan Carlos Calderón era inmensa. Así se lo transmití, pero Mar no se desanimó: estaba dispuesta a asumir el reto.

Qué duda cabe de que la labor de la familia del compositor, en particular la de su hija Teresa Calderón —quien fuera su asistente y a quien tuve el placer de conocer el día de la defensa de la tesis doctoral que ha originado este libro—, ha sido imprescindible, y desde aquí vaya por delante mi agradecimiento. Ha sido emocionante ver cómo la página web de Juan Carlos Calderón se iba alimentando del trabajo de Mar Norlander, cómo los nuevos descubrimientos eran mutuos, ambas dando y recibiendo: artículos y discos desconocidos por la familia que la autora de este libro iba encontrando, o la información y documentación valiosísima que solo la familia tenía (en particular sus cuadernos) y que no dudó en ponerla a disposición de la doctoranda. También ha sido fundamental la colaboración de músicos, periodistas y amistades de Juan Carlos Calderón, unas fuentes orales imprescindibles, quienes fueron jalonando, con su atención y sus conversaciones, el camino recorrido por la autora de este libro.

Con todo, el mérito de la obra que tienen entre manos es de Mar Norlander, quien, además de ser musicóloga, ha enseñado música durante años, ha tocado en varios grupos de jazz y rock progresivo, tiene experiencia como crítica musical, es una apasionada del jazz y, por encima de todo, es una persona inquieta y curiosa, trabajadora y paciente, que quiere saber los porqués. Además de empatizar con la familia y con los amigos del compositor, la autora de este libro ha revisado decenas y decenas de críticas publicadas en diarios y revistas especializadas, reportajes, videos, grabaciones, documentales, etc. Asimismo, ha logrado sumergirse en la música de Juan Carlos Calderón como nadie; tras escuchar tantas y tantas veces discos y discos, canción tras canción, se ha enfrentado a los manuscritos autógrafos del autor, a sus partituras, y se ha empapado de su sonido.

En una de tantas conversaciones que mantuvimos a lo largo de los años, Mar me confesó que creía haber captado la personalidad musical del compositor, que sabía cuándo una música era suya, que había identificado sus armonías preferidas, las estructuras que le gustaban, su sello personal en el manejo de la instrumentación, lo que podríamos llamar su "grano" (aunque no fuera de la voz sino de "su" voz transformada en sonidos). Era difícil plasmar ese "grano" en palabras y con rigor académico, y eso le preocupaba. Era preciso introducirse en su música y "destripar" sus canciones, sus temas de jazz, sus bandas sonoras, su música instrumental, sus armonías, sus arreglos, y hacerlo con criterio: algo que nadie había hecho antes o, si lo había hecho, no lo había compartido.

Para dar respuesta al porqué de la relevancia artística de Juan Carlos Calderón, era preciso analizar, página a página, disco a disco, crítica a crítica, el legado del compositor. Mar estaba dispuesta a ello y así lo hizo, lo que cristalizó en una tesis doctoral, defendida en febrero de 2023 en la Universidad de Oviedo. Y este libro es el resultado de aquel trabajo, valioso para cualquier interesado en la figura de Juan Carlos Calderón — que es como decir interesado en la evolución de la música española popular de éxito nacional e internacional— que quiera saber cómo se forjó el compositor, cuáles fueron sus referencias musicales y creativas (incluidos los ingenieros y productores con quienes trabajó, los letristas, los arreglistas e instrumentistas), sus tropiezos, sus aciertos, cómo fue pergeñando su estilo y cómo están construidas sus canciones.

La autora de este libro ofrece un completo panorama del compositor de jazz, pero también del músico capaz de hacer una gran obra con melodías y armonías sencillas, del creador que tenía olfato para pulsar los gustos del público (como ha quedado acreditado en sus éxitos ligados a los festivales de la canción), del arreglista que sabía captar las necesidades y calibrar las virtudes y las limitaciones de los cantantes con quienes trabajó, o del perspicaz productor, como demuestra otra catedral de la música popular española que es *Mediterráneo*, de Joan Manuel Serrat, por citar otro disco inmenso. Ya hemos mencionado al inicio de este prólogo a Mocedades —que eran "como de casa" según confiesa Teresa Calderón— y podemos recordar a Luis Miguel, cuyas trayectorias quizá no habrían sido las mismas sin tener al lado a Juan Carlos Calderón. La lista de cantantes y grupos con los que trabajó es demasiado extensa como para citarlos a todos en este prólogo.

Pero la autora no olvida los detalles personales del compositor, sus vivencias, tan intensas en lo familiar y en lo profesional. Desde su niñez en el seno de una familia de la burguesía santanderina, con poderosas inclinaciones artísticas y culturales, no en vano el padre de Juan Carlos Calderón fue cofundador de la Sociedad Filarmónica de Santander (entre otras instituciones culturales en las que se involucró) y su madre era una notable pintora. Con este bagaje y una infancia que transcurre entre las paredes de Villa Asunción, comienza el periplo vital del músico, que la autora narra con rigor, desde el Drink Club de Santander al Whisky Jazz de Madrid, y lo que vino después, cuando decidió introducirse en el *mainstream* de la industria discográfica, con éxito sobresaliente, como confirman sus numerosos premios nacionales e internacionales, entre los que cabría destacar un Grammy Latino honorífico.

A Mar Norlander le fascinaba la versatilidad del compositor de jazz (con el premiado disco *Bloque 6* a la cabeza, completamente distinto a *Juan Carlos Calderón presenta a Juan Carlos Calderón*), su experiencia como músico práctico (un músico de directo) y, en particular, su labor de divulgación del repertorio de jazz en Radio Nacional. Asimismo, le interesaba mucho ahondar en el tránsito del compositor de jazz a la canción popular, sus labores de producción musical y el salto al continente americano. Pude comprobar su entusiasmo con el disco *Soleá* —pese a haber sido un fracaso de ventas— y la admiración que sentía por sus discos instrumentales, audaces y atentos al devenir de la música popular internacional en los años setenta. Su trabajo en Estados Unidos desde los años ochenta —nada menos que en Los Ángeles— avala la trayectoria de un maduro compositor que buscaba otras fuentes para experimentar y otros campos por explorar, algo que le acompañó hasta sus últimos días.

Por si fuera poco, la autora decidió no dejar de lado una faceta interesante, y menos conocida: la del compositor de cine. Porque Juan Carlos Calderón fue, junto a Gregorio García Segura y Augusto Algueró Dasca —los casos de Antón García Abril y Carmelo Bernaola revisten un carácter diferente—, un compositor de referencia del cine español del franquismo y la transición, un cine de géneros, variado y con mucho potencial. Juan Carlos Calderón escribió un total de dieciocho bandas sonoras entre 1966 y 1981, colaborando con importantes realizadores como León Klimovsky, Jaime de Armiñán o Pedro Masó entre otros. Unas bandas sonoras que, siguiendo las tendencias del momento, se nutrían de músicas preexistentes combinadas con música original (*score* dramáticos y canciones, en ocasiones imbricados), donde no faltaban las referencias jazzísticas.

Finalizo estas líneas felicitando a Mar Norlander por su ímprobo trabajo, su tesón y su buen humor, así como por haber contribuido a sumar una tesis doctoral más sobre música popular española en la Universidad de Oviedo, donde, gracias a alumnas como ella, se ha logrado dar la dignidad académica que merece a esta línea de investigación y a quienes, como Juan Carlos Calderón, han contribuido a construir la memoria sentimental de varias generaciones de españoles y españolas.

Celsa Alonso González
Universidad de Oviedo

Introducción

> Juan Carlos Calderón es un genio, yo diría que el mayor genio de la música popular que ha habido en España en los últimos tiempos. Espero que hagas un buen libro, porque se lo merece.
>
> Emilio Santamaría

Con estas palabras de admiración sincera finalizaba una de mis últimas entrevistas a uno de los mejores amigos de Juan Carlos Calderón —si no el mejor—, y conocedor de los entresijos de la industria musical como pocos hay en España. Emilio Santamaría ha sido productor y mánager de grandes artistas, entre ellos Mocedades, con quien empezó su andadura al lado de su padre —también llamado Emilio Santamaría—, y vivió en primera persona la relación de Calderón con el grupo que le lanzó a la fama tras componer "Eres tú". Entre otros artistas, fue mánager de su hermana Massiel —también relacionada con Calderón—, y alcanzó su merecida jubilación al lado de El Consorcio, grupo con el que nació mi idea de investigar sobre la figura de Juan Carlos Calderón.

¿Quién no ha oído alguna vez el nombre de Juan Carlos Calderón? Todo aquel que haya vivido en España y haya nacido antes del siglo XXI, en algún momento de su vida, ha escuchado ese nombre y muchas canciones suyas, probablemente sin saber quién era el autor. Yo soy una de esas personas. Había oído citar su nombre reiteradas veces, sin embargo, desconocía su trayectoria artística más allá de saber que tenía algo que ver con Mocedades o Luis Miguel, que había compuesto varias canciones para el Festival de Eurovisión, algunos éxitos famosos y alguna banda sonora relacionada con el jazz.

Llevaba poco tiempo colaborando como crítica musical para el periódico *La Nueva España* cuando, en abril del 2015, asistí a un concierto del grupo El Consorcio, en el Teatro Jovellanos de Gijón. Comenzó sonando "El vendedor" y Amaya Uranga iba presentando el repertorio aludiendo al compositor que había creado las canciones. Todas eran conocidas para mí sin saber quién las firmaba. En una escucha atenta a las canciones de J. C. Calderón, se percibe una forma de componer con unas características particulares y diferentes a composiciones de otros autores interpretados durante el concierto, como Pablo Milanés, Armando Manzanero o José Luis Perales, entre otros.

Tras el concierto, la curiosidad me invade y, en un intento de averiguar más detalles, procedo a una primera búsqueda por internet. Google devuelve más de ocho millones de entradas con su nombre, sin embargo, la mayoría repiten datos y parafrasean la información que aparece en Wikipedia. También encuentro una web oficial con la información básica del artista (página que se ha ido alimentando a lo largo del proceso de esta investigación), varios artículos de prensa (con datos erróneos) y muchas canciones conocidas en plataformas digitales de diferentes intérpretes. Una de mis mayores sorpresas es localizar *Bloque 6,* un disco de jazz grabado en 1968. ¿Cómo es posible que esas sonoridades salgan de la misma cabeza que canciones como "Eres tú", "La incondicional", "Nacida para amar" o "La fiesta terminó"?

Mi interés por el compositor incrementa y continúo con mi búsqueda sin llegar a localizar ninguna biografía o tan siquiera algún artículo que haga referencia a su trayectoria, ni desde el ámbito académico ni desde la divulgación. Hablamos de una de las figuras más relevantes del panorama musical popular del último cuarto del siglo xx en España, capaz de hacer el monumental arreglo de *Mediterráneo,* sin olvidar "Lucía" o "Manuel", si reparamos en la discografía de Serrat. Y también está detrás del primer disco de Aute, del primero de Ana Belén o de la mayoría de las canciones de Cecilia. Iconos de la música popular española, sin discusión. Pero Juan Carlos Calderón es un creador insaciable y su vena creativa es la que está detrás de las armonías vocales que engrandecen canciones inolvidables de Mocedades, de Sergio y Estíbaliz o de Trigo Limpio. Con todo esto ya me parece más que suficiente para que se le haya dedicado la atención que se merece.

Aun así, hay mucho más. Porque J. C. Calderón tiene discos instrumentales con nombre propio que son una verdadera joya, sin olvidar mencionar su destacada faceta de compositor para bandas sonoras de cine, algunas de ellas de gran calibre. Aunque, sin duda, sobresale por ser el culpable de la prolífica carrera de Luis Miguel, el artífice del lanzamiento internacional de Ricky Martin y el creador de bellísimas canciones interpretadas por Nino Bravo, Camilo Sesto, Miguel Bosé, Paloma San Basilio, Pablo Abraira, Chavela Vargas, Alejandra Ávalos, Myriam Hernández, Alejandra Guzmán, Emmanuel, David Bustamante y un largo etcétera de artistas cuyas carreras musicales han sido la banda sonora de muchas generaciones en España y en América.

Con todo lo que ha hecho, ¿por qué nadie se ha preocupado por rescatar del olvido a una figura de esta magnitud? Este es un claro ejemplo de que, en España, los compositores que no cantan sus propias canciones son desconocidos para la mayor parte del público. Hacen su trabajo en la sombra y permanecen en un segundo plano, mientras que su obra es conocida a través de sus intérpretes.

Siento envidia de las culturas anglosajonas y me vienen a la cabeza nombres como Quincy Jones, Rod Temperton, Desmond Child, Carol King o el gran Burt

Bacharach, con quien a menudo se ha comparado a Juan Carlos Calderón. De estos compositores hay infinidad de biografías, documentales, películas, artículos académicos, tesis doctorales y publicaciones de diferentes tipos. Si nos vamos a compositores de habla hispana, pasa todo lo contrario. También, por citar solo algunos de los que no cantan, ¿qué se sabe sobre Rafael Pérez Botija, Augusto Algueró, Armando Manzanero, Manuel Alejandro, Waldo de los Ríos, Herrero y Armenteros o la Phil Spector española, la gran Maryní Callejo? Prácticamente nada más que anécdotas dispersas.

Si Juan Carlos Calderón hubiera nacido en un país anglosajón, habría al menos media docena de libros sobre su vida y obra: compositor, productor, arreglista, director, pianista... y un gran letrista. El poeta y escritor Luis García Gil y el periodista y compositor Carlos Toro Montoro coinciden en señalar a Juan Carlos Calderón, junto con Augusto Algueró y Manuel Alejandro, como el "trío de gigantes" de la música española. Además, también coinciden en considerar a Augusto Algueró como el mejor compositor y a Manuel Alejandro como el mejor letrista, mientras que, para ellos, Juan Carlos Calderón es el más osado y el más completo.

¿Qué compuso? ¿Cómo escribía? ¿Para qué artistas trabajó? ¿Cuántos discos tiene publicados? Dispuesta a dar respuestas a todas estas preguntas para paliar este agravio hacia la figura de Juan Carlos Calderón y animada por la catedrática Celsa Alonso, comencé mi investigación con el fin de elaborar una tesis doctoral. Mi objetivo principal fue realizar una aproximación lo más cercana posible al catálogo completo del compositor y documentar, desde el ámbito académico, el legado y la importancia que tuvo en la cultura popular española, tratando de construir una biografía artística y analizar las principales características de su extensa obra. Partiendo de este objetivo principal, surgieron otros objetivos igual de importantes:

Contribuir al estudio de la música popular urbana en España desde el ámbito musicológico, ya que, si bien ha habido un aumento considerable de estudios en los últimos años, aún falta mucho por hacer.

Conocer sus aportaciones al jazz, así como sus influencias y su estilo compositivo en este género.

Averiguar cuándo, cómo y por qué inicia su transición del jazz al pop.

Analizar su estilo compositivo en la canción pop e intentar averiguar qué tienen de particular sus canciones y cómo ha logrado alcanzar tantos éxitos.

Pormenorizar las bandas sonoras que ha compuesto para comprobar si tiene un estilo propio y singular que aplica a todas las películas, con independencia de su género cinematográfico, y si existen rasgos personales que lo diferencien de otros compositores de música de cine.

Más de seis años de intensa investigación a través de hemerotecas, contactos con la familia, entrevistas personales, consulta de bibliografía divulgativa y, sobre todo, recopilación y análisis de toda su discografía, dan como fruto una tesis doctoral que fue depositada en la Universidad de Oviedo, con el título *Juan Carlos Calderón (1936-2012), el compositor: una transición del jazz al pop*.

No ha sido fácil, pues indagar en la música popular española cercana al *mainstream* desde el ámbito académico no acaba de cuajar en ciertos sectores más conservadores. Quizás nos falta autoestima colectiva, al contrario que en la cultura anglosajona, que valora su patrimonio y está en constante búsqueda y catalogación de su acervo cultural, tratando con la misma rigurosidad la música popular y la música académica o canónica.

Reconstruir la vida artística de Juan Carlos Calderón y analizar sus composiciones ha sido un trabajo intenso y apasionante a la vez, porque a través de sus obras se puede comprender no solo su evolución personal, sino el recorrido histórico y cultural de la música popular española durante varias décadas.

Esta tesis dedicada a Juan Carlos Calderón ha logrado llamar la atención del mundo académico y ahora es momento de que el público en general pueda admirar y valorar la obra de un compositor cuya pasión y talento musical no tiene parangón. Con esta intención nace este libro.

Queridos lectores. No sé si será un buen libro, pero, sin duda, está hecho desde la veracidad, el rigor, el respeto y la ética. Deseo que disfruten.

El origen

> Confieso que no sé por qué, para qué, ni cómo hago música, debe ser un acto reflejo.
>
> Juan Carlos Calderón

Antecedentes familiares

Juan Carlos Calderón López de Arróyabe (7 de julio de 1936 - 26 de noviembre de 2012) nace en la ciudad de Santander (Cantabria), diez días antes del golpe de estado que provocó el inicio de la Guerra Civil Española. Juan Carlos es el más pequeño de cuatro hermanos, provenientes de una familia de gran sensibilidad artística que ha dejado una importante huella en la historia cultural de su tierra. La familia Calderón crece en Villa Asunción, la casa familiar ubicada en la calle del Sol, una de las calles más emblemáticas del Santander moderno del siglo XIX. Villa Asunción es la casa que construyó el abuelo José Calderón, de origen cántabro, a finales del siglo XIX, y que bautizó con el nombre de la abuela, Asunción Gómez de Rueda (natural de Puebla de los Ángeles, México), con intención de alojar a toda su descendencia.

"Aquí, en Santander, en el jardín de Villa Asunción, mis abuelos plantaron dos árboles, un cedro y un aguacate, uno de cada orilla del Atlántico, bajo cuya sombra crecimos toda la prole de nietos. En ese jardín transcurrieron nuestros juegos infantiles y se desarrollaron gran parte de nuestras tendencias artísticas posteriores", relata Fernando Calderón (hermano de Juan Carlos) en su libro *Regreso a Bestiápolis, Fragmentos de la Memoria*, que el propio autor describe como un "libro que muestra la realidad de manera desenfocada", que "trata de contar las vivencias personales, necesariamente subjetivas".

El abuelo se dedicaba a múltiples negocios relacionados con la banca y las importaciones, fundador de la empresa José Calderón García S. A., dedicada a la

Etiquetas publicitarias de algunos de los productos que comercializaba la empresa familiar, cedidas por Teresa Calderón

importación y exportación de productos como chocolates, licores o cafés, como se puede apreciar en las etiquetas de los productos que llevan su firma.

José Calderón era un hombre con gran talento para las finanzas, al contrario que sus herederos. "Es curioso que este espíritu emprendedor del abuelo se desdibujara en la siguiente generación".[1]

Del matrimonio formado por José Calderón y Asunción Gómez de Rueda nació Fernando Calderón Gómez de Rueda (padre de Juan Carlos), un hombre al que no se le daban bien las finanzas y que, sin embargo, tenía una gran vocación artística y cultural. Durante un tiempo, Fernando Calderón se hizo cargo del consulado de Colombia, y el empleo de cónsul "le costaba dinero a final de mes, pero desde él ayudó a estrechar lazos con la nación hermana, y su intermediación auxilió a muchas personas".[2] Vinculado al Centro de Estudios Montañeses, Fernando estaba siempre detrás de la mayoría de los actos culturales, simposios, exposiciones, etc., que tenían lugar en Santander. La vinculación de Fernando con la actividad cultural de Santander queda patente en múltiples registros y publicaciones. Fue cofundador de la Sociedad Filarmónica de Santander (1941), secretario del Patronato de las

1. Calderón, Fernando, *Regreso a Bestiápolis. Fragmentos de la Memoria*, Cantabria: Ediciones Valnera, 2003, p. 22.
2. *Ibidem*, p. 21.

Cuevas de Altamira, vocal de la Sociedad Menéndez Pelayo y del Museo Municipal. También tuvo varios cargos en el Ateneo de Santander, asociación cultural con la que mantuvo un estrecho vínculo a lo largo de varias décadas. Entre otros, aparece en el listado de Miembros de Junta de Gobierno, presidente de la Sección de Pintura, Escultura y Grabado y presidente de la Sección de Artes Plásticas en varios periodos durante los años 1928 y 1940. Además, fue presidente de la Sección de Arte y Arqueología entre 1930 y 1940, así como miembro de la comisión reorganizadora entre 1941 y 1942. En resumen, Fernando Calderón Gómez de Rueda destacó a lo largo de su vida por la "promoción y constantes actividades en favor de cualquier causa humana, artística o histórica".[3]

Por otro lado, del matrimonio formado por Fernando Calderón Gómez de Rueda y María Teresa López de Arróyabe, "excelente pintora" y "personalidad sensible donde las haya",[4] nacen cuatro hijos: María Teresa, Fernando, Ramón y Juan Carlos. Fernando hereda de su madre la afición por la pintura, llegando a ser uno de los pintores de más prestigio en la segunda mitad del siglo XX en España. Este describe a sus tres hermanos de la siguiente manera:

> María Teresa, artista del *bel canto* —que nunca usó sus increíbles facultades de voz— con una capacidad innata para crear maravillosos muñecos; Ramón, personaje polifacético e inabarcable, coleccionista de colecciones, con un don especial para los hallazgos insólitos; y Juan Carlos, rubio y muy pequeño, que, sin llegar al teclado, ya componía sinfonías a los pájaros y a los leones.

Juan Carlos Calderón fue apadrinado por Don Juan de Borbón (conde de Barcelona y padre del rey Juan Carlos I), a petición de su padre. El propio Juan Carlos corrobora este hecho en una entrevista para el diario *El Mundo*: "No soy monárquico, pero mi padre sí lo fue. Por eso cuando nací le pidió a Don Juan, padre del rey, que me apadrinara y, aunque nunca le conocí, accedió a ser mi padrino".

Los cuatro hermanos pasaron su infancia en Villa Asunción, una casa de cuatro plantas con jardín, rodeados de un ambiente favorecedor para el arte y la cultura, alejados de la sórdida guerra civil y la posguerra. "Nuestros padres nos aislaron un poco más en la libertad suprema de Villa Asunción, rodeándonos de libros bellos en textos e ilustraciones, de sesiones de guiñol, de ambiente de cariño y protección envolvente".

En el ático de la casa había una capilla donde todos los hermanos hicieron la Primera Comunión y un armonio donde Juan Carlos Calderón realizó sus primeros pinitos musicales. En los bajos de la casa se hallaba un gran local, donde contaban con un teatro con bambalinas decorado por la abuela Asunción que, "además de buena pintora, tenía, según me dijeron, una voz magnífica. Allí proyectábamos, con

3. *Revista del Centro de Estudios Montañeses*: *Altamira*, vol. 1, Santander, Diputación Provincial de Santander, Institución Cultural de Cantabria, CSIC: 1978, p. 10.

4. Calderón, *Regreso a Bestiápolis*, p. 237.

un aparato muy rudimentario, alguna que otra película muda". Fernando (hermano de Juan Carlos) testimonia el ambiente en que vivían:

> Entre estos dos lugares, en las viviendas de los cuatro pisos, vivía toda la familia. Casi siempre estuvo bien avenida, aunque, en las ocasiones en que pudo haber alguna diferencia, los niños permanecimos ajenos a ella, huyendo al espacio liberador del jardín. Mi padre lo había poblado de duendes, que nos sorprendían en multitud de ocasiones con su mundo de minúsculas huellas y con restos de hogueras diminutas que él preparaba pacientemente por la noche, cuando nadie le veía; como antes lo había llenado de magia la abuela Asunción, diseminando por el suelo trocitos multicolores de envoltorios de bombones, que las hormigas arrastraban formando coloridas caravanas, o capturando gorriones con liga para ponerles cartulinas recortadas que remedaban una cresta.

Las paredes de la casa estaban decoradas con "obras de Solana, Quirós, Riancho o Cossío, y se celebraban reuniones de artistas y literatos tanto cántabros como foráneos, que acudían a la ciudad a veranear o a presenciar las primeras ediciones del Festival Internacional de Santander".[5]

Juan Carlos pronto demostró talento y afición por la música, y fue su abuela la que marcó su inclinación por el piano:

> Si no hubiera tenido en casa, de niño, un piano y una abuela que lo tocaba más o menos, que también era soprano, más o menos, en actos benéficos y cosas así, probablemente no se me habría ocurrido tocar. Oía a mi abuela tocar a Chopin, la escuchaba cantar aunque ya con la voz rota. Era enorme el amor por la música que había en mi casa.[6]

A los seis años, mientras asiste a la escuela de La Salle (Santander), comienza su formación como pianista con la profesora Laura Llorente, una amiga de su abuela: "lo que más aprendí de ella era su cariño, su bondad y la paciencia que tenía conmigo", rememora el compositor. A los ocho años se matricula en el Conservatorio Jesús de Monasterio (Santander) y durante sus años de formación llama la atención del gran pianista valenciano José Iturbi, así como de Ataúlfo Argenta y el padre Federico Sopeña, quienes le alentaron a continuar tras oír sus primeras composiciones.

Con once años compone una pieza que titula *Composición Patética*, una obra tonal de estilo clasicista en la que se percibe un dominio del lenguaje académico acorde con la edad, muestra un equilibrio por las formas y un interés por el desarrollo armónico.

En sus primeros años de formación también compone un villancico sobre una letra del carmelita fray Casto del Niño Jesús, con dedicatoria a modo de tarjeta

5. Catálogo para la exposición "Calderón Inaudito", comisariado por Luis Monzón para el Espacio Fraile & Blanco del 28 de enero al 31 de mayo de 2011 en Santander.

6. Entrevista de Pedro Ruy Blas a Juan Carlos Calderón.

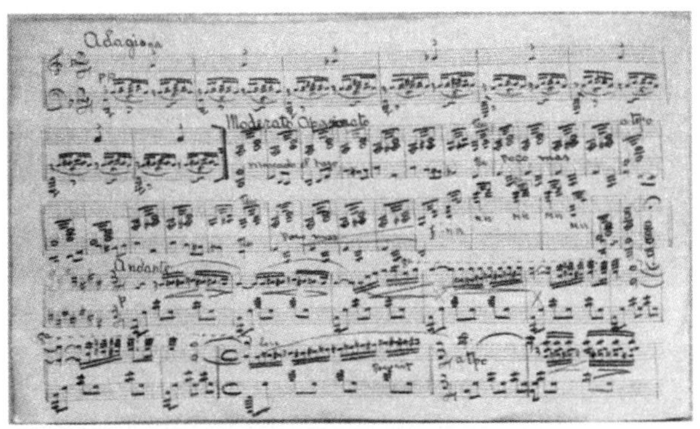

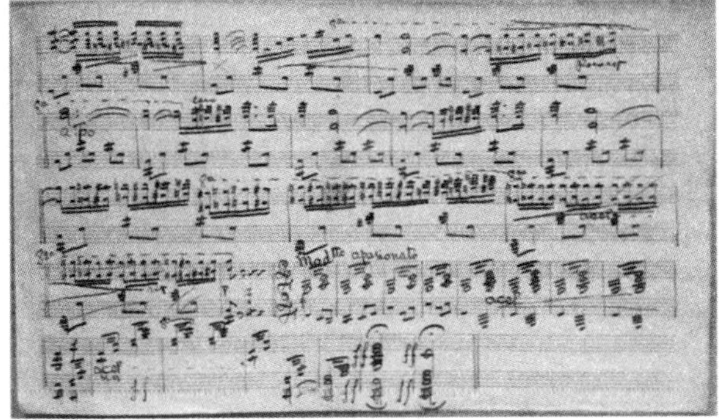

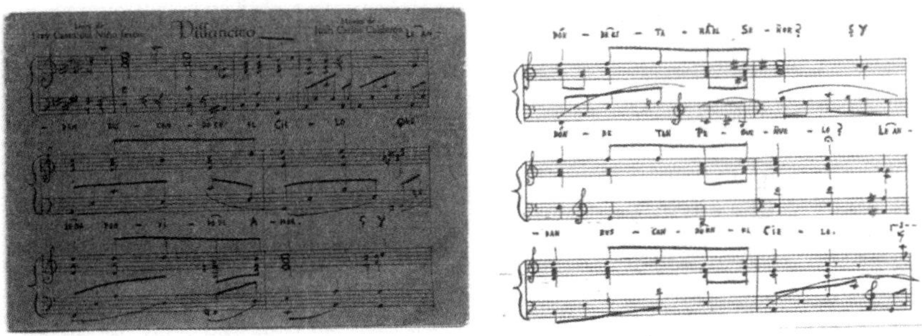

Imágenes de la partitura original, cedida por Teresa Calderón.

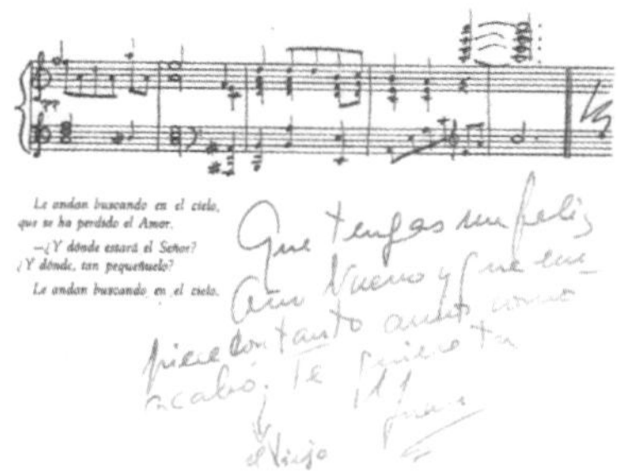

navideña y con una ilustración de su hermano Ramón Calderón, tal como se aprecia en las imágenes.

"Desde muy pequeño me gustaba la música clásica. Recuerdo que durante la guerra escribí algún concierto que todavía no he oído, ¡claro! A los catorce años, mi hermano Ramón me regaló el primer disco de jazz y, con él, la manía", relata Juan Carlos en una entrevista para *El Diario Montañés* (20/02/1970). En esa misma entrevista, Calderón cita a dos buenos profesores de música clásica que fueron referentes para él: "Margañón y Alegría".

Con dieciocho años escribió un concierto para flauta y orquesta de cámara que nunca llegó a estrenar ni a grabar. También compuso fantasías, valses y otros géneros que servirían de base para sus posteriores composiciones de música de cine. "Por supuesto, estudié obras clásicas, escalas, arpegios, posición fija, ejercicios, etc., pero llegó el jazz a mi vida y me inoculó su veneno. Me hice adicto a él, pero nunca olvidé lo sinfónico, pues es la base de toda la música: jazz, pop...", rememora Calderón durante una conferencia en México (2005).

El jazz entra en la vida de Juan Carlos Calderón gracias a su hermano Ramón, gran aficionado al género y fundador del famoso Drink Club, que será de vital importancia para el desarrollo de su carrera artística como intérprete y como compositor. El primer disco de jazz que escuchó fue uno de Charlie Parker, de su etapa *bebop,* y no le causó buena impresión:

> Fue un poco duro de asimilar porque, de aquella, yo tocaba románticos como Chopin y música de Bach. Entonces, esa música tan vitalista, con un instrumento tan desconocido para mí como era la batería, y sobre todo la etapa *bebop,* que es tan dura, incluso para los músicos. Nos costó meternos en ella porque era una renovación de Charlie Parker. En realidad, fue muy duro de oír, pero noté que algo me tocaba de esta música. Pero no la entendí al principio, fue un poquitín duro.[7]

7. Entrevista realizada en el programa de televisión Música para la Nostalgia. Vídeo facilitado por Teresa Calderón.

Aunque el *bebop* de Charlie Parker le resultó difícil al principio, a través de la discografía de su hermano Ramón fue absorbiendo diferentes sonoridades jazzísticas y, poco a poco, fue descubriendo en el jazz un medio de expresión que le llevaría a formar su primer grupo de este género. "Mi hermano mayor, Ramón, de algunos viajes a Londres trajo discos de Louis Armstrong, George Shearing, y, de Italia, recuerdo uno de la Roman Dixieland Orchestra, y no sé por qué, me quedé con George Shearing, por su dulzura, su relación con el sinfonismo. Tal vez por mi obsesión armónica", recuerda Calderón en una entrevista con Pedro Ruy Blas.

Antes de las famosas veladas del Drink Club, tuvieron lugar sesiones de jazz en Villa Asunción, según relata Fernando:

> Las primeras *jazz sessions* de España tuvieron lugar en el jardín de Villa Asunción; Juan Carlos al piano; Ramón al trombón de varas; José, nuestro primo, a la batería; yo al contrabajo; y uno o dos muchachos que reclutaba Ramón, atendiendo el resto de instrumentos. No lo hacíamos mal del todo, puesto que la gente se asomaba con respeto para ver nuestros balbucientes conciertos.[8]

Estas *jazz sessions* dan lugar a la creación de la Santander New Orleans Jazz Band, una banda formada por Juan Carlos y Ramón, junto con otros estudiantes de la Universidad Menéndez Pelayo:

> En 1953, unos amigos que ensayaban en un local de la calle de la Enseñanza y en un viejo gallinero del jardín de Villa Asunción (calle del Sol) decidieron formar el grupo Santander New Orleans Jazz Band. Contando con la colaboración de algunos estudiantes extranjeros de la Universidad Internacional, empezaron a tocar en fiestas universitarias. El grupo estaba compuesto por Juan Carlos Calderón (piano), Rafael Zorrilla (guitarra), Bill Barnes (trompeta), E. Müller (batería), Carlos Lavid (clarinete), Ramón Calderón (trombón de varas) y Basilio Gomarín (varios instrumentos).[9]

El Drink Club

> El Drink Club fue mi catapulta, tanto para la vida como para la música. Allí empecé con el jazz, con gente tan grande como Tete Montoliu o Pedro Iturralde, toqué el piano para bailes de Carmen Amaya y aprendí de las tertulias que se celebraban. Además, ese local fue el alma musical de la UIMP.
>
> JUAN CARLOS CALDERÓN

8. CALDERÓN, *Regreso a Bestiápolis*, p. 179.

9. Catálogo de la exposición fotográfica "Jazz en Santander. El Drink Club y los Hermanos Calderón", realizada en el Centro de Educación de Personas Adultas (CEPA); montaje dirigido por Pedro Calderón Luengo.

Ramón Calderón (1932-2004), sin duda, ha sido una figura referente para Juan Carlos y una de las personalidades más relevantes de la cultura cántabra en la segunda mitad del siglo XX. A lo largo de su vida destacó principalmente como escultor y pintor, aunque desde muy joven se sintió atraído por la música y la expresión plástica. Ramón es definido como "polifacético, entusiasta, incansable y atento a todas las tendencias creativas".[10] Entre las múltiples huellas artísticas que ha dejado, destaca el haber sido artífice de la Nao Lira, logotipo del Festival Internacional de Santander (FIS), presente por primera vez en el cartel de la edición de 1959, así como el diseño de carteles de algunas de las ediciones posteriores. Previamente, en 1953, había creado el cartel de promoción de la Santander New Orleans Jazz Band.

En el citado catálogo *Calderón Inaudito* se relata cómo fue la inmersión en el jazz de Ramón Calderón:

> Su estancia en Londres, en 1954, fue un punto de inflexión en su vida. Allí conectó con los círculos de jazz que tanto admiraba, los conciertos en vivo, la cultura de los *pubs* ingleses y las nuevas tendencias en grafismo y diseño, mientras trabajaba como ilustrador en revistas como *London Mistery Magazine* y como decorador de varios locales. Todo lo que vio y conoció en la capital británica, lo transmitió más adelante a su propia ciudad.

Otro texto publicado en el blog del Centro de Educación de Personas Adultas de Santander —dirigido por Mario Crespo—,[11] relata las experiencias de Ramón Calderón con el jazz en sus visitas a Italia, París y Londres:

> Tuvo la oportunidad de visitar Roma, París y Londres. Acompañado por su hermano mayor Fernando, que disfrutaba de una beca en Italia, vivió una experiencia que le marcó definitivamente: asistir casi todas las noches al Mario's Bar, donde tocaba la Roman New Orleans Jazz Band, que había sido fundada a finales de los cuarenta por Carlo Lofreddo, habiendo recibido el nombre de Louis Armstrong. En París, Calderón tuvo la oportunidad de escuchar a figuras como el clarinetista norteamericano Sydney Bechet (1897-1959), los clarinetistas franceses Claude Lutter (1923-2006) y Maxim Saury (1928-2012) y el trompetista francés Claude Rabanit (fallecido en 2011); en Londres escuchó a músicos británicos como el trompetista Humphrey Litleton (1921-2008) y el trombonista Chris Barber (1930)... Descubrió, en fin, "una estética y un colorido para mí desconocidos hasta ese momento".

10. Arce Lago, Manuel; Martínez Cerezo, Antonio; Zamanillo Peral, Fernando, *Museo Redondo. Bodega del Riojano*, Santander: Ed. Universidad de Cantabria, 2011, p. 96.

11. Mario Crespo López, escritor, profesor y autor de numerosas investigaciones en el campo de la historia regional —y amigo personal de Ramón Calderón—, ha realizado varias publicaciones y exposiciones relacionadas con la familia Calderón, entre ellas, una exposición gráfica titulada "Ramón Calderón, de Londres a Santander".

Las experiencias vividas en el Mario's Bar durante su estancia en Italia y el descubrimiento del jazz dan lugar a la creación del Drink Club, que abrió sus puertas la Nochevieja del 31 de diciembre de 1959, en la calle Río de la Pila 23 y 25, en un local que había sido una carbonería. El Drink Club representó el primer "tomacopas" de Santander y uno de los primeros que existieron en España. Ramón Calderón declaró que "se metió en el barco de crear el Drink Club por pura inconsciencia", sin saber lo que le esperaba.[12] En aquellos tiempos, Ramón ya era una personalidad destacada que no pasaba desapercibida en un Santander de postguerra en blanco y negro. Hasta su forma de vestir, con pantalones vaqueros, era toda una novedad: "Tampoco me extraña que me mirasen, porque la gente solo estaba acostumbrada a ver a los demás con serios trajes grises. No había color, estábamos a cero, y lo que hoy es tremendamente normal entonces eran rarezas. [...] Simplemente reaccionábamos ante la formalidad que imperaba en la época, sin más presunciones".[13]

El Drink Club fue pionero en Santander y provocó un cambio en las costumbres de ocio nocturno para los jóvenes de la época. Ramón quería ofrecer música en directo y esto no fue fácil, ya que supuso una interminable burocracia. Finalmente, se vio obligado a pedir un permiso de audición de música clásica y folclórica para que se escuchara jazz y rock.[14] Tras la apertura del Drink Club, se crea el grupo Drink Jazz Quartet, formado por Juan Carlos Calderón (piano), Isidoro Cuesta (saxofón), José Luis García (contrabajo) y Fernando Calderón (batería), tocando asiduamente y alternando con otros músicos que estaban de paso. Pocos meses después, llama la atención de la prensa y se publica la primera entrevista realizada a Juan Carlos Calderón, interesándose por el grupo y describiendo la decoración del local y el ambiente que se vivía cada noche. El artículo lleva por título "El Drink Jazz Quartet, un cuarteto musical compuesto por estudiantes" (21/08/1960):

> El club estaba lleno de gente joven. Es uno de esos clubs en los que se pueden pasar unas horas destinadas de antemano a no hacer nada, oyendo música de jazz o en plena juerga flamenca. Si se han pasado los treinta y no se han visitado muchos lugares de este tipo, el ambiente puede resultar absurdo. Esto le ocurrió a un amigo mío, no universitario, pero que tiene siempre la cabeza bien sentada. Empezó por encontrar extraña la decoración y estuvo largo rato contemplando los gramófonos y demás instrumentos musicales que, a veces, hacían el oficio de lámparas. Una gran rueda pintada de rojo estaba colgada sobre el sofá que ocupaba, uno de los dos o tres que hay en el recinto, pues los sillones de madera o taburetes tapizados de cuerda llenaban la estancia. Los extranjeros que acuden a la Universidad Internacional Menéndez Pelayo encuentran en el club el medio de pasar esas tardes grises, bastante frecuentes en Santander. Ramón

12. Catálogo *Jazz en Santander...*
13. *Ibidem.*
14. *Ibidem.*

> Calderón [...] ha llenado las paredes de cuadros suyos y de recuerdos de sus viajes por el extranjero.

Calderón contaba con veinticuatro años, había cursado durante un año la carrera de Medicina en la Universidad de Oviedo y la había abandonado para cursar Derecho, en la que estuvo tres años. Durante la entrevista del mencionado reportaje, confiesa que acaba de hacer una pausa en los estudios para dedicarse al jazz y manifiesta la importancia que tiene la música para él: "Hice un paréntesis. Me tiró esta música [...]. Quiero pasar el tiempo lo más agradablemente posible y de la mano de la música, que significa mucho para mí". El compositor continúa la entrevista hablando de la juventud actual, a la que define como inteligente y bien preparada, pero culturalmente vacía. También manifiesta su interés por el cine y confiesa que ha hecho algo como actor en Santander, pero no le interesa en esa faceta, aunque sí como director. En la imagen del artículo aparece una fotografía suya, sentado al piano junto con William C. Vogel, un trompetista que no forma parte del cuarteto, ya que está de paso por la UIMP, y del que Calderón reconoce unas condiciones extraordinarias para la música.

Otro recorte de prensa conservado por Teresa Calderón (sin fecha y sin saber de qué medio se trata), firmado por J. Delgado, publica un reportaje titulado "Una «jam session» de «modern stile», en Santander", cuyo subtítulo es "Cuatro muchachos intentan aclimatar aquí el verdadero jazz". En este texto se refleja el ambiente que se vivía en el Drink Club, tratando el jazz como fenómeno social en España. También recoge opiniones de Calderón, quien encuentra semejanzas entre el jazz y las fugas de Bach y manifiesta la vocación por interpretar esa música, con esperanzas de que ese género musical consiga ganarse el respeto del público en general:

> En el local pueden verse algunas parejas y jóvenes de ambos sexos formando tertulia. En la chimenea, los troncos ardiendo dan al ambiente el calor que se agradece en esta noche helada. Casi todos los concurrentes están *drinking* bebidas refrescantes no alcohólicas. Es un signo de nuestro tiempo, como lo es en casi todo el mundo la música de jazz, ese fenómeno social que pasó por España como un meteoro en el año 35 sin dejar raíces.
>
> —¿Quiénes son los músicos?
>
> Un futuro perito industrial, José Luis García Gutiérrez, extrae al contrabajo unas notas indispensables para que la melodía tenga un tiempo y su ritmo; en la batería, Fernando Calderón Vázquez, de profesión "su oficina", es otro indispensable; el saxo está en boca de un brillante aficionado al jazz, Isidoro Cuesta y, al piano, Juan Carlos Calderón, estudiante. Acaso un día puedan titularse pomposamente creadores de un clima adecuado para su proliferación en nuestra capital. Durante algunos minutos les escucho con agrado.
>
> Reparo en el aspecto casi adolescente de quienes integran el cuarteto. La *jam session* no ha hecho más que empezar y, después, con una melodía de Cole Porter adaptada por ellos, les escucho otra obra muy en boga fuera de nuestras

fronteras: "Somebody loves me". El jazz parece haber vuelto a Santander, en el supuesto de que haya estado entre nosotros alguna vez.

[...] Después, en un periodo de descanso, hablo con dos de los intérpretes: el pianista y el contrabajo, jovencísimos ambos.

—El jazz ha pasado ya por varias épocas. Desde su invención en Nueva Orleans hasta el *modern stile* al que desearíamos ser fieles, está el periodo del Dixieland...

Durante algunos minutos he escuchado de mis interlocutores una apología de esta música que, teniendo su origen en las tribus negras de África, saltó a América a finales del año pasado y está captando en nuestros días grandes masas de prosélitos en todo el mundo. [...]

—El jazz necesita urgentemente de la comprensión de todos —me ha explicado el joven contrabajo—. Está extendida la leyenda de que un músico de jazz que se estime en algo ha de aporrear con el piano o ha de lanzar con la flauta o la trompeta, agudos y estridentes quejidos... El jazz no es eso.

—Exactamente —interviene el pianista—, lo importante es que los acordes, aún desdoblados, sean perfectamente armónicos y las variaciones, de una limpieza total. El nexo posee ciertas semejanzas con una "fuga" moderna. Por algo, quizás, los mejores pianistas de jazz son actualmente tan devotos de Bach. El jazz no es un "chinchín" porque si así ocurriera no revelaría tan notoriamente la personalidad de sus intérpretes.

Un fenómeno social único... Un lenguaje universal, se ha llamado al jazz. ¿Conseguirán estos jóvenes santanderinos abrir brecha, lograr la pretendida comprensión de sus oyentes? Todos ellos se sienten confiados. Aprendieron la música en los libros y eligieron un estilo en prolongadas audiciones en la discoteca. El jazz que se escucha en la capital procede de los tocadiscos, está en conserva, como si dijéramos. Nunca había habido en nuestra capital una *jam session* de estilo actual como ahora.

—Tocamos de momento para nosotros, para satisfacer una enorme vocación musical que cada uno lleva dentro —me dice entusiasmado Juan Carlos Calderón—. Y a veces nos sentimos, y pedimos perdón por ello, un poco divorciados de nuestros oyentes, por pensar que no se tiene por Gershwin, Rogers, Mulligan o Berlín el mismo respeto y la clamorosa admiración que hoy suscita Renato Carosone. Y es que el jazz no acaba de romper las tinieblas de sus orígenes. Cuesta trabajo creer, entre españoles, que en los Estados Unidos, por ejemplo, existan academias y conservatorios de jazz y que a los conciertos asistan multitudes compuestas por gentes de edades bien diversas que pueden, al mismo tiempo, compartir su admiración por George Shearing y Dave Brubeck, los grandiosos pianistas ciegos del jazz, y por Brailowsky o Rubinstein. Es una cuestión de romper con prejuicios.

—¿Sois optimistas? ¿Llegará el jazz a triunfar en Santander?

—Es cuestión de tiempo. Un verano por medio puede hacer milagros —afirma confiado Juan Carlos Calderón—. [...]

En estos jóvenes intérpretes de Rogers y Mulligan puede verse que la antigua "música de salvajes" no pertenece, efectivamente, a ningún grupo étnico sino, como se ha dicho, al hombre.

El Drink Club pronto alcanzó mucha fama y, noche tras noche, alternaba "lo más granado de la juventud de la época", según recuerda Fernando Calderón. Se convierte en un lugar de referencia en Santander, por el que pasan diferentes artistas y músicos, sobre todo de círculos jazzísticos, que a menudo participan en las *jam sessions* que surgen cada noche. Juan Carlos tiene la oportunidad de alternar y compartir muchas veladas con grandes músicos, tanto de la escena internacional como españoles. El saxofonista Vladimiro Bas, con quien tendrá ocasión de tocar asiduamente y grabar algunos de sus discos más importantes, recuerda su paso por allí y cómo se conocieron:

> Yo lo conocí en un club que decoró el hermano Ramón en Santander, y quizás conocí a Ramón y a él a la vez. [...] Lo que no puedo precisar es en qué fechas, porque yo iba a tocar muchas veces a Santander, pero no a tocar al Drink Club, iba a tocar al Club de Tenis o al Náutico y luego, por la noche, iba por allí y los conocí a ellos. Empezábamos a tocar y nos olvidábamos de la hora. El ambiente era estupendo y había mucha vida allí. Juan Carlos era joven y ya tenía una musicalidad exquisita.[15]

El Drink Club fue el embrión del jazz para Juan Carlos Calderón, según recuerda en una entrevista para *ABC* (5/07/1998), donde cita algunas de las personalidades con las que compartió noches, como Carmen Amaya o Antonio el Bailarín: "[...] venían con frecuencia a verme tocar. Carmen Amaya, aunque ya enferma, tenía algo especial en su cuerpo, era pura tensión. Antonio, por su parte, era un hombre sencillo, y no he visto a nadie que bailara como él unas bulerías en zapatillas".

Una larga lista de músicos de primera línea ha pasado por el Drink Club. Además de los mencionados, Calderón compartió noches con músicos de la talla de Pedro Iturralde (saxofón), Tete Montoliu (piano), Peer Wyboris (batería), Don Byas (saxofón), Erik Peter (contrabajo), Bill Vogel (trompeta) o Elia Fleta (cantante), con la que grabará su primer disco de jazz. No hay duda de que esta experiencia marcó su trayectoria y asentó definitivamente su amor por el jazz. Desde el nacimiento del Drink Club esos primeros años,

> fueron importantísimos, no solo para todos nosotros sino para Santander. Se inventó la cultura de muchas cosas: del beber, del jazz [...]. El Drink Club fue mi escuela de aprendizaje de cómo hay que tocar ante el público, aparte de que yo servía cocacolas o wiskis para ayudar a mi hermano Ramón, que era el due-

15. Entrevista personal con Vlady Bas.

ño y al mismo tiempo tocaba jazz. Pero había gente todas las noches, primero los pesados que estaban allí, pero había mucha gente como Carmen Amaya, que bailó conmigo, Antonio el Bailarín, el Ballet Ruso,... No me gusta hablar del pasado, pero el Drink Club ha sido para mí todo, aprendí a todo, a beber —fatal, pero bueno—, a tocar el piano ante el público, a tener sensaciones. De un sitio tremendamente casual hicimos como una universidad, porque todos los de la UIMP venían allí a oír jazz, las *jam sessions* de por la mañana y hasta después de comer los domingos.[16]

El éxito del Drink Club provoca que Ramón expanda el negocio junto con su socio Óscar Gutiérrez, abriendo un Drink Club en Laredo durante los veranos (1969-1971) y una sala en Santander llamada El Pistón, en 1977.

Sin duda, las diversas manifestaciones artísticas de los hermanos Calderón y las numerosas personalidades de la cultura que desfilaban cada noche por el Drink Club contribuyeron a remover la vida artística de Santander, dando un soplo de modernidad a la ciudad. El citado catálogo *Calderón Inaudito* recoge las palabras de Juan Carlos Calderón: "Teníamos ansia de decir algo con arte: con música, pintura y escultura; y lo hicimos. Hemos aportado mucho a esta ciudad en una época en que el verano consistía en quitarse la chaqueta y quedarse en camisa. Era todo muy escéptico. Los vecinos del Río de la Pila decían que estábamos endemoniados".

Traslado a Madrid

En junio de 1962, Calderón ofreció en Santander una conferencia concierto titulada "La historia del jazz" y, según el diario *Alerta* (21/06/1962), fue evidente el dominio del tema, "siendo prácticamente un erudito en esta cuestión". A estas alturas de su andadura, no cabe ninguna duda de que así fue. En el evento expuso de forma sistemática la evolución del jazz desde sus orígenes, con ejemplos tocados al piano "que arrancaron grandes aplausos, dada la maestría e indudable sinceridad con que fueron dichas". También ilustró el evento con una selección de grabaciones, y concluye la crónica afirmando que "la conferencia, en suma, fue un extraordinario éxito".

Santander y sus alrededores empezaban a quedarse pequeños para la ambición de Juan Carlos y, en 1963, se traslada a Madrid. En el mes de septiembre se casa con su novia María Luz Fernández —también de origen santanderino—, a la que todos llaman Tota, y fija su residencia allí con intención de continuar sus estudios de piano clásico. Previamente, había viajado varias veces a la capital junto a su hermano Fernando, quien le ayudó a sobrevivir económicamente en un primer momento y a integrarse en la vida cultural de la ciudad. Fernando lo recordaba así: "Trabajé, o al menos lo intenté, con mi hermano Juan Carlos, tanto aquí como en

16. Entrevista de Javier Rodríguez a Juan Carlos Calderón. Publicada en *El Diario Montañés* el 1 de noviembre del 2007.

Sevilla. Yo pretendía ayudarle económicamente, a cambio de que él me ayudase en mi actividad, aunque solo me acercase los botes de pintura, pero sus manos sensibles se endurecían, se quedaban rígidas, y eso no era bueno para su carrera de pianista".[17]

El pintor José Gutiérrez Solana era un gran amigo de su padre e iba a veces por Villa Asunción. Esa amistad propició que Fernando, hermano mayor de Juan Carlos, estudiara en la Escuela de Bellas Artes de San Fernando, en la capital, en una época en la que "el hambre rondaba en aquellos años por Madrid". Cuenta Fernando en *Regreso a Bestiápolis* que el hambre también a ellos les alcanzó en alguna ocasión y, por ello, se colaban en los "banquetes de bodas en la zona de la Plaza Argüelles, muy bien vestidos, para comer opíparamente" y "para paliar el frío se compraban bocadillos de calamares y se metían en las sesiones dobles de cine".

Una vez establecido en Madrid, sobrevive tocando en distintos eventos una amplia variedad de repertorios. Toma contacto con locales de música en directo y comienza a desarrollar su carrera musical dentro del jazz. Así lo explica en una entrevista a *El Diario Montañés:* "Lo mío era la música y por eso me vine a Madrid. Tuve por necesidad que dejar Santander. [...] El jazz... para mí el futuro estaba en Madrid y, más concretamente, en el Whisky Jazz".

El Whisky Jazz y el Bourbon Street

El Whisky Jazz Club de Madrid fue uno de los locales pioneros de España en este género musical. Fundado por Jean-Pierre Bourbon, abrió sus puertas en 1959 (pocos meses antes que el Drink Club de Santander), en la calle Marqués de Villamagna 10, y se convirtió en un referente para todos los aficionados al jazz. Vlady Bas relata que el Whisky Jazz fue lo que empezó a dar vida a los músicos de jazz en Madrid, porque antes no había nada tan definido como eso.

El jazz estaba en plena expansión en España después de haber vivido dos décadas en el ostracismo. Los acuerdos firmados por el gobierno español (1953) para asentar las bases militares estadounidenses en España propiciaron la expansión del jazz en las grandes ciudades. Pero estas bases no comenzaron a operar regularmente hasta el año 1959 en varias ciudades españolas, siendo la más importante la de Torrejón de Ardoz. El musicólogo Iván Iglesias apunta que este hecho propició la llegada de gran cantidad de militares americanos, muchos de ellos músicos que traían sus discos, libros e instrumentos de jazz, provocando "una gran incidencia social y cultural". Asimismo, el Estado norteamericano contrató a varias estrellas del jazz para que tocaran en la base militar, "lo que a menudo se tradujo en actuaciones fuera de las instalaciones militares" y, concretamente, en el Whisky Jazz, como es el caso del pianista Bud Powell y de Donna Hightower.[18]

---

17. Calderón, *Regreso a Bestiápolis,* p. 164.

18. Iglesias, Iván, *La Modernidad Elusiva. Jazz, baile y política en la Guerra Civil Española y el franquismo (1936-1968)*, Madrid: CSIC, 2017, p. 272-273.

Donna Hightower fue una prestigiosa cantante de jazz y blues a quien Juan Carlos Calderón acompañó al piano en múltiples ocasiones. "Creo que, en parte, yo me he formado contigo, tocando el piano, tocando blues y tocando en sitios nocturnos", le recordaba Calderón a Donna Hightower en un programa homenaje al compositor. Una de sus colaboraciones más importantes se produce en el año 1971, realizando los arreglos y la dirección musical de un *single* que contiene las canciones "If You Hold My Hand" y "I Made My Bed", las dos compuestas por Donna Hightower y su pareja sentimental Danny Daniel. "If You Hold My Hand" obtuvo el Primer Premio de la IV edición del Festival Internacional de la Canción Costa del Sol y con "I Made My Bed" representó a España en la segunda edición del Festival Yamaha Music, celebrado en Japón y conocido como World Popular Song Festival.

A través del Whisky Jazz, Calderón tendrá la ocasión de absorber múltiples influencias, alternando con músicos tan importantes como los pianistas Tete Montoliu, Hampton Hawes o Paul Bley; el organista Lou Bennett; los saxofonistas Dexter Gordon, Pedro Iturralde, Johnny Griffin, Gerry Mulligan o Lee Konitz; el guitarrista Jayme Marques; el violinista Stèphane Grappelli; la cantante Sarah Vaughan; o el trompetista Donald Byrd, entre otros muchos: "lo mejor que pasaba por Europa, se pasaba por allí en cuanto podía, la flor y nata del jazz", recordaba Vlady Bas en el programa *Jazz entre amigos*.

El pianista Tete Montoliu tocaba asiduamente en el Whisky Jazz Club y fue una escuela para Juan Carlos Calderón. Él mismo se lo cuenta a Pedro Ruy Blas en la citada entrevista: "Muchas noches, Tete Montoliu se cansaba de tocar o estaba aburrido y, entonces, me dejaba tocar a mí un par de temas para poder descansar. Tete era una persona de mucho carácter, a veces era un ángel y otras, lo contrario. A veces fue duro conmigo, pero eso no impidió que aprendiera mucho de él".

Desde que fija su residencia en Madrid, encontramos fechado su primer concierto en formato trío el 7 de diciembre de 1963, en el Colegio Mayor Pío XII de la Universidad Complutense de Madrid. El trío estaba formado por Juan Carlos Calderón (piano), Pepe Nieto (batería) y José Luis García (bajo), y estuvieron largo tiempo juntos tocando en todo tipo de eventos en distintos locales de Madrid, por lo que abarcaban un repertorio bastante amplio de muchos estilos musicales.[19]

Paralelamente al Whisky Jazz Club y poco tiempo después de la llegada de Calderón a Madrid, Jean-Pierre Bourbon abre otro local en la calle Diego de León de Madrid, con el nombre Bourbon Street, inaugurado por un sexteto formado para la ocasión. El grupo estaba integrado por Juan Carlos Calderón (piano), Pepe Nieto (batería), Vlady Bas (saxo), Joe Moro (trompeta), José Chenol (trombón) y Santiago Pérez (bajo). Pepe Nieto lo recuerda así:

> Yo empecé a tocar con Juan Carlos en trío haciendo actuaciones por ahí, y cuando surgió lo del Bourbon nos contrataron a dedo a los seis. Creo recor-

19. Entrevista personal con Pepe Nieto.

> dar que estuvimos desde el 63 hasta el 69 por lo menos, cada noche durante cinco años menos el mes de verano, [...]. Cuando ahora hablo a mis alumnos de jazz y les digo que tocábamos todas las noches, me miran como diciendo "¡este tío se ha metido algo!". Pues sí, cada noche durante cinco años y hasta altas horas de la noche. [...] Tocábamos el mismo grupo básicamente todos los días y acompañábamos a cantantes o a músicos de los americanos que vivían en Francia y venían, o bien al Whisky Jazz o bien al Bourbon. Siempre había alguien. Recuerdo al organista Lou Bennett y a un viejecito de Nueva Orleans, Albert Nicholas, que tocaba el clarinete y apenas podía con él, y tocaba allí con nosotros. También acompañamos muchas noches a Donna Hightower, a Maysa Matarazzo y a una inglesa muy divertida que cantaba dixieland y se llamaba Beryl Briden.[20]

El sexteto se formó para actuar en el Bourbon y Vlady Bas recuerda que se llamaban New Orleans. Poco tiempo después de la formación del sexteto, Santiago Pérez es sustituido por José Luis García en el bajo, que había formado parte del trío inicial con Calderón y Pepe Nieto.

Posteriormente, se cerró el Whisky Jazz Club y trasladaron el nombre al local de la calle Diego de León. Por lo tanto, el Bourbon Street pasa a llamarse Whisky Jazz y perdurará en el tiempo con ese nombre y con varios cambios en la gerencia hasta 1995.

Pepe Nieto abandona el grupo, aproximadamente, en 1969 y el resto aún seguirán tocando un año y medio más, según recuerda Vlady Bas, aunque en la última etapa era frecuente que alguno no estuviera por cuestiones de agenda (como se verá posteriormente, para Calderón son años de mucha intensidad de trabajo). Vlady Bas recuerda cómo fueron algunas noches en el local y algunas composiciones de Calderón que se han perdido:

> En el Whisky Jazz acompañamos muchas noches a la cantante Maysa Matarazzo y con ella hicimos una actuación en Bilbao. También acompañamos a Elsa Baeza, esposa de Valerio Lazarov. Ella no cantaba jazz, cantaba sus canciones al estilo *bossa nova* y nosotros la seguíamos. Recuerdo muchas noches acompañando a Donna Hightower, cantaba muy bien blues y jazz. [...] Generalmente, lo que tocábamos eran estándar de jazz, de los habituales que casi todos conocían, y también dixieland, swing... De vez en cuando, Juan Carlos traía escrita alguna melodía cifrada o alguna composición suya con los acordes en cifrado, como se suele escribir la música de jazz. Nos daba los papeles y uno ponía el papel en la espalda de otro y algunos lo poníamos en el suelo y tocábamos como podíamos, así, sobre la marcha, pero estábamos muy compenetrados. Claro que tocábamos todas las noches, y eso se nota. Hemos llegado a tocar temas muy interesantes de él que no se llegaron a grabar. Había partituras muy, muy

20. *Ibidem.*

> buenas. Él traía sus papeles y luego los dejaba allí. Era un poco desorganizado y a veces se perdían las partituras. Muchas estuvieron allí durante años, en el Whisky Jazz, hasta que se quemó en el incendio de los años 90. [...]Todo se perdió. Fue una pena.[21]

La etapa del Whisky Jazz y el Bourbon Street supuso para Calderón una formación intensa como músico de jazz. Fueron años de aprendizaje y de reafirmación de conocimientos al codearse con los mejores músicos que pasaron por Madrid. En cada entrevista en la que le preguntaban por sus inicios, siempre nombraba el Drink Club en Santander y el Whisky Jazz en Madrid. Recogemos un fragmento de una de las últimas entrevistas que concedió al cantante Pedro Ruy Blas:

> Si algo bueno tenían aquellos años para un joven que quería tocar jazz, era que, al no haber surgido aún los grandes festivales para audiencias mayores, muchos grandes músicos y cantantes de jazz norteamericanos venían a trabajar a menudo a los clubs. Eso eran lecciones impagables. [...] No sé decir que no. Siendo jovencito, en Santander, acepté un trabajo de escaparatista sin saber cómo se hacía un escaparate. En la mili hice una obra de teatro en plan cómico y los decorados los hice yo. Nunca dije que no a nada en mi vida. En aquellos años el aprendizaje del jazz era duro pero, si había que tocar, yo iba, no decía que no. Así pude acompañar a Grappelli, Donald Bird, Iturralde, Donna Hightower.

Sus palabras nos dan una de las claves por las que Juan Carlos Calderón ha hecho tantísimas composiciones, producciones y arreglos para tantos artistas: no sabía decir que no.

21. Entrevista personal con Vlady Bas.

2

Compositor de jazz

En 1966, Calderón comenzaba a tener una identidad como músico de jazz: "Decir Juan Carlos Calderón en el mundo musical es nombrar a una de las máximas personalidades del mismo", afirmaba Juan María Mantilla en *Alta Fidelidad* (13/10/1966). En esta entrevista, además de los clásicos, Bach, Chopin, Prokófiev, Hindemith y Schönberg, confiesa que los músicos que más le gustan son Don Byass, Grappelli, Booker y Ervin. Sus autores de jazz favoritos son:

> Como trompeta, Miles Davies; de saxos tenores, Oliver Nelson, Booker Ervin y John Coltrane; como saxos altos, Erik Dolphy y John Handy; como pianistas, Bill Evans y Herbie Hancock; de bajos, prefiero a Ron Carter y Scot La Far; siento gran admiración por Ray Brown; de los baterías, me inclino por Tony Williams. Me encantan, asimismo, Thelonious Monk, Rodgers y Bill Evans. [...] (Como arreglador), Gil Evans; para mí, el mejor.

En la misma entrevista, Calderón explica que su máxima actividad es la de compositor de jazz: "También arreglo partituras; hago, igualmente, música para cine, televisión y discos. En televisión, precisamente, voy a hacer música para veintiséis telefilms españoles", proyecto, este último, que no llegó a concretarse. También confiesa sus ilusiones: "escribir, arreglar y dirigir un concierto de jazz; todo para gran orquesta: *bras* [*sic*], madera y viento, con tres o cuatro solistas, españoles y extranjeros. Me gustaría presentarlo en un teatro de Madrid. Otra ilusión sería hacer una película de jazz puro, sin concesiones, auténtico".

Elia Fleta y el Jazztet

Tocando cada noche en el Bourbon Street Calderón conoce a la cantante Elia Fleta (1928-2019), hija del famoso tenor Miguel Fleta. Con dieciocho años, Elia se convirtió en cantante profesional y en la década de los años cincuenta se hizo muy popular en las emisoras de radio junto a su hermana Paloma, formando el dúo Hermanas Fleta. Tras la disolución de este, en 1960, Elia inicia su carrera en solitario, especializándose en la canción popular de diferentes estilos, sin embargo, no consigue alcanzar las cuotas de popularidad que había logrado junto a su hermana. Después del escaso éxito del disco *Hits, U.S.A.* (1962), se inicia un parón en su carrera y comienza a frecuentar el Bourbon Street. De la mano de Juan Carlos Calderón, se introduce en el mundo del jazz, cantando versiones de clásicos de este género, influenciada por Carmen McRae y Sarah Vaughan. En una entrevista publicada en *Aria Jazz*, en enero de 1966, Elia confiesa que su paso por el Bourbon Street "ha sido un sueño hecho realidad" y que la experiencia de enfrentarse al público en directo la ha ayudado a templar un poco los nervios. Es Paco Montes quien firma la entrevista y le pregunta por su compositor de jazz preferido; Elia responde: "[...] creo que hay un futuro gran compositor de jazz en Juan Carlos. Y no lo digo porque sea mi profesor. Ahora estoy estudiando una balada suya que tiene una melodía preciosa, muy melancólica. Precisamente, es una de las que voy a grabar en mi próximo disco". Probablemente, se refería a "Lonely Girl", pero antes de la grabación Elia vivirá otros acontecimientos.

Peer Wyboris, batería del trío liderado por el pianista Tete Montoliu, la descubre en el Bourbon Street y Elia se va a Barcelona a grabar su primer disco de jazz titulado *Tete Montoliu presenta Elia Fleta,* en el que interpreta versiones estándar de jazz en inglés y en catalán. Con el trío de Tete Montoliu actúa en la clausura del I Festival Internacional de Jazz de Barcelona, en noviembre de 1966, junto a artistas como Astrud Gilberto y Stan Getz. Según Julián Molero, "si el joven pianista Juan Carlos Calderón había recobrado a Elia Fleta y la había convertido en una fina vocalista de jazz, el veterano pianista Tete Montoliu la había puesto en los circuitos europeos hasta convertirla en el cuarto elemento de un trío que triunfaba en el jazz europeo". Elia fue elegida mejor cantante española de 1966 por Radio Peninsular.

Tras el disco grabado con Tete Montoliu, Elia Fleta regresa a Madrid y graba el primer EP con el nombre *Elia Fleta y el Jazztet de Madrid*, bajo el sello Columbia. En este EP aparecen dos temas firmados por J. C. Calderón: "Lonely Girl", la citada balada, compuesta junto con John Collins, y "Rememberance to Madrid", compuesta junto a Linus Wessely. Este tema es el segundo de la cara B y en él se aprecia un magnífico arreglo de jazz que incluye un solo de piano y una compleja orquestación en tempo rápido. En este disco también aparece una versión de John Lennon titulada "Can't Buy Me Love", la segunda de la cara A, y "Spring Is Here" (Richard Rodgers-Lorenz Hart). Ocho de los mejores músicos de la época son los que forman el Jazztet de Madrid y graban el disco: Jaime Pérez (bajo), Pepe Nieto (batería), Lin Barto, Pedro Iturralde y Vlady Bas (saxos), José Chenol (trombón), Joe Moro (trompeta) y Juan Carlos Calderón como pianista, arreglos y dirección. El propio Calderón lo recuerda así: "Grabé mi primer disco de jazz con una chica que se llamaba Elia Fleta; disco muy ambicioso. Yo ya tocaba con Pepe Nieto, que es ahora un gran músico de cine, con Vladimiro Bas al saxo, Pedro Iturralde, es decir, con todos los de antes".[1]

Vlady Bas recuerda la participación en este disco: "Fue muy interesante, aunque ella era un poco nerviosa. Tenía una especie de miedo escénico, probablemente había perdido el contacto con el público".[2] Después de la grabación, ofrecen varios conciertos en el Bourbon Street, según aparece publicado en la revista *Aria Jazz*, en abril de 1967. En el cartel se anuncia como la "primera cantante española de Jazz" y se citan los músicos que la acompañan con algunos cambios respecto a la grabación, como es el caso de la incorporación de Santiago Reyes (guitarra), Carlos Casasnovas que sustituye a Jaime Pérez en el bajo y Santiago Rico a la batería, en lugar de Pepe Nieto.

En la misma publicación de *Aria Jazz* aparece un dibujo a lápiz hecho por J. C. Calderón que utilizará en un futuro como logotipo de su editorial El Pedrosillo. Al margen de la música, Juan Carlos Calderón siempre tuvo afición por las artes plásticas y era un gran dibujante. El dibujo ilustra un artículo escrito por el guionista y experto en jazz Ebbe Traberg, cuyo texto (titulado "Cuando el tiempo apremia…") pone de manifiesto la práctica de las grabaciones pirata en los conciertos de jazz y el perjuicio que causan.

Al año siguiente de la publicación del disco, Calderón compone dos nuevas canciones para Elia Fleta: "Soñar y vivir" y "Preguntas al viento", dos baladas pop con algún toque de jazz, cuyos arreglos van definiendo el estilo que va a caracterizar al compositor a lo largo de su larga trayectoria en la música popular.

En *La Vanguardia* (13/07/1968) se señala el trabajo de ambos y la próxima publicación de nuevas canciones:

> Elia Fleta no está inactiva. La excelente cantante de jazz española, que tantos y tan fervientes admiradores tiene entre nosotros, está preparando actualmente una nueva serie de canciones escritas y arregladas por Juan Carlos Calderón, el joven pianista madrileño que lleva camino de convertirse en un indiscutible número uno. Ambos están trabajando firme y es posible que pronto se tengan resultados tangibles y audibles con un disco que va a aparecer en edición de la nueva editora de la cantante. (Sabido es que mientras estuvo contratada por una editora catalana, su difusión alcanzó apenas el ámbito regional, ahora es posible que por fin consiga Elia la expansión universal que su arte merece).

A pesar de lo anunciado, Elia Fleta no volverá a grabar ningún disco con J. C. Calderón. Sin embargo, tres años después (1971) volverá a producirse una colaboración con la familia Fleta, esta vez con las cantantes y hermanas Elia y Elizabeth, de apellido Fleta por ser hijas de un hermano de Elia Fleta. Las dos hermanas, Elia

1. Delgado, Israel, "Juan Carlos Calderón. La dualidad de un compositor", *Enlace Funk*, 31, 2009, p. 34-35, artículo cedido por Miguel Ángel Sutil Cara.

2. Entrevista personal con Vlady Bas.

y Elizabeth, de origen colombiano, llegaron a España en 1971 para participar en un programa de televisión que rendía homenaje a su abuelo, el tenor Miguel Fleta, y por iniciativa de Calderón graban un *single* con dos canciones: "Fue una lágrima" y "Cae la lluvia". Las composiciones corresponden a Elia Fleta Mallol y los arreglos y producción los firma J. C. Calderón. La crítica de *La Vanguardia* (30/10/1971) aplaudió esta publicación: "La más reciente prolongación artística de la familia Fleta acude al primer plano de la actualidad con dos canciones de Juan Carlos Calderón que nos han gustado mucho. Y también el joven dúo como intérprete. Una producción española que tiene nuestro convencido aplauso". Elia y Elizabeth regresaron a Colombia y las dos canciones fueron regrabadas con otro estilo más acorde con los gustos de ellas.

Jazz con nombre propio

En 1968, el compositor hace su debut discográfico como solista con la grabación de dos discos instrumentales propios: *Bloque 6* y *Juan Carlos Calderón presenta a Juan Carlos Calderón*. Además, es el año en el que logra reafirmarse como músico de jazz, consiguiendo el reconocimiento de la crítica especializada tras su participación en la tercera edición del Festival Internacional de Jazz de Barcelona.

Paralelamente a la génesis de *Bloque 6* (Hispavox), graba un álbum publicado por el sello Polydor, que sale a la venta antes que *Bloque 6;* por lo tanto, representa su primer disco en solitario. *Juan Carlos Calderón presenta a Juan Carlos Calderón* contiene siete composiciones propias y una versión de la canción de origen irlandés "Danny Boy". Producido por Alfonso Sainz, fue grabado durante el mes de diciembre de 1967 y muy bien valorado por la prensa especializada. El nombre del álbum fue impuesto por la discográfica, siguiendo una línea marcada por otros músicos de jazz, como el mencionado anteriormente *Tete Montoliu presenta Elia Fleta*, y no fue del gusto de Calderón. De hecho, él mismo lo calificó como "título ridículo que me puso la compañía",[3] sin embargo, musicalmente estaba orgulloso de su trabajo. En una entrevista de radio, Calderón recordaba algunos aspectos de la grabación: "Fue muy difícil. Era el primero de jazz que grababa y además, con un compromiso enorme porque estaba Peer Wyboris tocando la batería. Era como un corsé. Era un alemán que me metía en vereda, yo he sido siempre muy libre en tiempo y este hombre me hacía tocar recto, recto. Sudé muchísimo".

En la cara A aparecen cuatro temas, el primero de ellos "Bloque núm. 6 "(5'00"), una muestra importante de la capacidad creativa del compositor y del empaste entre los tres músicos que intervienen: Peer Wyboris (batería), Carlos Casasnovas (contrabajo) y Juan Carlos Calderón (piano). En compás ternario, se puede dividir en dos grandes bloques y tiene una forma cíclica. El primer bloque se estructura en tres partes de dieciséis compases, donde se presenta el tema principal con distintas

3. Delgado, "Juan Carlos Calderón. La dualidad", p. 34-35.

variaciones. El segundo bloque está dedicado a las improvisaciones, en las que hay evidentes conexiones con el *free jazz*. La primera improvisación la realiza Carlos Casasnovas con el contrabajo, destacando las frases con notas ligadas, un sonido muy trabajado y un virtuosismo excelso en algunos pasajes, mientras el piano marca la armonía con múltiples sustituciones de acordes y desplazamientos en el tempo. La improvisación de piano destaca por su modo de construir frases a base de cromatismos con notas cortadas, que recuerda al modo de improvisar de Bill Evans (uno de sus principales referentes). Mientras tiene lugar la improvisación del piano, es el bajo el que marca la armonía en *walking bass* y la batería mantiene el tempo rápido con un relleno más intenso que en la improvisación del contrabajo. La estructura es cíclica pues, si exceptuamos la coda, abre y cierra de la misma manera. Finalizadas las improvisaciones, regresa el primer bloque, pero en sentido inverso, es decir, vuelve la tercera parte descrita del primer bloque, después la segunda y finaliza con la primera parte en la melodía del contrabajo. El tema se cierra a modo *fade out* (disminución gradual del volumen hasta su desvanecimiento) con una coda en la que aparecen acordes de dominante muy marcados.

Bill Evans fue uno de los pianistas referentes para Calderón a lo largo de su trayectoria y, en este primer disco, su influencia está muy presente. Guillermo de la Dehesa cita en una entrevista al periódico *El País* (29/11/2012) su relación con Juan Carlos cuando escuchaban discos de Bill Evans:

> Nuestra común afición al jazz hizo que trabásemos una larga amistad, ya que Juan Carlos y Toti decidieron venirse a vivir a Madrid para desarrollar su trabajo como pianista. Michéle y yo nos reuníamos con ellos a escuchar discos de Bill Evans, el más grande pianista de jazz de aquella época y uno de los mejores de la historia, al que pudimos finalmente escuchar en trío, en Madrid, en el Balboa Jazz abierto por Vlady Bas.

El segundo tema del disco es "Bud Feeling" (5'30"), una balada jazz instrumental con protagonismo absoluto del piano, aunque Calderón también deja un espacio para la improvisación de Casasnovas con el contrabajo. De nuevo, se percibe la influencia de Bill Evans en el estilo de interpretación y en la forma de frasear de Calderón. Un ejemplo de ello lo encontramos en el tema "My Foolish Heart", publicado por Bill Evans Trío en su álbum en vivo *Waltz for Debby* (1962).

"Reunion Blues" (4'27") es el tercer tema de la cara A y se trata de un blues tocado a modo de jazz en tempo rápido y compás de 4/4. La estructura está basada en las frases habituales del blues de doce compases y se suceden diferentes improvisaciones. Comienza y termina con el contrabajo tocando una melodía con el arco. Una vez presentado el tema es el piano el que desarrolla una larga improvisación, mientras el contrabajo toca a modo de *walking bass*. Las improvisaciones finalizan con la batería, que desarrolla polirritmias complejas antes de retomar el tema inicial. Una vez más, Calderón utiliza una breve coda para cerrar la pieza.

"Psique" (3'26") es una composición en la que se aprecian muchas complejidades rítmicas y armónicas. La introducción se basa en cuatro motivos o temas interconectados, tres de ellos con protagonismo del piano (con cierta profusión de acordes cromáticos ascendentes/descendentes) y el último, interpretado por la batería, siendo el primer tema en el que este instrumento tiene un papel principal, al margen de las improvisaciones. Una vez finalizada la introducción, se lleva a cabo un desarrollo a partir de los motivos iniciales, con una interesante improvisación de piano en un tempo de jazz rápido. Para finalizar, vuelve la introducción inicial con el mismo orden de motivos. El investigador de jazz Fernando Ortiz de Urbina encuentra en este tema influencias del pianista y vibrafonista Eddie Costa, fallecido en 1962, señalando la rareza de esta influencia por ser muy poco conocido en España.

"Suite" (5'08") abre la cara B y es el más interesante en cuanto a la utilización de distinto material temático y a los cambios de compás que se generan. La forma que tiene esta pieza, a grandes rasgos, es ABA, siendo en la parte A donde se presentan varios motivos interconectados en compás ternario y en la parte B donde se llevan a cabo las improvisaciones, en compás cuaternario. Si bien es cierto que el desarrollo tímbrico se limita a piano, contrabajo y batería, la forma de presentar los motivos en la parte A recuerda a ciertas influencias del rock progresivo, por la abundancia de estos y la forma de entrelazarlos. Por otro lado, la parte B muestra un gran nivel de improvisación de los tres músicos. Los fraseos del piano los desarrolla a partir de los motivos de la parte A y se entrelazan con el contrabajo y la batería en un tempo rápido, destacando el ritmo por el despliegue de recursos técnicos y tímbricos. Para finalizar, se interpreta la parte A íntegramente.

"Sambando" (6'58") es el segundo tema de la cara B y el más largo del disco. A diferencia de "Suite", Calderón trabaja todo el tema sobre dos motivos principales en compás cuaternario y representa una gran exhibición de la calidad musical que tienen los tres músicos.

"Danny Boy" (3'45") es una canción tradicional irlandesa muy popular que Calderón recrea en este disco influenciado por el estilo de Bill Evans. En 1962, el pianista norteamericano graba una versión de este tema junto al batería Shelly Manne con la colaboración del contrabajista Monty Budwig, en un álbum titulado *Empathy* y publicado por el sello Verve Records. Anteriormente, esta canción se había popularizado entre los aficionados al jazz en la versión grabada por Glenn Miller and his Orchestra, en 1939. La versión de Calderón está inspirada en la de Bill Evans: presenta la canción en tempo lento, con la melodía armonizada al piano solo en tonalidad de Sib con una modulación a Re. La novedad está en la incorporación del guitarrista argentino Santiago Reyes, que interpreta la melodía armonizada durante una estrofa con su guitarra de caja, para luego debatirse en un diálogo intenso y elegante con el piano, sobre la base del contrabajo para finalizar la segunda parte de la canción.

Santiago Reyes es considerado por Calderón como el mejor guitarrista y con el que se sentía más seguro a la hora de tocar: "Hemos actuado incluso sin ensayar, todo pura improvisación", recuerda Calderón en una entrevista para el *ABC* (5/07/1998).

"Paisajes" (3'40") es el tema que cierra el disco. La última parte de "Danny Boy" termina con un elegante diálogo entre el piano y la guitarra, y en "Paisajes" prosigue ese diálogo, como si fuera una continuidad del anterior. Es un tema de armonía modal con una estructura AABA, que está inspirado y dedicado a Bill Evans, donde las melodías son intercambiadas entre ambos instrumentos con pequeñas variaciones y una modulación en tempo lento. Una gran interpretación por ambas partes, a las que se suma el acompañamiento del contrabajo de Carlos Casasnovas. "Paisajes" supone el cierre de un disco que aporta gran calidad a la discografía de Juan Carlos Calderón y sería necesario reeditar.

En la contraportada del disco aparece un interesante texto firmado por Julio Coll, el director de cine con quien colabora Calderón en la composición de las bandas sonoras *En vísperas de la Olimpiada México 68* (1968) y *El mejor del mundo* (1969). En este texto, Julio Coll presta sus versos, elogiando las cualidades del compositor, los arreglos musicales y los músicos que le acompañan en la grabación:

> Hace horas que estoy buscando una imagen poética que me defina a Juan Carlos Calderón. Un personaje de Molière se asombra al enterarse de que está hablando en prosa sin él saberlo. Juan Carlos Calderón, el protagonista de este disco, es un poeta y él lo ignora. No sabemos cuál será su asombro cuando lo sepa. Pero esta imagen no me sirve. Juan Carlos Calderón es músico además de poeta. Y en su origen, la música es el caos, algo así como cualquiera de las hipótesis que se utilizan para manejar la idea de un principio del mundo: una explosión cósmica, la desintegración de la materia, el magma y la confusión que debe reinar en un pozo lleno de infusorios, de los cuales el músico es su domador.
>
> "Il faut fixer le vertige", dijo Baudelaire. Yo imagino a Juan Carlos Calderón tirando de una maroma con la que acaba de apresar ese bulto magmático que es el vértigo. Conoce el valor de los ruidos, la significación del sonido, el iris del color y los matices infinitos de la supuesta escala cromática que sube hasta el cielo. Y al fijar el vértigo en su mente de compositor, Juan Carlos Calderón se encontró, de pronto, en la cueva nocturna llena de humo de tabaco, haciendo jazz ante el teclado de un piano. El jazz, para Juan Carlos Calderón, es la única forma de la que dispone para dominar el vértigo.
>
> A su lado, con expresión de niño grande, Carlos Casasnovas se empeña en salir adelante con su contrabajo liviano y grandote. Pulsa fuerte y le arranca sonidos duros, casi metálicos a sus cuerdas. Hace notar su obstinada presencia con su enérgico y poderoso swing. Detrás, está Peer Wiborys, envuelto en esa capa casi española que es el ritmo, inclinándose con palillos, mazas y escobillas sobre la batería. Es su caja de las sorpresas. Juega con la percusión como un niño con un aro por los senderos de un parque público. Peer Wiborys es rectilíneo, persistente y extraordinario.

> Santiago Reyes interviene de puntillas con su guitarra mágica. Viene de Sudamérica. Ha hecho quince mil kilómetros para encontrarse con Juan Carlos Calderón y romper con él los surcos inéditos de este LP para volver y decir "yo estuve en la reunión blues del mes de diciembre de mil novecientos sesenta y siete" [...].
>
> El cuarteto de Juan Carlos Calderón, poeta sin él saberlo, ha tratado de fijar el vértigo de la creación y nos regala ocho intervenciones finísimas, elegantes, poéticas. Lo hace con garbo en la *suite* de acentos españoles, inteligentemente, en el vals titulado "Bloque 6", y sin hipocresías cuando ejecuta ese delicioso pedazo de música que es "Paisaje", dedicado a Bill Evans. Luego, "Danny Boy", le resulta vibrante; lo hará con angustia y muy quedamente cuando acomete "Psique"; y de un modo muy elaborado y fino cuando toca "Sambando", la más ambiciosa de sus creaciones. La balada se le da bien: "Bud Feeling" es una buena muestra. Y a mi modesto juicio "Reunion Blues" —ese blues que vi nacer e improvisar en los Estudios de Grabación—, es una pieza maestra. Es alegre y exacto como un teorema geométrico. El blues siempre es jazz. E incluso Juan Sebastian Bach improvisaba antes de escribir sus eternos arreglos.
>
> Dentro de las líneas del jazz internacional, los dedos de Juan Carlos Calderón han puesto un subrayado. Acaba de entrar en la lista de los "*jazzmen*" que cada año se disputan un puesto en esa dulce y vibrante caja de resonancias que es la pequeña música de cámara llamada jazz. Las discotecas del mundo le abren sus puertas. Bienvenido sea.

Tras la presentación del disco, Paco Montes escribe un artículo para la prestigiosa revista *Aria Jazz*, al que titula "El Alquimista" (enero de 1968), elogiando el trabajo del compositor e incluyendo una fotografía en la que Calderón aparece en primer plano. Destaca su labor como pianista por "el gran rigor lógico que preside la construcción de todas sus frases, con plena independencia del tipo de tema a interpretar". También alude a la técnica remarcando que en "cada pieza (hay) una espléndida técnica y una irreprochable limpieza en la pulsación que nos hacen llegar sus frases con una nitidez y una claridad perfectas". En cuanto a la faceta de compositor, cita que "sus aspiraciones van siempre tras la originalidad y buscan en ella un camino más para expresar sus enormes posibilidades".

Por este disco recibe el Premio Ondas en el año 1969, uno de los premios de más prestigio en España.[4] Calderón acudió personalmente a Barcelona para recoger el galardón concedido por Radio Barcelona y la revista *Onda*. No pierde ocasión de tocar jazz y, aprovechando la visita, actuó como pianista en la sala de conciertos Jamboree junto a los solistas Benny Bailey, Pony Poindexter y otros; actuación que recoge el diario *La Vanguardia* (12/10/1968), donde se le señala como "el joven astro del jazz piano español, inspirado compositor y arreglador".

4. Los premios Ondas se otorgan desde 1953 a las producciones más sobresalientes del mundo audiovisual y desde 1956 son de ámbito internacional.

Añade el periódico que el músico prepara la presentación de su orquesta en el III Festival Internacional de Jazz.

La portada del disco figura en una exposición que lleva por título "El jazz en España", que tuvo lugar en la Biblioteca Nacional de España junto con otras treinta y ocho fotografías de grandes del jazz español, como Pedro Iturralde o Tete Montoliu, entre otros. También fue galardonado con el primer premio del concurso XIII Gran Premio del Disco, dentro de la sección de jazz en la categoría de intérpretes españoles, siendo finalista el disco de Pedro Iturralde *Flamenco-Jazz*.

Bloque 6

El 4 de enero de 1968 tuvo lugar una actuación que representó un hito para la historia del jazz en España y para la trayectoria de J. C. Calderón: la presentación de una *big band* con trece músicos en el auditorio del Ministerio de Información y Turismo, dentro del Club de Conciertos de Festivales de España. Iván Iglesias califica este concierto, junto con el concierto de Pedro Iturralde (28 de diciembre de 1967), como "los acontecimientos jazzísticos organizados y patrocinados por el régimen más importantes de la década [...] celebrados en el auditorio del Ministerio de Información y Turismo",[5] que desde 1951 había asumido las tareas de control de la información y dirección de los eventos sociales de mayor alcance social. "¿Dos conciertos de jazz en Madrid? ¿Y en el Ministerio de Información y Turismo? La cosa parece increíble", con estas palabras comenzaba Paco Montes su publicación en la citada revista *Aria Jazz*.[6] Según Iván Iglesias, el apoyo del Ministerio no se vio acompañado de un presupuesto económico "digno", sino que, como le explicaron los músicos de Calderón al propio Montes, la orquesta solo pudo ensayar aquel mismo día "por falta de disponibilidad económica".[7] Los trece músicos que formaron la gran orquesta bajo la dirección de Juan Carlos Calderón fueron: Joe Moro, Juan Cano y José Luis Medrano (trompetas); José Chenoll, Sigfrido Vidaurreta y Jesús Pardo (trombones); Vladimiro Bas (saxo alto, clarinete y clarinete bajo); Pedro Iturralde (saxos tenor y soprano, flauta); Lincoln Barceló (saxo tenor, flauta); Javier Iturralde (saxo barítono y flauta); Carlos Casasnovas (bajo) y Pepe Nieto (batería).

El concierto tuvo cierta publicidad mediática previa. Entre otros, el periódico *ABC* publicó un anuncio diario desde el 23 de diciembre hasta el mismo día del concierto con el título "Juan Carlos Calderón y Orquesta". *ABC* indica el precio de la entrada al recital (25 pesetas y para los socios del club un cincuenta por ciento de descuento), llegando a llenarse el auditorio. Según Iván Iglesias, "un precio más que razonable teniendo en cuenta que aquellos días el precio medio de la entrada a los teatros madrileños rondaba las cincuenta pesetas". Este concierto fue reseñado

5. Iglesias, Iván, *La Modernidad Elusiva. Jazz, baile y política en la Guerra Civil Española y el Franquismo (1936-1968)*, Madrid: CSIC, 2017, p. 299.

6. Montes, Paco, "Jazz en las Alturas", *Aria Jazz* (enero de 1968), p. 22.

7. Iglesias, *La Modernidad Elusiva*, p. 299.

por los medios de comunicación como una hazaña importante. La citada revista *Aria Jazz* publicó un artículo firmado por Paco Montes, titulado "Jazz en las Alturas", en el que también refleja la actuación de J. C. Calderón con Elia Fleta:

> En enero, con un auditorio abarrotado, Juan Carlos Calderón, pianista intrépido y arreglador original y consciente, presentó su gran orquesta, compuesta por trece músicos españoles, [...] en cuya segunda parte actuó también Elia Fleta. De todos los temas que interpretó la orquesta completa [...] destacó, para mi gusto, "Sambando", con tres flautas y un clarinete sosteniendo el solo de J. C. Calderón con un *riff* muy logrado; una muy buena entrada de Pedro Iturralde; para culminar en un gran solo de Pepe Nieto, totalmente dentro del espíritu del tema, "haciendo" música en su batería; con un endiablado final de las trompetas que cerraron brillantísimamente la primera parte. [...] El propio líder y arreglador, Juan Carlos Calderón, prescindió por propia voluntad de hacer muchos solos y movió de forma magistral a una orquesta que solo adoleció de la carencia nacional de auténticos trombonistas, para la que escribió unos arreglos perfectos que le costaron horas de sueño. Como dato anecdótico, hay que decir que la orquesta solo pudo ensayar cinco horas por falta de disponibilidad económica; una vez más, España "fue" diferente.
>
> Elia Fleta, en lucha constante con el micro, cantó cuatro temas, destacando, sobre todo, en "You Don't Know what Love Is"; y el cuarteto (V. Bas, J. C. Calderón, C. Casasnovas y Pepe Nieto) rayó a menos altura que la orquesta entera. Ya lo saben todos ustedes: que en la tierra haya jazz para los hombres de buena voluntad; y si este empieza en las alturas, su difusión será mucho mayor y entusiasta. ARIA JAZZ está a la total disposición del organizador de estos conciertos.[8]

El éxito sin precedentes dio lugar a la publicación del disco grabado durante el verano de 1968 por el sello Hispavox. "Si alguna vez a usted le preguntan ¿qué es jazz? Aquí, en este disco, tiene usted la respuesta". Con esta frase concluye el texto del libreto de *Bloque 6* y los autores, tanto de la frase como de la narración que describe cada tema, son Juan Claudio Cifuentes (Cifu) y Paco Montes, dos de las figuras más emblemáticas de la escena del jazz en España durante las últimas décadas del siglo xx. Juan Claudio Cifuentes se encargó durante los años sesenta de escribir las *liner notes* de las contraportadas de los discos y de la selección de los catálogos musicales con las discográficas Fonomusic, Hispavox y Movieplay.

El disco *Bloque 6* de Juan Carlos Calderón y su Orquesta de Jazz (nombre con el que figura en los créditos del álbum) significó la consolidación de J. C. Calderón como intérprete y compositor de jazz. Está formado por tres composiciones propias y tres versiones de temas emblemáticos de la historia del jazz: "Milestones" de Miles Davis, "Stolen Moments" de Oliver Nelson y "Straight No Chaser" de Thelonious Monk. Entre otras muchas publicaciones y recopilaciones, los tres temas forman

8. Montes, "Jazz en las Alturas", p. 22-23.

parte de los doscientos cincuenta temas imprescindibles en *El Canon del Jazz*, de Ted Gioia. Estos tres temas, más los de su propia autoría ("Bad Feeling", "Sambando" y "Bloque 6"), abarcan gran cantidad de técnicas y estilos de jazz en su intencionalidad, sin embargo, Calderón consigue unificarlos, creando un estilo propio.

El compositor contó con los mismos músicos que participaron en el concierto del Auditorio, excepto Javier Iturralde, que fue sustituido por Lin Barto. Además, se añadió un trompetista más: Arturo Fornes, creando así una sección de cuatro voces de trompeta, por lo tanto, catorce figuras de las más relevantes del panorama jazzístico español de la época.

La forma de orquestar de Gill Evans ejerció una gran influencia en Calderón a la hora de escribir las *particellas* para los distintos instrumentos de la orquesta que había conseguido formar. Aunque, sin duda, el trompetista Miles Davis y su álbum titulado *Milestones,* publicado por Columbia Records en 1958, es en el que más se inspiró al seleccionar dos temas de los seis que componen el disco: "Miles" y "Straight No Chaser". El disco de Miles Davis es uno de los hitos más importantes en su carrera y se sitúa entre dos de sus cimas creativas: la banda sonora de *Ascensor para el cadalso* (1957) y el disco *Kind of Blue* (1959). El sexteto de Miles Davis, formado en diciembre de 1957 en Nueva York, graba *Milestones* y está considerado por la crítica como "un álbum indiscutiblemente imprescindible [...] por *vox populi*"[9] y de vital importancia para la historia del jazz, porque representa una confluencia de estilos como el *hardbop,* en el que Davis había profundizado en sus anteriores grabaciones; reminiscencias del *bebop,* que había experimentado en su etapa con Charlie Parker; y el jazz modal, que inicia con el tema "Miles" o "Milestones", como posteriormente se conocerá,[10] y continuará siendo su estilo más característico.

En 1959, un año después de la publicación de *Milestones*, Davis graba *Kind of Blue*. Como muestra de la grandeza de este disco, está la publicación *Miles Davis y Kind of Blue: La creación de una obra maestra*, escrita por Ashley Kahn y catalogada por Romaguera i Ramio como "pequeña y a la vez enorme joya [...] de investigación musicológica, historiográfica y fotográfica". *Kind of Blue* se suele tomar como punto de partida de la popularización del uso de las escalas modales en el jazz, citando frecuentemente el tema "So What" como modelo canónico de composición modal, sin embargo, Davis ya había utilizado los conceptos modales en el tema "Milestones" que Calderón versiona. Al parecer Davis había tenido un encuentro con George Russell, teórico del jazz y creador del método *Lydian Chromatic Concept* y en esta conversación habían tratado el tema de los modos "en detalle, [...] al menos un año antes de la grabación de *Milestones*".[11] Ted Gioia afirma que en el corte "Milestones"

9. Programa de televisión *A todo jazz* dedicado a Miles Davis <https://www.rtve.es/alacarta/audios/a-todo-jazz/todo-jazz-miles-davis-1958-*milestones*-2-parte-06-03-11/1037885/>.

10. Véase Gioia, Ted, *El canon del Jazz*, Madrid: Turner Publicaciones SL, 2013.

11. Nettl, Bruno y Russell, Melinda (ed.), *En el transcurso de la interpretación. Estudios sobre el mundo de la improvisación musical*, Madrid: Ediciones Akal, 2004, p. 146.

"Davis había experimentado con la improvisación basada en modos y estaba decidido a indagar con mayor profundidad en esta técnica en *Kind of Blue*".[12]

En 1966, se crea el Festival de Jazz de Barcelona, apostando por primeras figuras internacionales, como los cuartetos de Dave Brubeck (cuyo tema "Take Five" inspirará a J. C. Calderón para construir el curioso compás de "Mediterráneo", en la canción de Serrat) y de Stan Getz, junto con Astrud Gilberto; el quinteto de Max Roach y Sonny Rollins; o el trío de Tete Montoliu, que ya había logrado adquirir prestigio internacional. Al año siguiente, se anuncia la visita de Miles Davis, figurando como cabeza de cartel, pero a última hora dejó plantada a su banda sin explicaciones, tomando el avión para marcharse a Nueva York. Tiempo después se sabe que la fuga se debió a discrepancias con su agente. En aquel momento su formación en quinteto contaba con Herbie Hancock (el pianista favorito de Calderón junto con Bill Evans), Ron Carter, Wayne Shorter y Tony Williams, que fueron los encargados de enfrentarse al público asistente al festival y cerrar la edición, contando con la colaboración de otros músicos locales. Alberto Mallofré plasmó en *La Vanguardia* (14/11/1967) una crónica de los acontecimientos ocurridos, bajo el título "La fuga fraudulenta de Miles Davis produjo un final inesperado". El texto relata que Davis llegó días antes del primer concierto, cobrando por adelantado y cargando el importe de diversas compras a la organización del festival para, repentinamente, tomar un avión hacia Nueva York, dejando abandonados sin explicaciones a los cuatro componentes de la banda y a su representante, quienes quedaron "sumidos en la más oscura perplejidad". Mallofré continúa relatando al detalle lo acontecido en la segunda parte del concierto, en la que tuvo lugar una *jam session* de manera improvisada con un resultado excelente. "Así, el concierto no fue un recital Davis sin Davis, sino completamente toda otra cosa inesperada, de un contenido jazzístico y de un interés muy considerables, hasta el punto de que puede decirse que fue la aportación más importante de todo el festival, tanto por su novedad, como por su valor en jazz estricto", sentencia Mallofré.

Juan Carlos Calderón estuvo presente en esta edición del festival, siendo testigo de las aportaciones creativas que los músicos americanos hacían al repertorio de Davis, absorbiendo ideas que plasmaría al año siguiente en la III edición del Festival y, como consecuencia, en *Bloque 6*, disco en el que se percibe una clara influencia tanto de *Milestones* como de *Kind of Blue.*

Aportar una nueva versión del tema "Milestones" (3'57") era un riesgo grande por la cantidad de versiones que se realizaron durante toda la década de los sesenta (y posteriormente), incluidas versiones del propio Davis que "nunca dejó de redefinir la forma de tocarla".[13] Sin embargo, el resultado de la grabación de Calderón es excepcional, consiguiendo que suene un tema con una visión nueva y fresca.

12. Gioia, *Historia del Jazz*, p. 397-398.
13. Gioia, *El canon del Jazz*, p. 265.

La partitura original consta de veinticinco páginas escritas en catorce pentagramas y la pieza tiene una estructura ABA. En la primera parte (A), se presenta el motivo principal, estructurado en varias frases con algunas variaciones. La parte B corresponde a las improvisaciones de saxofón, en las que también están presentes fragmentos del tema de Davis reorganizados de distinta forma y, para concluir, retoma la parte A con ligeras variaciones. En compás de 4/4 y en un tempo un poco más lento que la composición de Miles Davis, Calderón mantiene los intervalos y la figuración de la versión original, con pequeños cambios respecto a la estructura. Se capta la libertad de las melodías y la capacidad de invención en los solos, también inspirados en solos del disco de Miles Davis, destacando la parte del saxo de Pedro Iturralde.

En la partitura manuscrita, llaman la atención las dudas que asaltan al compositor sobre el resultado de algunas partes. En la primera página aparece anotada la indicación "acordes rarísimos", mientras que en la página cuatro, sobre la frase de la quinta vuelta del motivo principal, vuelve a anotar "tal vez quitarlo". Otra de las dudas que se plantea es sobre el efecto de la batería, anotando en la página cinco "tal vez quitar este efecto". Además de la partitura orquestal con todas las voces escritas, Calderón también realiza las *particellas* para cada uno de los instrumentos con indicaciones detalladas.

En relación con "Milestones", en el libreto del LP original se puede leer lo siguiente:

> Debe ser este uno de los temas de jazz que más han sonado en los últimos años; por ello, la dificultad de su tratamiento radica en que se corre el peligro de hacer algo que va a parecer muy trillado por otros tantos grupos que lo han interpretado y tantos arregladores que sobre él han trabajado; sin embargo, JUAN CARLOS CALDERÓN ha conseguido que parezca distinto, destacando también la labor de acompañamiento del contrabajo CARLOS CASANOVAS y del batería PEPE NIETO, cuyos *breaks* son dignos de ser tenidos en cuenta. La cohesión de la orquesta en unos *riffs* sucesivos, el solo de PEDRO ITURRALDE, el creador del jazz-flamenco, con un inteligente acompañamiento del propio pianista... todo se desarrolla de forma muy simple, muy eficaz, lleno de dinamismo, como preparando algo que tenía que venir; y vino una obra maestra de color orquestal.[14]

La química entre la amplia sección de viento de esta versión también quedó ampliamente demostrada a raíz de escuchar el resultado de la grabación final. Sus constantes cambios rítmicos, acentuando golpes en partes débiles y descomponiendo las figuras a la vez que se mantiene firme el compás de 4/4, junto con la desfiguración de la armonía en busca de la improvisación constante, dan como resultado

14. Texto del libreto publicado en el LP original, escrito por Juan Claudio Cifuentes y Paco Montes.

todo un logro por parte de J. C. Calderón al atreverse con un tema tan conocido e interpretado en el ámbito jazzístico.

El tema "Bad Feeling" (4'57") es la primera composición original que aparece en este disco y Calderón adquiere protagonismo al interpretar un solo de piano. Con distinto arreglo, había sido incluido en el anterior álbum, *Juan Carlos Calderón presenta a Juan Carlos Calderón*, sin embargo, cambia la palabra "bud" por "bad", aportando un significado distinto. Se trata de una balada jazz cuya melodía principal recae en la trompeta de Joe Moro y las improvisaciones están repartidas entre el saxo soprano de Pedro Iturralde y el piano de Calderón. La balada va transitando desde la nostalgia y la oscuridad hacia la luz, con el brillo de los metales y el doble tempo en el ritmo, para volver a la nostalgia a través del solo de piano, con una interpretación inspirada.

La composición se estructura a partir de una progresión armónica que se repite cuatro veces y se va enriqueciendo dinámica y texturalmente, con la intervención de las distintas voces de los metales, dejando la parte central para las improvisaciones y algún cambio de ritmo, pasando a ser a doble tiempo. La armonía es tonal, a diferencia de "Milestones", que es modal.

Al final de la partitura encontramos algunas indicaciones curiosas que Calderón anotó: 1.ª) Doblar muchas veces el ritmo; 2.ª) Acompañamientos rítmicos pasar notas cortadas; 3.ª) Parte fortísima de metal *open*, referenciado en los compases siete y dieciocho de la partitura.

"Sambando" (6'21") es una composición original de Calderón, de estilo latino y en la que hay un motivo principal presentado en el piano, con 4 acordes en 4 compases de 4/4.

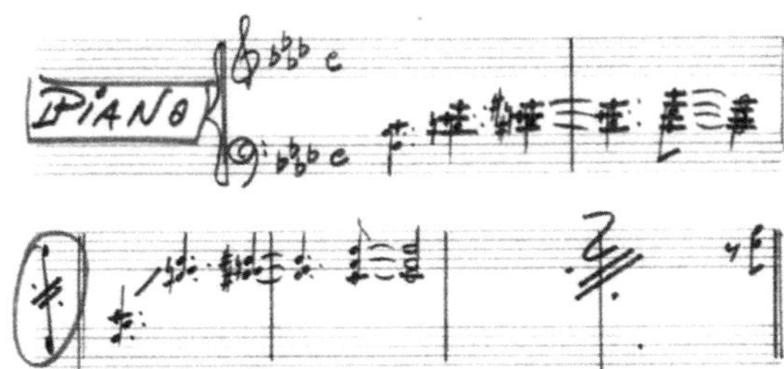

Particella original de piano con el motivo principal.

Este motivo principal se repite durante toda la composición con distintas variaciones en diferentes texturas y timbres: algunas a modo de respuesta y otras con diferentes intervalos. La particularidad de este tema son los solos que se suceden en distintos instrumentos, alternando entre el piano, la flauta de Iturralde, el saxofón de Vlady Bas y el complejo y sofisticado solo de batería de Pepe Nieto, en el que están presentes una gran multitud de timbres extraídos de todo el set de percusión.

En el libreto del álbum leemos:

> De la atmósfera melancólica pasamos a la exótica, intrigante, obsesiva, producto de la imaginación de CALDERÓN en un alarde de expresionismo. Ante nosotros bailan las figuras de la samba, los espectros de la magia negra brasileira, los dioses de su paganismo, los fetiches de su *macumba*. Un ritmo intenso, irónico, recogido por el solo de JUAN CARLOS CALDERÓN en una improvisación misteriosa, llena de interrogaciones. El redoble obsesivo de trombones y saxo barítono enerva el ambiente. Hasta la flauta, siempre serena y casi feliz, se vuelve ahora inquieta, inaprensible. El tema sigue brindándonos hallazgo tras hallazgo. Entra VLADIMIRO BAS, el saxo alto, en un solo torturante, con la belleza y misterios de todo lo que está lleno de vida dramática y dura. Como pies descalzos que trazan en la arena imaginaria de una playa los pasos de una samba, como un tambor que recuerde viejas leyendas, el solo del batería PEPE NIETO, obra maestra por su concepción, nos conduce de la mano al misterioso final de este tema, a la anarquía improvisativa de toda la orquesta y al fuerte acorde final.

"Stolen Moments" (5'27") es una composición original del clarinetista Oliver Nelson, perteneciente a su séptimo álbum *The Blues and the Abstract Truth*, publicado en 1961 por el sello Impulse! Records, grabado por el pianista Bill Evans junto con Freddie Hubbard (trompeta), Eric Dolphy (saxo alto), George Barrow (saxo barítono), Paul Chambers (bajo) y Roy Haynes (batería). De nuevo, encontramos la influencia del pianista Bill Evans en J. C. Calderón, y se trata de un blues del tipo menor en Do (al igual que el original), con bloques de dieciséis compases para las melodías principales y de doce compases para los solos. Como elemento original destaca la presentación del tema principal armonizado para tres flautas, mientras que en la grabación de Oliver Nelson está escrito para trompetas. Así lo describen en el libreto Juan Claudio Cifuentes y Paco Montes:

> Es un blues lleno de intensidad y belleza, expuesto por la madera y las flautas, que dan un encanto especial a esos *stolen moments*, a esos momentos robados por el tiempo, la vida, un adiós o una borrachera. La sección de saxos, de grandiosa cohesión y empuje, domina y destaca a lo largo del disco. De ella surge otra vez VLADIMIRO BAS, cuyo lamento musical está lleno del calor íntimo que produce el padecer. JOSÉ CHENOLL, primer trombonista español, en un solo lleno de serenidad, desarrolla la tristeza y sencillez, se deja arrastrar por él, volviéndose romántico y sentimental; cuando el tema acaba, nos parece seguir oyendo el excelente trabajo rítmico de CARLOS CASASNOVAS y PEPE NIETO y ese feliz vuelo que sobre las trompetas hace JUAN CANO en octava alta.

El quinto corte, "Straight, No Chaser" (4'32"), es una composición de Thelonious Monk que se ha convertido, a lo largo de su historia, en uno de los temas de jazz más versionados e interpretados en *jam sessions* y actuaciones en las que priman los estándares de jazz. Fue compuesto y publicado por primera vez en julio de 1951 como parte del disco *Genius of Modern Music*. En 1958, es Miles Davis quien versiona el tema para el álbum *Milestones* y, en 1967, es nuevamente grabado por el autor para Columbia Records en un álbum con título homónimo. Este álbum representó el sexto de su carrera y el último que grabó junto a su famoso cuarteto formado por Larry Gales (bajo), Ben Riley (batería) y Charlie Rouse (saxo tenor). La composición es de tal relevancia que, en 1988, Clint Eastwood produjo un documental dirigido por Charlotte Zwerin titulado *Thelonious Monk, Straight, No Chaser*.

La versión de Calderón está estructurada en ocho bloques en los que se suceden distintos solos y una coda final, donde retoma el tema principal tal y como se puede ver en el siguiente esquema:

1 Tema principal	2 Tema principal con variaciones	3 Solo de trombón	4 Solo de trompeta	5 solo de saxo tenor	6 Solo de saxo alto	7 solo de piano	8 solo de batería

La tonalidad original estaba en Sib, mientras que la versión de Calderón está en Fa, al igual que la de Miles Davis, y la armonía se basa en una habitual progresión de blues de doce compases que se repite. Las *particellas* de cada instrumento presentan múltiples correcciones garabateadas a mano, lo que nos hace suponer que Calderón le dio muchas vueltas hasta lograr la versión final. En el libreto del disco leemos:

> El tema de Monk sirve de trampolín a los solistas que aprovechando su tiempo medio hacen solos de estimable valor; CHENOLL interviene de nuevo con un arranque lleno de "drive", en su mejor momento en el disco, con la responsabilidad de ser el primero y, por ello, el que va a marcar la pauta a los demás; JOE MORO, a sus anchas en el blues, dejándose llevar por esa facilidad de tocar lo que sea, rebozada aquí por su ya histórico buen humor; VLADIMIRO BAS, sinuoso y sutil, deja a un lado sus portentosas condiciones técnicas para recrearse solo en la música dando paso al discurso autoritario de PEDRO ITURRALDE. El piano con alegría y desenfado contagiado por sus compañeros. Y no podía faltar el solo de PEPE NIETO característico de su estilo, con nervio, jugando con gran habilidad un difícil contrapunto. Es un tema sin mixtificaciones. Solo jazz, sin concesiones...

"Bloque 6" (4'14") es el tema que cierra el disco y que da título a todo el álbum. Se trata de una versión orquestal muy elaborada del tema "Bloque núm. 6", de su anterior álbum en formato trío. Escrito en compás de 3/4, la forma del tema se estructura en ocho secciones de treinta y dos compases cada una y tres bloques diferenciados, con una coda final:

A	A'	B	C	C	B	A'	A	Coda
32 cc.	32 cc.	32 cc.	32 cc.	32 cc.	32 cc.	32 cc.	32 cc.	41 cc.

Según podemos observar, el diseño de la estructura es simétrico y cíclico, es decir, excepto la coda, empieza y termina con el tema A, siendo el punto central el C, que se corresponde con la parte dedicada a las improvisaciones y el punto más álgido del tema. Tanto la dinámica como la textura están muy cuidadas y Calderón escribe las *particellas* para todos los instrumentos con una anotación puntillosa de cada uno de los elementos que quiere que suenen, mostrando así que tiene muy claro el resultado que pretende obtener sin dejar nada al azar, excepto las improvisaciones centrales.

El periódico *La Vanguardia* (24/08/1968) se deshace en elogios hacia el disco que aún está por editar:

> Juan Carlos Calderón, el joven pianista y arreglador español, ha reunido una orquesta de jazz de catorce músicos y ha grabado con ella un disco de larga duración que será editado pronto. Como el disco no está todavía materializado, el propio Calderón nos ha dejado escuchar la cinta magnetofónica correspondiente y podemos avanzar que se trata de una obra de extraordinaria importancia, de la que no se recuerdan antecedentes españoles más o menos lejanos. Usando arreglos del propio director, Juan Carlos Calderón, sobre tres piezas ya conocidas y otros tres originales, la orquesta actúa con un nervio y un vigor admirables, en un lenguaje totalmente jazzístico, de jazz puro y actual. Será un disco que, cuando se publique, causará sensación, y no solo a esta parte de los Pirineos, sino muy probablemente más todavía del otro lado.

Después de la grabación del disco y antes de su publicación, tiene lugar la esperada actuación en el III Festival Internacional de Jazz de Barcelona, que se celebra del 6 al 10 de noviembre de 1968, organizado por el promotor Juan Roselló. Esta edición, siguiendo con la dinámica de traer estrellas internacionales, contó con la Gran Orquesta de Count Basie, Muddy Waters Blues Band, Horace Silver Quintet, Salena Jones and Her Trio, Earl Hines All Stars, Frank Foster Quartet o Phil Woods Quartet, entre otros. Juan Carlos Calderón y el Jazztet actúan el 7 de noviembre en el Palau de la Música, compartiendo escenario con The Stars of Faith of Black Nativity. Dicha actuación queda registrada en la hemeroteca del Centre de Documentació de l'Orfeó Català, con fecha, hora, músicos acompañantes y tarifas, cuyos precios oscilan entre 50 pesetas la entrada general y 1.400 pesetas los palcos y anfiteatros centrales.

En los días previos al festival (26/10/1968) aparece una larga crítica en *La Vanguardia*, firmada por Alberto Mallofré, que incluye una fotografía de Calderón. La crítica se deshace en elogios a la nueva formación de su orquesta:

> Entre toda esta variada constelación de nombres famosos, tenía que haber una representación española y la habrá. La más nueva, la de mayor envergadura y la de más calidad: la gran orquesta española de Juan Carlos Calderón. Para decirlo más exactamente, el "Juan Carlos Calderón Jazz-tet". Esta es una formación verdaderamente sensacional, como no hay antecedentes en España. Una gran

> orquesta al estilo clásico, integrada por solistas de primera fila, interpretando arreglos originales y modernos del propio líder, Juan Carlos Calderón. Calderón es un nuevo talento del jazz europeo. Todavía muy joven, su fama no alcanza aún el nivel de sus reales merecimientos, pero su labor al frente de esta orquesta, que ha sido ya calibrada por diferentes críticos internacionales que han escuchado unas grabaciones recientes a punto de ser editadas, se está conceptuando cada día con más firmeza como de auténtica sorpresa. [...] El propio Tete Montoliu, que estará ausente este año del Festival de Barcelona como intérprete, se desplazará de Madrid ex profeso para escuchar la orquesta de su colega Juan Carlos Calderón, a la que está tributando los más encendidos elogios. Y no es él solo. Le acompañan en la loa infinidad de músicos internacionales, técnicos y críticos. Aparte de los arreglos, que son en verdad estupendos, hay en la orquesta el atractivo de los grandes solistas de la fama de Pedro Iturralde, el número uno del saxofón-tenor, y Vladimiro Bas, único español que ha actuado en el Festival de Jazz de Newport, en Norteamérica. [...] Esta gran orquesta, que será una auténtica revelación en Europa, se presenta como primicia ante el público de Barcelona, que va a ser su primer tribunal. Hace falta que se le escuche y no cabe duda de cuál va a ser el veredicto.

Dos días después del festival, de nuevo, Alberto Mallofré vuelve a escribir una crítica en *La Vanguardia* en referencia a la actuación de la orquesta. Tras el título, la entradilla es: “La sorprendente orquesta de Juan Carlos Calderón y el triunfo desbordante de los Stars of Faith”. Después de valorar positivamente al grupo vocal Stars of Faith, dedica un gran párrafo a la actuación de Juan Carlos Calderón y el Jazztet, apuntando la “plena aprobación” del gran pianista Horace Silver hacia la orquesta:

> Y es que, realmente, no habíamos podido escuchar nunca una formación orquestal española que se le pudiera comparar. Fue admirable la originalidad de su sonido, la puesta en hora verdaderamente internacional de los arreglos instrumentales y la radiante soltura que todo ello expresó. [...] Por otra parte, el espacio que ocuparon los solos dentro de cada composición tuvo su proporción y su lógica, sin excesos desmedidos ni cortedades decepcionantes. El repertorio fue también variado, alternando las piezas conocidas como “Milestones” o “Stolen moments” con los temas originales (y muy atractivos) de Juan Carlos Calderón. Como toda esta obra orquestal se debe a la iniciativa y al empuje de este joven pianista santanderino, que se ha acreditado rápidamente como un gran talento en las varias facetas de compositor, director, arreglador e instrumentista, es a él a quien se dirigió mayormente el aplauso convencido del auditorio. Y es que, realmente, su esfuerzo por una parte, y el volumen y la cantidad de buenos resultados, merecen que no se le regatee el aliento. Su obra, por el momento, puede ya, desde ahora mismo, prestigiar al jazz español en esta faceta particular y tan ardua de las *big bands*. Y esto es ya una consecución positiva de contornos sumamente halagüeños.

Un recorte de prensa (facilitado por Teresa Calderón) de origen desconocido hace referencia a la crítica de *La Vanguardia*, incluyendo foto de la actuación. El artículo se titula "La prensa española habla de milagro español al juzgar la presentación de la *Big Band* de J. C. Calderón". Y, después de destacar las frases de *La Vanguardia*, cita titulares de otros medios: "*Tele-express* habla de «milagro español». Dice: «Nuestra tierra, tan árida para esto del jazz, resulta que ha sido capaz de darnos, casi por generación espontánea, toda una *Big Band*, la Juan Carlos Calderón Jazztet»". Continúa su discurso recogiendo las palabras del crítico Carlos Marimón:

> Finalmente, he aquí lo que Carlos Marimón, crítico de *El Noticiero Universal*, ha escrito en su periódico: "Juan Carlos Calderón con su «jazztet» cerraba la velada. Un jazz eminentemente comercial, con un grupo de trompetas efectivas y potentes. Toda una masa de metal que se iba alternando para presentar todo un cuadro vibrante de jazz. Se nos antoja un paso importante para nuestro jazz la creación, difícil creación, de un grupo de este tipo. Juan Carlos Calderón ha conseguido agrupar a unas figuras de jazz de nuestro país y ha formado un conjunto muy digno y que puede alcanzar un verdadero nombre. Si, inicialmente y bajo nuestro punto de vista, se han escogido números de no excesiva dificultad, creemos que, de ser posible la continuidad de este «jazztet», pueden alcanzar un puesto importante".

Dos semanas después de la celebración del festival, se anuncia en *La Vanguardia* (23/11/1968) la preparación de un segundo disco por parte de Calderón con los mismos músicos:

> Tras el éxito artístico de su orquesta en el Festival Internacional de Jazz de Barcelona, Juan Carlos Calderón está ya preparando un segundo disco *long play* con la misma formación orquestal. El primer disco se grabó el pasado verano y su publicación es inminente. En el segundo, Calderón piensa incluir, en un ochenta por ciento, temas tradicionales españoles adaptados al lenguaje jazzístico de gran orquesta y entre la selección que está barajando tiene ya un título en firma: "La dama d'Aragó". Otros *trad* catalanes están también en la baraja.

La publicación "inminente" del disco tuvo lugar a principios de 1969 y el segundo disco nunca se llegó a grabar.

Poco después, de nuevo, *La Vanguardia* publica un artículo (con foto incluida) y valora en su medida la actuación en el III Festival de Jazz, porque supone "la plasmación del ideal de buena parte de los músicos españoles, que han sentido frustradas sus posibilidades por falta del debido apoyo oficial o de entidades públicas —radio y TV— a la gran orquesta, ya sea sinfónica, de jazz o ligera". El artículo pone de manifiesto la complejidad de llevar a cabo este tipo de iniciativas, reclamando la necesidad de financiar de manera oficial más orquestas para "salvaguardar una profesión" en un momento en el que la industria discográfica está viviendo un momento álgido y así evitar "la falta de vocación entre las nuevas generaciones".

Además, resalta el esfuerzo de la orquesta de Calderón "puesto que lleva consigo una serie de ensayos y puesta a punto por parte de los músicos que en su mayoría no tienen ocasión de cultivar la música de jazz más que de tarde en tarde". Finaliza el artículo haciendo una valoración sobre los aspectos musicales propiamente dichos, matizando que el esfuerzo "es suficiente para paliar los pocos o los varios defectos que pudieran localizarse escuchando este disco". Destaca la "preponderancia a un metal potente y agresivo, integrado por cuatro trompetas y tres trombones", sin embargo, señala su disconformidad con la sección de saxos pues, para su gusto, faltaría un quinto saxo. Concluye matizando otros aspectos:

> Menos afortunada nos parece la sección rítmica, cuya labor queda desfasada de la órbita modernísima en que giran los arreglos. La grabación responde a una buena calidad global, aunque las voces solistas no tienen la debida presencia. Es una lástima que la aparición de este disco, grabado hace medio año aproximadamente, no hubiera coincidido con la presentación de la orquesta en el III Festival Internacional de Jazz de Barcelona.[15]

En una entrevista concedida al diario *Hierro* de Bilbao (26/02/1972), Calderón habla sobre los premios que ha obtenido hasta ese momento y lo que supuso para él el reconocimiento de su labor al frente de la orquesta de jazz: "Premios Ondas al mejor LP de jazz... Otros menores y uno que, para mí, es el mejor: el de poder trabajar con una gran orquesta de jazz en el Festival Internacional, representando a España y recibir, con ese motivo, felicitaciones de figuras mundiales como Count Basie, Lou Watters, etcétera".

En 1975, *Bloque 6* se reeditó en vinilo y, posteriormente, en 1996, fue publicado en CD por el sello Blue Note. En una posterior entrevista concedida a la revista *Efe Eme*, J. C. Calderón hablaba así del disco *Bloque 6*:

> Yo pensaba que esta vez iba a durar algo más en las tiendas y regalé todos los ejemplares que tenía y ahora me he quedado sin él. Parece que está maldito. En fin, me gustaría hacerme con una copia porque le tengo especial cariño a aquel disco. Lo grabé con Trabucchelli y con músicos españoles. Es completamente elitista y, sin embargo, me ha generado tanto dinero en concepto de derechos de autor como una canción de Mocedades, porque se ha vendido mucho a lo largo de los años. Es un álbum de catálogo que descatalogan una y otra vez.[16]

En otra entrevista publicada en la citada *Enlace Funk,* Calderón recuerda con nostalgia este hecho:

> Luego hice *Bloque 6*, mi primer disco de *big band. Bloque 6* era el disco más avanzado que se podía hacer en aquellos momentos. Había una armonía, influida

15. Carbonell, Daniel, "El Bloque 6 de Juan Carlos Calderón", *La Vanguardia* (29 de marzo de 1969), p. 47.

16. Lapuente, Luis, "Las palabras de Juan Carlos Calderón", *Efe Eme* (2003).

por el orquestador Gil Evans. Me atreví a hacer unas sonoridades, incluso hoy, muy avanzadas. Está grabado con una técnica pobre en una tarde, todo entero. Vino a raíz de un concierto encargado por la Radio Nacional de España, grabado por Hispavox, ahora Blue Note. Digo el más avanzado de *big band*, porque nadie se ha metido a hacer esos acordes ni esas elucubraciones. *Bloque 6* era un disco ambicioso. Nadie ha sacado en España un disco con esos acordes, además, la banda era impresionante. Tuvo un premio muy importante, el de mejor disco extranjero. Por aquella época tocamos en el Palau de Barcelona teloneando a Count Basie y Duke Ellington.

Pepe Nieto recuerda con orgullo su participación en *Bloque 6* y subraya que fue un proyecto muy personal de Calderón a la hora de escoger los temas y hacer los arreglos:

> Nadie intervino en nada, no es una cosa de las que el grupo se reúne para decidir qué se toca. Nosotros colaboramos como músicos y había libertad y equilibrio con los solos. En ese disco, todos los que sabían improvisar, improvisaban, Juan Carlos conocía la capacidad de cada uno de nosotros porque nos conocíamos bien en el escenario. Los que son músicos de atril, tocaban lo que estaba escrito y listo; todo el que era músico de jazz e improvisador, hacía sus solos y eso forma parte del arreglo, de que haya equilibrio. No es un proyecto común, era algo personal.

Bloque 6 obtuvo un premio al mejor Disco de Jazz Extranjero en EE. UU. (1968) y actualmente no es fácil encontrar el disco en formato físico. Un álbum de esta magnitud, donde se reúnen los músicos más importantes del jazz español de la época, no puede caer en el olvido y sería conveniente hacer una nueva edición.

La dualidad entre el jazz y el pop

A principios de la década de los setenta Calderón comienza a ser conocido por sus incipientes éxitos en la canción pop, como veremos posteriormente, y algunos críticos se sienten molestos por ello. En 1972, el periódico *ABC* (8/08/1972) publica un artículo en el que relata el "encuentro hispanoamericano" que tuvo lugar en la Sala Pikos del Hotel Meliá Castilla. Se trataba de una convención de delegados de diversos países, para los que actuaron varios artistas españoles, como Manolo Sanlúcar, La Paquera, Los Globos y Cecilia, entre otros. También actuó J. C. Calderón y, sobre esa actuación, el redactor ironiza: "¿Ha dejado a un lado lo «pop» al «jazz»? Cabía preguntárselo, cabía añorar, y mucho, al arte nacido en Nueva Orleans ante la actuación de Juan Carlos Calderón y su grupo, verdaderamente espléndidos en sambas-blues y sambas de carnaval". La dualidad en la faceta compositiva entre el jazz y el pop no es aceptada por todos los críticos, sin embargo, a estas alturas se siente cómodo con su capacidad para lograr auténticas taraceas en forma de canciones comerciales. Aun así, sigue amando el jazz y aprovecha todas las oportunidades que tiene en su apretada agenda para interpretar el género.

Así, en noviembre de 1972, el *ABC* anuncia un concierto de Calderón en el Whisky Jazz-Bourbon Street con tres pases en la misma noche. Además, su nombre figura en la programación del curso 1972-1973 en el Colegio San Juan Evangelista, un colegio mayor que, en palabras de Andrés Aberasturi, "era polémico porque se entraba normalmente y se salía con los grises corriendo detrás",[17] por su tendencia de izquierdas cuando en España aún estaba vigente la dictadura. En el San Juan Evangelista actuó con diversas formaciones: en la II sesión como componente de Vlady Bas Cuarteto, en la III sesión con la formación Juan Carlos Calderón Jazztet de Madrid, en la V sesión de nuevo con Vlady Bas y en la VI sesión como pianista del grupo de Claude Ghilhot (vibráfono). También abre la temporada del siguiente curso (1973-1974) con la formación de Vlady Bas Cuarteto.

El *free jazz*

Además de sus proyectos personales, Calderón también participó en los de otros músicos, como es el caso del álbum dirigido por el saxofonista Vlady Bas, titulado *Free Jazz, Vlady Bas en la Universidad.* Se publicó en 1973, cuatro años después de *Bloque 6*, y en este proyecto acompañó a Vlady Bas, Pepe Nieto y David Thomas.

Vlady Bas explica que "lo que llaman *free jazz* en muchos sitios es una serie de ruido a ver quién gana. Nosotros subíamos al escenario sin nada preciso y a uno se le ocurría una frase y el otro se enganchaba. Nos seguíamos unos a otros y era una maravilla".[18] Pepe Nieto también manifiesta que sus experiencias con el *free jazz* son lo más importante que ha hecho en su vida artística. Además, hace hincapié en la importancia de este disco y me cuenta cómo surgió la idea de tocar *free jazz*:

> Escucha lo de *Vlady Bas en la Universidad* y que no se te olvide que no hay nada escrito, es decir, salíamos al escenario y decíamos "¿Quién empieza? Pues venga, empieza tú". Empezaba el bajo o Juan Carlos [...], con una idea que se le venía a la cabeza y los demás le seguíamos. No había ni una frase premeditada, ni el tiempo, ni el compás, ni nada. Es más, mi experiencia artística más importante ha sido esa. Pierdes la noción del tiempo hasta tal punto que decíamos "¿Cuánto tiempo tenemos que tocar?... Media hora. Vale, cuando falten 5 minutos nos hacéis una señal para ir preparando el final". Porque, si no, nosotros no sabíamos el tiempo que estábamos tocando, era una concentración tan bestial que entrábamos en una especie de trance. Eso fue estupendo y, además, me enseñó a comunicarme con la gente. Aprendes que, si tú te aburres, la gente se aburre y, si tú te diviertes, la gente se divierte, porque comunicas eso [...].
>
> ¿Sabes cómo surgió lo del *free jazz*? Surgió porque llevábamos mucho tiempo tocando juntos y cuando no había gente en el club, a primera hora de la noche, empezábamos a tocar lo que queríamos y a improvisar un poco. Fuimos a tocar

17. Entrevista personal con Andrés Aberasturi.
18. Entrevista personal con Vlady Bas.

> durante dos semanas a un club que había en la cuesta de Santo Domingo, en Madrid, creo que se llamaba Chelsea y los empresarios nos decían, "¡Oye, tocar un jazz facilito!" refiriéndose a *dixieland*, *swing* [...], *bossa nova*, el "Take Five", etc. Una noche que había bastante gente estábamos tocando un jazz facilito y no nos hacía caso ni Dios. Todo el mundo estaba a su bola, hablando y tal, y nosotros en un momento dado dijimos: "¡Oye, ya que no nos hacen caso vamos a tocar lo que nos salga!". Y así empezamos con el rollo del *free jazz*. A los diez minutos, la gente estaba en silencio, atrapada y completamente concentrada en lo que estábamos tocando. Fue una experiencia reveladora. Nosotros estábamos tocando jazz de oficio. Era otra cosa, había otra energía, otra tensión y eso se transmitía al público, [...] Éramos el cuarteto de Vlady, Juan Carlos, David Thomas y yo. Esto del *free jazz* fue en un momento en que estaban trabajando ya todos en otras cosas, en la época de *Vlady Bas en la Universidad.* Los mejores ratos de mi vida han sido tocar en trío o en cuarteto con él.[19]

Free Jazz, Vlady Bas en la Universidad se grabó en directo en la Universidad Complutense de Madrid (de ahí el título) y fue producido por Manolo Díaz bajo el sello discográfico Acción y distribuido por Zafiro. Aunque está descatalogado y es difícil de conseguir por las pocas copias que se editaron, José Miguel López, presentador y director del programa *Discópolis* de Radio 3, consciente de la importancia de este disco y de la dificultad de su audición, lo emitió en su programa del día 3/12/2012 y se puede escuchar en pódcast. El disco consiste en dos temas completos, uno por cada cara, titulados "Laberinto (1ª parte)" y "Laberinto (2ª parte)".

En la contraportada, Pepe Nieto desarrolla un pequeño tratado sobre la evolución del jazz hasta llegar al *free jazz* como símbolo de la máxima libertad, explicando que en este disco no hay nada premeditado, excepto una frase de Vlady Bas que aparece en la cara A:

> Después de alcanzada una gran perfección armónica y rítmica, se sigue buscando mayor libertad, [...] y así se empieza a seguir un camino, en cierto modo, inverso [...], pero todavía no es bastante; sigue habiendo una forma a la que hay que ajustarse, una línea armónica y una cuadratura rítmica. No hay libertad absoluta. Hay que prescindir todavía de todos estos elementos preestablecidos que persisten durante toda la interpretación. Y así llegamos al contenido de este disco, auténtica muestra del llamado *free jazz* —jazz libre—. Creo que hubiera sido necesario subrayar la palabra "llegamos", pues para mí es la clave de este tipo de música. A esta música hay que "llegar" por evolución, por aprendimiento con normas condicionantes de la libertad creadora, al quedarse pequeñas las formas anteriores y, sobre todo, hay que llegar con un importante bagaje de formación musical, de sensibilidad y de un profundo conocimiento de todas esas normas, formas y estructuras de las que hablábamos, pues no se trata de no utilizarlas,

19. Entrevista personal con Pepe Nieto.

> sino de no preestablecer ninguna y emplear libremente todas, según convenga en cada momento. Y esto es exactamente lo que Vlady Bas hace en esta grabación. [...] Vlady, líder en esta ocasión de nuestro cuarteto ha encontrado en el *free jazz* su medio de expresión ideal. Solo quiero añadir que nada de lo que este disco contiene, como en cualquier otra de nuestras actuaciones en directo, ha sido ensayado o preparado con anterioridad y, solamente al final de la primera cara, Vlady improvisa sobre una frase rítmica que conocíamos de antemano y que pertenece a una composición suya. Esta es, en fin, la música de Vlady Bas en la cual colaboramos encantados Juan Carlos, David y yo.

Recién publicado, *La Vanguardia* (3/03/1973) lo valora como "una experiencia excitante para el que escuche este disco atentamente y con espíritu abierto y receptivo, porque es vivir uno mismo, desde dentro, la eterna epopeya del artista lanzado a la búsqueda de un hallazgo que no encuentra".

Días después, la revista *Blanco y Negro* (31/03/1973) define *Vlady Bas en la Universidad* como "los mejores momentos grabados en directo" y etiqueta a la formación como "grupo modélico":

> En menos de un mes aparece un segundo disco del saxofonista español Vladimiro Bas, con idéntica formación, en "Cuarteto" de jazz, sin orquesta ni coros: Juan Carlos Calderón, pianista (...), David Thomas, contrabajista de raza negra, y Pepe Nieto a la batería. De acuerdo con el título y bajo el nombre *Laberinto*, se recopilan aquí dos de los mejores momentos grabados en directo, de las muchas sesiones ofrecidas a la afición universitaria de Madrid. Este disco ofrece, además, la particularidad de que, aun siendo "*free*" —palabra que sugiere la anarquía de improvisaciones colectivas—, posee sorprendente coordinación musical, gran rigor lógico en el fraseo y una muy diáfana ensambladura en los ritmos. [...] Coordinación, lógica y libertad de expresión, fluidamente acatada por los componentes solistas de ese grupo modélico.

En el recopilatorio *Fetén Rare Jazz Recordings From Spain (1961-1974)*, aparece reeditada la cara B, "Laberinto (2ª parte)". Este recopilatorio —firmado por el *disc-jockey* Javi Bayo y publicado en el año 2012— está formado por cuatro discos en formato CD, que contienen una selección de trece piezas grabadas entre los años 1961 y 1974. Entre las trece piezas, aparecen otros tres temas compuestos y grabados por Calderón: "Rememberance To Madrid" (Elia Fleta y el Jazztet), "Psique" y "Sambando". Esto es una muestra más de la importancia que tuvo Calderón como figura del jazz durante esos años.

También se conservan dos grabaciones inéditas realizadas en directo en el Teatro Monumental de Madrid, el 2 de noviembre de 1974, participando los cuatro músicos mencionados junto con el guitarrista Carlos Villa. La primera grabación se titula "Monumental Free Jazz", tiene una duración de 48'36" y en ella los músicos tocan sin tempo marcado y sin ninguna base ni armonía establecida. Es Vlady Bas el que sugiere la primera melodía y a partir de ahí se va desarrollando la pieza. La segunda grabación lleva por título "Monumental Blues" y tan solo dura 8'06". La fuente de inspiración es el blues, por lo tanto, no se puede considerar *free jazz* como tal, ya que en la mayor parte de la grabación los intérpretes respetan las ruedas de blues de doce compases y realizan improvisaciones sobre estas bases.

Días después de la grabación en el Teatro Monumental, se anuncia en *ABC* (19/11/1974) la creación del primer Festival de Jazz de Madrid, patrocinado por el Ministerio de Información y Turismo a través de la Dirección General de Teatro, ya que "Madrid era prácticamente la única capital de Europa que no contaba con un buen festival de jazz". Sin embargo, según *El País* (4/11/2007), "el Festival de Jazz de Madrid nació cuatro veces", la primera en 1961, la segunda en 1969, la tercera en 1974 y, por último, en 1980. La edición de 1974 se denominó "Newport en Madrid" y se celebró durante tres días (20, 21 y 22 de noviembre). Tuvo una gran repercusión mediática por el atractivo cartel de participantes, entre ellos el quinteto de Pedro Iturralde, el pianista McCoy Tyner y su orquesta y por el homenaje a Charlie Parker, contando con la participación de los músicos más importantes que han figurado en la plantilla de su orquesta en los últimos diez años, Gillespie entre ellos. En el cierre de la edición, antes de la actuación de Gato Barbieri, actuó el Quinteto Free Jazz, del cual formaba parte Calderón. Cuatro días después *ABC* (26/11/1974) publica una entrevista titulada "Juan Carlos y el Jazz", en la que el compositor explica por qué tuvo tanto éxito:

> Mi música preferida ha sido siempre el "jazz" y por eso soy uno de los pioneros de este movimiento en España. Me he alegrado enormemente que se celebrara este primer "Jazz-Madrid" porque creo que era necesaria en Madrid una reunión musical de este tipo. Han acudido los mejores músicos y, por la acogida que ha tenido, pienso que debería celebrarse todos los años. Hasta ahora el jazz ha estado encerrado en pequeños clubs. Creo que por eso fue disminuyendo la atracción popular hacia las raíces de la música moderna, incluido el *rock and roll.* Ya sé que últimamente, yo personalmente, lo tenía un poco abandonado de cara al público. Por eso, porque veo que el jazz es una música que sigue gustando a la juventud y en general a todos los públicos, estoy preparando un *long play* de jazz. Para mí sería una gran ilusión sacar a la calle un disco así, pero ya se sabe que la última palabra la tiene la casa discográfica, pues es bien sabido que la mayoría de las veces buscan más lo comercial, aunque esto no quiere decir que todo lo comercial no tenga calidad.

Las grabaciones de RNE

Entre 1974 y 1975, Radio Nacional de España propone a José Nieto realizar una serie de programas radiofónicos cuya finalidad es hacer un recorrido por la historia del jazz y del blues desde sus inicios hasta el momento, a través de entrevistas a los músicos más significativos de la escena de jazz madrileña. Para ello se graba una colección de veintiocho temas, entre estándares de jazz y creaciones originales de

Calderón, Iturralde y Nieto. Los programas de radio han desaparecido de los archivos de RNE, sin embargo, José Nieto conservó las grabaciones de los audios. Estas grabaciones son fundamentales para la historia del jazz en España. Actualmente, hay intenciones de reeditarlas por parte de José Ramón Pardo y, sin duda, sería un acierto, ya que reúne a gran parte de los mejores músicos de la etapa histórica.

Están distribuidas en tres discos y los músicos que intervinieron fueron casi todos los que habían formado parte de la *big band* de *Bloque 6*. Estos son: Joe Moro y José Luis Medrano (trompetas), Pedro Iturralde (saxos), Vlady Bas (saxo alto, clarinete y flauta), José Chenoll y Jim Kashishian (trombones), Joe Thomas y Carlos Casasnovas (bajo), José Nieto (batería) y Juan Carlos Calderón (piano, percusiones y ocarina).

La primera grabación está formada por quince temas estándar de diferentes estilos de jazz. Entre otros, encontramos temas como "At the Jazzband Ball", grabada en 1917 por The Original Dixieland Jazz Band e interpretada para la ocasión a ritmo de *swing* en tempo rápido, donde se suceden improvisaciones en distintos instrumentos. También el clásico "Body and Soul", en una versión en la que el saxo tenor ejecuta, de manera muy expresiva, todas las melodías y las improvisaciones, sobre un acompañamiento de piano en tempo lento y *rubato*. Los fraseos del saxofón guardan ciertas similitudes con la versión del saxofonista Coleman Hawkins en el disco homónimo de 1939. "China Boy" es una canción popular compuesta por Phil Boutelie y Dick Winfree en 1922 y la versión de la grabación está interpretada en tempo rápido a ritmo de *swing* en estilo Chicago de los años treinta, destacando los virtuosos fraseos de saxo, clarinete y piano. También encontramos dos piezas de *bebop* de Charlie Parker: "Ornithology" y "Crapple from the Apple". Calderón destaca como pianista en "September in the Rain", estándar de jazz compuesto por Jarry Warren y Al Dubin y popularizada por James Melton en la película *Melodía para dos* (1937). La melodía y la armonía es interpretada al piano sobre una base de bajo y batería.

La segunda grabación está formada por cinco temas: el clásico de Dizzy Gillespie "A Night in Tunisia", una composición de Pedro Iturralde titulada "Niebla fría", dos piezas compuestas por Calderón ("Carry On" y "Vasconia") y un tema que cierra la grabación, con el título "Free Jazz", que consiste en una improvisación de todos los músicos que integran la formación.

"Carry On" (5'36") es una pieza de jazz que en la parte inicial comparte ciertas similitudes con el tema "Bloque 6" del álbum homónimo (comentado anteriormente). Las dos piezas comienzan con el piano presentando el motivo principal y consisten en una melodía en acordes a cuatro voces con similar progresión armónica sobre una base de batería, aunque en el caso de "Carry On" el tempo es más lento. Seguidamente, toma protagonismo el saxo alto, que interpreta la misma melodía del piano con ciertas variaciones. Esta melodía o tema principal se repite varias veces y sirve de nexo entre las distintas improvisaciones que se dan entre el piano, el saxo alto y el saxo tenor. La pieza finaliza con el tema principal y una breve coda para cerrar.

"Vasconia" (2'22") es un interesante tema inspirado en el ritmo del tradicional zorcico (compás de 5/4), cuya melodía principal es interpretada por el saxo alto sobre un acompañamiento de piano, batería y bajo. Tiene una estructura cíclica, con una parte intermedia dedicada a las improvisaciones, finalizando tal y como empieza.

"Free Jazz" (29'20") es una pieza larga que va transitando por distintos pasajes. En tempo lento comienza el piano presentando un motivo melódico de tres notas sobre una armonía descendente y, poco a poco, este motivo melódico se va transformando con cambios de tempo, de armonías y de texturas. En palabras de Pepe Nieto, salvo la idea o motivo inicial, no hay nada premeditado y va surgiendo según la inspiración.

La tercera grabación de los archivos contiene ocho temas, entre los que figuran dos clásicos: "Doodlin" (Horace Silver) y "I Remember Clifford" (Benny Golson), dos composiciones de Pedro Iturralde ("Nuevas Amistades" y "Like Coltrane") y un tema de José Nieto titulado "Change". Los tres temas restantes son composiciones de Calderón. En el primero de ellos, "Vlachemopenieca" (7'06"), las sílabas del título corresponden a las sílabas iniciales de los músicos intérpretes: Vla (Vlady), Che (Chenoll), Mo (Moro), Pe (Pedro Iturralde), Nie (Nieto) y Ca (Casasnovas y Calderón). Se trata de un tema de jazz en tempo rápido con una melodía inicial y diversas improvisaciones de cada uno de los componentes de la formación. En "Play Game" (9'13"), los saxofones presentan la melodía principal y, posteriormente, da lugar a distintas improvisaciones, algunas de ellas de gran virtuosismo. Tanto en "Play Game" como en "Vlachemopenieca" se percibe la influencia de Miles Davis y su disco *Kind of Blue*, por la utilización de escalas modales (en concreto, modo dórico) y las progresiones armónicas. Por último, "Tribute" (3'14") es una pieza lenta de jazz con protagonismo del piano, interpretado por Calderón en la línea de algunas composiciones de Bill Evans, acompañado por bajo y batería.

José Nieto recuerda su último encuentro con Calderón en Madrid. Calderón le comentó que no disponía de las grabaciones de RNE y deseaba hacerse con ellas, sin embargo, Nieto no se fiaba y temía que si se las prestaba se extraviaran: "Juan Carlos era desordenado y muy despistado, no podía dejar aquello en sus manos porque seguro que las perdía". Por ello, fueron a un estudio de grabación que tenían muy cerca y, allí mismo, se hizo una copia. Nieto recuerda que, "Cuando estábamos haciendo la copia de Radio Nacional, él me dijo: «A lo mejor esto es lo más importante que yo he hecho en la vida»".[20]

20. Entrevista personal con Pepe Nieto.

Con su abuela Carmen Regules. © Familia Calderón.

Familia Calderón - López de Arróyabe, con sus tres hermanos (Teresa, Ramón y Fernando) y sus padres (Fernando y María Teresa). © Familia Calderón.

De niño tocando el ukelele. © Familia Calderón.

Concierto en Santander cuando aún no llegaba a los pedales. © Familia Calderón.

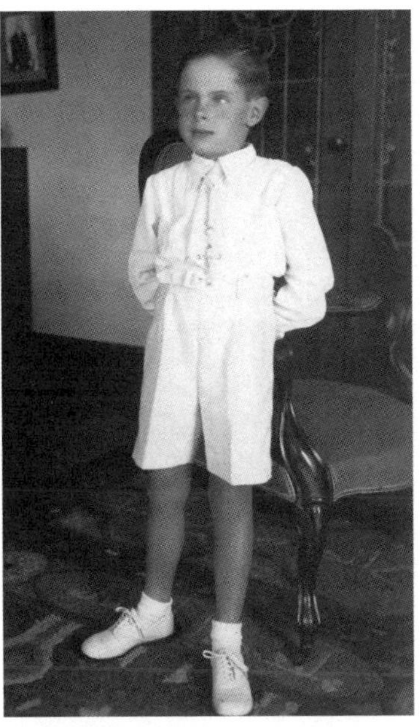

El día de su Primera Comunión.
© Familia Calderón.

1960, bailando con su madre, Teresa,
en la boda de su hermano Ramón.
© Familia Calderón

Con la actriz Gloria Swanson. © Familia Calderón.

1961. Acompañando en el Drink Club. © Familia Calderón.

1963. Junto a Tete Montoliu y Juan Claudio Cifuentes "Cifu". © Familia Calderón.

Improvisación en el Drink Club. © Familia Calderón.

1963. El día de su boda con Mariluz Fernández (Tota), coincidiendo con la boda de su primo y mejor amigo Dito, con Charo, la hermana de Tota. © Familia Calderón.

1967. En el estudio de grabación, con Luis Aguilé. © Familia Calderón.

1968. En el estudio de grabación, con Massiel y Ramón Arcusa. © Fotografía cedida por Ramón Arcusa.

Programa de TVE junto a José Luis Dibildos y José María Íñigo. © Familia Calderón.

1973. Junto a Mocedades en el Festival de Eurovisión. © Familia Calderón.

1975. Junto a Sergio y Estíbaliz en el Festival de Eurovisión. © Familia Calderón.

1975. Junto a Cecilia durante el Festival de la OTI. © Familia Calderón.

1975. Junto a Cecilia recogiendo el galardón del Festival de la OTI. © Familia Calderón.

Con Brian Stott en el estudio de grabación. © Familia Calderón.

1976. Con la cantante Regina y varios músicos. © Familia Calderón.

1977. En el Festival de Viña del Mar (Chile). © Familia Calderón.

1981. En los estudios A&M Records de Los Ángeles. © Familia Calderón.

Trabajando con Luis Miguel. © Familia Calderón.

Con Burt Bacarach y Herb Alpert. © Familia Calderón.

En Los Ángeles. © Familia Calderón.

Con sus hermanos en el estudio de Fernando Calderón. © Familia Calderón.

1982. En el pueblo de Borleña, Santander. © Familia Calderón.

Juan Carlos, junto a sus hermanos Ramón y Fernando durante una exposición.
© Familia Calderón.

Al piano durante una exposición de sus hermanos. © Familia Calderón.

Con su piano. © José Miguel del Campo.

Tocando sintetizadores en el estudio de Madrid. © Familia Calderón.

Retrato. © Colección de la autora.

Dibujo de Juan Carlos Calderón. © **Familia Calderón.**

Dibujo de Juan Carlos Calderón. © **Familia Calderón.**

Juan Carlos Calderón acompañado por Tete Montoliu y la esposa de este, la cantante Pilar Morales (1963). © Colección autora.

1973. Actuación en el Drink Club. © Familia Calderón.

1973. Mocedades en Eurovisión. De izquierda a derecha: Roberto Uranga, Javier Garay, Izaskun Uranga, Amaya Uranga, Carlos Zubiaga y José Ipiña. © RTVE.

Roberto Uranga, Juan Carlos Calderón y Javier Garay. © **Colección Teresa Calderón.**

Juan Carlos Calderón junto a varios amigos músicos, entre otros, Luis Gómez Escolar, Julio Seijas y Honorio Herrero, exmiembros de Aguaviva y La Charanga del Tío Honorio (1976). © Colección autora.

Juan Carlos Calderón, Mari Trini, Donna Hightower, Manuel de la Calva y Ramón Arcusa. Programa de TVE *La hora de Juan Carlos Calderón* (1976). © RTVE.

Johnny Mathis y Juan Carlos Calderón. Programa de TVE *La hora de Juan Carlos Calderón* (1976). © RTVE.

Con sus hermanos durante una exposición de Fernando Calderón. © Familia Calderón.

1983. En Santander. © Familia Calderón.

Con el dramaturgo Jaime Salom en 1981. © Familia Calderón.

Junto a Chavela Vargas. © Familia Calderón.

Con Lani Hall y Sergio Mendes en Los Ángeles. © Familia Calderón.

Al piano en Villa Asunción en 1981. © Familia Calderón.

Ensayando. © Familia Calderón.

Retrato en el piano. © José Manuel del Campo.

Ensayando con Ricky Martin en 1993. © Familia Calderón.

Impartiendo una *master class*. © Familia Calderón.

Departiendo con Joaquín Sabina. © Familia Calderón.

Recogiendo un premio Billboard, con Ramón Arcusa (1991). © Familia Calderón.

Posando en Los Ángeles. © Familia Calderón.

Con Cristina Abaroa, Lucho Gatica y Myriam Hernández en Los Ángeles (1992). © Familia Calderón.

En la tienda Real Musical. © Familia Calderón.

2007. Inaugurando en Santander la calle Hermanos Calderón. © Jorge Ortega.

Discografía y filmografía

El trabajo profesional y, por tanto, discográfico de Juan Carlos Calderón es casi inabarcable. Aquí se ofrece la discografía oficial a su propio nombre como músico y una selección significativa de los registros sonoros en los que participó como compositor, director orquestal y arreglista para muchísimos artistas nacionales e internacionales de gran prestigio. También, unas cuantas de las bandas sonoras de films que compuso.

Álbumes

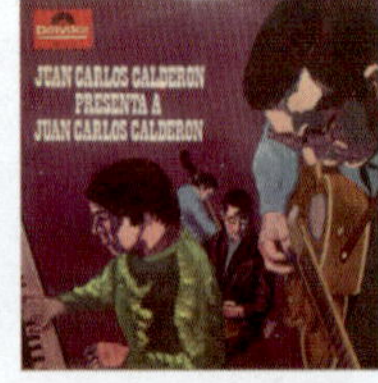

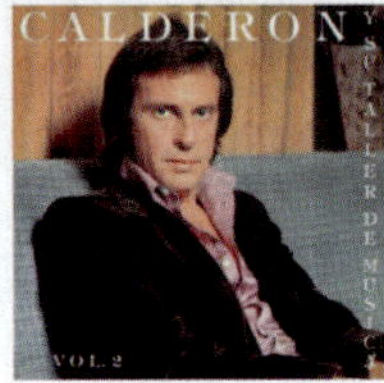

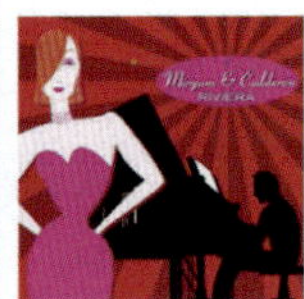

Sencillos

Trabajos para terceros (selección)

Bandas sonoras (selección)

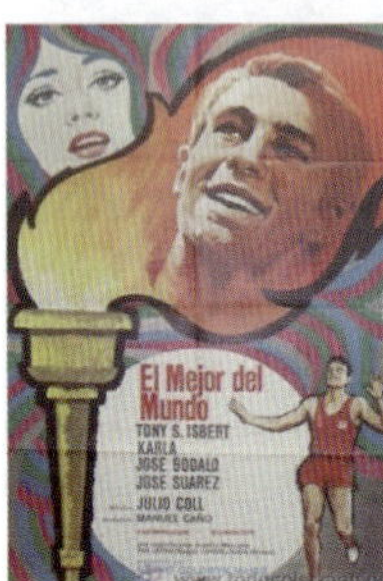

Otras bandas sonoras debidas al talento compositivo de Juan Carlos Calderón

En vísperas de la Olimpiada de México (1968)
Mañana por la mañana (1972)
La historia y la vida extraterrestre (1976)
La violación (1977)
La ingenua amoralidad de Juan Gomila (1980)

3

El camino hacia el pop

Cultura popular, televisión, radio y disco

A lo largo de los años cincuenta España comienza a abrirse poco a poco al exterior, después de la dureza de la postguerra, en la que la sociedad estaba privada de libertades y carecía de bienes de consumo, tanto materiales como culturales. Varios hitos sentarán las bases para que España inicie una modernización y comience a salir de la situación. En 1953, se firma un acuerdo de cooperación con Estados Unidos, bajo la presidencia de Eisenhower, que permite establecer las bases militares norteamericanas en suelo español. Dos años más tarde, España forma parte de las Naciones Unidas, junto con otras quince naciones. Desaparecen las cartillas de racionamiento, comienza una recuperación del desarrollo industrial a partir de 1955 y se produce un "gigantesco éxodo rural, con la despoblación de la España campesina en beneficio de la urbana e industrial",[1] además de la emigración masiva hacia otros países de Europa occidental como Alemania, Francia o Suiza, entre otros. En 1959, se establece el Plan Nacional de Estabilización Económica, que acaba definitivamente con el modelo autárquico. El progreso fue lento y los cambios se empiezan a notar a partir de la década de los sesenta, cuando se produce un crecimiento económico sin precedentes, conocido como "el milagro económico" y un "engañoso y estratégico aperturismo cultural, al menos hasta 1969".[2] El régimen franquista se volcó en promover el desarrollo a través de la promoción del turismo y para ello se creó el eslogan "¡Spain is different!", atribuido al ministro de Información y Turismo, Manuel Fraga Iribarne.

---

1. Yllán Calderón, Esperanza, *El Franquismo*, Madrid: Ediciones Akal, 1998, p. 22.
2. Alonso, Celsa, "Símbolos y estereotipos nacionales en la música popular de los años sesenta: entre la representación y la negociación", *Creación musical, cultura popular y construcción nacional en la España contemporánea*, Madrid: ICCMU, 2010, p. 213.

A causa del desarrollismo, surge una nueva clase media, con el consiguiente aumento de poder adquisitivo, provocando cambios en el estilo de vida de los españoles. Se produce una mejora de los salarios y una reducción de los horarios laborales, lo cual impulsa un cambio en los hábitos de ocio y consumo. Además, la llegada del turismo de forma masiva trae nuevas modas y nuevas tendencias. Influenciada por estas modas extranjeras, la mentalidad de la juventud española cambia y emprende una búsqueda de nuevos ritmos y estilos de música inspirada en el cine y los viajes al extranjero. La juventud adopta sonidos y ritmos americanos y europeos, dejando de lado el bolero, las baladas románticas y la música latina que había predominado en la década anterior, con artistas como Jorge Negrete o Pedro Infante. Hasta la llegada del Dúo Dinámico "la canción española se repartía entre el viejo melodismo y la españolada, caminos ya muy trillados en los años cincuenta, que habían perdido el frescor espontáneo de los años cuarenta".[3] También había una gran influencia de canción francesa e italiana, con artistas como Renato Carosone, Sacha Distel, Edith Piaf, Nilla Pizzi o Claudio Villa. Comienzan a advertirse cambios desde que el Dúo Dinámico irrumpe en la escena, y con ellos llega "un modo de entender la música pop que mira hacia fuera, a la América del twist y del rock, la que convulsiona Elvis Presley, cuya primera aparición televisiva en Estados Unidos supuso un antes y un después".[4] La música joven de esta década se llamó "música moderna", "rítmica", "yeyé", siendo la expresión "música pop" la más aceptada para referirse a la música joven de este periodo.[5]

A principios de la década de los sesenta, los grupos y artistas que se iniciaban en el pop español lo hacían imitando a otros artistas internacionales, como Los Brincos con Los Beatles, el Dúo Dinámico con los Everly Brothers, los Pekenikes con los Shadows e incluso festivales como el de Benidorm, que fue una copia del de San Remo. Gerardo Irles señala que en otros países ya había antecedentes, como el caso de Italia con "las melodías sentimentales de los Domenicos Modugnos" o en Francia con "la canción posexistencialista de los Charles Aznavour y los Brel", sin embargo, en España predominaba la canción con toques flamencos y el estilo de los boleros llegados de Sudamérica, así que "la única opción era la imitación simple y banal".[6] Y si, en efecto, la mayor parte de los artistas partieron de la imitación, podemos ver que aquellos que alcanzaron cierta estabilidad y continuidad, con el tiempo encontraron su propio estilo, contribuyendo a crear una identidad propia en el pop nacional.

---

3. Vázquez Montalbán, Manuel, *Cien años de canción y Music Hall*, Barcelona: Nortesur, 2014, p. 288.

4. García Gil, Luis, *Marisol - Pepa Flores, Corazón Rebelde*, Lérida: Milenio Publicaciones, 2018, p. 29.

5. Otaola González, Paloma, "La música pop en la España franquista: rock, yeyé y *beat* en la primera mitad de los años 60", *ILCEA* [en línea], 16 (2012).

6. Irles, Gerardo, *¡Sólo para fans! La música yeyé y pop española de los años 60*, Madrid: Alianza Editorial, 1997, p. 12.

La televisión llegó a España por primera vez en 1956, por lo que a principios de los sesenta este medio de comunicación aún no puede considerarse como un bien de consumo generalizado. A finales de la década, según la página web del Ministerio de Educación, existen alrededor de tres millones y medio de aparatos, concentrados principalmente en las grandes urbes como Madrid, Barcelona o el País Vasco. Por tanto, la radio es el medio de difusión mayoritario por el cual la música llega a la mayor parte de la población durante toda la década.

Al inicio de los años sesenta, había dos programas musicales de radio que llegaban a todo el territorio nacional: *Discomanía*, transmitida desde Radio Madrid a través de todas las emisoras de la Cadena Ser, y *Caravana musical*, que se transmitía desde La Voz de Madrid y la Red de Emisoras del Movimiento (REM), posteriormente integrada en Radio Nacional. Según José Ramón Pardo, "*Discomanía* fabricaba los éxitos", apoyando a la música española e hispanoamericana y "era imposible llegar a lo más alto de las listas si no sonabas en el espacio de Raúl Matas",[7] refiriéndose al conductor del programa de origen chileno que había pasado por distintas emisoras de países como Argentina, Perú, Uruguay y EE. UU. (en Nueva York). Matas llega a España con un renovado repertorio, con el cual consigue captar la atención de un público cada vez más joven.[8] A raíz del programa de Raúl Matas, la Cadena Ser crearía más programas musicales de diferentes líneas.

Por su parte, el programa *Caravana musical* era conducido por Ángel Álvarez, que trabajaba como radiotelegrafista en la compañía Iberia, haciendo el recorrido de ida y vuelta de Madrid-Nueva York. El programa emitía principalmente música norteamericana, ya que el locutor traía de Nueva York los éxitos que triunfaban allí.[9] También tuvieron su influencia en la llegada del rock y los nuevos sonidos las emisoras de las bases militares norteamericanas en España (Morón, Rota, Zaragoza o Torrejón de Ardoz), en las que se intercambiaban discos e instrumentos. Radio Torrejón contribuyó de manera significativa a la llegada del rock a España.

En 1963 nace uno de los hitos de la radio musical en España: *El Gran Musical*, presentado por Tomás Martín Blanco. Se convierte en un referente por varias razones: la primera de ellas por acoger a figuras del rock y pop nacional como Miguel Ríos, Lone Star, Los Mustang, Los Brincos, Los Pekenikes o Los Sirex, entre otros. También, por la difusión de estrellas internacionales desconocidas en España como Bob Dylan o Peter Seeger, y por su influencia en la industria discográfica:

> Muchos artistas hoy consagrados (Joan Manuel Serrat, María Ostiz, Luis Eduardo Aute o Víctor Manuel, entre otros) obtuvieron sus primeros contratos con las casas de discos tras actuar o ser entrevistados en el programa. [...] Sin olvidar

7. Pardo, José Ramón, *Aquellos años del guateque: Historias y recuerdos de la generación del tocata,* Madrid: La Esfera de los Libros, 2015, p. 70.

8. Pedrero Esteban, Luis M., *La Radio Musical en España: historia y análisis*, Madrid: IORTV, 2000, p. 14.

9. Pardo, *Aquellos años del guateque,* p. 72.

la carga ideológica del fenómeno: como reconoce el propio Martín Blanco, *El Gran Musical* sirvió de vía para la manifestación del inconformismo y rebeldía de una juventud que no encontraba cauces de expresión para la constancia de sus inquietudes. La música llegó a ser un estandarte de inconformismo que se levantaba allí donde no podían hacerlo otros estandartes. En los sesenta, la música y los programas musicales de radio fueron la promesa profética de una libertad que habría de llegar.[10]

En 1965, a través de la Cadena Ser, se crea la primera lista de éxitos de los diez discos más vendidos y comienzan a proliferar emisoras locales. Wenceslao Pérez dirige *Musical 66*; Mariano de la Banda triunfa en Radio Madrid con *La Incubadora*; Roberto Baci inicia en Cataluña *En frecuencia modulada suena mejor*, con música, entrevistas y comentarios; Ernesto Lacalle dirige y presenta *Boîte* en Radio Intercontinental. La mayoría de los programas se emitían en Onda Media o AM (amplitud modulada) y las primeras emisiones en FM tendrán lugar en 1957 de forma experimental. Radio Madrid y Radio Barcelona, de la Cadena SER, se incorporan en 1962 a la FM con programas de música y transmisiones de conciertos y óperas. RNE, por su parte, amplía su oferta a partir de 1965, sobre todo en Madrid y Barcelona. Las emisiones en FM fueron significativas para la emisión de música por la mejor calidad de las transmisiones. Estas y otras emisoras de menor relevancia se convirtieron en las "revistas habladas que actuaron de escaparate de los primeros conjuntos de rock".[11]

Además de la radio como fuente de consumo e inspiración para los jóvenes de esa década, surgen las primeras revistas dedicadas a este tipo de público, entre ellas *Discóbolo*, que nace en 1962 con una periodicidad de publicación quincenal (y a partir de 1965 semanal), vigente hasta abril de 1971 y centrada en la música internacional, manteniendo la música española. *Fonorama* está vigente desde 1963 hasta 1968, con contenido similar al de *Discóbolo*. Hubo otras publicaciones que tuvieron menos impacto, como *Discomanía*, relacionada con el programa de Raúl Matas en la Cadena Ser. La revista *Mundo Joven* tuvo un fuerte impacto entre la juventud de la época; pertenecía a la empresa Movierecord y el formato inicial era un boletín de programación de televisión llamado *Teleguía*, "pero, en un país con un solo canal, le sobraban páginas y talentos para otros menesteres".[12] Por ello se crearon distintas secciones, entre ellas, una llamada "Mundo Joven", que contó con la colaboración de personas relevantes en la introducción de la música anglosajona, como Manu Leguineche, José María Quero o José María Íñigo. El popular presentador José María Íñigo ingresa en *Mundo Joven* al poco de fundarse y trabaja

10. Pedrero Esteban, *La Radio Musical en España*, p. 21.

11. Alonso, Celsa, "El beat español: entre la frivolidad, la modernidad y la subversión", *Cuadernos de Música Iberoamericana*, vol. 10, Madrid: ICCMU, 2005, p. 225-253, 233.

12. Pardo, *Aquellos años*, p. 102.

como redactor de las páginas musicales, que son las más numerosas y llamativas del semanario, permaneciendo hasta su desaparición. Íñigo apunta que la revista "desapareció simple y llanamente porque publicamos un reportaje que analizaba la sorprendente ascensión de Mao Zedong en China. La censura se cepilló el reportaje y nos arrastró a todos al cataclismo. Eran otros tiempos, con otra visión del mundo y con ello murió *Mundo Joven*".[13]

Otra revista que tuvo un fuerte impacto entre la juventud española fue *Fans*, presente entre los años 1965 y 1967 coincidiendo con los años de máximo apogeo del pop británico, con una periodicidad semanal y un total de ciento veintiséis publicaciones, promovida por la editorial Bruguera. Tenía su sede en Barcelona, ciudad de vanguardia en el terreno de la música pop y gozaba de gran prestigio por su calidad informativa. Según Irles, la revista tenía dos vertientes: por un lado, servía de apoyo a la música candidata a los festivales de la canción, señalando a los artistas que figuraban en el catálogo de la discográfica Belter y, por otro lado, era una revista de tendencia *mod* que sirvió de impulso a conjuntos del pop español más avanzados como Los No, Los Cheyenes, Los Salvajes, o los ingleses españolizados The End.[14] Las portadas reflejaban al grupo o artista de moda y la revista contaba con varios reportajes cargados de imágenes y texto a lo largo de sus páginas, incluyendo un póster central a todo color.

Otros acontecimientos relevantes, como las matinales del Circo Price, la realización de las primeras películas de cine pop o la visita a España de Los Beatles (1965), contribuyeron a la eclosión de la cultura pop en España.

Por otro lado, es importante destacar el auge de la industria discográfica durante esos años, ya que "el crecimiento económico, la entrada de capitales extranjeros y la instalación de empresas multinacionales en el país favoreció la estabilización de la industria musical en España: las compañías discográficas transnacionales se consolidaron y las compañías nacionales se reforzaron".[15]

Primeros arreglos: el Dúo Dinámico

Los acontecimientos descritos a grandes rasgos son parte de la identidad cultural de España durante la década de los años sesenta, la etapa en la que Juan Carlos Calderón comienza a desarrollar su carrera musical profesional, tanto en el jazz como en el terreno de la música popular. Pero esta identidad es mucho más amplia y está llena de múltiples matices que forman la idiosincrasia de la cultura española y que sentarán las bases de las siguientes décadas. Es interesante conocer algunos acontecimientos y narrar ciertas peculiaridades a través de sus protagonistas, ya que la mayor parte de los artistas con los que ha colaborado Calderón han sido y son

13. Íñigo, José María: *Ahora hablo yo*, Barcelona: Belacqva de Ed. y Publicaciones, 2004, p. 32.
14. Irles, *¡Sólo para fans!*, p. 144.
15. Alonso, "El beat español", p. 236.

primeras figuras de la música pop española que, de algún modo, han contribuido a la narración de una historia que conforma el sonido pop español.

Arreglar una obra musical o una canción no es tarea fácil, pues requiere tener un conocimiento exhaustivo del material sonoro con el que se trabaja. Lo primero que tiene en cuenta un arreglista es a quién va dirigido el arreglo en cuanto a personalidad, estilo y características del intérprete. Seguidamente, tiene que conocer los medios técnicos de los que puede disponer cuando ese arreglo llega al estudio de grabación. Como vamos a ver a lo largo de las siguientes páginas, Calderón trabaja para distintos artistas con estilos y peculiaridades diferentes y, además, con varios sellos discográficos, por lo tanto, necesita conocer y adaptarse a las posibilidades técnicas y a los recursos de los que dispone cada estudio de grabación. Su faceta de arreglista es con la que se adentra en la cultura popular, después de haber desarrollado una importante conexión con la escena jazz del momento. Durante los primeros años, concede algunas entrevistas en las que reniega de esta labor, sin embargo, es una faceta que no abandonará a lo largo de toda su carrera profesional, llegando a acumular cientos de arreglos para diferentes artistas.

El primer trabajo que realiza Calderón en la música popular, sin dejar de lado el jazz, lo hace con el Dúo Dinámico. La iniciativa parte del dúo más famoso durante la primera mitad de los años sesenta. Ramón Arcusa recuerda cómo se conocieron:

> Conocimos a Juan C. Calderón en una discoteca en Cantabria (pudo ser en Laredo), donde él tocaba y nosotros habíamos actuado. Sería hacia 1963, era un excelente músico que tenía un fervor especial por el jazz. [...] Luego, lo vimos en Madrid, donde con su grupo tocaba en el Bourbon Street, un espacio mitad discoteca mitad bar de copas que había en la calle Diego de León en Madrid, del que éramos habituales por ser un lugar de moda y donde, además, tenían buena música, jazz.[16]

Aficionados a la música, principalmente de inspiración americana, Ramón Arcusa y Manuel de la Calva escuchaban a Fast Domino, Elvis Presley, Paul Anka, Nat King Cole o Frank Sinatra, acudían frecuentemente a locales de jazz de Barcelona y comenzaron a tocar versiones de grupos como Everly Brothers. En un programa llamado *La comarca nos visita*, de la emisora Radio Juventud en Barcelona, Ramón Arcusa y Manuel de la Calva debutaron por primera vez el 28 de diciembre de 1958. Después de varias actuaciones en discotecas y salas de fiestas y varios programas de radio en los que hacían versiones de Los Cinco Latinos, Paul Anka, Ricky Nelson, Neil Sedaka... comenzaron a hacer sus propias composiciones. "Había hambre de que alguien joven en España cantase para los jóvenes y nosotros cogimos esa bandera, entonces rebelde".[17] Un año después de su debut radiofónico, el sello discográfico Emi-Odeón edita su primer EP con cuatro canciones y, a partir de ese momento,

16. Entrevista personal con Ramón Arcusa.
17. Arcusa, Ramón, *Soy un truhán, soy un señor (o casi)*, Barcelona: Planeta, 2020, p. 15.

el éxito del dúo fue imparable. Vázquez Montalbán apunta que "el Dúo Dinámico partió de la revolución del rock para llegar en la cresta de la ola del twist", con un tipo de canción "que dulcificaba los contenidos de las letras, quitándoles la agresividad que iban alcanzando en el seno de la subcultura anglosajona".[18]

Firmaron con el sello discográfico EMI y se puso como condición que todas las portadas de los discos debían ser en color, "hartos del triste aspecto que tenían entonces los EP en España".[19] Se establece toda una infraestructura de *merchandising* en torno al grupo, llegando a editarse postales con sus fotos y una revista semanal de tipo cómic, titulada *Confidencias del Dúo Dinámico,* y "cada ejemplar incluía una historieta de la que ellos y sus canciones eran protagonistas. La revista costaba tres pesetas, que era casi el doble de lo que se pagaba por publicaciones juveniles similares".[20] Llegaron canciones que se han convertido en clásicos de la cultura popular a lo largo de cuatro décadas. El Dúo Dinámico es citado en ocasiones como "los primeros ídolos de la juventud española"[21] o "precursores del fenómeno fan". De hecho, a sus fans se les denominaba "las dinámicas" y fueron "las primeras estrellas de la música moderna".[22] Irles apunta que "eran, en primer lugar, jóvenes de verdad" y, además, fueron "los primeros en utilizar la moda como seña de identidad generacional".[23]

A mediados de la década de los sesenta, tras haber escrito muchas canciones y lograr numerosos éxitos durante cinco años, empezaban a agotar su capacidad de sorpresa. A partir de 1964 surge el fenómeno de Los Brincos (con los que también colaborará J. C. Calderón haciendo arreglos orquestales), que representan para el Dúo Dinámico una fuerte competencia. La necesidad de un cambio en el repertorio ocasionó el contacto con Calderón. Según Ramón Arcusa, "necesitábamos o queríamos cambiar de aires y pensamos que él podía hacerlo".[24]

Los dos componentes del Dúo Dinámico, cuando estaban en la cúspide de su éxito, solían frecuentar el Bourbon Street. Una noche, a finales de 1964, Arcusa contacta con Calderón y comienza así a tramitarse la colaboración de ambos para realizar algunos arreglos de su siguiente disco y darle un enfoque nuevo al repertorio del dúo. Estaban preparando la película *Una chica para dos* y el primer encargo fue el arreglo de la pieza "Galileo", una canción de estilo swing que sería uno de los temas más importantes de la banda sonora. En conversaciones posteriores también vendría la propuesta de realizar la banda sonora al completo. Según Ramón Arcusa:

18. Vázquez Montalbán, *Cien años de canción,* p. 288.

19. Pardo, *Aquellos años del guateque,* p. 226.

20. *Ibidem,* p. 227.

21. Otaola González, "La música pop", p. 2.

22. Fraile, Teresa, "El rock en el cine español" en Kiko Mora y Eduardo Viñuela (eds.), *Rock Around Spain. Historia, industria, escenas y medios de comunicación,* Lérida: Edicions de la Universitat de Lleida, 2013, p. 219.

23. Irles, *¡Sólo para Fans!,* p. 19.

24. Entrevista personal con Ramón Arcusa.

> Juan Carlos nos confesó que nunca antes le habían pedido hacer música en plan profesional. [...] Ya en más conversaciones, le propuse hacer también la música de fondo para dicha película. Yo le dije que confiaba en él, y lo hizo, y muy bien. Tenía un estilo diferente, con otra musicalidad, con otras ideas, y también los músicos que lo interpretaban en las grabaciones se apercibían de ello.[25]

También Calderón recuerda cómo fue el encuentro con los componentes del Dúo Dinámico:

> Fueron al Bourbon Street, lo que hoy se llama el Whisky Jazz, y estaban con Tete Montoliu. Estaba yo tocando el piano y entonces pensaron que un nuevo talento podría tener menos secuelas de la profesionalidad, que estropea a ciertas personas de lo que es tener resabios y todo eso. Y entonces pensaron que un nuevo talento, si se puede llamar así, podría hacer unos arreglos más descontraídos y más novedosos, como dicen en Latinoamérica. Entonces, hice dos arreglos para ellos y la música de una película. Naturalmente, las canciones eran de ellos. Sí, creo que fue mi primer contacto con una orquesta de violines, trompetas y todo eso porque, hasta aquel momento, solo había hecho contactos con un trompeta, un trombón y un clarinete, o sea, en el club de jazz había hecho mis pinitos como arreglador y compositor.

Una chica para dos es una comedia musical dirigida por el argentino León Klimovsky y estrenada en marzo de 1966. Calderón se inicia a la vez en la música pop y en un tipo de cine musical muy habitual en la España del desarrollismo, cuya finalidad es la de promocionar cantantes. Representa la cuarta y última película del Dúo Dinámico y el argumento gira en torno a una chica mexicana que viene a España para encontrarse con un amigo de la familia, Ramón (Arcusa). En el aeropuerto, la recibe Manolo (Manuel de la Calva) en lugar de Ramón y se enamora de ella. Manolo representa al estudiante serio, honesto y responsable, mientras que Ramón es todo lo contrario: juerguista, mujeriego y mal estudiante. Los dos chicos se enamoran de María (Irán Eory) y comienza así la rivalidad entre ellos, intercalando diferentes canciones más o menos justificadas argumentalmente. Las canciones que se incluyen en la película están compuestas por Ramón Arcusa y Manuel de la Calva: "Galileo", "El olé", "Volverá el rock" y "24 horas cada día". En el film, Ramón no tenía padres, habiendo sido educado por sus tíos y, en este sentido, Lucio Blanco apunta que así queda justificada su conducta alocada, por carecer de la autoridad paterna de capital importancia para el régimen político. Blanco define la película como sosa y poco ingeniosa y, entre otros motivos, señala la poca credibilidad, tanto del guion (al que acusa de demasiada frivolidad y distorsión de la realidad) como de la caracterización, puesto que la trama ocurre entre universitarios de cuestionable edad mental, con chicos que visten con corbata y

25. *Ibidem.*

chicas peinadas de peluquería.[26] No dejan de ser licencias artísticas que se permite el cine y que van de acuerdo con las modas de la época.

En cuanto a la banda sonora, la motivación de Calderón a la hora de afrontar una composición un tanto alejada del jazz era escribir para una gran orquesta y poder dirigirla. Para un film de una hora y dieciséis minutos de duración, elabora una abundante partitura (las partes sin música no sobrepasan los dos minutos de duración) en la que combina bloques musicales de corte jazzístico con otros de blues, pop, twist o rock and roll, junto con las canciones compuestas por el Dúo Dinámico. Destaca la selección del colorido orquestal para dotar de gran expresividad tanto a los personajes como a las situaciones cómicas o dramáticas que se dan a lo largo del film. Por ejemplo, al caracterizar a cada vehículo de manera diferente, ambientar situaciones cómicas o transformar una melodía de pasodoble en jazz, entre otros casos.

"Galileo", la canción protagonista del film, representa el comienzo de la transición de Juan Carlos Calderón desde el jazz hacia el pop. Los arreglos que realiza son de naturaleza jazzística, sin embargo, la estructura y la melodía responden a la tradición y sencillez de la música popular comercial. El título de la canción hace referencia a un coche descapotable y un tanto destartalado que utilizan los protagonistas durante la película. La orquestación está formada por batería, bajo, piano y una gran sección de viento metal. Las partes vocales conservan el estilo a dos voces característico del Dúo Dinámico, con la voz grave de Ramón Arcusa y la voz aguda de Manuel de la Calva. Calderón realiza el arreglo respetando el protagonismo de las voces y manteniendo un mínimo acompañamiento de base en compás cuaternario y tonalidad de Fa menor. En las transiciones entre frase y frase es cuando se produce un desarrollo del ensamble de metales, materializado en cuatro voces con respuestas cortas y explosivas, con acordes de séptima y tensiones propias del jazz. Una vez finalizada la letra, se desarrolla una transición instrumental en la que destaca la improvisación de piano de Calderón, produciéndose un diálogo fluido con la sección de metales.

Esta canción formó parte de un EP publicado posteriormente (1966), editado por La Voz de su Amo, incluyendo otras tres canciones de la banda sonora: "Volverá el rock", "Me gusta el verano" y "Vacaciones", estas dos últimas protagonizadas por la cantante y actriz Irán Eory.

Además del arreglo de "Galileo" y la banda sonora, Calderón se encarga de realizar los arreglos para tres canciones más del Dúo Dinámico: "11.000 bikinis", "El mensaje" y "Coplas".

"11.000 bikinis" fue publicada en 1965 por el sello EMI en formato EP y en *single*, y supone la primera grabación registrada de arreglos de música pop realizada por Juan Carlos Calderón. Es una canción animada de estilo twist, en compás 4/4,

---

26. Blanco Mallada, Lucio, "El cine musical español, 2.ª parte (1965-70)", *Área Abierta*, 9 (Noviembre, 2004), p. 5.

con protagonismo de la guitarra eléctrica, el bajo y la batería como base de toda la canción. Calderón introduce síncopas a modo de respuestas de órgano y fraseos de metales en respuesta a los versos más largos de la letra. La grabación se realizó en Barcelona con músicos profesionales, que encontraron ciertas dificultades en poder tocar el arreglo, ya que, según Ramón Arcusa, "no estaba demasiado claro y no lo entendían porque era distinto". La mayor dificultad de la interpretación de los arreglos está en las respuestas de guitarra a las frases homónimas de la canción. Termina en *fade out*, fórmula que se había puesto de moda y se utilizaba como recurso para ajustarse a los tiempos de los formatos discográficos.

Con los arreglos de "El mensaje", Calderón se sumerge totalmente en el estilo pop comercial, sencillo y pegadizo. Estos arreglos tienen una profusa instrumentación, formada por el cuarteto rítmico habitual del pop (batería, bajo, guitarra y teclado) al que se añade una sección de cuerda y una sección de viento. Como dato anecdótico, el acorde final no resuelve en tónica, herencia del jazz y habitual en posteriores arreglos de Calderón. Fue editado en *single* junto a otra canción titulada "La verdad", con la que el Dúo Dinámico participó en el VII Festival de la Canción Mediterránea de 1965.

"Coplas" fue la que más éxito tuvo entre las colaboraciones de Calderón con el Dúo Dinámico, siendo finalista en la selección española de canciones para el IX Festival de la Canción Mediterránea. Para el arreglo, Calderón utiliza una orquesta formada por sección de percusión, viento madera, viento metal y sección de cuerda, junto con bajo y guitarras acústica y española. Una canción que "avanzaba claramente uno de los ramales que seguiría en los próximos años el Dúo Dinámico, muy en la línea del exitoso (y futuro) «La, la, la»".[27] De hecho, el arreglo de Calderón tiene algunos rasgos que anteceden a la canción "La, la, la", que representó a España en el Festival de Eurovisión en 1968. El principio del característico motivo del "La, la, la" es rítmicamente igual que el que utiliza "Coplas" para pasar de una estrofa a otra, al igual que la armonización de las voces de los metales, en cuanto a distancia interválica. La estructura es una sucesión de estrofas en las que algunas cobran más fuerza por el arreglo, pero sin formar un estribillo identificable, sin embargo, "Coplas" tiene algunas características que se vuelven a manifestar en la canción "La, la, la": después de una introducción donde se presenta una breve línea melódica en la sección de cuerda y un trémolo de guitarra tipo "ventilador"[28] que fija la tonalidad, comienza la primera estrofa de cuatro versos en tonalidad menor. Para dar paso a la siguiente estrofa, introduce un motivo en la sección de metales y termina la frase con el mismo motivo en guitarra pero con la mitad de duración. El motivo melódico (similar al de "La, la, la") en los metales es el que enlaza todas las estrofas, repitiéndose cuatro veces.

27. Campoy, César, "Operación Rescate: *Coplas* del Dúo Dinámico", *Efe Eme* (12 de septiembre de 2015).

28. En la rumba catalana, este efecto de guitarra se denomina "ventilador".

Para el arreglo de "Coplas", según Manuel de la Calva "de corte totalmente español", Calderón introduce una nueva forma de componer guitarras y lo explica así: "es una especie de estilo de guitarras acústicas que ha predominado siempre en mí, una especie de amor a la guitarra española, a la guitarra acústica". Los arreglos de la sección de cuerda también anticipan una forma de componer las líneas melódicas de acompañamiento, que están de fondo durante las frases cantadas.

"Coplas" formó parte de un EP junto con otros tres temas y, en palabras de César Campoy, este vinilo "está considerado como la última referencia bajo la marca Dúo Dinámico y la última referencia de la pareja para el sello La Voz de su Amo y el cierre definitivo de una etapa".[29]

Ramón Arcusa califica estas canciones como "horribles". Según él, "estábamos despistados después de ciertos éxitos; compuestas, grabadas deprisa y, los arreglos, geniales pero tortuosos". Ninguna de estas canciones tuvo un gran éxito, aunque, según Arcusa, "no fue culpa de él, sino nuestra, porque estábamos en un momento de desconcierto musical, comprensible cuando tienes más competencia".[30] No se pueden calificar de grandes canciones, de hecho, no forman parte de ningún recopilatorio y ni siquiera se recuerdan. El propio Calderón también se confiesa culpable de los resultados poco conseguidos y considera que las consecuencias del cambio brutal de hacer jazz y pasar a hacer arreglos pop fueron "grandes, porque estaba acostumbrado a un tipo de acordes. El jazz es muy complicado armónicamente y las canciones del Dúo Dinámico eran muy sencillas. Yo intentaba meter jazz con calzador y no pegaba nada. Creo que ellos pagaron el pato de mi inexperiencia, de este cambio tan rotundo, tan grande".[31]

Por tanto, sus comienzos en el ámbito de la música pop no se pueden calificar de exitosos, sin embargo, sirvieron de cimientos para grandes arreglos que estarían por llegar poco tiempo después. Los motivos que le llevarían a dedicarse al mundo de los arreglos de un tipo de música que no le gustaba nada los explica en la entrevista que concede en directo al programa *Mano a mano* de RTVE:

> Mi ánimo al hacer los primeros arreglos fue probar una orquesta que pagaba una casa de discos, lo cual para mí era imposible. A mí me obsesionaba reunir veintiocho o treinta y tantos músicos y hacer sonar lo que en mi cabeza sonaba. En el fondo, caí en la trampa [...] por poder probar aquello que yo podía escribir y que podían tocar otros señores. Mi primer contacto con la música pop o ligera fue bastante desagradable, excepto la alegría de poder escuchar veinte profesores de cuerda o cuatro trompetas y cosas de esas. Porque, al pago de todo esto, tuve que aceptar una serie de cosas de una música que ya empezaba a llamarse "de consumo" y que realmente era separarme muchísimo de la música que yo amaba,

29. Campoy, César: "Operación Rescate, Coplas, del Dúo Dinámico", *Efe Eme* (12 de septiembre de 2015).

30. Entrevista personal con Ramón Arcusa.

31. Programa *Mano a mano* de Televisión Española, emitido en directo el 14 de junio de 1981.

que era el jazz y la música sinfónica. Entonces, el precio fue que tuve que hacer cosas muy simples, cosas que no me gustaban por el hecho de probar orquesta.

1967. El despegue como arreglista y compositor

> "Al agua, al agua patos, patitos a la mar..."
> Esta es una bella canción que escucharéis en este disco al mismo tiempo que la interesante historia de un patito que nació muy feo, y que luego, prodigiosamente, se transformó en el más bello. ¿Verdad que os va a gustar mucho este disco?

Poco después de terminar la banda sonora de la película del Dúo Dinámico, la discográfica Zafiro publica esta delicia compuesta por Calderón para el programa radiofónico *Teatro invisible* de Radio Nacional de España. Se trata de una banda sonora creada para dramatizar el popular cuento *El Patito Feo*, dirigido y presentado por Juan Manuel Soriano, una de las voces más famosas de doblaje y de teatro en España. La música que crea Calderón es una joya orquestada de poco más de siete minutos, un pequeño poema sinfónico que también formó parte de la banda sonora de su propia casa cuando sus hijos eran pequeños. Su hija Teresa recuerda que "con esta canción, nos llevaban a mí y a mi hermano Juanín a bañarnos".

Mari Luz Fernández (Tota), esposa de Juan Carlos Calderón, solía apuntar en un cuadernillo los trabajos del compositor, anotando el nombre del artista, la discográfica, la fecha y el precio que cobraba por su trabajo, así como la fecha en que se hacía efectivo el pago. Este cuaderno da cuenta de la gran cantidad de arreglos, horas de grabaciones y colaboraciones como pianista que llegó a realizar durante el año 1967, mientras aún trabajaba cada noche en el Bourbon Street. Además, llama la atención la variedad de estilos a los que se enfrenta a la hora de hacer arreglos, tanto de grupos como de cantantes solistas, con peculiaridades y proyecciones diferentes.

Antes de avanzar en la vorágine de trabajos que atañen a Calderón, traemos un texto escrito por el trompetista Joe Moro a finales de 1967, en el que se refleja la situación de los músicos españoles en la década de los sesenta en cuanto a su forma de vida y la cantidad de trabajos a los que se enfrentan cada día:

> El músico español es, probablemente, el que más trabaja en el mundo; cito a algunos que son bien conocidos por todos: Iturralde, Vladimiro Bas, Farrán, Regolí, Chenoll, Casasnovas, Calderón, Nieto, Medrano, etc. El problema del músico español es el siguiente: trabaja demasiadas horas, duerme a intervalos cuatro o cinco horas, ya que cada vez se incrementan más las grabaciones de discos, y no precisamente de jazz; unas veces grabamos acompañando a Manolo Caracol, otras a Los Pekenikes, a Raphael o a Carmen Sevilla. [...] El verdadero músico de jazz no hace más que jazz. Creo que si todas esas estrellas que nos

asombran con sus improvisaciones hicieran el trabajo que hacemos nosotros diariamente, sufrirían tal retraso en sus ideas que nosotros mismos nos sorprenderíamos. [...] El músico español no puede dedicarse exclusivamente al jazz, porque esta música no gusta o no se comprende en España, salvo un pequeño sector. De todo lo cual se deduce que el músico se vea obligado a hacer otras facetas musicales aunque tenga afición al jazz.[32]

Don Felipe es la primera referencia que aparece en el citado cuaderno, por encargo del sello discográfico Fonogram-Polydor. Figuran cuatro arreglos por los que Calderón cobró 2.500 pesetas cada uno y doce horas de grabación a 247 pesetas la hora. Se trata de Felipe Alcover, quien fue cantante durante breve tiempo de Los Pekenikes, sin llegar a grabar ningún disco con la formación.[33] Con el nombre Don Felipe se localizan dos *singles*: el primero de ellos con las canciones "Quiero felicitarte, amor" y "Hastío" y el segundo con las canciones "Amor fingido" y "Una calle cualquiera". La producción es obra de Alfonso Sainz, líder y fundador del grupo Los Pekenikes junto con su hermano Lucas Sainz.

En el mes de noviembre de 1967 aparecen las siguientes referencias en el cuaderno que conserva Mari Luz:

Los Banzos = 2 arreglos. Sello Fonogram.
Shelly = 2 arreglos + 9 horas de grabación. Fonogram.
Luis Aguilé = 4 arreglos + 13 horas de grabación. Sonoplay.
Los Pekenikes = Disco orquestal (grabados 2), 8 horas de grabación. Fonogram.
Aute = 1 arreglo + 3 horas de grabación en Estudios Celada.
Valerie = 1 arreglo.
Aute = Sesión de pianista en el Bourbon.
Wattusis = arreglos para ballet + 8 horas de grabación.
Los Tonys = 2 arreglos + 12 horas de grabación. Zafiro.
Dúo Dinámico = 2 arreglos + grabación del tema "Coplas" en Milán.
Aute = 2 arreglos + 7 horas de grabación.

Los Banzos fue un grupo procedente de Valladolid que tuvo vigencia durante 1967 y 1968 y se extinguió después de grabar tres *singles*. El primero que graban con Polydor contiene las canciones "Quiero creer" y "Margarette", también con producción de Alfonso Sainz y arreglos de Calderón. A través de estos arreglos también queda constatada la intensa relación profesional que mantuvo Calderón con Alfonso Sainz, llegando a realizar arreglos orquestales para las composiciones de Los Pekenikes.

Respecto a Shelly, por la fecha (noviembre de 1967) puede referirse a Shelly y Nueva Generación, un grupo que tuvo mucho éxito durante un corto periodo

32. Moro, Joe, "En defensa del músico español", *Aria Jazz*, 60 (diciembre de 1967), p. 23. Citado en Iglesias, Iván, *La Modernidad Elusiva, Jazz, Baile y Política en la Guerra civil Española y el Franquismo (1936-1968)*, CSIC, Madrid, 2017, p. 312-313.

33. Información facilitada por José Ramón Pardo.

de tiempo gracias al lanzamiento de Maryní Callejo, responsable del éxito de Los Brincos. Shelly y Nueva Generación grabó tres *singles* para Philips, sin embargo, en la carátula aparece referenciado como arreglista Pepe Nieto.

Primera composición pop

Juan Carlos Calderón acaba de iniciarse en la canción pop como arreglista y llega su primera composición de letra y música para el género. Se trata de un tema titulado "El tren", que aparece en el álbum *Nuevamente entre nosotros* del cantante Luis Aguilé, publicado a finales de 1967. El contraste entre letra y música es significativo y un gran logro del compositor. La letra nos sitúa en un pueblo "tan poco importante, que nunca para el tren", hasta que un día regresa un indiano al pueblo "para morir en él". Letra triste donde las haya, poniendo en formato canción versos que hablan de la soledad, el aburrimiento y el final ineludible de un nostálgico. La capacidad descriptiva y la audacia para contar historias ya se manifiesta con estos versos:

Ah, ah pasa el tren,
vivo en un pueblo tan poco importante
que nunca para el tren.
Nadie se baja, nadie se sube,
nadie ha viajado en él.
Ah, en la estación
hay un reloj que está siempre parado,
nadie se cuida de él (bis).

El jefe de estación
tiene un cigarro apagado en sus labios
que nunca consumió
y una botella de vino en su mano
para dormir mejor.
Uuuu, un día despertó,
llegó a su lado y creyó estar soñando
que estaba parado el tren (bis).

Ah, la la, la la, un hombre viejo de ojos cansados
ha bajado del tren,
todos le miran mas no le saludan,
nadie se acuerda de él.
Todo está igual,
nada ha cambiado, se dijo aquel viejo,
solo yo envejecí (bis).
Es un indiano que vuelve a su pueblo
para morir en él, para morir en él.

Al margen de la letra, si nos fijamos en el arreglo instrumental podemos creer que estamos ante una canción alegre y divertida. En un estilo pop con toques country, es la guitarra la que muestra el repetitivo trajín del tren en un tempo rápido, junto con los sobreagudos de las flautas, que emulan los pitidos. Para contextualizar aún más ese sonido característico del tren, Calderón se esmera en grabar los traqueteos y los chirridos de los raíles, fruto de la fricción y lo mezcla con toda una amalgama de cuerdas, percusiones y vientos. Arreglo orquestado en tonalidad mayor, propia de las canciones alegres, con gran calidad y muchos contrastes que separan claramente las estrofas. También es importante señalar la pequeña modulación (de Mib a Mi) que realiza a partir del verso "El jefe de estación", pues con ella advierte al oyente de que algo va a cambiar. Y musicalmente hablando, el tren se para con solemnidad para enmarcar la última frase "Para morir en él", repitiendo el verso orquestado con un acentuado *rallentando*. Arreglo interesante, que suaviza la tristeza de la letra, al que contribuye Aguilé con su particular acento y dicción, aportando desenfado a la canción.

En este mismo álbum se localiza otro arreglo de Calderón para una canción que lleva por título "En un rincón del alma", cuya autoría firma Alberto Cortez. Fantástico arreglo de cuerdas que subrayan las frases cantadas en las estrofas y marcan el estilo compositivo de Calderón.

En los comienzos de Aute

Aute también conoció a Calderón en el Bourbon Street. "era un excelente pianista de jazz y yo le seguía desde hacía tiempo", afirmaba Aute.

Luis Eduardo Aute (1943-2020) nació en Manila, hijo de un catalán y de una filipina con ascendencia española, recibió una educación americana y creció escuchando música estadounidense en la radio, mientras que en España la protagonista era la copla. "En aquella Filipinas —también de posguerra— nadie sabe quién es Concha Piquer pero sí están al tanto de toda la música que viene de Estados Unidos y que constituye la primera referencia musical para Aute".[34] A los once años, la familia se traslada a España, primero a Barcelona y luego a Madrid. La primera vocación que se manifiesta en su niñez es la pintura y, posteriormente, descubre la literatura y el cine. Cursando el bachillerato, su padre le regala una guitarra y el propio Aute cuenta en una entrevista para *Cordópolis* cómo empezó a componer durante el servicio militar: "Había un chaval que tenía una guitarra y me enseñó cuatro o cinco acordes y empecé a escribir canciones. Esas sí eran de protesta. De protesta contra el cabo primero, contra el sargento, contra los militares, canciones que cantábamos todos juntos en la cantina. Me divertía haciendo eso y, a partir de ahí, seguí indagando".

34. García Gil, Luis, *Aute. Lienzo de canciones*, Lérida: Editorial Milenio, 2016, p. 17.

Durante su adolescencia, Aute se sintió atraído por la música rock y se integra en el grupo Los Sonor, "con una absoluta falta de pretensiones".[35] Durará poco tiempo con la formación y poco después de irse, Los Sonor pasarán a llamarse Los Bravos, con el cantante Mike Kennedy a la cabeza, llegando a alcanzar repercusión internacional con su famoso tema "Black is Black".

Bob Dylan fue su primera influencia junto con Leonard Cohen: "Dylan fue la chispa que provocó todo el lío, pero con quien me identifico más, es decir, canciones que me gustaría firmar, son todas las de Cohen".[36] También los Beatles supusieron una gran influencia para Aute, al igual que para Calderón. El inglés fue su primera lengua y por ello comprendía las letras de Dylan, Cohen o Los Beatles de primera mano. Se interesó por la canción francesa y aún más por la denominada *Nova Cançó,* movimiento cultural y social articulado en torno a la música de cantautor en lengua catalana, con muchos vínculos y herencias de la canción francesa pues, haciendo el servicio militar en Gerona, Aute tuvo contacto con esta a través de los primeros discos de Serrat, Espinàs, Raimon y Pi de la Serra.

Cita García Gil que fue Massiel, amiga de su novia Marichu, la que quiso que le escribiera algunas canciones y, aunque la compañía de discos le pide a Aute que "él mismo sea el que grabe ese material sensible que tiene entre sus manos", el compositor no lo ve claro, ya que "para él la canción es solo un divertimento y lo que realmente le interesa es pintar y dirigir películas".[37] Un antiguo compañero suyo de la etapa de Los Sonor, el cantante Manuel Escobar, oyó sus primeras composiciones y se las presentó a los directivos de la RCA. Escobar se dispone a grabar dos canciones de Aute acompañado por el propio autor a la guitarra, cuando Juan Carlos Calderón, tras escucharlas se interesa por saber quién es el autor. "Aute se presentó a Calderón como el autor de esos temas y este le animó a interpretarlos él mismo, sin intermediarios, propuesta que le hace en firme Ele Juárez, director artístico de RCA".[38]

Tras el encuentro en el Bourbon Street, Aute propone a Calderón hacer los arreglos para sus canciones y así comienza la carrera de un cantautor que marcó un hito en la música española. En octubre de 1966 nacen las primeras grabaciones de Aute: "Don Ramón", "Made in Spain", "Rojo sobre negro", "Rosas en el mar" y "Aleluya Nº 1", grabadas en *single* y EP que, junto con otras nuevas composiciones, forman parte del primer álbum completo de Luis Eduardo Aute, llamado *Diálogos de Rodrigo y Gimena.* A las citadas se añaden los siguientes títulos: "Diálogos de Rodrigo y Gimena", "Los burgueses", "Dime padre", "Los ojos", "Hasta mañana", "Quisiera ser el aire", "Nana al Rey que se muere" y "Me miraré en tu cuerpo".

35. *Ibidem*, p. 24.

36. Entrevista de Ángel Casas a Luis Eduardo Aute para el programa *Musical Express,* emitido el 3 de septiembre de 1981.

37. García Gil, *Aute. Lienzo de canciones,* p. 33.

38. *Ibidem*, p. 34.

La primera grabación de Aute que sale al mercado es un *single* en el que aparece "Don Ramón" y "Made in Spain". Los versos de "Don Ramón" narran la historia de un viejo vagabundo que toca el acordeón y el arreglo musical está influido por la sonoridad de la canción francesa a ritmo de vals. Calderón selecciona una gran riqueza de timbres orquestales, con la armonía sostenida por la guitarra española y el ritmo, por instrumentos de percusión menor a modo del tictac de un reloj. El arreglo está orquestado con instrumentos de viento madera e instrumentos de percusión determinada (xilófonos y metalófonos), con intervalos disonantes para contextualizar el personaje de Don Ramón. No hay batería porque "Aute odiaba las baterías", recuerda Carlos Montero, responsable de los arreglos de los siguientes cinco discos de Aute. Aunque el envoltorio armónico de "Don Ramón" es bastante sencillo, sin duda, Calderón disfrutó realizando este arreglo por la riqueza tímbrica orquestal de la que dispuso en la discográfica.

En la cara B aparece "Made in Spain", una canción de inspiración yeyé con claras influencias dylanianas en la que Aute escribe una tímida crítica al pensamiento conservador dominante en la sociedad española de los sesenta. Para esta canción, Calderón hace un arreglo totalmente diferente al anterior, con una base rítmica que recae en el piano, la batería y el bajo; incluye un coro femenino que entona el título de la canción y un combo de metales que dan respuesta a las frases de la voz de Aute, al estilo *big band* en modo mixolidio. Dado el bagaje jazzístico que acumula Calderón hasta el momento, intuimos que el arreglo también resultó sencillo para él, sin embargo, es un arreglo más perfilado que "Galileo", del Dúo Dinámico: hay más limpieza en los metales y suena más depurada. Aun así, es un tema poco interesante, por lo que no se incluirá en el LP *Diálogos de Rodrigo y Gimena* y prácticamente ha pasado desapercibido en la larga carrera de Aute.

El siguiente *single* que graban Calderón y Aute comprende "Mi tierra, mi gente" en la cara A y "Los ojos" en la cara B. En "Mi tierra, mi gente" Calderón combina arreglos orquestales con una mezcla de elementos y timbres folklóricos dispares, que representan distintas zonas geográficas españolas. Así, encontramos una jota castellana con tambor y dulzaina; un fragmento de sardana interpretada por una cobla catalana; el palo de bulerías con rasgueos de guitarra y sus característicos redoblado, palmas y jaleos; y, por último, una muñeira con gaita y tambor que representa a Galicia. Todas estas muestras duran apenas unos segundos y corresponden a otras grabaciones diferentes que han sido insertadas en el arreglo musical de manera un tanto forzada. El enlace de todos estos pequeños fragmentos está sostenido por una orquesta de cuerdas y viento (melodías en madera y golpes en metales), con base de guitarra española y percusión. Esta canción logra el quinto puesto en las listas "*Popular Hit*" de la revista *Teleguía* (diciembre de 1967), por detrás de artistas de renombre como Los Bravos, The Beatles, Scott McKenzie y The Rolling Stones.

"Los ojos" es una balada en compás cuaternario con un arreglo más propio de una banda sonora que de una canción pop, por la falta de continuidad en sus elementos. Calderón juega con distintos timbres de la orquesta, dando protagonismo a diferentes secciones en momentos determinados. En palabras del crítico musical Julián Molero, "una balada interpretada un poco a trompicones, pero en la que Luis Eduardo desarrolla una línea melódica más amplia y compleja que en otras canciones de ese mismo año".

Y, de nuevo, se incorpora Massiel a la narración, ya que dos de las canciones más importantes del disco *Diálogos de Rodrigo y Gimena* y con más repercusión fueron "Rosas en el mar" y "Aleluya N.º 1", grabadas por Aute y por Massiel paralelamente y, las dos versiones, con arreglos de Calderón. Aute opinaba sobre Massiel:

> Nadie mejor que ella podría interpretar mis canciones. Nadie mejor que ella puede interpretar la impotencia humana de "Las estrellas lo sabrán" y "Rosas en el mar", la desilusión y la esperanza de "Hasta mañana". Creo que esta grabación ha sido un paso muy importante en la carrera de Massiel, en cuanto a que define con más fuerza el estilo que ella ha creado. Massiel canta... y dice.

Este fragmento aparece en el interior del EP de Massiel que lleva por título *Rosas en el mar*. Las tres canciones citadas son composición de Aute y arreglos de Calderón, y es el primer disco que se localiza cuya producción también es de Juan Carlos Calderón.

El 30 de abril de 1966, Massiel ya ocupa la portada de *Pueblo,* el periódico de mayor tirada en España en esa etapa, con el titular "Massiel, la primera cantante rebelde de Madrid". El motivo era su debut en la Sala Paraninfo con la orquesta dirigida por Pepe Nieto y arreglos de Maryní Callejo. Massiel mostraba así el trabajo de su primer álbum, con canciones escritas por Pablo Herrero, José Luis de Pablo y la propia Massiel. Poco después, gana el premio a la crítica en el Festival de Mallorca con la canción "Rufo el pescador" —de Manolo Díaz—, con la que consigue gran popularidad. Meses después, Massiel graba las tres canciones de Aute arregladas y producidas por Calderón para el sello Novola.[39]

Habíamos adelantado que "Rosas en el mar" y "Aleluya N.º 1" son grabados casi simultáneamente en dos versiones diferentes: por un lado, las versiones hechas para Aute y, por otro lado, las que graba Massiel, que suponen la consolidación de su carrera en solitario. Con los arreglos de las dos canciones, Calderón demuestra una gran capacidad para adaptarse al estilo de la composición, conservando la personalidad que requiere cada cantante y, además, se adapta a dos discográficas diferentes.

"Rosas en el mar" tiene una estructura dividida en dos partes simétricas y las dos versiones están en la misma tonalidad y el mismo compás cuaternario. La introducción y la coda son prácticamente iguales, excepto el último acorde de la introducción, que es dominante, y el último acorde de la coda, que se resuelve en tónica. El arreglo de la versión de Aute sigue la línea de acompañamiento del resto de las canciones del disco *Diálogos de Rodrigo y Gimena*, es decir, poca ins-

39. Novola es una división creada para jóvenes promesas de la discográfica Zafiro, uno de los más importantes sellos discográficos nacionales con sede en Madrid creada en 1956.

trumentación y un aire más de trovador, mientras que, para la versión de Massiel, hace un arreglo de pop comercial de la época y en la línea de la trayectoria de la cantante. También se detectan algunas imperfecciones rítmicas en la grabación de Massiel y, como dato curioso, en el último verso de la cuarta estrofa Massiel cambia la palabra "morir" por "vivir", más acorde con su personalidad.

El arreglo que Calderón realiza en "Aleluya N.º 1" para Aute también difiere bastante del que hace para Massiel. Prácticamente conserva la misma armonía, sin embargo, en cuanto a instrumentación es totalmente distinto. La estructura de la canción viene dada por la letra, con una total simetría establecida en cuatro estrofas y un estribillo. El arreglo de Aute es mucho más sencillo, con melodías de flautas que adornan la línea vocal y melodías en la sección de cuerda *in crescendo* según avanza la canción. También incorpora sutiles percusiones menores que marcan el pulso, acompañando a un bajo y un ritmo de batería con bombo, charles y caja. El estribillo es la parte más fuerte, con la sección de metal que enfatiza los "Aleluyas". El arreglo de Massiel está mucho más cargado de instrumentación y es más rítmico y alegre, con la batería muy presente. Además, los "Aleluyas" del estribillo tienen mucha reverberación.

Como se puede ver, en estas canciones hay diferencias en los arreglos, dependiendo de a quién van destinados. Conservando la armonía y la estructura, Calderón demuestra su audacia a pesar de llevar poco tiempo en su faceta de arreglista de música popular, pues se adapta conscientemente a la personalidad del intérprete y a las necesidades discográficas, ya que Aute graba con RCA-Víctor y Massiel con Zafiro/Novola.

En su forma de arreglar las canciones se percibe una integración en la música pop influenciado por Los Beatles. En una entrevista publicada en *El Diario Montañés* (20/02/1970), el propio Calderón explica a qué se debe el cambio:

> Cuando Aute vino a verme llegó muy prevenido, no quería arreglos tipo jazz y sí algo muy sencillo. Empecé entonces a oír mucha música pop y los que de verdad me llegaron fueron los Beatles. Ellos habían conseguido un sonido y ser diferentes ¿por qué yo no lo iba a conseguir? [...] Me abrieron el camino que me ha conducido hasta aquí. Yo [...] estaba muy apartado de la música moderna. Tocaba jazz y consideraba al resto de la música rítmica como de baile. No acertaba a comprender por qué se preferían los vulgares acordes de una guitarra eléctrica a los maravillosamente logrados por el piano. Hasta que llegaron Los Beatles y me demostraron con su construcción tan impecable el valor de la música *beat swing*.

Gracias a las canciones de Los Beatles, Calderón empieza a aceptar un género musical que hasta ese momento aborrecía y, años después de estas primeras experiencias en la canción pop, en el programa de televisión *Mano a mano* (1981) lo recordaba así:

> Gracias a "Yesterday" de Los Beatles, me empezó a gustar componer canciones de música ligera, [...] en contraposición al jazz, que es una música muy seria. Para mí empezó a dejar de ser una tortura. [...] Los arreglos que más gocé fueron los que hice para Aute porque realmente fue la primera vez que mezclé elementos extrañísimos, porque no podía evadirme del jazz [...], los arreglos de Aute, "Don Ramón" y todos aquellos arreglos, fueron una especie de mezcla entre Beatles, jazz y una especie de maremágnum de carros de ideas que tenía en la cabeza, porque todavía no había pasado la frontera de la música pop, de la cual todavía no vivía.

Calderón disfrutó haciendo los arreglos y grabando las canciones que conforman el disco de Aute *Diálogos de Rodrigo y Gimena*. Con el paso del tiempo y ya llegando al final de su vida, Calderón lo recordaba con mucho cariño:

> Es una locura, ese disco, es una especie de vertedero de todas las influencias que tenía yo. Aute era ya rarillo como yo y en el disco hay cosas medio sinfónicas tipo Ligeti, hay unas liras extrañas, hay música beateliana, hay jazz, todo mezclado. Incluso yo, para grabar ese disco, llevé a Roma un piano chiquitín, de esos que venden a los niños pequeños, que suenan como un organillo, cargué con él y lo llevé allí. Fue una locura ese disco. Era la primera vez que podía hacer un disco con medios y lo volqué todo ahí.[40]

En el éxito de Serrat

Sin duda, la obra de Serrat ha marcado a varias generaciones a lo largo del más de medio siglo que lleva en activo, tanto en España como en Latinoamérica. Es creador de canciones inolvidables, de una extraordinaria calidad literaria musical y, para ello, Serrat ha sabido arroparse de grandes músicos y arreglistas. A Juan Carlos Calderón le corresponde el honor de haber sido el arreglista de sus primeras canciones en castellano y, sobre todo, haber sido el arreglista de seis canciones del disco *Mediterráneo*, incluida la canción homónima, que fue elegida como la "Mejor Canción Española de los últimos 50 años" por votación popular en 2005.

Desde muy temprana edad, la música y los libros son una válvula de escape para Serrat. Se inicia en la música cantando en algunas "collas" de "cantares", muy abundantes en Poble Sec, su pueblo natal. Serrat apunta en un reportaje de la *Revista Juvenil* (1968) sus referentes musicales: "la agudeza de Brassens, la intención de Brel, saber hablar del amor como Bárbara... estos son mis mitos, como cantante, se entiende".

En febrero de 1965 acude al estudio Toreski, de Radio Barcelona, para cantar en un programa matinal que presenta Salvador Escamilla, y surge un espacio diario

40. Entrevista a Juan Carlos Calderón para el programa de radio *Círculo flamenco*, realizada a finales del año 2010.

dedicado al cantante titulado *Apartat amb Joan Manuel Serrat*, que se mantiene durante seis meses en antena. Además del apoyo de Salvador Escamilla, comienzan a surgir buenas críticas que alaban el trabajo y el talento del cantautor, como Alberto Mallofré, quien desde *La Vanguardia* y *Destino* seguirá muy de cerca su carrera.

En 1965 debuta con su primera grabación en catalán en formato EP y, de inmediato, se incorpora a Els Setze Jutges, un grupo de cantantes catalanes que nació con el propósito de impulsar la Nova Cançó y reivindicar el uso de la lengua catalana en la música popular. En 1966 aparece su segundo EP, también en catalán, con canciones que obtuvieron un enorme éxito, como "Ara que tinc vint anys". Al año siguiente, la discográfica Edigsa[41] publica su primer LP con el mismo título (*Ara que tinc vint anys*) y un total de diez canciones con arreglos y dirección orquestal de Antoni Ros-Marbà y Lleó Borrell. También ese mismo año (1967) graba "Cançó de matinada" y "Paraules d'amor", llegando a ser número uno en las listas de discos más vendidos y es la primera vez que esto sucede con una canción en catalán en el mercado nacional. A raíz del éxito comienza a actuar en Televisión Española, "medio que estaba vetado a la canción catalana".[42]

1968 es un año cargado de novedades y de éxitos en la carrera artística del cantautor catalán. Comienza a ser aclamado por los medios e "igual era portada de revistas como *Lecturas*, *Garbo* o *Semana*, objeto de atención especial en medios como *Fotogramas* y *Mundo Joven*, o de análisis en semanarios como *Triunfo* o *Destino*".[43] Por un lado, graba su segundo LP, titulado *Cançons tradicionals*, con canciones del folklore tradicional catalán con arreglos y dirección de Antoni Ros-Marbà, y también continúa sus vínculos con la Nova Cançó y el sello Edigsa, aunque independizado del grupo Els Setze Jutges. Meses antes de la grabación de *Cançons tradicionals*, habían comenzado "las disensiones internas derivadas de la profesionalización y de problemas condicionados por el nulo apoyo prestado por Televisión Española a la promoción de la Nova Cançó".[44]

En primavera de 1967, Serrat traba amistad con Ramón Arcusa y este le convence para que cambie de representante (hasta ese momento estaba con Salvador Escamilla) y le presenta a José María Lasso de la Vega, también mánager del Dúo Dinámico. A partir de ese momento, el nuevo representante firma un acuerdo con la discográfica Zafiro/Novola para que se materialice su primer disco en castellano y es lanzado al mercado el primer *single* con dos canciones: "Manuel", cuyos arreglos son autoría de Juan Carlos Calderón, y "Poco antes de que den las diez".

41. El sello discográfico Edigsa tuvo su vigencia desde 1961 hasta 1983, y en sus inicios estaba íntegramente dedicado a grabar discos en catalán, siendo promotor de diversos autores de la Nova Cançó y Els Setze Jutges.

42. Rivière, Margarita, *Joan Manuel Serrat*, Madrid: Algaba Ediciones, 2003, p. 298.

43. Gámez, Carles, *Al Vent. Crònica d'una nova cançó*, Valencia: Universitat de València, 2011, p. 216.

44. Vázquez Montalbán, Manuel, *Cien años de canción y Music Hall*, Barcelona: Nortesur, 2014, p. 309.

"Manuel" fue grabada y publicada en 1968, en formato de 45 rpm, y Serrat la compone en honor a su abuelo materno, asesinado por la Guardia Civil. La letra, estructurada en ocho estrofas de cuatro versos, representa a "una España desgarrada entre los buenos y los malos, de pocos estraperlistas listos, bastantes aprovechados, muchos supervivientes y muchos jornaleros".[45] Las ocho estrofas tienen una estructura simétrica y Calderón desarrolla un arreglo que le da un sentido circular, ya que comienza y termina con una breve introducción de piano, de tal manera que una vez finalizada la canción podría volver a comenzar. La voz juvenil de Joan Manuel es arropada por una guitarra que va haciendo arpegios, desgranando la armonía en un segundo plano durante todo el poema. En compás binario y tiempo medio lento, el arreglo carece de percusión y el bajo es el que marca el ritmo. Calderón imprime más fuerza a las estrofas pares, por la melodía que ondea sobre el relativo mayor de la tonalidad (Fa menor) y por el acompañamiento más recargado, donde se dibujan arreglos orquestales de cuerdas y melodías con sonidos de flautas. A partir de la tercera estrofa va ganando protagonismo el piano, con figuraciones arpegiadas, y en cada estrofa nueva hace alguna variación, bien incorporando más arreglos de cuerdas o dándole más protagonismo al piano, huyendo así de la monotonía.

La prensa recoge la publicación del *single* como un disco muy importante. Se atribuye a Juan Carlos Calderón el arreglo de las dos canciones, sin embargo, los arreglos de "Antes de que den las diez" corresponden a Frank Ferrar, uno de los seudónimos que utilizaba en ocasiones el compositor Waldo de los Ríos.

Este *single* va a formar parte de un álbum publicado en 1969, en formato LP, de diez canciones, de las que Calderón se encargará del arreglo de tres: "El titiritero", "Mis gaviotas" y "Poema de amor". El álbum, que lleva por título *La paloma,* representa el cuarto de la discografía de Serrat y el primero en lengua castellana. El arreglo de "Manuel" que se incluye en este disco no es la versión de Calderón, sino de Ricard Miralles, pianista, compositor y director musical que comienza a trabajar con Serrat en este disco y será el responsable de una buena parte de su discografía a lo largo de los últimos cincuenta años.

La paloma fue grabado en los Estudios Fonit-Cetra de Milán, y Calderón y Miralles son los responsables de los arreglos: "ambos diseñaron unos arreglos orquestales sobrios, todavía emparentados con la *chanson* y con esa cosa seria que se le suponía a la canción de autor, pero alentados por el pop y ambientando con tiento las diferentes temáticas abordadas por el cantautor".[46] Juan Puchades lo valora de la siguiente manera: "Un disco que contiene «El titiritero», «Poco antes de que den las diez», «En nuestra casa», «Manuel», «Tu nombre me sabe a yerba», «Poema de amor» y «Balada de otoño» nunca podrá ser un disco menor, de ninguna manera" y concluye diciendo que "definitivamente, ya no se hacen discos así. Escucharlo de nuevo es una invitación a revisar los viejos álbumes de Serrat, esos que son como

45. Rivière, *Joan Manuel,* p. 27.
46. Puchades, Juan, "La Paloma, de Joan Manuel Serrat", *Efe Eme* (22 de octubre de 2011).

un bálsamo contra tanta mediocridad actual y un nutritivo alimento espiritual y sentimental".[47]

Previamente a la publicación de *La paloma*, también en 1968, sale al mercado un nuevo *single* con dos canciones editadas por Novola: "El titiritero" y "Poema de amor", con arreglos y dirección de Calderón. En la portada del disco el nombre de Serrat se castellaniza por primera y única vez, figurando Juan Manuel Serrat.

En marzo de 1968, *La Gaceta del Norte* recoge un extracto de una entrevista publicada en *Nuevo Diario*, en la que el entrevistador hace alusión a la responsabilidad de Calderón de arreglar los primeros temas de Serrat en castellano, por ser esperados con expectación, y le pregunta si cree que ha acertado: "Sí, sin duda. Y acertaré más en el futuro, cuando llevemos más tiempo trabajando juntos. Fíjate en el tiempo que han tardado en encontrar el verdadero estilo de Frank Sinatra",[48] responde Calderón.

"El titiritero" fue candidata para representar a España en el Festival de Eurovisión a propuesta de la discográfica Zafiro. Lo más destacable del arreglo que Calderón realiza es la utilización de una paleta tímbrica muy amplia, de estilo sinfónico cargado de matices y dinámicas contrastantes, comenzando por el clave y añadiendo distintas secciones en cada estrofa, siendo la parte del estribillo la más profusa. El gusto por las tonalidades menores (en este caso mi menor) será compartido por Serrat y por Calderón en sus posteriores composiciones. Cada estrofa contiene seis versos y un estribillo que se repite y se asienta sobre el relativo mayor (Sol), mientras que las estrofas se mueven en menor.

"Poema de amor" es la cara B del *single*, y el crítico Roberto Macho lo define como "el típico tema amoroso con toques sudamericanos, que tiene una introducción que el arreglista de la canción, Juan Carlos Calderón, creó ex profeso". Se trata de una balada con arreglos orquestales cargados de contrastes, desde el vertiginoso *glissando* en cuerdas de la introducción, pasando por arpegios con arpa y luego en piano, coros, viento madera, viento metal, percusión, para completar todas las secciones de la orquesta. Como singularidad, la manera de orquestar la introducción, mientras la voz recita una estrofa, guarda cierto parecido con la canción "Noelia", compuesta posteriormente por Augusto Algueró para Nino Bravo en 1971. Serrat fue portada de la revista juvenil *Romántica* y la canción "Poema de amor" es versionada en imágenes ilustradas en su edición número 338.

A Eurovisión

A mediados de enero de 1968, Serrat es seleccionado para representar a Televisión Española en el Festival de Eurovisión. Los medios de comunicación se hacen eco de la noticia y en Televisión Española (único canal en aquella época) se emite el 8

47. *Ibidem.*

48. "Juan Carlos Calderón, de 30 años, uno de los mejores pianistas de jazz", *La Gaceta del Norte* (marzo de 1968). Recorte facilitado por Teresa Calderón.

de marzo un programa especial titulado *Así es... así canta... así compone Joan Manuel Serrat.* El programa sirve de plataforma para promocionar al cantante, que interpreta en el plató cuatro temas en catalán y los tres que tenía grabados en castellano con arreglos de Calderón: "Mis gaviotas", "Poema de amor" y "El titiritero".

Gracias a la presencia de Raphael, que había logrado el sexto puesto en los dos años anteriores, el Festival de Eurovisión consigue un elevado índice de popularidad en España. Hay especial interés en ganar ese año y se cambia el sistema de elección de la canción. La discográfica Zafiro propone tres nuevas canciones: "Nos falta fe", de Juan y Junior, "El titiritero", de Serrat, y "La, la, la", del Dúo Dinámico. Finalmente, fue seleccionada la canción compuesta por el Dúo Dinámico. Habían compuesto la música y el estribillo, pero faltaba la letra. Es Lasso de la Vega, el representante, el que propone que la letra sea de Serrat, quien acepta el reto, pero se acerca la fecha prevista y la letra aún no está lista. Falta un día para la audición y "Manolo improvisa esa noche una [letra] que pensamos provisional"[49] en castellano, con intención de cambiarla por la de Serrat en cuanto la tuviera lista, y graban una maqueta para entregar en plazo fijado por TVE. Serrat compone una versión en catalán, pero no en castellano, y con las dos versiones se trasladan a Milán para grabarlas con el arreglo de Bert Kaempfert —autor de la canción "Strangers in the Night" que Frank Sinatra había convertido en número uno mundial en 1966— "gracias a la gestión de su amigo Arthur Kaps, que es el que lleva el asunto de Eurovisión en TVE".[50] La grabación de Milán será dirigida por Calderón.

Por otro lado, la discográfica Zafiro encarga a Calderón el arreglo de "La, la, la", ya que Bert Kaempfert tenía contrato con el sello Polydor y tanto Massiel como Serrat pertenecían a Zafiro, generando así "un pequeño problema con los derechos de reproducción de los arreglos", según apunta José Ramón Pardo. "Quizás por eso los compositores afirmaron que les gustaba más el arreglo de Juan Carlos Calderón", afirma Pardo. El arreglo de Bert Kaempfert supuso un coste importante para TVE, por lo que "algunos comentaristas se escandalizaron por el derroche de medio millón de pesetas, de entonces, cobradas por el alemán".[51] El arreglo de Calderón nada tiene que envidiar al de Kaempfert y, si se compara el precio que cobraron uno y otro, es un derroche total. Calderón cobró 3.000 pesetas (18 €) por el arreglo para Serrat, otras 3.000 pesetas por la adaptación para Massiel y 2.200 pesetas por la dirección orquestal del arreglo de Bert Kaempfert en el estudio de Milán durante ocho horas (275 pesetas por hora). Claro que Calderón, en aquellas fechas, solo era un joven de treinta y dos años, con mucho talento pero sin trayectoria en la industria musical.

Serrat graba un *single* en el que incluye en la cara A la canción "La, la, la" y en la cara B, "Mis gaviotas". Calderón se encarga de la producción de "La, la, la" y de

49. Arcusa, *Soy un truhán,* p. 126.
50. *Ibidem,* p. 127.
51. Pardo, *Historia del Pop,* p. 120.

los arreglos y la producción de "Mis gaviotas". El disco tuvo ediciones en inglés, francés, italiano y portugués, y comienza así una campaña de promoción en las emisoras de radio por distintas ciudades y platós de toda Europa, convirtiéndose en la canción favorita para ganar el festival. Pero Serrat toma la decisión de renunciar y escribe una carta dirigida a la opinión pública española, con fecha de 24 de marzo, en la que explica los motivos de la renuncia a representar a España, al no poder cantar en catalán: "Yo soy y sigo siendo por encima de todo un cantante catalán y en esta lengua me he expresado para cantar durante cuatro años".[52] Hay que buscar un sustituto para Serrat y, aunque se barajaron varios nombres (Karina, Marisol, el Dúo Dinámico), la discográfica Zafiro designa a Massiel para representar a España el día 6 de abril en Londres, porque había invertido mucho dinero en la promoción con Serrat, según Ramón Arcusa. Massiel estaba de gira por México y era la única voz de todo el elenco de Zafiro que gustaba a TVE.

La prensa refleja, en un reportaje titulado "Póker de ases en nuestra canción moderna", el arreglo que tiene que escribir Calderón a toda prisa para la nueva intérprete:

> Por último, Juan Carlos Calderón. Viene a cerrar este póquer de ases. Ases en nuestra música moderna, que cada vez se va abriendo más, que cada vez cuenta con más nombres, con más favoritos también. No canta, aunque puede que algún día se decida a ello; tenemos la experiencia de Manolo Díaz. Juan Carlos Calderón compone, arregla canciones y orquesta. Él realizó aquel arreglo de "La, la, la" cuando fue preciso, en carrera vertiginosa, sustituyendo el arreglo realizado por Bert Kaempfert, al cambiar el cantante que nos representará en Eurovisión. Calderón es hombre de pentagrama y de compases, de inspiración.[53]

Calderón, además del arreglo para Zafiro, se encarga de transportar el arreglo de Bert Kaempfert y adaptarlo a la tonalidad de Massiel: "lo que hizo J. C. Calderón fue trasponer el arreglo al tono de Massiel sin tocar una coma. [...] Alguien requirió a JCC para estar allí y ayudar si hacía falta, daba seguridad a que lo estábamos haciendo bien".[54]

Finalmente, el arreglo de orquesta que se utiliza en el festival es el creado por Bert Kaempfert, sin que Calderón tuviera conocimiento de ello: "mi madre recuerda que el día de Eurovisión, cuando empezó a sonar «La, la, la» y lo estaban viendo por la tele desde casa, mi padre, en la primera nota, se dio cuenta de que no era su arreglo y se llevó un gran disgusto, nadie le había avisado", afirma Teresa Calderón.

Partía como favorita la canción "Congratulations", con Cliff Richard como representante del Reino Unido, sin embargo, Massiel se convierte en la ganadora

52. Extracto de la carta original publicada en Rivière, *Joan Manuel,* p. 119.
53. Recorte de prensa facilitado por Teresa Calderón publicado en el *Diario Ya* (junio de 1968).
54. Entrevista personal con Ramón Arcusa.

del festival, siendo la primera vez que España obtiene este premio. La discográfica Zafiro quiere sacar rentabilidad del éxito y, seguidamente, Massiel graba un *single* con el arreglo de Calderón. También, a petición de Zafiro, Calderón graba un *single* que incluye "La, la, la" y "El titiritero" en versión instrumental para piano y orquesta. Se publica en mayo de 1968 bajo el nombre *Juan Carlos Calderón y su orquesta.*

Recién publicado el *single*, en el periódico *La Vanguardia* (4/05/1968) aparece una crítica con una valoración positiva: "Arreglos muy logrados y buena realización. Una prueba más del talento de este joven músico, que ya se ha acreditado antes con demostraciones de mayor envergadura".

Camino de *Mediterráneo*

La renuncia de Serrat a participar en Eurovisión tendrá consecuencias negativas para el cantautor. "Los ataques a los que me vi sometido superan en mucho lo que uno podía esperar, la represión a la que me vi sometido, también, las prohibiciones, [...] el castigo estuvo muy por encima del delito, si es que lo hubo, y sigo pensando que no hubo más que dignidad", se sincera Serrat en el programa de TVE *A fondo*, emitido en 1977. Pasaron bastantes meses hasta que pudo hacer una pequeña gira por catorce ciudades catalanas junto al pianista Tete Montoliu. La música de Serrat se vetó en las emisoras de radio y pasaron años hasta que Televisión Española volvió a emitir algo relacionado con el cantautor catalán.

En los siguientes tres años, Serrat se sumerge en una etapa muy creativa que le lleva a conquistar el mercado latino, destacando Argentina, Chile y México. García Gil afirma que su disco *Dedicado a Antonio Machado, poeta*, de 1969, es una de las obras más importantes de su discografía junto con *Mediterráneo*. En esta etapa y después de Tete Montoliu, Serrat contará con el pianista Ricard Miralles, quien se encarga de la dirección y los arreglos del disco dedicado a Machado, del álbum en catalán *Serrat/4* y de otro de gran éxito titulado *Mi niñez,* conocido como "Disco Blanco" por el diseño de su portada.

Tres años después del episodio de Eurovisión, se produce un nuevo encuentro entre Calderón y Serrat, y será para plasmar la obra cumbre de Calderón como arreglista y de Serrat como cantautor: *Mediterráneo,* su obra más emblemática y trascendente, que ha marcado a varias generaciones. *Mediterráneo* se graba en el otoño de 1971 y el cantautor Ismael Serrano describe ese año con estas palabras:

> No era aquel un año fácil. El viejo dictador parecía eterno y el país atravesaba una de las muchas crisis cíclicas que intentábamos olvidar cantando el éxito del año: "Borriquito", de Peret, o el "Vals de las mariposas". No se escuchaba a Serrat en las radios, ni, desde luego, estaba entre los grandes éxitos del momento. [...] *Mediterráneo*, el disco de un Serrat que ya adorábamos, que sentíamos amigo cercano, entró en nuestras vidas y nos dio la patria que no teníamos, que nunca

habíamos considerado nuestra: el mar, ese mar lejano y ajeno que, por primera vez, nos descubría que nosotros también teníamos alma de marinero.[55]

Serrat es el compositor de las diez canciones que conforman el álbum *Mediterráneo* y Juan Carlos Calderón es el artífice de los arreglos de seis temas que han perdurado en los recitales de Serrat: "Mediterráneo", "La mujer que yo quiero", "Qué va a ser de ti", "Lucía", "Vagabundear" y "Vencidos": "Hice seis arreglos de ese disco y estaba terminando el último arreglo, «La mujer que yo quiero», y casi llegué tarde al avión. Me había «mamao». El copista estaba como enloquecido. Llegué a Milán y no era un estudio muy bueno", cuenta Calderón.[56] El disco fue grabado en los estudios Fonit-Cetra de Milán, donde solía grabar el sello Zafiro. Según García Gil: "Serrat era entonces artista estrella del controvertido sello cuyo capital estaba ligado al Opus Dei. [...] Zafiro no fue un sello edificante, [...] porque no respetaba a sus artistas, sometiéndolos a condiciones escasamente ventajosas y con presiones de diversa índole".[57]

El álbum se grabó en ocho pistas y en cinco días. El ingeniero de sonido fue Plinio Chiesa, "cuya huella imprimió carácter al sonido de *Mediterráneo*", con quien Serrat había trabajado muy a gusto en sus anteriores discos en castellano y que fallecería al año siguiente de la grabación del álbum. Con motivo del cuarenta aniversario de la publicación de *Mediterráneo*, Televisión Española graba un documental dedicado a la génesis del disco y, en opinión de Calderón, "Juan Manuel siempre ha creído en el equipo que tenía al lado, entonces no intervenía demasiado. El estudio de Milán era un poco viejo, pero Plinio Chiesa, el ingeniero, hacía milagros". Además de Plinio Chiesa, figura como su ayudante Giancarlo Jametti, y la dirección musical corre a cargo de Gian Piero Reverberi y Juan Carlos Calderón. Los arreglos de las canciones se distribuyen entre Juan Carlos Calderón, Gian Piero Reverberi y Antoni Ros-Marbà; sin embargo, no se referencia el nombre de los músicos artífices de la interpretación tan excelente de las diez canciones. Según García Gil "El estudio de Milán permitía grabaciones rápidas con músicos solventes que no aparecían en los créditos. Lo habitual en la época era ignorar sus nombres, no dar pistas sobre los músicos intervinientes [...]. En *Mediterráneo* escuchamos una guitarra, un violín o una batería, pero los responsables de estos instrumentos permanecen en el anonimato". El autor de *Mediterráneo: Serrat en la encrucijada* apunta que "además de los músicos italianos, solían formar parte de estas grabaciones milanesas los hermanos Corvini, a los que Ricard Miralles ha recordado con cariño, ya que eran magníficos instrumentistas (Claudio, trompetista, y Mauro, trombonista)".

55. Ismael Serrano en García Gil, Luis, *Mediterráneo: Serrat en la encrucijada*, Colecciones Elepé, Grupo Midons, 2016, p. 18.

56. Entrevista a Juan Carlos Calderón en el programa de radio *Círculo flamenco*, reemitido el 6 de diciembre del 2012.

57. García Gil, *Mediterráneo: Serrat*, p. 17.

Tras llevar meses sin componer debido a una apretadísima agenda impuesta por su mánager, Lasso de la Vega, antes del verano de 1971 el cantautor toma la decisión de retirarse y se lo comunica a sus músicos. Dice Serrat que el álbum "*Mediterráneo* surge en Calella de Palafrugell, un pueblecito de la costa ampurdanesa, «Amo el mar» o «Hijo del Mediterráneo» fueron los primeros títulos del borrador del disco".[58] Los títulos de las canciones que conforman el LP son: "Mediterráneo", "Aquellas pequeñas cosas", "La mujer que yo quiero", "Pueblo blanco", "Tío Alberto", "Qué va a ser de ti", "Lucía", "Vagabundear", "Barquito de papel", "Vencidos" (basada en un poema del escritor español León Felipe).

Mediterráneo "ya estaba esbozándose antes del retiro voluntario de Joan Manuel Serrat en el verano de 1971".[59] Serrat estaba de gira por México, lejos del mar: "Llevaba semanas en el interior. [...] Es en esos casos cuando me doy cuenta de que para mí, el mar, y concretamente el Mediterráneo, es una identidad: una identidad feliz", expresaba Serrat en el diario *El País* (28/10/2014), con motivo de sus "cincuenta años de oficio". El pianista Ricard Miralles corrobora la creación de *Mediterráneo* al mismo tiempo que manifiesta su pesar por no formar parte del disco:

> Oía que Joan Manuel estaba esbozando esa canción de "Mediterráneo". Yo no hice el disco, aunque después he hecho muchas versiones de la canción. [...] En realidad, es una canción que está muy bien construida y de la manera que se haga el arreglo siempre suena bien, como demostró Juan Carlos Calderón, que todo lo que hacía lo hacía bien. Recuerdo que fue un gran éxito, aquel disco, y me supo mal no estar en él.[60]

"Take Five", la famosa composición de jazz creada por Paul Desmond e interpretada por el grupo The Dave Brubeck Quartet en su álbum *Time Out*, sirve de inspiración a Serrat para componer "Mediterráneo", tras presenciar una actuación del cuarteto de Dave Brubeck en el citado I Festival Internacional de Jazz de Barcelona (1966). "La muy exitosa «Take Five» se editó en 1959 y fue una referencia para Juan Carlos Calderón cuando le llega una maqueta de «Mediterráneo» con Francesc Burrull al piano, sin letra y sin armonías".[61] En el citado documental de Televisión Española, Calderón describe cómo se enfrentó al arreglo de una canción que le llegó prácticamente desnuda, por un lado la letra de Serrat y, por otro, interpretada por Burrull al piano: "la maqueta de «Mediterráneo» fue muy primitiva, era *tap ta ra ta ta ta*, y lo más bello de la canción es la letra. Entonces tuve que partir, no de cero, de menos cero. Justamente «Mediterráneo» por ser tan pobre y yo ser un creador y muy metido en el jazz, me dejé volar". Fidel Moreno apunta que sería

58. <https://www.rtve.es/television/20120112/mediterraneo-joan-manuel-serrat/489031.shtml>.

59. García Gil, *Mediterráneo,* p 63.

60. *Ibidem.*

61. *Ibidem*, p. 68.

muy interesante poder escuchar el arreglo tal como le llegó a Calderón y conocer la transformación de la canción, desde la primera versión hasta el resultado final.[62]

El primer logro de Calderón es el compás. Una de las peculiaridades del ritmo en "Take Five" es el uso del compás 5/4 y Calderón lo transforma añadiendo un pulso más, quedando un 6/4 con una sensación rítmica de 4/4 más 2/4, debido a la utilización del acorde de dominante en la quinta parte del pulso. Las partituras no se conservan y el tipo de compás ha generado algunas controversias a lo largo de los años. En la mayoría de ediciones comerciales se transcribe en compás de 3/4, sin embargo, no encaja con la sensación rítmica que transmite la canción, por lo que, posiblemente, el 3/4 se deba a una estrategia comercial, al ser más fácil de leer para personas aficionadas. Por otro lado, si atendemos al bajo, nos puede llevar a pensar que es ternario, sin embargo, tanto la percusión como el acompañamiento dejan clara la acentuación en pulsos uno y cinco, es decir, amalgama de 4/4 y 2/4.

En la introducción instrumental, la armonía asienta la tonalidad en la menor con la dominante mi 7 en el quinto pulso, creando un efecto similar a "Take Five". En las estrofas, juega con la transición del modo menor (la menor) al relativo mayor (Do mayor), retornando al modo menor al final de cada estrofa a través del acorde dominante (Mi 7). Un gran logro de Calderón es la utilización de un motivo melódico con las notas Mi Re Do, que permanece durante toda la canción y crea un efecto de movimiento ondulante a modo de suaves olas del mar (las olas del Mediterráneo), como se puede ver gráficamente en la imagen:

Una nota de violín en mi sobreagudo da lugar al complejo entramado de percusión, bajo y batería, para dar paso a la guitarra que desgrana la armonía con acordes de estilo *bossa nova* creando una sonoridad latinoamericana que empapa la canción en un "soberbio arranque instrumental que ideó Juan Carlos Calderón".[63] En la introducción, el ritmo se abre a una amplia paleta tímbrica formada por cuerdas, clavicordio, viento madera y viento metal que aparecen y desaparecen (como las olas), interpretando las mismas notas del motivo principal. Es interesante el entramado de las estrofas formado por el acompañamiento de la guitarra de estilo latino y el clavicordio arpegiando la armonía en semicorcheas de estilo clásico.

El tema se estructura en dos partes simétricas, siendo la segunda más orquestada que la primera. El poeta y musicólogo Juan Jesús Payán señala como hecho singular que "la primera vuelta de estrofa queda suspendida en un acorde de dominante en séptima (mi), equivalente tal vez intencional al «yo» que enlaza la

62. Moreno, Fidel, *¿Qué me estás cantando?: Memoria de un siglo de canciones*, Penguin Random House Group Editorial, 2018.

63. *Ibidem*, p. 11.

repetición musical de la misma". Otra singularidad que señala el musicólogo es una variación en la melodía de Serrat, en la línea donde alcanza la tesitura más baja: "Se hunde hasta un la bajo que, de manera gráfica, representa el significado del verso «tu alma es profunda y oscura»".[64] Seguidamente, va el puente, estructurado en dos estrofas de tres versos cada uno, con una orquestación profusa.

"Mediterráneo" termina con una coda en la que, además de la nota mi sobreaguda en el violín, se retoma el motivo melódico de la introducción, interpretado por toda la orquesta, incluidos los coros y la voz de Serrat, creando una estructura circular.

El arreglo de esta canción ha dado lugar a diversos análisis y comparaciones con otros arreglos de la época. El pianista y compositor Adrián Iaes, que hizo su particular versión de "Mediterráneo", señala que "Calderón hace una orquesta más americana, en línea con lo que uno escuchaba en esa época en discos de CTI Records o cosas así, con arreglistas como Don Sebesky, Claus Ogerman, etc.".[65] Calderón tuvo en cuenta las peculiaridades de la voz de Serrat para realizar el arreglo. También había adquirido un gran conocimiento de las técnicas a utilizar para que fuera de calidad a la par que comercial. Él mismo lo define de la siguiente manera:

> Yo no sabía qué magia darle, lo único que sabía y sabíamos los que rodeábamos a Juan Manuel era que era un cantautor. La voz de Juan Manuel era tremendamente emotiva. Su voz te pone los pelos de punta, decía como nadie sus letras, tenía algo de flamenco también en su voz. [...] Traté de juntar las tres cosas, la cosa pop, la cosa guitarrística de un cantautor que es clásico, porque él es guitarrista, y después mi toque comercial, llamémosle así, pero no peyorativo. Y sobre todo buscarle un color.[66]

A lo largo de su historia, "Mediterráneo" sigue encabezando varios *rankings* como una de las mejores canciones de todos los tiempos, entre ellos, la mejor canción de la historia del pop rock español por la revista *Rolling Stone* en 2006.

Recién estrenado el álbum, en diciembre de 1971, el crítico Alberto Mallofré, desde *La Vanguardia* (11/12/1971), alaba las diez composiciones, las cuales "conservan toda la esencia de Serrat", sin embargo, no le convencen los arreglos:

> Bajo un rigor estético, observamos en su obra, materializada en canciones, una excesiva uniformidad rítmico-armónica en las partituras, lo que no es óbice para la calidad y el interés de cada una de las piezas que integran la selección, pero hace que el conjunto, acumulado en un disco de larga duración, proporcione al oyente una audición de escasa amenidad temática en el prisma musical. Por añadidura, los arreglos instrumentales que firman Juan Carlos Calderón,

64. Juan Jesús Payán en García Gil, *Mediterráneo,* p. 62.
65. García Gil, *Mediterráneo,* p. 69.
66. <https://www.rtve.es/television/20120112/mediterraneo-joan-manuel-serrat/489031.shtml>.

Antoni Ros-Marbà y Gian Piero Reverberi, son técnicamente impecables pero carecen de la personalidad serratiana peculiar a la que nos había acostumbrado Ricard Miralles. Y es que cualquier cantante puede disponer de los mejores arreglistas del mundo (si hay dinero para pagarles), pero esto no tiene que ver con la creación de un clima especialmente ligado a una voz determinada, que dice unos versos concretos en un tiempo dado, esto no se paga con dinero.[67]

Mallofré no atinó en sus apreciaciones ya que no hay "uniformidad rítmico-armónica en las partituras", en realidad, hay bastantes diferencias, tanto rítmicas como armónicas, entre canciones como "Mediterráneo", "Lucía" o "La mujer que yo quiero" y aún más en "Vagabundear", por citar solo cuatro canciones arregladas por Calderón. Y, en caso afirmativo, este hecho no perjudica la calidad, más bien todo lo contrario. Tampoco estuvo acertado en la calificación de "escasa amenidad temática", puesto que los arreglos son profusos en orquestación y en creatividad. Sirvan como ejemplo las diferencias que se presentan entre "Lucía" y "Vencidos". La crítica continúa analizando la voz de Serrat, llegando a preguntarse si en realidad le gusta cantar o si le gusta subirse a un escenario, entre otras causas porque, técnicamente, en cuanto a lo vocal, no mejora. El último párrafo adquiere un tono más conciliador, aunque no se muestra conforme con el cambio de estilo de Serrat. Con la perspectiva del tiempo se ha podido demostrar que el gran crítico Alberto Mallofré no estuvo acertado en esa ocasión, puesto que "Mediterráneo" fue una obra muy grande que marcaría el estilo y el destino de Serrat. En mayo de 1972, Serrat consigue su primer Disco de Oro por sus ventas y sigue siendo una canción imprescindible en sus directos.

La relación profesional de Juan Carlos Calderón y Joan Manuel Serrat comienza con las primeras canciones de Serrat en castellano y termina con *Mediterráneo*. No volverían a coincidir; sin embargo, el propio Calderón durante una entrevista a *El Diario Montañés* (2007), define *Mediterráneo* como "nuestra obra" junto a Serrat: "Nuestra obra fue *Mediterráneo* y a partir de entonces ya no hicimos nada más. Yo no sé si ha sido bueno o malo, pero a veces hay que admitir eso de «más vale no *meneallo*». Ahí quedó como algo muy grande".

1968, un año clave

Regresamos al año 1968, uno de los años más importantes en la trayectoria artística de J. C. Calderón. En este año hemos visto sus colaboraciones con Serrat y la realización de dos de sus discos de jazz más importantes, el primero en formato trío y cuarteto, y el segundo al frente de una *big band*. Rescatamos algunas de las páginas del cuaderno de Mari Luz correspondientes a la primera mitad de 1968 para averiguar qué trabajos llevó a cabo, recordando que aquel año aún tocaba

67. Mallofré, Alberto, "Serrat Mediterráneo", *La Vanguardia* (11 de diciembre de 1971), p. 50.

casi a diario en el Whisky Jazz, y nos preguntamos si le quedaba tiempo para dormir:

Enero

— Elia Fleta = Concierto de jazz para Información y Turismo.

— Joan Manuel Serrat = Arreglo de "La, la, la" y "El titiritero" en Estudios Celada el 20 de enero de 1968 + 10 horas de grabación + arreglos de "El titiritero" y "Poema de amor" en los estudios de Milán el 30 de enero.

— Juan y Junior = *Playbacks* + arreglo orquestal + arreglos dos pianos + 3 horas como pianista + 6 horas de grabación. Fonogram.

— Marisol = 4 arreglos + 21 horas de grabación.

— Los Brincos = Arreglo de "Lola" + trozo de cuarteto + 2 horas de supervisión + 3 horas de pianista en un número de su *longplay*. Zafiro.

— 9 horas de supervisión de canciones para Eurovisión de Los Brincos, Juan y Junior y Dúo Dinámico + 3 horas como pianista para canción de Eurovisión de Fernando Arbex. Zafiro.

Febrero

— Mari Trini = Arreglos de "Algo así" y "No sé qué pasará" + 6 horas de grabación. RCA.

— Serrat = Arreglos de "La, la, la", "Manuel" y "Mis gaviotas" + dirección del "La, la, la" de Bert Kaempfert. Zafiro.

Marzo

— Serrat = A modo particular para actuación, 2 arreglos: "Mis gaviotas" y "Poema de amor".

— Massiel = Arreglos orquestales de "La, la, la" y arreglo del "La, la, la" de Eurovisión. Zafiro.

— Dyango = 2 arreglos. Zafiro.

Abril

— Pasquale, Oscar = 2 arreglos para Festival de Mallorca + 8 horas de grabación. CEM.

— Massiel = Dirección del arreglo de Bert Kaempfert en Estudios Celada, 8 horas de grabación. Zafiro.

— Raphael = Arreglo de "La primera piedra". Editorial Gordillo.

Mayo

— Elia Fleta = 2 arreglos + 11 horas de grabación. CEM.

— Koldo = 2 arreglos + 6 horas de grabación. CEM.

— Mari Trini = 2 arreglos + 5 horas de grabación. RCA.

— Isasi = Supervisión + 7 horas de grabación. RCA.

— Los Brincos = 5 arreglos (Milán) + 2 días supervisión bases. Zafiro.
— Massiel = Arreglo "Si yo pudiera ir a Moscú". Zafiro.

Junio
— Donna Caroll = 2 arreglos (París). CEM.
— Alberto Bourbon = 2 arreglos (París). CEM.

Julio
— Donna Caroll = 2 arreglos, "La tranquilidad" y "El reloj de cuco" + 12 horas de grabación. CEM.
— Maysa Matarazzo = 2 arreglos, "Reza" y "Cidade vacía".
— Karina = 2 arreglos, "Quiero vivir" y "Ayer soñé". Hispavox.

Raphael, Dyango, Koldo, Isasi, Alberto Bourbon, Karina...

Raphael, tras haber participado en dos ediciones consecutivas del Festival de Eurovisión y haber conseguido fama internacional, estaba en la cumbre de su carrera cuando la discográfica recurrió a los servicios de J. C. Calderón para hacer un arreglo de la canción titulada "La primera piedra", compuesta por Alfredo García Segura y M. Sellés, y dirección de orquesta de Manuel Alejandro. Un año después se localiza un segundo arreglo: una canción perteneciente al álbum *Aquí!* grabado por el sello Hispavox, titulada "Eres tú" (nada que ver con la de Mocedades), compuesta por José Luis Armenteros y A. García Segura, cuyos arreglos y dirección de orquesta corresponden a Calderón. Los arreglos y la dirección de orquesta del resto de las canciones del disco las firman Waldo de los Ríos y Rafael Ibarbia.

En 1968, el cantante galés Tom Jones triunfa con la famosa "Delilah" (Les Reed y Barry Mason), y el mismo año el cantante Dyango realiza una versión adaptando el título al español: "Dalila". Es la primera colaboración de Calderón y Dyango y, bajo el sello discográfico Novola, se lanza un *single* en el que figura este tema junto con la canción "Son cosas", compuesta por Pablo Herrero y Dyango. Los arreglos y la dirección orquestal de los dos temas son de Calderón. Un año después, se edita un álbum titulado *Dyango*, que contiene once nuevos temas e incluye una versión de "Mi ritorni in mente", popularizada por el cantante italiano Lucio Battisti, que se adapta al español con el título "Vuelves a mi mente". Fue lanzado como *single* meses después, y *La Vanguardia* (13/09/1970) cita los arreglos y la dirección como "sabiamente instrumentada por Juan Carlos Calderón". En 1971 vuelven a colaborar juntos, esta vez con una canción compuesta por Augusto Algueró titulada "Piensa en mí". De nuevo, la prensa manifiesta que el *single* está hecho con "arreglos muy sensibles y con profundo conocimiento, firmados por Juan Carlos Calderón".[68]

68. "A 45 vueltas por minuto", *La Vanguardia* (2 de octubre de 1971), p. 44.

El cantante Koldo compartía con Calderón una gran pasión por el jazz. Koldo es el nombre artístico de José Luis Miñaur (Bilbao, 1942), conocido a nivel nacional tras su participación en el IV Festival Internacional de la Canción de Mallorca (1967). Aunque no ganó, obtuvo cierta popularidad con su singular voz de registro grave y grabó su primer *single*. Pocos meses más tarde, ya en 1968, graba un nuevo *single* con dos canciones compuestas por Calderón: "Se fue mi niña" y "Discman", esta última en inglés. La balada triste "Se fue mi niña" contrasta con la alegre "Discman" de estilo funk soul, en una línea de arreglos que empezaba a estar de moda en España como acompañamiento de las grandes voces negras, y que Calderón había experimentado de primera mano compartiendo escenarios con Donna Hightower. Poco tiempo después surge un nuevo *single* con dos canciones tituladas "Lucy, ojos azules" y "La yerba cubrirá nuestro nido". La carrera de Koldo tuvo un cierto despegue tras las grabaciones con Calderón, y fue propuesto para participar en el Festival de Benidorm, en 1969, con la formación Koldo y los Impactos, obteniendo el primer premio con una canción de Manuel Alejandro; sin embargo, no hubo apoyo discográfico y no se llegó a grabar. El último disco que se ha localizado es un álbum titulado *Koldo-Miguel Ángel: Todas sus grabaciones (1967-1976)*, en el que aparecen las cuatro canciones compuestas por Calderón y dieciséis títulos más. El cantante Koldo prosiguió un corto tiempo su carrera profesional con ese nombre artístico, hasta que cambió de nombre (pasando a llamarse Miguel Ángel) y de compañía discográfica (Movieplay), interpretando composiciones de Manuel Alejandro.

Regresamos al mayo de 1968, fecha histórica, entre otras cosas, por las protestas de París y, mientras los cimientos de la República Francesa temblaban, Calderón se había asentado en el jazz como uno de los grandes músicos de la época e iba ganando firmeza y consolidándose como arreglista y compositor de la canción pop. No había tiempo para la política. Él era músico por encima de todo y las horas del día no daban para más. En ese mayo del 68, Calderón también se encarga de los arreglos y dirección musical del primer y único *single* de Isasi, un cuarteto zaragozano de origen vasco y tradición musical familiar formado por los hermanos Isasi: Alfonso (guitarra), Jorge (bajo), Ander (batería) y Gonzalo (guitarra). Luis Alfonso Isasi Arramberri es el que se encarga de escribir canciones de manera profesional y enviarlas a las editoriales. Así, en el tercer álbum de Massiel, aparecen dos canciones que firman conjuntamente la cantante y Alfonso Isasi: "Mirlos, molinos y sol" y "La moza de los ojos tristes". Es el álbum en el que Calderón colabora por primera vez con Massiel, con las canciones "Rosas en el mar" y "Aleluya N.º 1". En una actuación en la Sala Huarte de Madrid, los hermanos Isasi acompañan en directo a Massiel para interpretar las dos canciones compuestas por Alfonso y un ejecutivo de RCA los ve y se interesa por ellos, ofreciéndoles un contrato discográfico. Se graba el primer y único *single* que contiene "Cantándole al viento" y "Mississippi" con arreglos y dirección de Juan Carlos Calderón. Las desavenencias con la discográfica RCA propiciaron la interrupción de la carrera artística de los hermanos Isasi, si bien Alfonso Isasi ha registrado algunas composiciones más.

Relacionado con el Bourbon Street, aunque no con el jazz, encontramos otra colaboración de Calderón en el año 1968. En esta ocasión se trata de Alberto Bourbon, hermano de Jean Pierre Bourbon, fundador del Whisky Jazz y el Bourbon Street. Alberto solía subirse a los escenarios del Bourbon, unas veces para cantar baladas de jazz acompañado por Calderón y los músicos que tocaban en el local y otras veces para cantar sus propias canciones con su guitarra. Animado por el éxito de sus actuaciones en directo graba un primer *single* en los Estudios Celada con dos canciones tituladas "El metro" y "La nana", con los arreglos de Calderón. El cantante españoliza su apellido, suprimiendo la letra "o", quedando como nombre artístico Alberto Burbon. El *single* tiene cierta repercusión mediática e inmediatamente graba un segundo *single* con otras dos canciones de su autoría. Según el *ABC,* "canta historias en las que el hombre es su verdadero protagonista" y vuelve a contar con los arreglos de Calderón en "Un domingo en mis calles". Este segundo sencillo logra entrar en las listas de ventas y firma con el sello RCA para sus próximos discos, recuperando su apellido "Bourbon". Su carrera artística en solitario estará vigente hasta 1975, cuando se localiza su última grabación. Paralelamente, Alberto Bourbon compone canciones para otros artistas y, actualmente, es recordado por sus composiciones para Rocío Jurado, dos de las cuales ("Soy de España" y "Por la cuesta de la ermita") también llevan los arreglos de Juan Carlos Calderón.

1968 también es el año de "Las flechas del amor" (Albert Hammond), canción que encumbró a Karina como una de las artistas más queridas de la época, después del éxito obtenido con "Romeo y Julieta". Este éxito la lleva a protagonizar la película *La chica de los anuncios,* dirigida por Pedro Lazaga. La banda sonora es firmada por Antón García Abril, mientras que Calderón se encarga de componer las dos canciones que Karina interpreta de forma diegética y que están creadas a propósito del film: la alegre, de estilo yeyé "Quiero vivir" y la balada nostálgica "Ayer soñé", grabadas en formato *single.*

Más Massiel

La relación de Calderón con Massiel había comenzado con los arreglos de las canciones de Aute y continuado con el episodio narrado de Eurovisión, dando como fruto el *single* "La, la, la". Poco después del éxito de Eurovisión, llega la primera canción titulada "Niños y hombres", con letra de Massiel y música de Calderón, publicada por Novola y enmarcada dentro de la canción de protesta. Fue un fracaso de ventas, aunque vista con la perspectiva del tiempo, no deja de ser una canción singular, que Massiel canta con la garra que le caracteriza sobre unos arreglos musicales arriesgados, con muchos cambios orquestales. Destaca el arreglo de mandolina tipo trémolo, que Calderón también utilizará posteriormente en el arreglo de "Libre" para Nino Bravo.

Otras canciones para las que Calderón firma los arreglos y la dirección orquestal son "Las rocas y el mar", compuesta por Massiel y J. L. Armenteros; "Deja la flor", compuesta por Goytisolo, Herreros y Armenteros; "Amén" y "Al volar", las dos firmadas por Fernando Arbex. Merece la pena rescatarlas y escuchar la singularidad de los arreglos que escribe Calderón. Massiel lo recordaba así:

> Era un chico muy guapo, con los ojos verdes, el pelo liso, de buena familia de Santander. Un encanto. Era muy atractivo y tenía mucho éxito con las chicas. Solo bebía *whisky* DYC. Sabía mucha música, era como un sabio despistado. Eduardo (Aute) se empeñó en que hiciera los arreglos del EP de *Rosas en el mar*. A partir de ahí empezamos a trabajar juntos. Fuimos a grabar varias veces a estudios de Milán y de Londres y compusimos muchas canciones juntos.[69]

El éxito logrado en el Festival de Eurovisión convierte a Massiel en un ídolo popular en España y en casi toda Europa. Pocos meses después, el Ministerio de Información y Turismo quiere sacarle partido y propone a Angelino Fons la dirección de una película titulada *Cantando a la vida.* Massiel comparte protagonismo con el actor alemán Rolf Zacher en un drama musical que se llevó a cabo en coproducción con Alemania. Previsiblemente, el argumento trata de una cantante que gana un festival de la canción e inmediatamente es secuestrada, viéndose envuelta en una trama policíaca internacional. Del guion —conservado en la Biblioteca Nacional con el título "Donde podré encontrarte"— se habían encargado Leonardo Martín y Miguel Rubio y no fue del agrado del director, que intentó cambiar las imposiciones comerciales de los productores sin mucho éxito.[70] De hecho, las críticas no fueron buenas y Manuel Espín califica la película como "fracasada".[71] La banda sonora está compuesta y dirigida por J. C. Calderón, donde se combinan canciones preexistentes adaptadas a la voz de Massiel y música incidental compuesta para el film. Las canciones de la película son editadas en un álbum del sello Novola con la producción de Atlántida Films.

Más de una década después, en 1981, Calderón vuelve a colaborar con Massiel en un álbum titulado *Tiempos difíciles,* aportando dos composiciones: la singular "Loca" en la que colabora Massiel en la elaboración de la letra y la balada "Ven, ámame".

Mari Trini

La cantante Mari Trini ha sido una de las cantautoras españolas más importantes de la época y en sus comienzos encontramos vínculos relevantes con Calderón. La discográfica RCA Víctor se interesa por ella y le ofrece grabar sus primeras canciones en castellano. Pero RCA no está dispuesta a correr riesgos y no confía en la capacidad de Mari Trini para componer sus propios temas, por lo que le impone que grabe

69. Martínez, Borja, "10 años sin Juan Carlos Calderón, el genio oculto del pop español que conquistó el mundo", *El Mundo* (25 de noviembre de 2022).

70. Fons, Angelino, *Conversaciones con Angelino Fons: la necesidad de la memoria,* Primavera Cinematográfica de Lorca, 2005.

71. Espín, Manuel, *Los años rebeldes: España 1966-1969*, Madrid: Kailas Editorial, 2018, p. 284.

algunas canciones de otros autores, entre ellos, Luis Eduardo Aute y Juan Carlos Calderón. En su primer *single* aparecen dos canciones: en la cara A, una composición de Aute titulada "El alma no venderé", y en la cara B "Guitarra", compuesta por ella misma cuando tenía trece años, los dos temas con arreglos y dirección de Calderón. La presentación en España fue en el Royal Bus, una *boîte* decorada con viejos Ford, Packard o Renault, y tuvo un gran impacto entre los asistentes al acto.

Pocos meses después, Mari Trini graba un nuevo *single* con dos canciones: "No sé qué pasará" y "Algo así". La primera es una composición de Luis Eduardo Aute, con arreglos y dirección de Juan Carlos Calderón. La cara B, "Algo así", es una de las primeras composiciones de Calderón y una de sus favoritas: "Con Mari Trini llegamos al fin de la primera etapa mía como arreglista y autor [...] y puedo decir que una de las canciones mías más bonitas que he hecho en mi vida y que menos éxito han tenido", recordaba el compositor en el programa *La hora de... Juan Carlos Calderón* (1976). La letra de la canción ya apunta una tendencia clara al tipo de versos que le gusta escribir al compositor santanderino:

Algo así
como un alma que no dice nada,
cuerda destensada,
eso es nuestra unión.
Algo así
como un tierno pan que no alimenta,
vino que no alegra,
eso es nuestra unión.

En estos primeros versos queda claro que la relación de pareja está casi muerta y aquel que la escucha y conoce la situación, la hace suya. Con esta canción ya se posiciona como poeta que le canta al desamor y deja para el estribillo sus versos más desesperanzados:

Algo así
no puede sobrevivir,
es un árbol que no tiene raíz.
Algo así
como una vida que está quieta,
agua que no corre,
eso es nuestra unión.

Aunque los versos más fríos y lapidarios aparecen en la segunda parte, después del fragmento que más orquestación lleva:

Como regalar cosas de un muerto,
eso son mis besos,
eso es nuestra unión.

El arreglo musical en tempo tranquilo y sin excesiva instrumentación contribuye a ensalzar los versos. La base de la guitarra arpegiada está adornada con la sección de cuerdas y breves coros y metales. Además, la forma de cantar de Mari Trini, usando un tono lánguido, redondea la letra y contribuye a la conjunción de música, letra y voz.

Ninguno de los dos *singles* tuvieron demasiado éxito y "solo consiguieron arrancar algunos comentarios entusiastas a la crítica, desconcertada por el estilo afrancesado de una intérprete menuda, desgarbada y extremadamente tímida".[72] Las cuatro canciones van a formar parte del primer LP, titulado *Mari Trini,* publicado en 1969 por la discográfica RCA Víctor. El álbum fue grabado en Roma con un total de doce temas supervisados y dirigidos por J. C. Calderón y ha sido reeditado en tres ocasiones: 1971, 1978 y en CD en el año 2005 con el título *El principio.* En el momento de la publicación del LP, Mari Trini había cambiado de compañía discográfica, pasando a trabajar para el sello Hispavox con la intención de cantar únicamente sus propias canciones, aunque en este primer LP solo la mitad son de su autoría, siendo el resto de Patxi Andión y Jacques Brel, además de Juan Carlos Calderón y Luis Eduardo Aute.

Harto de arreglos

Pocos días antes de la publicación del *single* que contiene "Algo así", el diario *La Gaceta del Norte* (marzo, 1968) dedica un amplio reportaje al compositor, con el título "Juan Carlos Calderón, de treinta años, uno de los mejores pianistas de jazz", en el que se señala que el músico se va a dedicar "a componer con toda intensidad". En referencia al título, hacemos un alto en la narración para apuntar que en 1968 Juan Carlos tenía treinta y dos años, por lo tanto, desde muy joven ya le gustaba quitarse años. Y siguiendo con el reportaje, el propio Calderón explica que "un arreglista siempre compone algo. Y a veces mucho. Así firmo yo la canción y así no tengo que discutir con nadie". Los grandes sellos discográficos del momento contaban con su talento, a veces para realizar arreglos y otras veces para confiar en sus propias composiciones al servicio de otros artistas. Calderón explica cómo quiere que sean sus canciones y sus pretensiones como compositor:

> Quiero que sigan dos líneas. Una folklórica, nítida, muy del pueblo, con una melodía totalmente depurada que se salve por sí sola. La otra, melódica, para ser interpretada por conjuntos, con voces intercaladas. Quiero ser un compositor actual, en la línea que ha perdurado a través de los siglos, que no es otra que la que ha seguido los cánones clásicos. Por eso adoro tres o cuatro canciones de los Beatles. Son la belleza personificada, pueden cantarse solas. [...] En Es-

72. Fernández, Miguel, *Desafiando al olvido. Waldo de los Ríos, La biografía,* Barcelona: Roca Editorial, 2020, p. 281.

> paña estamos a la altura de los mejores. Podemos componer para que nuestras canciones sean cantadas por gente importante. Mira lo que ha pasado con el "Aleluya" de Aute.

Calderón cita como los mejores arreglistas del mundo en música pop a los Beatles, en el estilo *bossa nova,* al compositor Bob Florence y en música americana, a Nelson Riddle, famoso por sus orquestaciones para Ella Fitzgerald y arreglos para Frank Sinatra. En cuanto a España, respecto a la música pop, piensa que los mejores arreglos son los que hacen los propios grupos. "Nosotros nos limitamos a hacer los arreglos para los que van a grabar". También manifiesta su predilección por Waldo de los Ríos, "sobre todo haciendo música de películas". Además, considera que la faceta de arreglista es una profesión mal pagada porque "todavía no nos han dado la importancia que tenemos".

Es interesante conocer la visión de Calderón respecto a los arreglos. En este artículo, el entrevistador pregunta por la labor que hace un arreglista en una canción y Calderón responde:

> Hacemos muchísimas cosas, depende, en otras ocasiones, de la canción. Por ejemplo, en algunos casos tengo que coger la línea melódica, cuadrarla, buscar un ritmo, rearmonizarla, buscar una introducción, hacer la parte orquestal y escribir las partituras para toda la orquesta. En otros casos, cuando la canción está muy acabada, solo hace falta adornarla.
> —*Entonces, es una labor importante.*
> —Sí, claro, sobre todo en las canciones en las que no existe base. Algunas veces, el setenta por ciento de la canción es del arreglo, en otras, solo el treinta por ciento.
> —*Sin embargo, muchas veces critican los arreglos. Los cantantes dicen que os repetís mucho.*
> —Sí, a veces se meten con nosotros. Todos los cantantes quieren que los mejores arreglos sean para ellos, pero no para los demás. Es muy humano. Pero la repetición viene dada por el exceso de trabajo. Entonces, no hay más remedio que recurrir a los trucos. Pero, al menos, me copio a mí mismo, soy yo el que se repite. No es que me guste, pero es que no tengo tiempo para pensar en ideas nuevas.

El entrevistador, Joaquim Maria Puyal, se interesa por saber cuáles son las canciones que rechaza de todos los arreglos que ha hecho. "Casi todas", responde Calderón, para sorpresa del entrevistador. La transición del jazz al pop fue una etapa dura para él y así lo refleja en la entrevista:

> Para mí fue un duro cambio, no cambio, porque siempre he seguido siendo músico de jazz, es decir, he ocupado mucha más parte de mi vida haciendo jazz que haciendo música pop, pero el problema estaba en que el jazz tiene unas

armonías muy complicadas, muy sabias, y tuve que enfrentarme con canciones muy simples y ese fue mi primer rechazo.[73]

Primeras voces internacionales

Antes de finalizar la década de los sesenta, algunos trabajos para cantantes internacionales también llevan la firma de Calderón. A medio camino entre el jazz y el pop, están los arreglos para Maysa Matarazzo, una de las cantantes más destacadas de la música popular brasileña. Nacida en São Paulo (1936-1977), había tomado el apellido al casarse con André Matarazzo, un millonario de la nobleza veinte años mayor que ella. Tras divorciarse, a finales de la década de los cincuenta alcanza un gran éxito en su país natal y comienza a ofrecer conciertos por muchos países de toda la geografía. En 1963 se traslada a vivir a Madrid y comienza a frecuentar el Bourbon Street y a cantar asiduamente con la orquesta de Calderón. Vlady Bas recuerda sus actuaciones en el Bourbon Street, varios proyectos que no llegaron a materializarse, una actuación que tuvo lugar en Bilbao y un *single*, que grabó en 1968, con arreglos de Juan Carlos Calderón bajo el sello RCA Víctor. El *single* está formado por dos canciones: "Pálida ausencia", composición inédita de Luis Eduardo Aute, y "Reza", una versión de la *bossa nova* de Edu Lobo y Ruy Guerra estrenada en 1965.

Otra cantante internacional con la que trabaja en el verano de 1968 es la argentina Donna Carol,[74] que desarrolló gran parte de su carrera artística en su país natal. "Almas perdidas, volved" es la primera canción que Calderón compone para ella. Se trata de un breve poema de estructura asimétrica, cuyo arreglo orquestal está lleno de detalles y matices, totalmente construido al servicio de la voz. Donna interpreta este poema con el desgarro y la sensibilidad que la caracterizan:

Tú, alma sin hogar,
tú, que buscas la vida,
yo soy tu hogar,
fúndete en mí.
Almas perdidas, volved,
no dejéis nuestra casa tan fría.
Eran días de amor, dulce luz de ayer,
siempre me sonreía,
yo la admiraba,
era mi Dios.

73. Artime, Ignacio, "Juan Carlos Calderón, de 30 años, uno de los mejores pianistas de jazz", *La Gaceta del Norte* (marzo de 1968). Recorte de prensa facilitado por Teresa Calderón.

74. En la mayor parte de su discografía y en su trayectoria como actriz figura escrito el apellido con doble L, sin embargo, en los dos *singles* que graba con canciones de Calderón el apellido viene inscrito "CAROL".

Ahora ya no está,
tierra devuélvelo,
él, él es tan frágil sin mí.
Almas perdidas, volved,
no dejéis nuestra casa tan fría.

En el álbum aparece otro título de Calderón, "Con un poco de ingenio", y *ABC* (20/07/1968) hace referencia a la aparición del disco: "Con bella voz y hermoso rostro ha entrado por la puerta grande de nuestra discografía, interpretando buenas canciones de Juan Carlos Calderón". "La tranquilidad" y "El reloj de cuco" son los temas que figuran en el cuaderno que anotaba Mari Luz, sin embargo, no se localiza ningún *single* en el que figuren esos títulos, aunque "El reloj de cuco" sí aparece dentro de las composiciones que graba con Marisol.

La prestigiosa cantante cubana Olga Guillot, calificada como la "reina del bolero", se manifestaba enamorada de España y entusiasmada con el aplauso que le brindaba en todas sus visitas el público español, según se promociona en la contraportada de su disco *Olga Guillot en España*. Desde sus inicios en la década de los cuarenta, varias veces había visitado el país y siempre con muy buena acogida. El público la quería y por ello graba un disco con intención de rendir homenaje a España, escogiendo canciones de cuatro compositores españoles. Es el año 1969 y uno de los seleccionados es Juan Carlos Calderón, por mediación de la discográfica Zafiro, junto con otros dos compositores que comenzaban a sobresalir (Juan Pardo y Ramón Farrán) y un clásico tándem, Fernando Moraleda y Enrique Llovet, autores de la famosa "Luna de España".

Calderón crea "Dos estrofas", una bella composición totalmente adaptada a las peculiaridades de la cantante, que apenas tuvo repercusión en el mercado nacional, puesto que quedó ensombrecida por el arreglo y la interpretación de la famosa copla "Luna de España". Sin duda, otra de las primeras composiciones de Calderón que merecería la pena rescatar.

Y la prensa se hace eco de la vorágine de trabajo en el que está sumergido el compositor. Así lo expresa un recorte de periódico conservado por Teresa Calderón, titulado "Juan Carlos Calderón no para":

> Una vez más, Juan Carlos Calderón es noticia. Sin duda alguna, es uno de los músicos españoles que más trabajan. Acaba de hacer los arreglos de las canciones de Los Brincos. Acaba de grabar un gran disco de jazz para una marca española —con catorce músicos—, con la que ha firmado una exclusiva para hacer discos instrumentales. Acaba de componer dos canciones para que las grabe Massiel. Acaba de hacer los arreglos del último disco de Serrat. Acaba de hacer unas canciones para Elia Fleta, que, según dicen, son sensacionales. Y sigue componiendo música para películas y haciendo más arreglos, y más canciones... La verdad es que uno habla de Juan Carlos Calderón y no acaba. Se lo merece por su esfuerzo, por su trabajo, por su calidad que pone en todo lo que hace.

Y ya va siendo hora que se empiece a reconocer y a ensalzar su trabajo como *jazzman*, compositor y arreglador.

Marisol

Marisol había triunfado en los sesenta en el cine musical dentro del género infantil, sin embargo, a finales de la década hay intención de colocarla "en un lugar preeminente del mapa musical, compitiendo con Massiel o con Karina",[75] que ya eran estrellas consagradas con las que había colaborado Calderón. Para ello, la discográfica Zafiro lanza un álbum que lleva por título *Perdóname*, con canciones compuestas por el santanderino. Ha pasado poco más de un año desde que este publica su primera composición y la discográfica lo sitúa entre los grandes compositores del momento. De hecho, en la contraportada del disco *Perdóname* se promociona así: "Canciones de autores que gozan actualmente de popularidad y difusión en todo el ambiente discófilo son interpretadas por nuestra joven artista con toda la intención que pusieron los compositores en su creación". Además de Calderón, los compositores que forman parte de este disco son Armando Manzanero, Palito Ortega y Alberto Bourbon. También figura como arreglista junto con el italiano Riccardo del Turco (que ya contaba con un gran prestigio tanto en su país de origen como en España) y Frank Ferrar, seudónimo de Waldo de los Ríos. Por lo tanto, su nombre aparece al lado de los grandes compositores que han marcado una época.

"Perdóname" abre el disco y da título al álbum. Compuesta por los italianos Carlo Rossi y A. Tamborelli, logra un éxito de ventas en Italia en 1968 con la interpretación de la cantante Louiselle. De la versión de Marisol se encarga Juan Carlos Calderón quien, según García Gil, realiza un "sutilísimo y expresivo arreglo [...] y destacable uso de los crescendos",[76] aunque, en mi opinión, es muy similar a la interpretada por Louiselle. En este disco aparecen composiciones originales de Calderón, la primera de ellas "Doce meses", un tema con un interesante arreglo en el que sobresalen las cuerdas y una letra que explica la relación amorosa en doce fases:

En enero empezó nuestro amor,
con febrero nació el primer beso,
en marzo el sol nos envolvió,
la nieve se fundió.

En abril nuestro amor floreció
y con mayo nacieron promesas,
junio fue tal vez el mes
que más te quiero yo.

75. García Gil, Luis, *Marisol, Pepa Flores. Corazón rebelde,* Lleida: Editorial Milenio, 2018, p. 85.

76. *Ibidem*, p. 86.

Julio fidelidad,
agosto promesas al mar,
en septiembre los reproches
y en octubre el adiós,
en noviembre la nostalgia
y en diciembre nuestro amor ya se secó.

Doce meses duró nuestro amor,
doce meses de dulces recuerdos,
de luz, de sol, de tú y yo,
de manos de temblor.

En la cara B se encuentran tres composiciones suyas: la mencionada "El reloj de cuco", "Tú y yo" y "Recuérdame". Esta última representa un sello de identidad en la forma de componer de Calderón en cuanto a la estructura, la forma y los arreglos de las secciones de cuerda y metales. Marisol se pone en la piel de una mujer, más que enamorada, esclava del amor:

Recuérdame lo bella que es la vida,
recuérdame que siempre habrá un amanecer.
Hace tanto tiempo que no veo que en tus ojos,
hace tanto tiempo que no creo más que en ti.
Recuérdame que existen las estrellas,
recuérdame que el cielo es un inmenso azul.
Hace tanto tiempo que no siento más que tus manos,
recuérdame donde estoy.
Hace tanto tiempo que no me he asomado a la vida,
hace tiempo que no veo atardecer,
recuérdame que el viento trae canciones,
recuérdame la la la la.

Anterior a la grabación de "Perdóname", Calderón había colaborado en los arreglos de la canción compuesta por Serrat "Tu nombre me sabe a yerba", que también graba Marisol. García Gil afirma que el repertorio en que se movía la cantante se caracterizaba por la heterogeneidad, en ocasiones impuesta por la industria, sin embargo, "Tu nombre me sabe a yerba" "ha de ocupar un lugar privilegiado por la brillantez de la versión y por su acercamiento consciente a la sensibilidad serratiana". El arreglo de Calderón contribuyó a ensalzar las cualidades de una gran composición por parte de Serrat defendida por una interpretación inspirada de Marisol. "Hubo, pues, alianza de astros", destaca García Gil. Juan Puchades, en un artículo de la revista *Efe Eme*, considera que la versión de Marisol es superior a la de Serrat: "Aquí hay que decirlo, ¡y ya es decir!, que la versión que grabó Marisol superó a la del autor, pero es que Marisol en vena, era mucha Marisol".

Definida por Terenci Moix como "la flamenquilla de la Coca-Cola" por sus anuncios y promociones del producto americano, Marisol sigue destacando más por su filmografía que por sus incursiones musicales, y el cambio de registro de voz no ayuda; sin embargo, su siguiente álbum alcanza un gran éxito y se sitúa entre los más vendidos de su discografía. Zafiro edita un nuevo *single* con dos canciones: "Vacaciones" (adaptación de la italiana "Vacanze", firmada por Pallavicini-Mercoli y Pablo Herrero) y "No me quiero casar", composición para la que Calderón crea un entramado musical muy yeyé, agudizando el ingenio comercial en la letra, pues la cantante acaba de casarse y los rumores de su complicada relación matrimonial son constantes.

Todo el mundo me dice que me debo casar.
Ye, ye, ye, ye, que se debe casar.
Pero yo no quisiera perder mi libertad.
Ye, ye, ye, ye, perder su libertad.
Soy feliz caminando por la arena,
soy feliz cuando veo amanecer,
quisiera ser como las aves,
que pasan por el mundo sin pisar en él.
Ye, ye, ye, ye, no me quiero casar.

Todo el mundo me dice que me debo casar
pero yo no quisiera perder mi libertad.
Soy feliz cuando el viento me acaricia,
soy feliz cuando el sol quema mi piel,
quisiera ser como la espuma,
que huye de las olas sin saber volver.
Ye, ye, ye, ye, no me quiero casar.

Este *single* dará lugar a *Mamy Panchita* (1970), un nuevo álbum producido por J. C. Calderón y Michael Aldred con doce canciones de diversos autores. Composición suya es "La diosa del mar", singular canción donde se produce un mestizaje musical como si se tratara de dos temas diferentes. Por un lado, suenan los ritmos tribales en los tambores, adornados con sonidos de la naturaleza, mientras Marisol expone su encuentro con una tribu dotada de idioma propio, que contesta a los versos de Marisol:

En sueños vi un extraño lugar
de gente que adoraba el mar.
Ama ama bembe uma nana
bebe ebe uma nana.

Con grandes ojos miraban mi piel,
tocaban mis cabellos de miel.
Eme ata ula abu bembé
uma uma uma bembé.
Creían que yo era hija del mar.
Eme eme uma nana.

A mitad de la canción se produce un cambio de ritmo y se convierte en pop divertido y muy bailable, mientras la letra sigue narrando las aventuras de esa tribu que creía que la muchacha era la diosa del mar:

Llenaron de frutos mi hogar de bambú,
de perlas y flores, de sol y de luz
y toda la tribu bailó sin cesar,
me hicieron la diosa del mar.

Calderón se encarga también de los arreglos de otras canciones, como "Hey Jude" (John Lennon y Paul McCartney), ofreciendo una versión orquestada con variaciones particulares, en la que la sección de metales no es todo lo brillante que hubiera precisado, quizás por la interpretación más que por la creación del arreglo.

Con anterioridad a la edición del disco, la revista *Mundo Joven* (5/04/1969) publica un amplio reportaje donde Marisol manifiesta que está ensayando las canciones de su próximo álbum y que Juan Carlos Calderón es su compositor favorito.

Compositor de cine

> Espero tener algún día orquesta propia, hacer música para películas y para cine musical y seguir con los conciertos de jazz. Quiero que la película musical española tenga la grandeza y espectacularidad de las americanas sin dejar nunca de ser española, que conserve nuestro sonido.
>
> JUAN CARLOS CALDERÓN

Una de las grandes aficiones de Juan Carlos Calderón fue el cine y en este medio tuvo la oportunidad de desarrollar su musicalidad registrando una veintena de bandas sonoras. Aunque no tuvo suerte en este arte, puesto que ninguna de sus películas ha tenido una buena vejez y tampoco consiguieron gran éxito internacional, algunas de sus partituras tienen mucha calidad y están a la altura de grandes bandas sonoras creadas en la década de los setenta en España.

Carola de día, Carola de noche

Y en esta narración sobre las bandas sonoras, nos detenemos en una película cuyo aporte musical es significativo. En 1969, Marisol protagoniza *Carola de día, Carola de noche*, una película dirigida por Jaime de Armiñán (Madrid, 1927). Supone el debut de Armiñán en la dirección, con una trayectoria muy fecunda como director de cine, teatro y programas de televisión, y autor de un extenso catálogo de obras literarias y guiones, entre ellos, el de otra película protagonizada por Marisol, *Solos los dos* (1968).

Descubierta con once años por el productor Manuel José Goyanes durante una actuación en un programa de televisión, la artista malagueña debutó en 1960 con *Un rayo de luz*, un film con el que se modernizó el modelo de películas de niños cantantes con la intención de atraer a un público urbano. Marisol comenzó como una estrella del cine infantil, siguiendo los pasos de Joselito y de Pablito Calvo, sin embargo, aunque comparte con las películas de Joselito modelos de producción, distribución, *merchandising* y clubs de fans,[1] con Marisol llegaron ritmos anglosajones al cine español. Benet señala que "frente al mundo rural o de pequeña comunidad que representaba Joselito, Marisol conducía al espectador a espacios urbanos y a ambientes de más suntuosidad".[2] Con una estética más europea que española, "rubia y de ojos azules en un país latino en que predominan las morenas, pero preservando su identidad y gracejo andaluz, ofrecía un *look* muy personalizado en nuestro *star system*... Resultaba exótica y próxima a la vez, reuniendo el atractivo y las ventajas de ambas condiciones",[3] razones que contribuyeron a convertir a Marisol en una estrella infantil con "un éxito desmesurado"[4] en numerosos países del mundo. Durante la década de los sesenta llegó a rodar diez películas a medio camino entre el musical hollywoodiense y el cine folklórico.

En 1969, Marisol necesitaba un cambio de imagen, puesto que ya no encajaba con los papeles de niña prodigio que cantaba canción flamenca, y Jaime de Armiñán, además de la dirección, se encarga de crear un guion junto con Leo Anchóriz. Este guion, según García Gil, Manuel Goyanes lo "trituró" a su antojo: "Esta ópera prima dejó en Jaime de Armiñán una sensación no precisamente positiva, porque la idea era construir un personaje para Marisol de carne y hueso, que supusiera el paso de niña prodigio a mujer como objeto de deseo". García Gil reproduce las palabras de Armiñán a propósito del guion y del rodaje:

> Manolo Goyanes era un señorito madrileño con un tesoro entre las manos: el tesoro se llamaba Marisol, a la que rodeaba de guardaespaldas, vigilantes y espías. Él se encargó de machacar el guion [...] y de convertir el rodaje de aquella película en una desgraciada experiencia. Nunca olvidaré el día en que se dirigió a mí públicamente con una delicada frase: "Oye, tú, director o lo que seas, ven aquí".[5]

1. Pavlovic, T., "Child Stars: Pablito Calvo, Joselito, Marisol, Pili and Mili, Rocío Dúrcal", en J. Labanyi y T. Pavlovic (ed.), *A Companion to Spanish Cinema*, Hoboken: Wiley-Blackwell, 2013, p. 320-342, p. 322-323.

2. Benet, Vicente J., *El cine español. Una historia cultural*, Barcelona: Paidós Comunicación, 2012, p. 291.

3. Gubern, Román, "Teoría y práctica del *star system* infantil", *Archivos de la Filmoteca. Revista de estudios históricos de la imagen*, 38 (2001), p. 13.

4. Barreiro, Javier, *Marisol frente a Pepa Flores*, Barcelona: Plaza & Janés Ediciones S. L., 1999, p. 17.

5. García Gil, Luis, *Marisol-Pepa Flores. Corazón rebelde*, Lleida: Milenio Publicaciones, 2018, p. 81.

Los recortes del guion provocan que algunas escenas no se entiendan y dificulten la narración. De hecho, hay varios diálogos a lo largo del film poco creíbles, con frases cortas y secas entre los personajes, que no se desarrollan con naturalidad.

La trama del film, a grandes rasgos, arroja ciertas similitudes con la vida personal de Marisol, ya que desde que entró a trabajar con Manuel Goyanes se vio sometida a intensas jornadas como actriz y cantante, así como múltiples giras de promoción por diversos países y siempre vigilada por un séquito de acompañantes, incluido un guardaespaldas argentino llamado Melchor, amigo de Goyanes.[6]

El argumento gira en torno a Carola (Marisol), heredera al trono de un país centroeuropeo que está en fase de revolución y, en su huida, se refugia en España, acompañada de un reducido séquito que se encarga de su custodia día y noche. Tras varios días encerrada, Carola logra escapar de la vigilancia y, poco a poco, descubre el significado de la libertad y el valor de las cosas cotidianas. En un encuentro casual conoce a Daniel Rey, chico formal que trabaja por las noches en el club Chez Nous para pagarse los estudios. Carola comienza a frecuentar el Chez Nous, local de moda que ofrece actuaciones en directo, y decide actuar como cantante y bailarina para paliar las dificultades económicas que está atravesando tras el exilio. Mientras sus enemigos conspiran, su séquito intenta asegurar la continuación de la dinastía buscándole un candidato idóneo para ser desposada: el conde Anatolio. En medio de todo el enredo surge el amor entre Carola y Daniel.

El reparto de actores conforma un elenco importante para la época, comenzando por el galán Tony Isbert (1950)[7] en el papel de enamorado de la protagonista y personaje que representa los valores sociales ideales de la época. A pesar de la narración accidentada, la crítica valora positivamente la participación de varios actores de reparto que imprimen calidad al film con buenas interpretaciones. Es el caso de José Sazatornil, "Saza", Fernando Fernán Gómez, Patty Shepard, Narciso Ibáñez Serrador o José Luis Coll. Sin duda, destaca el papel de Jaime de Mora y Aragón, que interpreta al candidato perfecto para desposarse con la futura reina Carola y aporta comicidad al film.

La parte musical fue encargada por la productora Goyanes a Juan Carlos Calderón, quien realizó una banda sonora adecuadamente moderna. La película tiene una duración total de noventa minutos, de los cuales casi la mitad (41'36") contienen música, con dos partes significativas: varios fragmentos de música incidental, que ocupan un total de 21' 48", y música diegética que ocupa 19'48", siendo la mayoría canciones interpretadas por Marisol como parte de la trama.

Comienza con los créditos iniciales impresionados sobre imágenes en sepia y negro que muestran secuencias de guerra, mientras suena una canción (incidental)

6. Barreiro, *Marisol frente a Pepa Flores,* p. 130.

7. Ese mismo año, Isbert también protagonizó la película *El mejor del mundo*, dirigida por Julio Coll y con banda sonora de Calderón.

interpretada por Gloria van Aerssen y Carmen Santonja,[8] cuya letra es un fragmento adaptado del *Romance del rey don Rodrigo,* incluido en el romancero popular. En compás ternario, Calderón realiza un arreglo con aires medievales en la línea de los arreglos que había hecho dos años antes para "Diálogos de Rodrigo y Gimena", de Aute. Calderón utiliza la melodía del "Romance de la reina" (así lo titula) en otros momentos del film con distintos propósitos: situar al espectador en el estado de ánimo de Carola cuando sale a la calle por primera vez (función empática) o para representar música callejera tocada por un acordeonista. Según García Gil, la canción de los créditos debía haber sido interpretada por Marisol "a lo que se negó el metomentodo Goyanes. Este cruce de Marisol con las Vainica lo propicia Jaime de Armiñán, que sufrió las constantes injerencias de Goyanes".[9]

En cuanto a la música diegética, el hecho de que Carola entre a trabajar en el club Chez Nous es una buena excusa para justificar la incursión de números tan variados en sus actuaciones, algunos metidos con calzador. Las canciones se insertan en la trama sin interrumpir la narrativa, casi todas ellas *mise en scène*, desde el romance francés "Plaisir d'amour" hasta los números coreográficos de estilo egipcio un tanto surrealista sobre una versión de la "Marcha triunfal" de la ópera *Aida.*

Uno de los números más significativos es una colombiana[10] tradicional con arreglo de Calderón, en el que destacan las guitarras, grabadas por el guitarrista flamenco Alberto Vélez. En este número, Carola sale a escena ataviada con un vestido de flamenca y una guitarra —en una icónica imagen de clara inspiración en las pinturas de Julio Romero de Torres— para cantar en el estilo musical con el que había triunfado en su etapa infantil. Atendiendo a la idiosincrasia del personaje de Carola, no es creíble un número flamenco interpretado por la heredera al trono de un país centroeuropeo recién llegada a España y sin ningún vínculo con este país. La incursión de este tema en la película solo se entiende con intenciones de continuar la trayectoria que había dado a la actriz tanto éxito; recordamos que desde su primera película, *Un rayo de luz*, en la que canta por soleares, en todos sus films aborda diversos palos flamencos, conformando su identidad como cantante y artista. Suponemos que por imposición de la producción se recurrió a insertar un tema de estas características y, en este sentido, Calderón se supo adaptar al estilo, introduciendo un arreglo musical con coherencia por sí mismo, aunque sin sentido para el film.

A su vez, la coreografía de la "Marcha nupcial" de la ópera *Aida* se puede justificar en el desarrollo de la trama como un número de revista musical propio de un

8. Esta canción significa el debut en el mundo del espectáculo de un dúo que pasaría a llamarse Vainica Doble y que graba su primer *single* con canciones propias meses después del estreno del film. Gloria Van Aerssen y Carmen Santonja son muy conocidas por sus composiciones para sintonías de programas de televisión en las últimas décadas del siglo XX.

9. García Gil, *Marisol-Pepa Flores,* p. 81.

10. La colombiana es un estilo de flamenco popularizado por el cantaor Pepe Marchena en la década de los años treinta, encuadrado dentro de los llamados "cantes de ida y vuelta".

local de moda de la época, sin embargo, no aporta nada a la trama y es sustituible por cualquier otro número. El resto de las canciones que se incluyen pertenecen a una amalgama de géneros, que tienen relación con el desarrollo del guion, tanto por las letras como por el estilo musical.

Por otra parte, queda claro que Calderón conoce las técnicas compositivas funcionales de las bandas sonoras, utilizando diferentes recursos, entre ellos, el uso del *leitmotiv*, que se inicia en el instante en que se conocen Carola y Daniel y vuelve a aparecer en los momentos más significativos de la relación entre ambos. Este *leitmotiv* procede de una canción titulada "Te amaré", que Marisol canta una vez consolidada la relación.

Leitmotiv del amor.

Además, el compositor subraya escenas de acción y suspense, con temas musicales que explotan el paralelismo entre el lenguaje visual, la trama y la música, provocando tensión en el espectador, reforzando aspectos dramáticos que se dan a lo largo del film y dotando de continuidad segmentos discontinuos (como es el caso de las persecuciones), buscando el efecto *raccord*. Además de los destacados ostinatos arpegiados que utiliza para dar tensión en momentos de peligro, uno de los bloques musicales más interesantes de toda la banda sonora incidental es una breve pieza de inspiración jazzística funk con toques psicodélicos, en la que se dan improvisaciones de órgano y bajo bastante ornamentado, para ilustrar una persecución en la que se ven involucrados Daniel, Carola y sus enemigos. También juega con los silencios y la música se interrumpe súbitamente cuando Daniel se encuentra cara a cara con el villano, dando más tensión a la escena a través del silencio.

Otro de los aspectos a resaltar de la banda sonora es la adaptación de la música para compartir protagonismo con los efectos de sonido (pisadas, ruidos de coches, frenazos, gritos, etc.): ambos elementos en conjunto tienen un papel narrativo fundamental en las secuencias.

Por otro lado, los arreglos que realiza para algunos fragmentos de música pop que representan al Chez Nous, confirman que Calderón conoce las modas y las exprime, componiendo una música veraz y adecuada al gusto de la época. Por lo tanto, considero acertada la crítica de *ABC* (18/08/1970) al afirmar que la participación de Juan Carlos Calderón

> en este film es, pues, muy interesante porque nos revela cómo en este joven compositor puede tener el cine español un autor de bandas sonoras de auténtica categoría. Aún condicionado por la línea convencional del film, esa calidad de Calderón se advierte en todos los números musicales.

Para engrandecer la parte musical, también se contó con la colaboración de compositores que estaban ya consagrados, como es el caso de Armando Manzanero o Palito Ortega, o en pleno auge, como es el caso de Alfonso Sáinz (Los Pekenikes). En la parte negativa, la calidad de los decorados se queda un tanto escasa en algunas escenas, como en los números musicales en el Chez Nous; el más evidente, el de la coreografía de la "Marcha" de la ópera *Aida,* el cual peca de excesiva artificialidad y poco presupuesto, resultando desmedidamente extravagante. También el supuesto viaje a Copenhague de Carola y su séquito es "adivinado" por el espectador debido a la utilización de los típicos chubasqueros amarillos que se usan en los barcos y por la aparición de una figura que, en teoría, representa a *La sirenita* de Copenhague.

El encuentro entre Carola y el conde Anatolio tiene lugar en el camerino del Chez Nous y, mientras conversan, se escucha el tema "Tristán" (Armiñán, Anchóriz y Calderón). Como dato curioso, en la pared del fondo del camerino aparecen varias portadas de discos en los que colaboró Calderón, entre ellos, Massiel y el disco instrumental *Juan Carlos Calderón y su Orquesta*, editados por Zafiro y mencionados anteriormente.

Como recurso cinematográfico, hay que señalar la reiterada utilización del primerísimo primer plano y de los planos detalle para ensalzar los ojos y el rostro de la actriz, a veces por un tiempo excesivo, perdiendo así la línea del guion; sin embargo, en líneas generales, la fotografía del film, a cargo de Antonio L. Ballesteros, tiene mucha calidad.

Como ya se ha señalado, la película tiene muchos defectos de guion y, en lo que respecta a medios técnicos, presenta algunas carencias que no dan credibilidad a la trama. Sin embargo, la banda sonora creada por Juan Carlos Calderón aporta calidad y dignifica el film y, en palabras de Antonio de Obregón, "fotografía y música logran el resultado apetecido final".[11]

El estreno de la película fue acompañado por el lanzamiento de un álbum con título homónimo, editado por Zafiro con las siguientes canciones:

Cara A – 1. "Títulos - Presentación" (J. C. Calderón); 2. "Encuentro en el Chez Nous" (J. C. Calderón); 3. "Te amaré" (Armando Manzanero); 4. "Una muchacha igual que todas" (J. Armiñán, Palito Ortega); 5. "En busca de Daniel" (J. C. Calderón); 6. "Colombiana" (Popular, guitarra A. Vélez); 7. "Canción de la libertad" (Alfonso Sáinz).

Cara B – 1. "Marcha" de *Aida* (G. Verdi); 2. "Recuerdo mi niñez" (J. C. Calderón); 3. "Tristán" (J. C. Calderón); 4. "¿Qué vas a hacer esta noche?" (Armiñán, Anchóriz, Calderón, Ortega); 5. "El príncipe Anatolio" (J. C. Calderón); 6. "Un bello amor" (Tradicional, letra J. C. Calderón); 7. "En la sauna" (J. C. Calderón); 8. "Despedida" (J. C. Calderón).

---

11. Obregón, Antonio de, "Cinerama Coctel", *ABC* (29 de agosto de 1969), p. 49.

Bandas sonoras en otros géneros

Como hemos visto, las primeras bandas sonoras de J. C. Calderón tienen la finalidad de promocionar cantantes, un cine musical demandado por la sociedad española en la década de los sesenta. En los siguientes diez años cambian los gustos y se empieza a demandar otro tipo de cine más diverso. Calderón comienza este período componiendo la banda sonora de *Crisis mortal (La sombra del girasol)*, una película estrenada en 1970 y dirigida por Luis Revenga, quien había colaborado con Jesús Franco como guionista y ayudante de dirección. Para esta película de género policíaco, Calderón escribe una música incidental, en la que destacan los contrastes entre pasajes jazzísticos un tanto sombríos debido al uso de disonancias, que se adaptan perfectamente a una trama compleja que se desarrolla entre los distintos personajes. Con Luis Revenga también participa en la banda sonora del drama *Mañana en la mañana* (1972), con guion de Rafael Feo y Luis Revenga, y en un cortometraje titulado *La ingenua amoralidad de Juan Gomila*, del género documental, estrenado el 7 de julio de 1980. Otro documental en formato largometraje para el que Calderón crea la banda sonora es *La historia y la vida extraterrestre* (1976), dirigido por Juan García Atienza en colaboración con Álvaro Saavedra y "con muy pocos medios".[12] Esta falta de presupuesto es evidente tanto en el guion como en las imágenes y prácticamente se ha extinguido de las pantallas. Sin embargo, Calderón desarrolla bloques musicales innovadores y atrevidos, en la línea de las bandas sonoras de ciencia ficción de la época.

En octubre de 1975 se estrena *Atentado en Sarajevo,* cuyo título en inglés es *The Day that Shook the World*, un drama bélico dirigido por Veljko Bulajic, en una coproducción entre Checoslovaquia, Yugoslavia y Alemania, y producida por W. Unger. Basada en hechos reales, narra el asesinato del archiduque austriaco Franz Ferdinand y su esposa Sophie Chotek, con el consiguiente estallido de la Primera Guerra Mundial. La película está protagonizada por Christopher Plummer (Franz Ferdinand) y Florinda Bolkan (Sophie Chotek), y la banda sonora es compartida por Juan Carlos Calderón y Libus Fiser, quienes se reparten la composición por bloques. Calderón se sentía orgulloso del trabajo realizado para esta banda sonora, afirmando que "es preciosa".[13]

En 1977 se estrena la película *La violación,* dirigida por Germán Lorente, con argumento y guion de Miguel Rubio y Germán Lorente. Se trata de un drama erótico basado en un triángulo amoroso entre un famoso pianista (interpretado por Simón Andreu) y dos hermanas. La más joven es admiradora del pianista y surge una relación entre ellos durante un concierto en Cádiz, ignorando que el pianista también conoce a su hermana mayor desde hace años. Calderón crea una

12. M. Torres, Augusto, *Directores españoles malditos*, Madrid: Huerga y Fierro Editores, 2004, p. 39.

13. Delgado, "Juan Carlos Calderón. La dualidad", p. 34-35.

interesante banda sonora con una composición principal presentada en los títulos de créditos y desarrollada a lo largo de varios bloques musicales en diversos estilos, mezclando balada con ritmos funky, *free jazz* y música atonal. La película no ha tenido una buena vejez, sin embargo, la banda sonora es merecedora de elogios.

El cine de terror

Uno de los géneros favoritos de los compositores de bandas sonoras es el cine de terror, puesto que admite experimentaciones tímbricas, abundancia de disonancias, dinámicas muy contrastantes, silencios súbitos, patrones repetitivos que aumentan la tensión y todo un catálogo de recursos poco encorsetados que permite dar rienda suelta a la imaginación. Y en este género, Calderón compone la banda sonora de dos películas, ambas estrenadas en 1973. La primera de ellas está basada en hechos reales: *Los ojos azules de la muñeca rota* (*The Blue Eyes of the Broken Doll*),[14] dirigida por Carlos Aured. El director había comenzado como ayudante de dirección con León Klimovsky y había debutado el año anterior como realizador con *El espanto surge de la tumba*, especializándose así en películas de terror durante la primera parte de su carrera. Está protagonizada por Paul Naschy,[15] uno de los grandes iconos del cine de terror español y uno de los pioneros del género en España. Aunque en su estreno esta película no tuvo éxito, con el paso del tiempo ha ganado gran reputación y se considera una de las más destacadas del cine español de terror de los setenta.

La mayor parte de la banda sonora gira en torno a dos composiciones: un bloque original y una versión de un clásico popular. La composición original es una pieza instrumental con entidad propia que consta de tres partes bien definidas (ABC) siendo A una introducción, B la melodía principal y C un fragmento donde se suceden distintas improvisaciones. Esta composición se presenta durante los créditos iniciales en estilo de jazz con influencias de ritmos funk y soul. Reaparece en la mayor parte de los bloques musicales de manera seccionada, con algunas variaciones y fragmentos de *free jazz* en función de los acontecimientos, proporcionando unidad a la trama narrativa. La segunda composición que utiliza es una versión de la canción popular "Frère Jacques" cuya melodía se convertirá en el *leitmotiv* del asesino, de manera que la música identifica cada asesinato y el espectador ya sabe lo que va a ocurrir. Además, Calderón también compone para este film una breve pieza de jazz inspirada en el famoso tema "Caravan", compuesto por Juan Tizol y Duke Ellington. Calderón se sentía orgulloso de su trabajo: "Trabajé con Carlos Aured, director maldito de *Los ojos azules de la muñeca rota*, donde hice cosas de

14. En los créditos figura el título en inglés.

15. Seudónimo de Jacinto Molina Álvarez, actor, director y guionista español que participó en más de cien películas y consiguió la Medalla de Oro en las Bellas Artes por su trayectoria artística en 2001.

free jazz increíbles. Ahora a la gente no le importa la música, si no, estos discos se habrían reeditado",[16] se lamentaba el compositor.

La segunda película de terror para la que compone la banda sonora es *La rebelión de las muertas*, dirigida por León Klimovsky y también protagonizada por Paul Naschy, junto con otros actores de reparto, entre ellos Rommy, Vic Winner, Mirta Miller y María Kosty. Tras su estreno en la Sala Pathé de Sevilla el 23 de agosto, *ABC* tan solo destacó la banda sonora. Si bien es cierto que se contaba con un bajo presupuesto, según la crítica, el resto de la película no tiene salvación: "ambientada en Londres, pero rodada en Madrid, [...] don León, director y padre del engendro, no se ha parado en miramientos y detalles a la hora del rodaje; también es verdad que los productores no han tirado la casa por la ventana". A diferencia de *Los ojos azules de la muñeca rota*, Calderón escribe para este film una densa partitura formada por treinta y cuatro bloques en los que combina música de diferentes géneros y varias melodías de jazz, *bossa nova*, ritmos funk, soul y pop, destacando las interesantes improvisaciones de instrumentos de viento, en ocasiones a modo de *free jazz*, y la paleta tímbrica de instrumentos de percusión. Las bandas sonoras musicales de estas dos películas son un claro ejemplo de creatividad y musicalidad al servicio de la imagen.

En el cine de Pedro Masó

En 1975 comienza la relación entre Calderón y el cineasta Pedro Masó, llegando a grabar con él cinco bandas sonoras. La primera se titula *Los adolescentes* y las cuatro películas restantes son: *La miel* (1979), *La familia, bien, gracias* (1979), *El divorcio que viene* (1980) y *Puente aéreo* (1981), en las que los guiones son compartidos por Rafael Azcona y Pedro Masó, y las cuatro están protagonizadas por José Luis López Vázquez.

En 1979 se estrena *La miel,* película en la que López Vázquez destaca el guion de Rafael Azcona, habitual colaborador del cineasta Luis García Berlanga: "Como siempre la idea de Rafael era estupenda, quizá pudo haber dado más de sí".[17] Según escribe Diego Galán en *El País*, el propio director anunció la película como el nacimiento de "un Masó diferente, con más gancho". López Vázquez comparte protagonismo con la actriz y cantante británica Jane Birkin, quien se había convertido en un icono en 1969, tras interpretar la erótica "Je t'aime... moi non plus", canción que consiguió burlar la censura durante un tiempo. Con estos actores, el juego está servido en este drama erótico, cuya trama gira en torno a un profesor reprimido y estricto (López Vázquez), que tiene problemas de disciplina con un alumno (Jorge Sanz), hijo de una prostituta (Jane Birkin) que propone al profesor

16. Delgado, "Juan Carlos Calderón. La dualidad", p. 34-35.

17. Lloret, Luis, *¿Para qué te cuento?: Biografía autorizada de José Luis López Vázquez*, Madrid: Ediciones Akal, 2010, p. 241.

que le dé clases particulares a su hijo. Comienza así una relación de atracción entre el profesor y la madre que motiva varias escenas subidas de tono.

De nuevo, Juan Carlos Calderón utiliza la fórmula de componer una banda sonora a partir de un solo tema. En este caso, se basa en una balada que es interpretada por la cantante Amaya Saizar con exquisita afinación y gran dulzura, como el título de la película y de la canción. La letra ayuda a la simbiosis entre película y música:

La miel, ese dulce veneno que mata de felicidad.
La miel es tu piel, son tus labios, tu cuerpo, tu forma de amar.
Qué amarga es la vida, qué dulce es amarnos.
¿Por qué no te bebes esta miel que hay en mis labios?

La miel, ese germen de flores de amores que siempre se va.
La miel, esas noches de nada, ese triste querer olvidar.
Qué amarga es la vida...
La miel, esa miel que se vuelve tan agria con el despertar.
Qué amarga es la vida...

Esta canción —incluida en el álbum *Autorretrato*, de Amaya Saizar—, forma parte de los créditos iniciales y finales de la película, y a lo largo de la misma se desarrollan variaciones instrumentales en función de las secuencias, con un minutaje musical escueto. Se cumplió lo esperado por Masó y la película fue un escándalo y también un éxito de taquilla.

La familia, bien, gracias es la tercera entrega de una serie de cuatro películas iniciada en 1962 con *La gran familia*, un film declarado de interés nacional que "busca cerrar la brecha generacional de una manera rotunda",[18] cuya influencia fue determinante. La idea de rodar una película costumbrista sobre una familia con quince hijos partió de Pedro Masó tras crear su propia productora en 1961. Masó participó en el guion y encargó la dirección al reputado Fernando Palacios. El rotundo éxito dio lugar a una segunda parte estrenada en 1965, *La familia y uno más*, con la misma dirección, producción y compositor (Adolfo Waitzman).

En 1979, Pedro Masó retoma la saga y dirige *La familia, bien, gracias*, la cual mantiene el mismo estilo de comedia familiar pero planteando el tema de la soledad de las personas mayores cuando sus hijos se van de casa. La partitura de Calderón tiene presente esta temática y, de nuevo, repite la fórmula, creando una banda sonora a partir de una composición que se expone en los créditos y que se convierte en *leitmotiv* para representar la nostalgia y la soledad que sufren los protagonistas: el padre (Alberto Closas) y el padrino (José Luis López Vázquez). Este *leitmotiv* da lugar a una balada que se repite varias veces a lo largo del film con pequeñas variaciones, con protagonismo de piano y sección de cuerda sobre una base de batería y bajo,

18. Benet, Vicente J., *El cine español. Una historia cultural*, Paidos Comunicación, 2012, p. 325.

cuya función principal es dramatizar la emoción, conectar escenas y colaborar en el *raccord.* La banda sonora también incluye el tema diegético instrumental "Latin Lover" —incluido en el álbum *Calderón Disco*— para ambientar el momento en el que varios personajes se encuentran en una discoteca.

El divorcio que viene es una comedia estrenada en 1980 que gira en torno a un tema muy actual en la época: la ley de divorcio que se promulgará en España al año siguiente del estreno del film. El guion plantea con humor la situación de dos matrimonios cuyos maridos comparten un negocio de antigüedades y uno de ellos engaña al otro con su mujer. Calderón elabora una breve banda sonora con varios bloques de música incidental, entre ellos una breve pieza cómica que hace función de *leitmotiv* para representar el divorcio. Además de sus composiciones originales, también utiliza diferentes versiones de pasodobles ("España cañí", "Marcial, eres el más grande" y "El gato montés"), para representar a la víctima de las infidelidades (quizás, por la asociación con la tauromaquia). Javier de Pablo, desde *ABC* (19/09/1980), tacha al film de excesivos ingredientes comerciales para provocar la risa fácil, que prevalecen sobre lo artístico, y argumenta que no aporta nada, ya que Masó "utiliza elementos costumbristas de la idiosincrasia hispánica con pasodobles taurinos, saliéndole una comedia *typical Spanish* que, por supuesto, tiene su público, pero que artísticamente deja mucho que desear".

Puente aéreo (1981) es una comedia de destape protagonizada por Esperanza Roy, Iliana Ross y Agustín González, entre otros, cuya trama gira en torno a la dueña de un toples que quiere hacer negocio con los clientes que utilizan habitualmente el puente aéreo de Madrid Barcelona. La banda sonora se articula con un bloque instrumental a medio tiempo, que repite varias veces a lo largo de la película. Calderón también compone un bloque de música ambiental que utiliza escalas pentatónicas para una escena cuyo protagonista es un cliente japonés. Además, utiliza como música diegética el tema "Melodía perdida", perteneciente al álbum *Juan Carlos Calderón y su Taller de Música,* publicado en 1974. Calderón manifestó en una entrevista que se sentía a gusto trabajando con Pedro Masó: "Se le ha criticado mucho a Masó, pero es el único director que conozco que cuida la música. En sus películas, la música se oye. A los demás no se les oye nada".[19]

Las adolescentes

Por último, nos detenemos en un análisis más detallado de *Las adolescentes,* por ser un ejemplo significativo de la capacidad de composición de Juan Carlos Calderón, en un estilo totalmente contrario a la banda sonora que había compuesto para la película de Marisol, *Carola de día, Carola de noche.*

Las adolescentes está dirigida por Pedro Masó y protagonizada por Koo Stark, actriz estadounidense que poco después del estreno del film ocuparía las portadas

19. Lapuente, Luis, "Las palabras de Juan Carlos Calderón", *Efe Eme* (abril de 2003).

de la prensa por su relación con el príncipe Andrés de Inglaterra. Masó añade dos actrices de reparto que, al igual que Koo Stark, destacan por sus papeles erótico sensuales en el cine de la época: la inglesa Susan Player y la musa de la transición Victoria Vera. La trama gira en torno a Ana (Koo Stark), una introvertida adolescente que va a estudiar a un selecto internado de Londres por decisión de sus padres. Allí entabla amistad con dos de sus compañeras, Carla (Susan Player) y Rosana (Victoria Vera), con las que sale de aventuras por la ciudad los fines de semana, burlando las estrictas normas del colegio. Poco a poco, comienza a frecuentar malas compañías, hasta el punto de caer en una red de pornografía internacional.

Se trata de un drama erótico que, posteriormente, se enmarcó dentro del cine clasificado como "S",[20] producido y estrenado en 1975, un año significativo por la muerte de Franco, cuya dictadura retrasó "algunos años la irrupción del sexo como asunto de explotación cinematográfica".[21] Julio Arce señala que fue a partir de los años sesenta cuando, a través de la comedia, se permitió hablar de sexo "y a detenerse en el cuerpo femenino, siempre que no mostrara su total desnudez. Los encuentros sexuales podían ser sugeridos, pero quedaban fuera del alcance de la visión del espectador".[22] Teresa Fraile cita que en la década de los setenta "España había regresado a un periodo de férreo control sobre los productos fílmicos, agravado por un momento extremadamente crítico en la industria", produciéndose "una acentuación de la censura en lo que se refiere a los diálogos".[23] Poco antes de la muerte de Franco, mediante la publicación de una orden ministerial en febrero de 1975, se aceptó "la exhibición del desnudo femenino en el cine con la excusa de las exigencias del guion".[24] Y en esta "ambigüedad e imprecisión de la norma"[25] se sitúa esta película, que atiende a una demanda de contenido erótico en el cine.

Pedro Masó, que había firmado uno de los títulos más famosos del cine español, *Las chicas de la Cruz Roja* (1958), dirigió *Experiencia prematrimonial* en 1972, con ciertas connotaciones eróticas, protagonizadas por Ornella Muti, salvando la censura por concluir con lecciones morales adecuadas para la sociedad vigente y obteniendo un gran éxito de taquilla. Tres años después, con *Las adolescentes* Masó da un salto importante y escribe un guion en el que los semidesnudos y los juegos

---

20. El calificativo de cine "S" fue otorgado a finales de 1979 mediante el Real Decreto 3071/1977, del 11 de noviembre, con el objetivo de incluir todas aquellas películas de contenido sexual o violento que "pudieran herir la sensibilidad del espectador". Arce, Julio, "Con «S» de sexo. Representaciones musicales en el cine erótico de la transición", *Cuadernos de Cine. Cine y músicas populares urbanas*, núm. 9, Alicante: Vicerectorat de Cultura, Esports i Política Lingüística, Universitat d'Alacant, 2014, p. 101.

21. *Ibidem*, p. 98.

22. *Ibidem*.

23. Fraile, Teresa, "Libertad provisional: la convulsión musical del cine español en los años 70", *Musiker. Cuadernos de Música*, 20 (2013), p. 188-189.

24. Arce, "Con «S» de sexo", p. 98.

25. *Ibidem*, p. 99.

eróticos están justificados por la inconsciencia y la aparente inocencia de un grupo de adolescentes. Pero el guion va más allá de los simples juegos eróticos y exhibe una completa escena en la que se produce una violación a la protagonista, siendo uno de los pocos films españoles en los que tiene lugar una situación semejante.

Calderón se encarga de escribir la banda sonora de toda la película y para ello utiliza una fusión de dos temas propios que mezcla como encaje de bolillos: la canción "Lady of the Haze", que había grabado Mocedades con letra en inglés en 1971, y el tema instrumental "Fiesta", publicado en el álbum *Calderón y su Taller de Música Vol. 2*. Así, el tema principal de la banda sonora tiene como base el arreglo de "Fiesta" con la melodía de "Lady of the Haze" añadiendo una letra en español. De toda esta mezcla sale una nueva canción que titula "La gaviota",[26] con la que articula la mayor parte de los bloques musicales. Esta nueva versión también es interpretada por Mocedades y la letra es un juego de palabras que describe de modo metafórico parte de los acontecimientos con un sentido aleccionador:

Una gaviota sin plumar
quiso en la niebla navegar,
llegó la noche y no supo regresar,
vuela que vuela sin llegar,
busca que busca sin hallar,
cayó en la arena y no pudo ya volar.
Y su plumaje quedó manchado de amor,
de lluvia y tristeza
cuando, volando hacia el sol, un buitre cayó,
sobre ella en la niebla.

Adolescente, adolescente, gaviota torpe y sin plumar,
vuelve a tu nido, vuelve a tu gente, gaviota vuelve ya.

Ella se puso a llorar
con esa quietud
que nace en la pena
y no pudiendo volar,
dejose llevar,
quieta en la marea.

"La gaviota" aparece ya en los créditos iniciales, repitiéndose varias veces con ligeras variaciones, y este primer bloque musical cumple una función estructural al proporcionar continuidad a una secuencia en la que el espectador conoce el

26. Fue publicada al mismo tiempo que la película en un EP de Mocedades, junto con "Secretaria", "Eres tú" y "Que te me vas" y al año siguiente en el álbum *El color de tu mirada*.

entorno donde vive la protagonista a través de la sucesión de breves escenas.[27] En la última parte de la secuencia (momento en el que se van los turistas del hotel), Calderón cambia el arreglo, dándole un aire renacentista a la melodía, para dar paso al diálogo entre Ana y sus padres e informar al espectador de que la protagonista se va a ir a un internado, en Londres, en contra de su voluntad. La banda sonora musical cumple una función perceptiva temporal, puesto que provoca un efecto rítmico, de fluidez y de dirección temporal.

Otros bloques musicales ayudan a situar al espectador en una cultura ajena a la española: a través de música country y protagonismo de guitarra eléctrica o introduciendo una parte de la melodía del himno nacional del Reino Unido sobre la base country, cumpliendo una función significante, pues la música proporciona connotaciones culturales.

Calderón transmite la modernidad y la juventud de las protagonistas a través de música rock instrumental y variaciones de "La gaviota" en ritmo pop mezclado con funk setentero, a modo de función estructural. Otro de los recursos de los que se sirve es la utilización de música de jazz en tempo moderado durante una sesión de fotos, utilizando una melodía de trompeta para marcar los movimientos insinuantes y contribuir a enfatizar el erotismo de la escena. Además, tras varias escenas intensas, Calderón, conocedor de los efectos de la saturación del sonido, juega con los silencios y deja transcurrir minutos sin música para dar tiempo al espectador a reflexionar sobre los acontecimientos ocurridos.

Tras escuchar los primeros jadeos y suspiros del encuentro sexual entre Ana y su "novio" Jimmy en la habitación, comienza a sonar la música, ya que "la alternativa a presentar la escena erótica despojada de la música no gustaba a la industria por su crudeza" y "la utilización de la música permitía arropar a los amantes y controlar afectivamente la escena".[28] Calderón utiliza un fragmento de "La gaviota" arreglado como balada romántica, que va intensificando los planos sonoros e introduciendo notas disonantes para incomodar al espectador según transcurre el acto sexual. La música actúa como significante y manipula la interpretación, produciéndose una interacción entre imagen y sonido hasta el momento del clímax de la pareja. Es la música la que informa del momento en que finaliza el acto sexual y se muestra al fotógrafo que ha grabado toda la escena para su venta.

Después de varios acontecimientos, llega la impactante escena de la violación, y la banda sonora juega un papel muy importante. Durante los primeros segundos no hay música y tan solo se oyen los gritos estremecedores de la protagonista, junto con los jadeos del violador y el ruido de la cámara fotográfica. La carga dramática de la escena es muy intensa y solo interrumpida por el cambio de plano para mostrar

27. La protagonista, Ana Aguirre, vive en un pueblo costero del sur de España con sus padres, que regentan un hotel familiar de temporada estival y, durante la escena, se queda vacío porque se han marchado todos los turistas.

28. Arce, "Con «S» de sexo", p. 101.

al supuesto novio de Ana conduciendo un coche a toda velocidad, en un intento de salvarla. Después de un grito de desesperación (1:23:03) comienza a sonar un bloque musical instrumental, de nuevo basado en la música de "La gaviota", que se compone de cuatro fragmentos. El primero es breve en tempo rápido (corresponde a la estrofa "Ella se puso a llorar...") y comunica que la violación ha terminado. El segundo cambia a una interpretación triste, lenta y melódica, en tonalidad menor, donde se muestra al espectador el estado en el que quedó la protagonista tras la violación, con su mirada perdida. El tercer fragmento es rápido y de densa orquestación para ilustrar la llegada de Jimmy en coche al lugar de los hechos; en el momento en que abre la puerta de la habitación, los dos últimos acordes se ralentizan y se adornan con un redoble de caja, a modo de procesión, para dar mayor tensión. La música cumple una función emocional haciendo que el espectador empatice con la situación. Jimmy ve a Ana y se escucha la música en tempo lento y rubato, se suceden melodías que van transitando desde el clavecín a los violines, con el fondo interpretado por la sección de cuerdas y el bajo. Seguidamente, mientras el fotógrafo revela las imágenes de la violación, escuchamos la voz de Amaya (Mocedades), acompañada por un piano, cantando los versos: "Adolescente, adolescente, gaviota torpe y sin plumar, / vuelve a tu nido, vuelve a tu gente, gaviota vuelve ya".

Las tres chicas, víctimas de la red pornográfica, son expulsadas del centro al ser consideradas "un peligro para el resto de las alumnas y para el buen nombre del colegio", según les comunica el rector. Humilladas y con sentimientos de culpabilidad, salen del colegio con sus maletas y son recogidas por sus padres.

Pedro Masó y Santiago Moncada elaboran un guion que cumple con las expectativas morales fijadas por la censura, ya que los villanos son detenidos y castigados por las autoridades competentes, pero también las tres chicas reciben su "justo" castigo por haber tenido conductas "alocadas y ligeras", al frecuentar malas compañías y salirse de la "rectitud" fijada por las buenas costumbres sociales de la época. Un desenlace que visto desde una perspectiva moral actual resulta despreciable o cuando menos chocante.

En cuanto a la música, es una demostración más del talento de Juan Carlos Calderón, por ser capaz de elaborar toda una banda sonora musical a partir de una sola canción y desempeñar un importante y coherente papel en el desarrollo de la trama. En primer lugar, destaca la inspirada letra, la cual tiene sentido dentro y fuera de la película. Fijándose en la canción cantada por Mocedades y haciendo una comparación entre las estrofas cantadas y los bloques instrumentales que Calderón selecciona para distintas escenas, podemos ver que la mayor parte de las escenas están relacionadas con el contenido de la letra, utilizando versos que son aleccionadores. Así mismo cabe destacar su capacidad para transformar la música de la canción, desde distintos enfoques en estilos que van del rock, funk, soul, pop, beat, balada romántica, etc., cambiando los tempos, alargando o acortando las notas y utilizando distintas formas de orquestar la partitura según necesidades de la escena, demostrando que es un compositor con un gran bagaje cultural, que sigue las tendencias de moda y que está al corriente de cada detalle que identifica las pequeñas diferencias entre estilos.

ABC (11/10/1975) califica la película como "violentamente demostrativa" y señala que se balancea entre "el folletín y el porno"; el primero, porque no "describe una gradación de efectos que pueda justificar la caída de Ana" y el segundo, por la "espectacularidad, la violencia, la agresividad de las imágenes en que se muestran primero la perversión de Carla y Rosana; [...] segundo, la caída de esta, demasiado fácil en los brazos de Jimmy; y tercero, la violación de la muchacha por el jamaicano". La crítica continúa diciendo que "las secuencias impresionan fuertemente al espectador español, habituado a un cine más contenido", sin embargo, señala que estas secuencias tan fuertes son "los momentos de mejor cine, de mayor fuerza, de lenguaje cinematográfico más logrado y poderoso, de todo el filme". La película fue un gran éxito de taquilla.

5

Los años 1970

"Novia para Miguel"

Juan Carlos Calderón "es nervioso y tímido, por eso no mira de frente y juega con las teclas del piano", cita *El Diario Montañés* (02/1970) en una entrevista realizada en su estudio, rodeado de cuadros, muchos instrumentos musicales y una gran colección de discos. Sobre música clásica confiesa su preferencia por Bach: "Me ha influido mucho por su clasicismo de la cuerda. También Stravinsky, este por sus timbres orientalistas y de los contemporáneos me quedo con Prokófiev. De los españoles, y por rechazo de incompatibilidad con Stravinsky, me quedo con Falla". Sobre el sonido que busca en sus composiciones dice: "Procuro acoplar elementos actuales y hacerlo íntimo, mío, clásicos dentro de un ritmo. No acepto la primera frase que me viene a la cabeza y busco la que acoplándose a la letra y pareciendo lógica sea un poco ilógica. ¡Ah! y busco siempre muchas posibilidades".

Con las ideas muy claras, Calderón inicia la década de los setenta con una composición titulada "Novia para Miguel", una de las veinte seleccionadas para acudir al Festival de Eurovisión que se celebra en Ámsterdam en el mes de marzo. Las canciones escogidas compiten previamente en el II Festival de la Canción Española y, tras el comienzo de la fase final, *La Vanguardia* (14/02/1970) encuentra esta canción interesante:

> Hubo, por lo pronto, una canción que nos interesó especialmente y es la que presentó Juan Carlos Calderón con el título "Novia para Miguel". Es una obra que acude al certamen sin ningún apoyo editorial, pero tiene en sí misma virtudes sobradas para llamar la atención. Parte de una idea musical de fuerte atractivo y está construida y desarrollada con muy buen sentido. Sus intérpretes, Julio, Jordi y José María (del conjunto Tuset 31), son prácticamente desconocidos, pero sirven la obra con evidente entusiasmo.

Cada canción era defendida por dos cantantes diferentes y "Novia para Miguel" fue interpretada por el ovetense Julio Ramos, por un lado, y Josep Maria Duran, componente del grupo Tuset 31, por otro lado. La canción no superó la fase final, resultando vencedora la famosa "Gwendolyn", interpretada por Julio Iglesias; sin embargo, Julio Ramos consiguió el Premio de la Crítica, otorgado al intérprete revelación del festival. Calderón no estaba de acuerdo con el veredicto del jurado y así lo expresó en *El Diario Montañés*:

> Algo que pasa por el mercado sufre la necesaria depresión, es servidumbre *sine qua non*. No se fijan en la calidad musical y artística de una canción, sino de sus resultados en El Corte Inglés. En realidad, esto ya está muy dicho y mi queja es una queja al aire, ¿soluciones? Pues, mira, no las veo. Suelo oír los discos buenos en casa de uno con los amigos. [...] Respecto a mi canción, te diré... Bueno, solamente te pido que se lean las críticas y pronósticos de las revistas y periódicos de Barcelona y Madrid, antes y después de la final. También que cada uno juzgue a su forma y diga de mi canción. [...] Tanto mi canción como los intérpretes que la defendieron nos presentamos abiertamente. La canción, todos lo decían, tenía calidad y la canción, la crítica lo dijo, fue interpretada con garra.

Julio Ramos[1] contactó con Manolo Díaz en Oviedo (1969) y se fue a Madrid para grabar un *single* con dos canciones: "Amapolas y espigas" y "Hola, Hi, Hello". Por mediación de Manolo Díaz, J. C. Calderón se encarga de los arreglos y la producción del *single*, el cual supone el debut de Julio Ramos como cantante y su participación en el Festival de Benidorm en el año 1969. Poco después, graba la composición de Calderón "Novia para Miguel" en la cara A y "Analía", composición de Julio Ramos con arreglos de Calderón, en la cara B. Según el propio Ramos, "Analía" era la canción que había seleccionado el sello Acción para participar en el Festival de la Canción Española, pero los organizadores creyeron que "no era muy adecuada para semejante evento", ya que la letra trataba de la vida nocturna de una prostituta. Fue entonces cuando decidieron llevar "Novia para Miguel", "porque ya tenían un compromiso con el sello Acción y les parecía una canción más adecuada".[2] "Besos, risas, boda, rosas / vino y novia para Miguel" reza el repetitivo estribillo de esta inocente letra, que habla de un emigrante que se fue a hacer las Américas y retorna con fortuna en busca de su amada. Letra casi naíf que encaja perfectamente con los valores sociales imperantes de la época. Después de este *single,* el cantante grabará dos más con arreglos de Calderón. Según Ramos, una de las muchas virtudes de Calderón era que entendía muy bien a los cantautores, los entendía a la perfección.

1. El cantante asturiano tuvo la amabilidad de concederme una entrevista telefónica para aclarar toda la relación que mantuvo con Juan Carlos Calderón pocos meses antes de fallecer. Descanse en paz.

2. Entrevista personal con Julio Ramos.

El hombre de goma

El cantante Micky alcanzó gran popularidad en la década de los sesenta con la formación Micky y Los Tonys, para los que J. C. Calderón había hecho varios arreglos orquestales a finales de la década. Manolo González, en su libro *Fernando Arbex: Un mundo diferente,* define a Micky de la siguiente manera: "Si hay un tipo jovial, dicharachero y gran profesional, ese es Miguel Ángel Carreño Schmeher, más conocido como Micky o simplemente como El Hombre de Goma". Micky se inicia en la industria musical en 1960, tras formar parte de Los Tonys junto con Tony de Corral, Fernando Argenta,[3] Juan María Fuster y Enrique Modolell. Comenzaron sus primeros conciertos llamándose Los Tonys, influenciados por el *rock and roll* americano de Elvis Presley, Little Richard, Chuck Berry o The Shadows. Cuenta Manolo González que Micky "se hizo famoso en las matinales del Price con sus contorsiones y su peculiar estilo interpretativo" y, con su banda, "conoció un éxito poco habitual entre los pocos que practicaban rock en nuestro país". En 1962, la banda ya forma parte del primer cartel de las famosas matinales del Circo Price, pequeños festivales organizados y presentados por Miguel Ángel Nieto, periodista, locutor y fundador de Antena 3 y hermano de Pepe Nieto. Los Tonys editaron cerca de una veintena de *singles* y EP durante los años sesenta y al final de la década, después de la marcha de Fernando Argenta, Micky inicia su carrera en solitario con un *single* dirigido por Calderón y editado por Novola. En la cara A "Publicidad S. A.", compuesta por Calderón, y en la cara B "De golpe ¡zas!", firmada por el cantante y Rafael Álvarez Vicent, con arreglos de J. C. Calderón. Micky no estaba a gusto con la discográfica y el *single* no tuvo mucha repercusión en el mercado. "En numerosas ocasiones se lamentó de que (los dirigentes de la discográfica) solo tenían interés en Los Brincos, dentro de su catálogo de conjuntos, y que el que mandaba era el abuelo de Augusto Algueró".[4] "Publicidad S. A." es definida por el crítico Julián Molero con gran acierto:

> Una letra que protesta de una sociedad que, ya en 1970, estaba empezando a sufrir el azote inmisericorde de la publicidad desmedida y su venta de felicidad a plazos. La canción, sobre un coro femenino que repite el título, se estructura sobre una interpretación irónica del cantante, trufada de eslóganes de los más variados productos: vacaciones, frigoríficos, transistores, refrescos, pasta de dientes, etc. La propuesta de la canción tal vez no fue entendida y el disco pasó simplemente como una ocurrencia graciosa de El Hombre de Goma.

3. Hijo del prestigioso director de orquesta Ataúlfo Argenta, Fernando se forma como músico, periodista y presentador de radio y televisión, con programas tan emblemáticos como *Clásicos populares* (vigente desde 1976 hasta 2008) y el éxito de televisión *El conciertazo*, emitido por TVE desde 2000 hasta 2008.

4. González, Manolo, *Fernando Arbex, Un mundo diferente*, Lleida: Editorial Milenio, 2019, p. 189.

Los Tamara

La década de los setenta es muy productiva para Calderón: arregla, compone, dirige y también se dedica a la producción, abarcando así todo el proceso de creación de un disco. Una de las producciones que se localizan en el año 1970 es para Los Tamara, un grupo consolidado a lo largo de más de una década y considerados los precursores del pop gallego. Calderón había compuesto para ellos una canción en coautoría con C. Risueño y J. González titulada "Verte y no hablarte", grabada en 1969, que pasó prácticamente desapercibida. En 1970 produce un *single* con dos canciones diferentes y singulares, el primero de ellos "Si te vas de mí" ("que te mate el tren", cita el subtítulo), una canción de estilo rumba pop con gran orquestación que trata de repetir la fórmula del éxito "A Santiago voy", tema cumbre de Los Tamara, grabado con anterioridad. La segunda canción, "Un loco como yo", lleva arreglos pop más contemporáneos.

Elsa Baeza

La cantante y actriz cubanoespañola Elsa Baeza solía frecuentar los locales de jazz acompañada por el productor, director y realizador de televisión Valerio Lazarov, con quien llegaría a contraer matrimonio tras presentar el programa musical de TVE *Especial pop*, dirigido por este. Cuenta Vlady Bas que cuando Elsa tenía oportunidad le gustaba cantar canciones al estilo *bossa nova* acompañada por Juan Carlos Calderón al piano y los músicos que hubiera en ese momento tocando en el local.[5] En 1970, Calderón y Elsa Baeza colaboran por primera vez en la producción de un *single* grabado por RCA con las canciones "No te mires en el río" y "No me dejes". Su siguiente *single* se publica en 1972, con una composición de Calderón titulada "De tus besos yo vivía" y una versión de la canción de cuna afrocubana "Drume Negrita" (Ernesto Grenet), con arreglos de J. C. Calderón. José Ramón Pardo hace una valoración del *single* para *ABC* (30/05/1972):

> No vamos a decir aquí que Elsa Baeza es una gran cantante. No tiene excesivas facultades ni dedicación intensiva. Pero es una agradable voz cuando, como en esta ocasión, interpreta temas pensados a medida de sus posibilidades. La gracia de su dicción y un cierto sentido del ritmo son sus armas. Y aquí las emplea en una canción de su tierra cubana y otra compuesta por su director musical, Juan Carlos Calderón. Están preparadas a su medida y Elsa Baeza las salva con corrección.

"Sam, Sí"

La cantautora Sam, de estilo folk, tuvo una importante visibilidad en la prensa desde su aparición en el mercado con dos *singles* dirigidos y arreglados por Calderón,

5. Entrevista personal con Vlady Bas.

bajo el sello Top Records (perteneciente a Columbia Records). Alberto Mallofré, desde *La Vanguardia* (24/06/1972), apuesta por la cantante a través de un artículo que titula "Sam, Sí" y cataloga su *single* como "un disco muy especial":

> Ahora que es época de descubrimientos fulminantes, de revelaciones de voces femeninas que son bautizadas de la noche a la mañana como "La mejor del país", con una ligereza que da escalofríos, ahora que la propaganda hace ver "urracas por perdices" y el público llega a no saber en qué consiste cantar bien una canción popular, ahora es cuando se graba en Madrid, sigilosamente, casi diríamos que "clandestinamente", un disco muy especial. Un disco tan especial que contiene una buena voz femenina, bonita y afinada, un par de canciones originales de verdadera enjundia musical y una personalidad interpretativa realmente remarcable. Sam, se llama esta cantante. Suyas son las dos canciones, espléndidamente arregladas y dirigidas por Juan Carlos Calderón. Y dos canciones de estilo distinto, además, para completar la confusión. Y todo esto, sin publicidad, sin redobles de tambor ni trompetería propagandística. Y escuchamos una y otra vez "I Don't Trust You" y no damos crédito a nuestros oídos. ¿Es posible grabar una cosa así, casi en secreto, mientras se nos quiere hacer creer en cuentos de hadas por otro lado, presentándonos principiantes como grandes estrellas en medio de un coro general de aduladores? Nos agarramos fuerte al asiento y proclamamos con voz bien alta: Sam, sí. No creamos en brujas ni en hadas. Pero Sam es de verdad. Sam, sí. Puede no tener publicidad ni promoción. Puede incluso no importarle. Pero en todo caso, esto es cosa suya. A nosotros sí nos importa saber si es que tenemos todavía los oídos en su sitio. Por esto decimos: Sam, sí.

El mismo año, graba un nuevo *single* con dos canciones tituladas "It Never Was My Style" en la cara A y "There Was a Time" en la cara B, con arreglos y dirección de Calderón. ¿Cambió de nombre? ¿Abandonó la carrera musical? La prometedora carrera de Sam ahí quedó, pues no se localiza ninguna grabación más de la cantautora.

Nino Bravo

La presentación oficial de Nino Bravo como cantante tuvo lugar el 16 de marzo de 1969 en el Teatro Principal de Valencia, durante las tradicionales fiestas de las Fallas. Con el éxito de la actuación, llega un contrato discográfico con Fonogram[6] y, en 1970, graba su primer álbum, en el que se recopilan los *singles* lanzados con anterioridad y algunos temas nuevos, como la mítica "Te quiero, te quiero", compuesta por Augusto Algueró.

El cantante firma en exclusiva con Polydor (absorbida por Phonogram Records en 1972) y graba tres álbumes más antes de su prematura muerte. Su segundo disco,

6. Filial española de Phonogram Records, establecida en 1962 con la alianza de la neerlandesa Philips Records y la alemana Deutsche Grammophon.

grabado en 1971, vuelve a reunir a varios de los mejores compositores de la época: Augusto Algueró, José Luis Armenteros, Pablo Herrero o Manuel Alejandro, entre otros. La discográfica había iniciado una importante estrategia comercial para el lanzamiento del cantante, logrando así el apoyo del público. Sin embargo, la crítica fue reticente, valorando positivamente las cualidades vocales, pero acusando de falta de unidad en el repertorio.

La homogeneidad en sonido y en temática se consigue con la grabación de su tercer álbum *Un beso y una flor*, publicado a principios de 1972 y convirtiéndose en el álbum más vendido del artista. Nino Bravo estaba inmerso en una apretada agenta de conciertos, mientras la discográfica le enviaba las maquetas de las canciones que formarían este álbum, grabadas en septiembre de 1971 en los estudios madrileños de Philips. La discográfica había planificado la publicación del álbum para el mes de noviembre, con vistas al mercado navideño. Para este disco, se vuelve a contar con la colaboración de grandes compositores y arreglistas como Herrero y Armenteros, Augusto Algueró, Maryní Callejo y José Torregosa, a los que se suma Juan Carlos Calderón, quien lo recuerda así:

> Por aquella época yo no era un autor famoso, había empezado con Mocedades pero tampoco eran tan famosos, no había llegado el *boom* de ellos y entonces yo era más arreglista que autor, pero le metí, entre comillas, cinco canciones. Y lo más bonito de todo es que fue las que más apreció, porque decía que eran menos *square*, o sea, rectas, que las otras que tenía que cantar, que eran como más flexibles, más para cantar él.[7]

"Arena de otoño" es la primera composición de Juan Carlos Calderón para el cantante valenciano y se trata de un tema que se aleja del repertorio de los anteriores discos de Nino Bravo. El arreglo instrumental que aporta Calderón provoca un cambio en la forma de cantar de Nino, más del estilo de los grandes baladistas americanos: entre otros detalles, acorta las sílabas y las desplaza a modo de síncopa. También destaca la singularidad tímbrica de la orquestación utilizada y el ritmo. La melodía abarca casi en su totalidad la gran tesitura del cantante desde las primeras estrofas, donde destacan los graves de la voz. En los estribillos finales, que incluyen un cambio de tonalidad, se aprecia toda la fuerza y el dominio de los agudos. El título aparece en el primer verso y la letra habla de la nostalgia que se siente al recordar los amores de verano:

Arena de otoño, la playa se duerme,
un sol ya cansado ya es feliz.
Las voces se pierden, el eco no vuelve,
el cielo ha cambiado, ahora es gris.

7. Calderón en el programa homenaje a Nino Bravo, realizado por Televisión Española en 1995.

Tan solo el rumor de la lluvia en el mar,
tan solo tu voz.
Volví a aquella playa buscando la huella
de un cuerpo que aún siento junto a mí.
Mis dedos se hundieron dentro de la arena,
buscando los besos que perdí.
Tan solo el rumor de la lluvia en el mar,
tan solo tu voz.

El estribillo es definitorio:

Amores de estío, son como los brotes
que cuando florecen es para morir.
El fruto de agosto está ya muy lejos,
no intentes tomarlo, ya no es para ti.

En la última estrofa, antes de la repetición de los estribillos, hay tristeza pero también hay esperanza:

Sentado en la arena ya no busco nada.
Mis ojos se pierden en el mar
soñando otros soles, tal vez más amores
que nazcan y mueran sin brotar.
Tan solo el rumor de la lluvia en el mar,
tan solo tu voz.

Las letras de Calderón eran del gusto de Nino Bravo y entre ellos existió buena química:

> Desde el momento en el que conoció a Juan Carlos, Nino sintió una especial conexión entre ellos, marcando el inicio de una corta pero fructífera relación artística en la que predominó una admiración mutua. Al cantante le fascinaban las letras de sus canciones, considerándolo un auténtico poeta, mientras que al compositor le deslumbraba la asombrosa versatilidad y capacidad vocal de Nino.[8]

En el mismo disco y en la cara B aparece una de las composiciones que más éxito han tenido en la trayectoria del cantante y que más prestigio le ha otorgado a J. C. Calderón como compositor de música popular: "Cartas amarillas". Se trata de una balada que comienza con una introducción de diez compases inspirada en el "Nocturno op. 9 n.º 2" de Chopin (uno de los compositores del romanticismo favoritos de Calderón). La primera estrofa contiene cuatro versos: los dos primeros acompañados únicamente con el piano interpretado por Juan Carlos Calderón, y en los dos versos siguientes se incorpora la sección de cuerda con notas largas,

8. Ledesma de Castro, Darío, *Nino Bravo, voz y corazón*, Lérida: Editorial Milenio, 2022, p. 295.

formando la armonía. Destaca la gran expresividad con la que la voz interpreta los versos, conteniendo la fuerza, alargando las vocales abiertas y cerrando el último verso con una bajada gradual de intensidad. Dice así:

Soñé que volvía a amanecer,
soñé con otoños ya lejanos,
mi luz se ha apagado, mi noche ha llegado,
busqué tu mirada y no la hallé.

En la segunda estrofa se incorpora el ritmo de batería y el bajo junto con toda la orquesta. La sección de cuerdas, además de la armonía, va formando melodías *in crescendo* entrelazadas con flautas y viento metal, creando una textura densa de manera sutil, sin restar protagonismo a la voz:

La lluvia ha dejado de caer,
sentado en la playa del olvido,
formé con la arena tu imagen serena,
tu pelo con algas dibujé.

El último verso de la segunda estrofa se construye sobre acordes de dominante secundaria para dar paso al estribillo, el cual comienza en acorde dominante con efecto de tónica, como si hubiera tenido lugar una modulación. Este motivo, junto con la manera de remarcar cada sílaba por toda la orquesta (especialmente la batería), le da gran fuerza al estribillo. Además, la voz alarga las vocales y se apoya en la articulación de las consonantes con una técnica impecable.

Y busqué entre tus cartas amarillas
mil te quiero, mil caricias
y una flor que entre dos hojas se durmió
y mis brazos vacíos se cerraban
aferrándose a la nada
intentando detener mi juventud.

Después del estribillo aparece una nueva estrofa, cantada sobre unos arreglos similares y, de nuevo, vuelve el estribillo repetido, terminando en *fade out.*

Al fin hoy he vuelto a la verdad.
Mis manos vacías te han buscado,
la hiedra ha crecido,
el sol se ha dormido,
te llamo y no escuchas ya mi voz.

Sin duda, "Cartas amarillas" tiene unos versos muy inspirados y la convierte en una de las mejores composiciones de J. C. Calderón, tanto por la letra como por los arreglos y la construcción melódica. Además, está pensada para explotar casi todas las posibilidades vocales de Nino Bravo, en cuanto a dicción, fuerza, sensibilidad y tesitura (abarca casi dos octavas, de La a Sol), y el resultado es una gran interpretación de una gran canción. El bajista Vicente López estuvo presente en la cabina junto a Calderón mientras Nino grababa la voz y recuerda lo siguiente:

> Calderón me decía que estaba entusiasmado con su forma de interpretar, [...] En Nino había algo inexplicable. Siempre se preocupó de tener una manera de cantar muy personal, a la que se unía su manera de expresarse y la facilidad que le dio la naturaleza. Recuerdo que Juan Carlos Calderón me comentó que, cuando componía para Nino, no se preocupaba nunca de la tesitura porque sabía que él podía llegar a cualquier nota. Tenía esa facilidad.[9]

Con "Cartas amarillas" obtuvo un "segundo premio en el MIDEM, en competición con siete países, entre los que figuraba Estados Unidos"[10] y, actualmente, es una de las canciones más famosas de Nino Bravo.

La canción da lugar al estreno de una obra teatral de Félix Fernández, titulada *Cartas amarillas,* en agosto del año 2009, cuyo argumento se basa en una escena que transcurre en 1973 (año de la muerte de Nino Bravo). Aunque la historia no guarda relación con la vida de Nino, sí hay numerosas referencias y "el espíritu del cantante valenciano gravita por la escena",[11] sonando durante la representación las canciones "Mi tierra" y "Cartas amarillas".

Con motivo de la presentación del espectáculo *Nino Bravo, el musical*, en agosto del 2010, Calderón recordaba:

> Cuando yo escribí "Cartas amarillas" todavía no tenía una credibilidad muy grande como autor [...] Esta canción, yo creí que iba a ser una cara B [...] Poco tiempo después me enteré de que era un himno en Argentina, pero sigo considerando que es la que más me gusta de las que yo le he escrito a él y es más, es una canción que se canta mucho en Latinoamérica.[12]

En noviembre de 1972 se lanza su cuarto álbum y el último en vida del cantante, *Mi tierra,* título homónimo de la canción que abre el disco y que representó a España en el VII Festival Internacional de la Canción de Río de Janeiro. La segunda canción es una composición de J. C. Calderón titulada "Vete", una balada que el propio autor definió como uno de los temas más terminados *y* más tranquilos que hizo en su vida. El arranque en armonía descendente, con las distorsiones fundidas con los metales, auguran un tema desgarrador. La impecable sección de cuerda y los coros arropan la potente voz de Nino, que le canta a ese amor fugaz de una noche y expresa el deseo de desprenderse de él:

9. Ledesma de Castro, *Nino Bravo,* p. 266.
10. Coromar, diario *Hierro* de Bilbao (26 febrero 1972). Recorte de prensa familiar.
11. <https://www.absolutvalencia.com/nino-bravo-llega-al-teatro/>.
12. *Nino Bravo, El musical.* <https://www.youtube.com/watch?v=ZTBhx5wLic8&ab_channel=TodoNinoBravoCecilia>.

Te tuve una noche de verano,
yo estaba muy solo, tú soñando,
yo nada te quise confesar de mí,
tú nunca quisiste hablar de ti.
Nacieron las seis de la mañana
y un rayo de amor en mi ventana,
de pronto el recuerdo de un hogar sin calor
me hizo sentirme pecador.

Vete, tú que eres libre como el viento,
no escuches mi lamento, vete,
por favor, vete,
no mires hacia atrás.
Vete, aunque se muera mi alegría,
aunque me seque en vida, vete,
por favor, vete,
hazlo por mí.

Lo que era deseo y aventura
se fue revistiendo de ternura,
pero una mañana pude huir de tu amor
como aquel que roba una flor.

"Vete" es otra de las composiciones firmadas por Calderón y, una vez más, una gran canción creada para una de las mejores voces españolas. Tiene suficiente potencial como para ser redescubierta y reinterpretada por una banda cañera y hacer una versión rompedora a base de distorsiones y doble bombo. Fue editada en *single* junto con la emblemática "Libre", compuesta por Herrero y Armenteros. Los arreglos y la dirección de "Libre" son de Calderón y evidencian una etapa de gran inspiración. Darío Ledesma cita que, en abril de 1972, cuando José Luis Armenteros ofreció la canción a los de Fonogram, se dieron cuenta del potencial e inmediatamente encargaron los arreglos a Calderón: "una orquesta de treinta músicos ejecutó la partitura, finalizando el registro del *backing* orquestal en unas doce horas. Después, y en tan solo cinto tomas (y la última de seguido), Nino puso la voz. Así quedó inmortalizada una de las canciones más representativas del valenciano".[13]

En la cara B aparece una composición titulada "Por qué", en la que Calderón explora otra forma de cantarle al amor o al desamor, en este caso. Si bien el inicio evoca a "Cartas amarillas", es una balada diferente, con una armonía y unos arreglos más complejos que las anteriores canciones del álbum y en la que no hay un estribillo claro. De manera sutil, los clásicos están presentes en la cabeza de

13. Ledesma de Castro, *Nino Bravo*, p. 344.

Calderón. La melodía tiene influencias de Rachmaninov y destaca el arreglo de piano interpretado por el compositor, que incluye frases jazzeadas y algún fraseo a medio camino entre Bach y Chopin. "Por qué" es una pregunta dramática que exhala el portentoso diafragma de Nino en un canto desesperado al amor que se ha desvanecido:

Como una página leída, como un beso de cartón
es tu amor, es tu amor, es tu amor por mí.
Como una cosecha perdida, como un vino sin sabor
es tu amor, es tu amor, es tu amor por mí.
Como una brújula sin norte
voy buscando el por qué no intentas ser esa mujer
que hablaba de un mañana, de un ayer,
de besos, de palabras junto al mar,
de flores, de campanas, de un hogar.
Por qué te siento extraña junto a mí,
por qué sonríes si no eres feliz.
Tus manos acarician sin calor,
tu lecho es solo un ticket para dos.
Recuerda como era nuestro amor,
tan simple como un cuento infantil,
pero ahora que te falta ya el valor,
qué quedará de ti.

Como una hoguera que no quema, como un verso sin firmar
es tu amor, es tu amor, es tu amor por mí.
Como una feria que termina, como un río sin caudal
es tu amor, es tu amor, es tu amor por mí.

Calderón también se encarga de los arreglos de "Eres todo cuanto quiero", adaptación del estándar de jazz "All the Things You Are" al estilo *bossa nova*, compuesto en 1939 por Jerome Kern y Oscar Hammerstein II, con adaptación de A. Alpín. Damos por hecho que se sintió cómodo al hacer este brillante arreglo, en el que es capaz de conseguir una versión comercial adaptada a la voz de Nino, conservando la complejidad y la esencia del jazz. Además, encontramos la firma de otros dos arreglos, "El amor" y "Hoy te quiero ofrecer", cuyas composiciones pertenecen a José Juesas Francés y Vicente López, dos de los músicos que acompañaban a Nino Bravo desde sus comienzos en el grupo Los Superson y que continuarían con él en su carrera en solitario.

...Y Vol. 5 fue el último disco grabado por Nino Bravo antes de perder la vida en un accidente de tráfico el 16 de abril de 1973. El álbum fue publicado en septiembre de 1973, "la orquestación fue grabada en Londres (de ahí el acento inglés de los coros en el tema «América, América»), y la voz en Madrid semanas antes

del fatídico accidente", recuerda Darío Ledesma. Herrero y Armenteros estuvieron inspirados con la composición del tema que abre el disco, "América, América", y se convirtió en número uno de ventas tras la expectación creada por el anuncio de la publicación de grabaciones inéditas del cantante. A esta gran composición se sumó Calderón haciendo unos arreglos, tanto corales como instrumentales, que contribuyeron a elevar el mensaje de la letra y romper fronteras.

El segundo tema de la cara A se titula "Vuelve" y representa la última composición de Calderón para el cantante antes de su muerte. Se trata de una elegante balada cuya letra habla de un enamorado, implorando frente al mar el regreso de su amada. Es fácil adivinar que Calderón ya estaba oyendo en su cabeza el resultado final al tiempo que escribía la partitura, con el *tutti* de la orquesta y el coro iniciando el motivo melódico y repitiéndolo en el piano. Las estrofas inspiradas se perciben como una caricia que la voz de Nino moldea a su gusto con gran expresividad, antes de llegar al potente estribillo donde repite una y otra vez la palabra "Vuelve, vuelve..." hasta concluir con el intenso final, apto para pocas voces:

Vuelve, vuelve,
la lluvia cae tranquila, suavemente,
tras su cortina, tu sombra vi pasar,
cuando me acerco, no estás,
solo la lluvia y el mar,
solo un perfume que me lleva a años atrás,
nadie lo nota, pero yo estoy llorando,
la lluvia limpia mis lágrimas de sal,
pero es tan dulce llorar,
que el llanto caiga en el mar,
que la marea se lo lleve a donde estás.

Como un mensaje triste,
vuelve, si es que aún existes,
vuelve, si alguna vez me amaste,
vuélvete ya, no lo medites más.

Pero no puedo gritar,
mi voz se ahoga en el mar,
mi llanto flota y se funde con la sal.

La lluvia cae tranquila, suavemente,
tras su cortina tu sombra vi pasar,
ya no me acerco, no es él,
eres un sueño de ayer,
pero no dejo de llamarte junto al mar:
vuelve, si es que aún existes,

vuelve, si alguna vez me amaste,
vuélvete ya, no lo medites más.

Y ya no dejo de llamarte junto al mar.
Vuelve, vuelve...

Aunque es una gran canción, tuvo más popularidad en países de Hispanoamérica que en España. Curiosamente, la edición del álbum publicado en Venezuela (Polydor 30.118) lleva por título *Vuelve,* mientras que "América, América" es la última canción de la cara B. *La Vanguardia* (15/09/1973) valora equivocadamente el álbum con las siguientes palabras:

> Último *long play* de Nino Bravo, irremisiblemente el último, por desgracia. [...] Aunque en general adolecen de unos arreglos blandos, convencionales, rutinarios y sin chispa. Pero no es cosa de afilar la crítica en un disco como este, que es un homenaje sonoro al cantante trágicamente desaparecido, y por la sincera amistad que le profesábamos quienes le conocíamos y por la simpatía que despertaba en todo el mundo, escucharle ahora aquí es un emotivo recuerdo de su cálida humanidad, que nos lo acerca todavía un poco más junto a nosotros.

"En cuanto al papel de Juan Carlos Calderón estoy satisfechísimo, para mí es un compositor y un músico sensacional y un poeta muy bueno también. Él está ahora abriéndose su camino como compositor, letrista y director y lo va a conseguir muy pronto. Yo estoy muy contento de sus canciones", opinaba Nino Bravo.[14]

El camino musical emprendido por J. C. Calderón ya se había iniciado algunos años antes, pero es en este momento, en los años que compartió con Nino Bravo, coincidiendo también con Cecilia, Mocedades, Serrat, Víctor Manuel, Ana Belén, Camilo Sesto... Son los primeros años de la década de los setenta cuando empieza a sentirse cómodo componiendo canciones pop y representan el momento de la eclosión de toda esa musicalidad que el compositor lleva dentro. Al margen de los impecables arreglos musicales —pues a estas alturas de la narración J. C. Calderón ya ha demostrado con creces su capacidad musical—, las cinco canciones que compone para Nino Bravo son cinco joyas literarias a las que no se ha prestado suficiente atención, en cuanto a versos se refiere. Quizás porque la impactante voz de Nino, con esa fuerza emisora tan bien proyectada, llena de vigor y riqueza armónica, tiene tanta calidad que distrae del mensaje; sin embargo, al detenerse a leer los textos se advierte que rezuman poesía, inteligencia y creatividad en cada verso.

Varios discos recopilatorios se han publicado desde la muerte de Nino Bravo, algunos con las grabaciones originales de anteriores álbumes y otros aprovechando el lanzamiento de algún tema inédito que se había desechado anteriormente. En

14. Palabras de Nino Bravo recogidas en un fragmento de una entrevista rescatada del documental *Nino Bravo 50 aniversario* de Televisión Española.

1980 Luis Cobos grabó un disco titulado *La voz de Nino Bravo*, utilizando las pistas originales de la voz y añadiendo nuevos arreglos orquestales.

A finales de 1994 la compañía Polygram Ibérica encarga a Calderón la realización de un nuevo disco de Nino Bravo con motivo del 50.º aniversario de su nacimiento. En 1995, el compositor lleva a cabo un proyecto inédito en España con un doble álbum titulado *50 aniversario*, en el que se recupera la voz de Nino Bravo para cantar duetos con artistas del momento como Sergio Dalma, Paloma San Basilio, Francisco, Javier Andreu (líder del grupo La Frontera), Lolita y El Consorcio. El disco se puso a la venta en octubre de 1995, siendo el "regalo estrella de esa Navidad, vendiéndose en pocos meses más de 900.000 discos"[15] y "se convirtió en el disco latino de dúos más vendido de la historia hasta el día de hoy".[16]

Calderón se inspira en la grabación del famoso dúo de Natalie Cole con su padre Nat King Cole para crear un álbum doble con treinta temas. Fue grabado en el estudio de grabación Sintonía (Madrid) por José Peña, José Vinader y J. C. Cuello, mezclado en Sincronía (Madrid) y, además de la dirección y del proceso de realización, Calderón se encargó de los arreglos de coros en todos los duetos. El proceso de grabación fue muy complicado y, gracias a la anterior grabación de Luis Cobos, se pudieron recuperar cuatro de los temas que se utilizaron para este disco: "América, América", "Esa será mi casa", "Libre" y "Te quiero, te quiero". Para el resto de los temas se doblaron los arreglos con otra orquesta, borrando el acompañamiento y la voz original en los pasajes en los que cantaba el artista invitado, para luego mezclarlo todo. La dificultad de la grabación la explica Juan Carlos Calderón en un programa especial realizado por Televisión Española como homenaje a "una de las voces más importantes y queridas de nuestra música, nunca olvidadas".[17]

> Lo que nosotros hemos tenido ha sido un problema muy grande. Nino dejó en seis temas la voz sola pero mal tratada. [...] Nosotros usamos cuatro de ellos, con la orquesta bajo esa voz y esa voz se puso encima como quien pone una guinda sobre una tarta. Después, hay dos temas más en los que Nino estaba junto con la orquesta, pero no podíamos hacer dúos si Nino estaba con la orquesta simplemente así, teníamos que hacer un proceso de montar una orquesta encima de aquella antigua para que no se notara cuando no queríamos que Nino cantara y cantara su invitado. Fue un proceso difícil.

Aunque Nino Bravo había grabado sus cinco discos con la voz en una pista sola, "en algún momento de los años ochenta se pasó de las bobinas de media pulgada a un formato más moderno por aquel entonces, que eran las cintas DAT (Digital Audio Tape), y en ese proceso se perdió la voz sola".[18] Por lo tanto, Polygram conser-

15. Web oficial de Nino Bravo.
16. Web oficial de Jacobo Calderón.
17. Texto con el que comienza la cabecera del programa de Televisión Española titulado *Nino Bravo, 50 aniversario*. Archivos de RTVE.
18. *Ibidem*.

vaba las grabaciones con gran calidad digital, pero la voz y la orquesta no se podían separar. "Nino era una voz llena de armónicos, llena de nobleza y, sobre todo, que las melodías sonaban muy bonitas con él. He escogido estos temas porque creo que son los mejores, los que tienen mejores condiciones para que le gusten a la gente", explica Calderón en el programa de TVE.

Dos años después (1997), Calderón repite experiencia impulsado por la propia discográfica, volviendo a grabar un doble álbum de duetos titulado *Nino Bravo Duetos 2,* con la colaboración de otros artistas, entre ellos Raphael y el Dúo Dinámico, los cuales no habían podido participar en el primer disco por razones de calendario. El Dúo Dinámico había escrito una canción para Nino cuando este empezaba, sin embargo, no pudieron grabarla al no conservarse la cinta original con la voz de Nino separada de la música, y optaron por cantar "Noelia", una de las canciones que había rescatado Luis Cobos para su disco de 1980.

Duetos 2 abre con "Vuelve", la última composición de Calderón para Nino. En esta versión, canta Eva Ferri junto a su padre, al que no llegó a conocer en vida, ya que todavía estaba en el vientre de la madre en el momento de la muerte de Nino Bravo. Eva Ferri nunca había cantado pero, gracias a las exigencias de Calderón, se logró un buen trabajo. La canción "Vuelve" fue publicada en *single* con una gran promoción y una importante respuesta por parte de los medios de comunicación, que se hicieron eco de la conmovedora efeméride al cumplirse veinticinco años de su muerte. El resto de duetos fueron interpretados por Sandra Morey, Marcos Llunas, Mocedades y María Conchita Alonso. Para este disco se aprovecharon los dos temas que había grabado Luis Cobos y que no habían sido utilizados en el disco anterior: "Noelia" y "Puerta de amor". Al igual que en el primer disco de duetos, el proceso técnico tuvo sus complicaciones, sin embargo, Calderón opinó que el resultado fue mejor que el anterior:

> Para mí era un reto que Nino Bravo cantase a dúo con gente viva. Realmente la tecnología es cuestión de imaginación. Cuando pido algo, no pido nada imposible, y por nada del mundo se me ocurriría intervenir, porque no tengo ni idea. Sé lo que puedo pedir a un ingeniero, o a un hombre que maneja computadoras, pero creo que lo más bonito de las computadoras es la imaginación. De todas formas, es muy difícil, porque hay que tratar de borrar cosas que estaban mal de sonido y hacer que un arreglo cien por cien antiguo se quede en cincuenta por ciento antiguo y cincuenta por ciento nuevo, que parezcan canciones nuevas, eso es realmente difícil. Los retos son lo más difícil, porque hacer un disco ya es normal. Nino tiene su segundo disco, el mejor que se ha hecho, mejor que el anterior.[19]

19. Vídeo de Televisión Española sobre el disco *Duetos 2,* facilitado por Teresa Calderón.

El disco se cierra con "Dicen", una nueva composición de Calderón escrita para la ocasión y dedicada a Nino Bravo. Eva Ferri, Sandra Morey, Mocedades, María Conchita Alonso, Marcos Llunas, Jacobo Calderón, Michelle y María Caneda mezclan sus voces para rendir homenaje a una de las voces más importantes que ha habido en España. Y esta es la letra:

¿Sabes?
Te olvidaste una canción en el camino,
fue la última, te la robó el destino.
Pero yo la hallé, nadie la cantó, te la envío.
¿Sabes?
Esa voz, ese cantar tan levantino,
ese olor a mar, a sol, arena y pino.
Estés donde estés, ahí te va mi voz, canta conmigo.

Dicen
que fuiste a cantarle a las estrellas,
dejaste niebla en nuestro corazón.
Te llevaste tus canciones,
tus te quieros, libre como el viento.
Dicen
que de aquí a la eternidad es un latido,
a la inmortalidad solo tu voz,
tus Américas, tus besos y esa flor,
y esas cartas amarillas.

¿Sabes?
Del primer peldaño al fin de la escalera
peleaste gota a gota, pena a pena,
solo con tu voz y tu corazón de poeta.
¿Sabes?
Tu cantar nunca ha quedado en el olvido.
Se fue a América, hizo escuela y mil amigos.
Estés donde estés, ahí te va mi voz, canta conmigo.

Dicen
Que fuiste a cantarle a las estrellas...
¿Sabes?
Gracias por venir a mi destino
y gracias por cantar como uno más
de los que no te conocimos.

¿Sabes?
Si del cero al infinito es el destino,
ser un mito en el camino es muy distinto.
Es por eso que
siempre te admiré,
canta conmigo.
Dicen
que Nino fue a cantarle a las estrellas...

En la carrera de Cecilia

Nino Bravo y Cecilia fueron coetáneos con una carrera profesional muy corta, los dos perdieron la vida en un accidente de tráfico siendo muy jóvenes y los dos se convirtieron en iconos de la música popular española que aún perduran. Además, los dos comparten fuertes vínculos con J. C. Calderón.

En el primer encuentro de Cecilia con Juan Carlos, este no se llevó buena impresión por su aspecto, "con su guitarra vieja pintada de negro, sus botas negras y unas canas que adornaban su cabello y en las que Calderón reparó".[20] Además del aspecto físico, tampoco le gustó la voz de la cantautora ni su carácter: "Su voz me pareció agria, muy cortante, y ahora me encanta porque ya no hay voces así. Era un poco Janis Joplin [...], era muy seria, muy introvertida, incluso no muy simpática y bastante cortante".[21] Tomás Muñoz, fundador de la discográfica CBS en España (división de Columbia con su sede principal en Estados Unidos), apostó por el talento de Cecilia como una de las principales figuras del catálogo de artistas que comenzaban en España.

Evangelina Sobredo, verdadero nombre de Cecilia, nació en Madrid en 1948, en el seno de una familia de diplomáticos españoles y, por ese motivo, viajó durante su infancia por distintos países. Aficionada a la música desde niña, su bilingüismo le permite componer en inglés y en español con total naturalidad. En 1970 forma el grupo Expresión, tomando el primer contacto con la industria musical, y al año siguiente es contratada por CBS. Nace el primer *single* de influencia beatleliana, que pasa prácticamente desapercibido. Tomás Muñoz quiso que J. C. Calderón se encargara de los arreglos de su primer LP, cuyas maquetas habían sido grabadas con dos guitarras por Julio Seijas y Evangelina Sobredo. Según cita José Madrid, muchas de las canciones del primer disco se hicieron con claquetas y metrónomos para que no hubiese problemas de tempo. Muñoz "quería que las dos guitarras de Julio y ella tuviesen un tempo muy uniforme con respecto a los arreglos y Juan Carlos hizo un gran esfuerzo y un gran trabajo. Él se tuvo que esforzar porque se

20. Madrid, José, *El Equilibrista, La vida de Cecilia*, Madrid: Editorial Ocho y Medio Libros de Cine, 2011, p. 54.

21. *Ibidem.*

tuvo que adaptar a ellos y colocar sus arreglos encima. Le salió un gran trabajo". También, la orquesta que grabó las canciones "estaba alucinada con el proceso de grabación: primero se grabaron las dos guitarras y, una vez que quedaron bien, los músicos grabaron encima". En *Equilibrista* se citan las palabras de Julio Seijas respecto al asombro de los músicos: "Fueron ellos los que se adaptaron a nosotros. Recuerdo, además, que hubo un revuelo en la orquesta de cuerda porque aquello era como un hito. Siempre habían tocado encima de una basecita y esa vez tocaron encima de una voz y unas guitarras. Estaban un poco alucinados por aquello".

Juan Carlos Calderón grabó en los estudios Audiofilm y optó por añadir batería, bajo, cuerda y algún metal a las maquetas pregrabadas con guitarras. Era consciente de que nunca se había hecho nada igual en el panorama musical español: "Todos los tempos de las canciones me parecieron un poco atropellados, un poco *pissy*, como dicen en inglés, un poco apuradas con esos «ta, ta, ta, ta, ta...». Hice los arreglos que yo creí que eran convenientes pero, claro, estaba tocado todo de una forma un poco acelerada".[22]

Este primer disco fue publicado en mayo de 1972 por CBS, titulado *Cecilia,* y contiene doce temas compuestos por Cecilia, arreglados por J. C. Calderón y producidos por José Luis de Carlos. Estos arreglos de "orquestación espectacular y grandilocuente" no fueron del gusto de todos y hubo críticas por el salto comercial de la cantante. En palabras de Joaquín Díaz: "Había escuchado antes casi todas las canciones de ese disco. Creo que no ganaron con los arreglos. Son problemas muy típicos de la producción. Era un mundo muy diferente el de la música en aquel entonces. El estudio de grabación era un escollo que tenía que salvar el artista".[23]

Obtuvo un gran éxito y fue uno de los discos más comentados del año. Para el lanzamiento del primer *single* se escogió "Fui", de tintes feministas, basada en una experiencia amorosa de Cecilia, y "Dama, dama", una de las canciones más emblemáticas de la transición española. "Dama, dama, de alta cuna, de baja cama, / señora de su señor, / mujer por un vividor..." representa a una clase social que Cecilia conocía perfectamente bien. La censura, lacerante en aquella época, obligó a cambiar el verso "algún desliz en el sexto" —refiriéndose al sexto mandamiento—, por el verso "algún desliz inconexo". Calderón opinaba así: "Yo he pensado a veces que pertenecer a una familia de diplomáticos le hizo ver gente que a ella no le gustaba nada y entonces la criticó porque, claro, ella refleja en esas canciones, más que nada en «Dama, dama», una protesta sobre la realidad de una sociedad falsa, que es la misma de ahora. Pero yo creo que lo hizo porque ella conoció esa sociedad".[24] En una entrevista concedida a la revista *Blanco y Negro* (27/01/1973), Cecilia explicaba sus intenciones:

22. *Ibidem*, p. 56.
23. *Ibidem*, p. 57.
24. *Ibidem*, p. 59.

> Con esa canción yo no pretendo ridiculizar a nadie; no pretendo criticar, ni denunciar, ni testimoniar, sino que explico lo que conozco; mi canción trata de explicar el caso en tanto yo, en la misma canción, manifiesto mi temor de acabar siendo como ellas a los cuarenta años [...] Es una de mis mejores canciones y, por supuesto, la que más me dio a conocer a niveles populares, aunque me parece absurdo que haya sido prohibida por TVE.

Fue número 1 en ventas durante dos semanas y, según Calderón, el éxito de este tema era obvio desde el principio: "Es irresistible el éxito de esa canción. ¿A quién puede no gustarle? Lo que hizo ella fue una herida y un retrato. Ella era muy «de alta cuna, de baja cama». Es genial".[25]

Según José Madrid, la exitosa "Mi gata Luna" también fue el tema "que más gustosamente arregló Juan Carlos Calderón, cuyos orígenes jazzistas hacían más agradables los acordes de saxofón que suenan de fondo e impregnan al tema de una nostalgia melancólica que encaja perfectamente con la letra". Es un tema de complejidad armónica y una orquestación más ambiental, al igual que "Fauna", cuya letra habla del paisaje que se encontró Cecilia al llegar a España. Según Calderón: "Le obsesionaba la fauna que sale en esa canción, el fetichismo del catolicismo, de los curas... Leía mucho a Valle-Inclán y el costumbrismo español le obsesionaba, ese costumbrismo que descubrió cuando vino a España. Era como un Buñuel de la canción protesta".[26]

Otro de los éxitos de este álbum fue "Nada de nada", con un arreglo denso y muy interesante y con una letra en la que muestra su soledad y su estado depresivo. Según Calderón,

> es una canción hecha en un momento malo de su vida, en el que no se sentía nada. Ella debía tener bastantes complejos. Uno nunca se puede meter en el espíritu de los demás, pero creo que era una mujer un poco herida, no sé si por la vida o por ella misma. Era una mujer bastante agresiva pero, al mismo tiempo, se entregaba con un tremendo amor a todo... a las personas y a lo que hacía.[27]

Tras un segundo disco con arreglos de Pepe Nieto, se graba *Un ramito de violetas*, el tercero editado por CBS, de nuevo con la colaboración de J. C. Calderón en los arreglos y en la producción. José Madrid considera que el éxito de la canción que da título al álbum en gran parte se debe a los propios arreglos de Calderón, al fijarse en el carácter narrativo de la canción: "Los arreglos son parte indisociable del éxito de la canción. La voz final de Eva perdiéndose en la inmensidad de instrumentos de viento y cuerda o el piano inicial no hacen sino reforzar la agria melancolía que impregna toda la historia". En palabras de Calderón: "El «Ramito» me llegó con una guitarra y con la letra. En esa canción ayudé muchísimo como arreglista. Toda la

25. *Ibidem*, p. 60.
26. *Ibidem*, p. 64.
27. *Ibidem*, p. 66.

fase final de «laraira, laraira» es mía. Ahí toqué yo el piano. Para la gente joven, muy joven, es una canción bandera. La llaman *hipermoderna*, y el arreglo es tan sincero, tan cálido, que flipan". Parece ser que tal fue la atención que Cecilia puso a la letra, que el propio Calderón reconoce haberse perdido en la narración. Lo expresa así:

> Después lo he escuchado y me he dado cuenta de que la gente se enteraba a la primera. Me di cuenta de que el burro era yo, porque no se puede resolver de otra forma. Yo creía que era muy rápida la resolución. Desde que se sabe que el marido es el que envía las cartas, es todo muy sucinto, muy de golpe. Pero no hay otra forma de solucionarlo.[28]

Una de las canciones más interesantes de este álbum es "Tu retrato", una balada en la que Cecilia canta un poema de amor acompañada por un piano en las manos de Calderón, cuyo arreglo resulta delicioso. También el arreglo de "Sevilla" es muy interesante, comenzando por esas guitarras que se reparten entre trémolos y melodías para ir paulatinamente incorporando toda la orquesta, de nuevo, con la sección de cuerdas como lo más inspirado. El final de la canción nos traslada a esas procesiones sevillanas tan arraigadas en las costumbres populares, terminando en *fade out*, uno de los *fade out* más apropiados de toda la discografía de J. C. Calderón.

El álbum fue publicado en el verano de 1975, tres años después de la grabación del primer álbum, y Calderón notó cambios de personalidad en la cantautora a la hora de afrontar la nueva grabación:

> Ella intervino un poco más que en el primero. Aquí estaba más envalentonada y opinaba más. Hubo pequeños problemas lógicos en todas las grabaciones. En este disco, a diferencia del primero, tuve que hacerlo todo yo. Ella tenía ya una opinión más clara de su carrera y de su vida. Tenía más confianza conmigo y hubo algunas discrepancias.[29]

En este disco, además de la canción que da título al álbum, se encuentra una de las canciones símbolo de la Transición: "Mi querida España". La letra es una clara alusión a las dos Españas en las que había quedado dividida la sociedad tras la Guerra Civil. De nuevo la censura hizo de las suyas, dando tijeretazo a algunos de sus versos. Entre otros, Cecilia había escrito "Mi querida España, esta España viva, esta España muerta" y se cambió por "Mi querida España, esta España mía, esta España nuestra". Calderón hace unos arreglos que contribuyen al relato:

> Yo puse a propósito unos coros de hombre que, a lo mejor, quien los oiga piensa que yo quise hacer belleza. No. Yo quise hacer algo muy español, de tíos cantando en un bar. Y le metí un ritmo que era muy de los años 50, un ritmo que la gente no cayó en que era bastante hortera a propósito. "Tumparachín pachín pachín". Eso lo hice a propósito. Es un poco mi crítica personal, sin mala

28. *Ibidem*, p. 152.
29. *Ibidem*, p. 162-163.

> leche, a España. Me sonaba a tíos muy machos, porque eran muy machistas los españoles de entonces. También era el ritmo que se bailaba en los años 50 en sitios como Pasapoga... Una especie de bolero rápido.[30]

"Mi querida España" fue presentada en la inauguración del Festival Musical Mallorca, en abril de 1975. Cecilia actuó en la segunda gala, denominada Mostra, concebida como una exhibición de los mejores cantantes que habían tenido éxito en España en aquel momento, como Julio Iglesias, Massiel, Mari Trini, Donna Hightower, Peret, Los Diablos o Fórmula V, entre otros. Cada artista interpretaba en directo dos canciones, la primera de ellas, su éxito más reciente, y la segunda, una novedad con fines promocionales. Cecilia cantó "Un ramito de violetas" y como novedad, "Mi querida España", con la orquesta dirigida por Javier Iturralde, quien fue copista y ayudante de Calderón durante muchos años.

El disco fue un éxito de ventas y, para Calderón, este éxito ya estaba asegurado:

> Nació con buen pie. El primer disco fue el que más sorprendió, pero la diferencia es que ese era el disco de una cantautora y este también, pero más moderada; no ella, sino todo lo que la rodeaba. En mi caso, la diferencia es que los arreglos estaban más construidos y eran más norteamericanos, porque yo empecé dominando la situación con una marcha rítmica que había sido escrita por mí. Es más maduro para ella como cantautora y para mí como arreglista.[31]

El mismo año, Juan Carlos y Cecilia participan en la IV edición del Festival de la OTI, celebrado en Puerto Rico (15 de noviembre de 1975), logrando el segundo premio con la canción "Amor de medianoche". La canción había sido compuesta por Calderón con el título "La llamada",[32] pero a Cecilia no le gustó porque no se sentía identificada con ella, por lo tanto, llegaron a un acuerdo y Cecilia compuso una letra más acorde con su personalidad.

> ¡Yo no canto esa canción tan cursi! [...] La primera sorprendida fui yo. Me comunicaron esta decisión estando yo fuera. Y, la verdad, no me esperaba que fueran a elegirme para ir a ese festival. Se dio a la publicidad mi nombre sin haber contado conmigo, y tampoco me habían consultado para la elección del tema. Por otra parte, yo casi siempre he cantado canciones de las que yo soy autora de letra y música, por eso quería participar en la elección del tema.
>
> Ahora la letra ha quedado dentro de mi línea, con algunas salvedades, y habrá que esperar a que quede terminada definitivamente. [...]Tengo la ilusión de cantar las canciones que me gustan. Si me veo obligada, como en esta ocasión, de representar a España en el Festival de la OTI con una canción en la que no creo, estoy segura de que todo saldría mal. Aunque no quiero decir con esto

30. *Ibidem*, p. 164.
31. *Ibidem*, p. 167.
32. La letra con el mismo título será utilizada en una composición para Sergio y Estíbaliz.

que ahora "Amor de medianoche" sea una canción muy buena. Pero ahora sé que voy a cantar una canción en la que tengo confianza.[33]

A Juan Carlos Calderón tampoco le hacía especial ilusión la participación en el festival. Según una de sus declaraciones:

Pierdo bastante dinero, ya que este tipo de canciones requieren mucho tiempo y dedicación. Nunca me hubiera presentado a un festival como este. Si lo hago es porque me lo ha pedido RTVE y no me he podido negar... Es una canción en la línea de "Eres tú". Totalmente antilatinoamericana. Hacía tiempo que ya la tenía compuesta. Ahora le tengo que poner letra y hacerle los arreglos. Lo que realmente me interesa es que la canción se venda bien en los Estados Unidos. El mercado latinoamericano, económicamente, no es rentable, porque no pagan derechos de autor... Yo no creo que nunca haya hecho canciones malas, ni tampoco festivaleras. Esta se titula "Amor de medianoche" y entra en la línea melódica. Pero no es una canción festivalera.[34]

Calderón dirigió la orquesta y Cecilia actuó junto con el Trío La, la, la para ciento cincuenta millones de telespectadores. Hubo irregularidades en la gala, mala calidad de algunas canciones, deficiencias de sonido y fallos en la retransmisión. Así lo relató Cecilia en una carta dirigida a su novio, el letrista Luis Gómez-Escolar:

Aquí estoy, después de pasar el rollo del festival, y esta página de la historia tiene tela marinera... Bueno, después de la peluquería llegué tarde al ensayo general y no se oía la voz para nada en el plató, había dos columnitas *Shure* y no había pilotos para el personal... A las siete o así empezó el festival de verdad, me vestí y me maquillé y afiné el instrumental, entonces estábamos como los toreros en una salita antes de salir a la plaza pero yo tenía un cachondeo en el cuerpo porque todo Dios estaba *acojonat* y a mí me tocaba el ovario. Bueno, me llegó el turno y me monté el rollo y se pasó rápido, luego subí para hacer una entrevista con Uribarri y, cuando acabaron las canciones, empezó el cachondeo de los votos y yo me fui de la sala de artistas porque aquello estaba que hervía, y me quedé en una sala con unos técnicos, con Alfredo, José y Juan Carlos. Juan Carlos tenía unos nervios que no sabía dónde meterse los dedos. Luego, lo de los votos, sin comentarios, porque tiene demasiada tela (anda que los cinco de Chile y los cuatro de Nicaragua...). Prefería haberme quedado la última. Los de TVE tenían un cabreo por haber perdido contra México que no veas. Los mexicanos se portaron como Dios, nos dieron un voto y encima ganaron el festival. Yo he quedado muy contenta porque el segundo puesto es más de lo que me esperaba y, ¡cágate!, para no perder la costumbre, después de todo ese rollo mariano pues... claro... un *cocktail* de esos famélicos, donde me bebí un

33. Madrid, José, *El Equilibrista, La vida de Cecilia*, Madrid: Editorial Ocho y Medio Libros de Cine, 2011, p. 172-173.

34. *Ibidem.*

vasito de vino y comí un taquito de queso y luego la delegación española nos invitó a cenar. Después de cenar... al hotel y del hotel a la habitación 619, que es la mía.[35]

Inmediatamente, la discográfica CBS publica un álbum que incluye nueve temas editados en los tres discos anteriores y la nueva canción "Amor de medianoche", que dará título al álbum. Calderón aprovecha para hacer algunas correcciones en canciones que no le habían gustado del primer disco, principalmente de tempo.

El 2 de agosto de 1976 Cecilia pierde la vida en un accidente de tráfico a la vuelta de un concierto desde Vigo, junto con uno de sus músicos acompañantes, el batería Carlos de la Iglesia. Estaba en el momento álgido de su carrera profesional y aún no había cumplido los veintiocho años, pasando así a formar parte del simbólico "Club de los 27". Juan Carlos Calderón se enteró de la muerte de Cecilia por una llamada de su amigo Honorio Herrero, cuando estaba de vacaciones en Santander, e inmediatamente viajó a Madrid para estar presente en su funeral. En el momento de la muerte, trabajaba en su siguiente disco sobre poemas de Valle-Inclán, que no llegó a grabar. Como homenaje, Calderón y Honorio Herrero rescataron dos canciones que habían sido descartadas para el álbum *Un ramito de violetas* y se publicó un *single* con las canciones "El viaje" y "Lluvia", con arreglos de Calderón y producción de Honorio Herrero.

En 1983 se publica un álbum con canciones inéditas, halladas por su novio Luis Gómez-Escolar, que ella misma había grabado en un magnetofón, y entre esas cintas y alguna maqueta que se había desechado en los estudios de grabación, había suficiente material para producir un nuevo disco. Los arreglos y la producción del álbum *Canciones inéditas* fueron obra de Calderón con la colaboración de Joaquín Torres. Calderón manifiesta cómo fue el proceso:

Lo que tuve que hacer fue poner guitarras e instrumentos sobre su propia guitarra y, de alguna forma técnica, quitar las frecuencias de la misma, lo cual es muy difícil porque están en la misma gama que la voz. Como la guitarra estaba tocada en plan maqueta, yo la cubrí, le puse una claqueta y tapé con otros instrumentos sintéticos, con bajos y baterías reales.[36]

En 1990 se publica un doble álbum titulado *20 grandes canciones*, que recoge los grandes éxitos de Cecilia de los tres discos anteriores. Seis años más tarde (1996), al igual que había hecho el año anterior con el disco de duetos de Nino Bravo, Calderón se encarga de dirigir un proyecto singular, en el que graba nuevas versiones recuperando la voz de Cecilia y sumando voces de otros artistas. El compositor contacta con Teresa Sobredo, hermana de Cecilia, para seleccionar las canciones y llevar a cabo el proyecto con muchas dificultades: "Fue un parto terrible porque, de

35. *Ibidem*, p. 179-180.
36. *Ibidem*, p. 199.

entrada, es muy difícil hacerlo, porque no encontré ingenieros que me gustasen y por las prisas de la compañía de discos", explica Calderón.[37] El doble álbum de duetos titulado *Desde que tú te has ido,* fue publicado por Sony Music y contiene treinta y una canciones, entre las que hay seis duetos de la voz de Cecilia junto con Julio Iglesias, Ana Belén, Miguel Bosé, Sole Giménez, Merche Corisco y Manolo Tena.

A lo largo de los años ha habido numerosas reediciones de los álbumes publicados y nuevas versiones de canciones que han contribuido a perpetuar a la cantautora como uno de los iconos más importantes de la música popular española.

Simone

Luis Gómez-Escolar es uno de los letristas españoles más importantes de las últimas décadas y firma múltiples colaboraciones discográficas con J. C. Calderón, como se irá viendo a lo largo de esta publicación. También es conocido como Maín Gómez Escolar y es autor de letras como "Linda" (Miguel Bosé), "Fiesta" (Raffaella Carrà), "Amor de hombre" (Mocedades), "Juntos" (Paloma San Basilio) o "Bailar pegados" (Sergio Dalma), por citar solo algunas de un larguísimo listado de canciones que han sido grandes éxitos. Además, ha sido componente del grupo vocal Aguaviva y novio de la cantante Cecilia y, en 1974, explora otra faceta del mundo artístico grabando un disco en solitario bajo el seudónimo Simone. El álbum, con título homónimo, fue grabado en los Estudios Eurosonic de Madrid con producción conjunta entre Juan Carlos Calderón, Julio Seijas y Honorio Herrero y publicado por el sello CBS el 30 de septiembre de 1974.

Once canciones que hablan de amor desde diferentes aspectos conforman el álbum. Para la primera de ellas, titulada "Afinación, canción del atropellado", Calderón se une en la firma a Herrero, Escolar y Seijas, tres grandes artistas que habían coincidido en el grupo Aguaviva y después forman la famosa Charanga del Tío Honorio, de tintes humorísticos y precursores del agrorock.

La segunda canción es una composición de Calderón titulada "Quisiera algún día", que también formará parte del álbum *Mocedades 5,* en una versión similar con algunas peculiaridades. Es una balada pop con cierto aire folk muy bien construida, cuya letra enmarca una poesía hecha canción que expresa los deseos del amor. Dice la letra:

Quisiera algún día calzarme de algas,
vestirme de brisa, beberme las olas
y entre caracolas,
hablar con el sol, sin prisas.

Quisiera algún día sentarme a la sombra
de tus manos blancas, besar tus mentiras

37. *Ibidem*, p. 204.

de niña crecida,
mecerme al son de tu sonrisa.

Quisiera algún día bañarte en mi luna,
secarte en mis soles, vestirte de bruma,
deshojar tus flores,
antiguos temores de alumna.

Quisiera algún día calzarme tus penas,
vestirme tus risas, beber de tus venas,
dormirme en tu arena
y hablarte de amor, sin prisas.

Quisiera algún día bañarte en mi luna...

Quisiera algún día soñarte despierto,
vivirte dormido, anclar en tu cuerpo
y ya anochecido,
desnudar el alba contigo.

En el disco también aparece la canción social "Dame vino, tabernero", con unos magníficos arreglos orquestales y, quizás, la que más repercusión tuvo *a posteriori*. Llama la atención la triste y bella "Canción de cuna", con subtítulo "para un niño que se le olvidó nacer", con arreglos a modo de minipoema sinfónico, que incluye la sonoridad de una caja de música y una compacta sección de cuerda, adornada con flautas.

La segunda canción que firma Calderón en solitario es "Pianola", un brevísimo tema, que tan solo dura cuarenta y siete segundos, de estilo *ragtime*, que también forma parte del disco instrumental *Juan Carlos Calderón y su orquesta*, en versión extendida.

Simone fue el único trabajo publicado en solitario sin perspectivas de ir más allá, "un disco que, escuchado ahora, resulta muy adelantado a su tiempo".[38] El propio cantautor explica sus razones para no volver a grabar:

> Pero ese proyecto de Simone, de alguna manera, nació muerto, porque yo jamás he sido un hombre de escenario, por más que en muchas ocasiones la vida me haya obligado a subir a las tablas. Siempre he sido una persona bastante reservada y no me apetecía enfrentarme a los medios de difusión ni colaborar en los programas de promoción. Era algo absurdo. Lo hice porque mis mejores amigos me lo pidieron. Lo hice con mi mejor voluntad, pero no me apetecía nada.[39]

38. Lacasa, Blanca, "Soy un sastre, no un genio: habla, por fin, Luis Gómez-Escolar, el creador de las letras favoritas de España", *El País* (25 de mayo de 2020).

39. Madrid, *Equilibrista: La vida de Cecilia*, p. 144.

El 2 de mayo de 1975 Simone interpretó sus canciones junto con otras composiciones del grupo Aguaviva en el Estudio de Música 3 de Radio Televisión Española y estuvo acompañado por Julio Seijas y Juan Carlos Calderón. La colaboración entre Luis Gómez-Escolar y Juan Carlos Calderón fue prolífica durante años y con más intensidad durante la etapa americana que estaría aún por llegar.

Regina

El Musical Mallorca fue un festival de la canción nacido en 1975 con vigencia hasta 1978, organizado por Fomento del Turismo de Mallorca cuya finalidad está implícita en el nombre de la entidad y en colaboración con el Ministerio de Información y Turismo. El festival se celebró en el Auditorium de Palma de Mallorca con tres galas en días consecutivos: la primera, de carácter competitivo entre distintos países; la segunda gala era una muestra no competitiva en la que artistas de relevancia nacional presentaban sus canciones con intención de conseguir proyección internacional; y la tercera gala era la final del Certamen Internacional de Canciones. Fue retransmitido por Televisión Española y de la dirección del festival se encargó José Luis Uribarri, mientras que de la dirección de la orquesta se encargó Augusto Algueró. En esta primera edición de 1975 cabe destacar la participación de Juan Carlos Calderón en calidad de jurado, presidido por el compositor Henry Mancini.

En la edición de 1976 actuó Regina, el "último descubrimiento de Juan Carlos Calderón", según titulaba Mariano Méndez Vigo en *ABC.* Quizás encontró en ella cierto parecido con Cecilia, el caso es que Calderón la descubrió en Santander recién llegada a España y "se dio cuenta de que no podía dejar escapar una oportunidad semejante de crear una auténtica estrella". De origen estadounidense e instrumentista de alto nivel, según Méndez Vigo, Regina había colaborado como guitarrista en muchas de las grabaciones que había hecho Calderón y también había realizado incursiones en el jazz con Tete Montoliu o Lou Bennet "en los pequeños «santuarios» dedicados en nuestra capital a la conservación y divulgación de este tipo de música".[40] Calderón encuentra en su voz peculiaridades por las que apuesta, produciendo su primer y único álbum titulado *Regina,* bajo el sello Novola. Para ella compone cinco canciones y se encarga de los arreglos, la producción y la dirección de las doce canciones que conforman el álbum.

La canción que abre el disco se titula "Regina" y a través de la letra conocemos la personalidad de la cantante, tal y como la ve J. C. Calderón:

Pájaro nocturno y tañedor,
ratón de amanecer, lagarto al sol.

40. Méndez Vigo, Mariano, "Regina: último descubrimiento de Juan Carlos Calderón", *ABC* (8 de febrero de 1976), p. 75.

Así es Regina la viajera,
embustera y guitarrera, aventurera, juglar.

Canto donde sepan escuchar,
qué importa junto al metro o frente al mar.

Pues soy Regina la viajera,
embustera y guitarrera, aventurera, juglar.
Que no echa raíz, hoy aquí, luego allí.

No siembro por no recoger,
vivo de lo que caiga,
soy más que mujer una canción,
oveja negra, díjome un señor.

Así es Regina la viajera...

Me lo juego todo a una canción
y nunca suelo huir de la ocasión.

La canción con la que participó en el Festival de Mallorca lleva por título "Tu maleta", y Juan Carlos Calderón escribe una letra en la que Regina se pone en la piel de una esposa celosa que hace partícipe a su marido de sus temores, entre ruegos y advertencias. En cuanto a la temática, la letra hace guiños a su gran éxito "Tómame o déjame", composición que Mocedades había estrenado un año antes, y si en "Tómame o déjame" el verso más llamativo es "tu ropa huele a leña de otro hogar" (verso sublime), en "Tu maleta" ese olor es "de brasero y calceta":

Al abrir tu maleta, mi vida,
no olvides que en tu pijama
va mi cuerpo entretejido, mi vida,
junto a tu nombre mi alma
prendida va de unas letras,
quieta y callada
y no olvides tus gemelos, mi vida,
cuando te pongas camisas,
son el signo de los celos, mi vida,
de los que vivo cautiva,
prendida va de tus mangas,
está mi vida.

El olor que te sigue, mi vida,
al abrir tu maleta,
es olor ya de años, mi vida,

de brasero y calceta,
es mi piel escondida
en tu maleta
cuando vuelvas a casa, mi vida,
temo abrir tu equipaje,
ver tu ropa ordenada, mi vida,
pues yo sé que no sabes
y un perfume distinto del que llevaste.

"Tu maleta" y "Regina" fueron las dos canciones lanzadas en el único *single* extraído de este disco grabado en los Estudios Eurosonic de Madrid con el ingeniero de sonido Brian Stott.

"Yo me confieso" es otra de las composiciones firmadas por J. C. Calderón, una canción singular con un interesante arreglo instrumental que juega con la rítmica funk de las guitarras (obra de Regina y Hank Sable), junto con el piano, las percusiones y la sección de cuerda, incluyendo un guiño a la mítica banda sonora de la serie *Los hombres de Harrelson*, en la cadencia que resuelve después de la parte álgida del estribillo. Sin duda, es muy interesante el final del tema, donde convergen los sonidos de sintetizador, las campanas y las improvisaciones de flauta. Respecto a la letra, la confesión a la que alude en el título habla de esas parejas que permanecen unidas por tradición y ya sin amor, extrapolable tanto a hombres como mujeres:

Yo me confieso de haber callado
cuando a tu lado no era feliz,
de haber dormido junto a tu cuerpo,
pero mi alma no estaba allí.
Yo me confieso de que te he amado
como guardando la tradición,
de haber querido ser un pecado
y se ha negado mi corazón.
Y del camino que hemos andado
solo ha quedado un poco de pie,
yo me confieso, yo me confieso, yo me confieso,
perdóname.

Yo me confieso y sigo a tu sombra,
no te he engañado porque no sé,
tal vez por miedo porque hasta ahora
yo no he probado más que tu piel.
Yo me confieso de ser un lazo
más que el abrazo de una mujer,
más que tu vida tú y la vecina,

que ha compartido tu anochecer,
solo fui brisa, una sonrisa un poco de miel.
Yo me confieso, yo me confieso, yo me confieso,
perdóname.

Yo me confieso de haber callado
cuando a tu lado yo me quedé
tal vez por miedo porque hasta ahora
yo no he probado más que tu piel.
Yo me confieso, yo me confieso, yo me confieso,
perdóname.

"Poeta qué sabes de amor, / qué puedes decir del alba, / cerrado en tu habitación", son los primeros versos de "Poeta", una canción con una letra escrita por Juan Carlos Calderón, quien se cuestiona los conocimientos de un poeta a través de la voz de Regina. A estas alturas, Calderón ya ha demostrado sobradamente sus dotes de rimador y su capacidad para expresar sentimientos y emociones a través de la palabra. "Poeta" fue presentada en dos versiones en el programa de TVE *La hora de... Juan Carlos Calderón*: la primera en la voz de Regina y la segunda en versión instrumental, incluida en el disco *Juan Carlos Calderón y su orquesta*, grabado el mismo año. Respecto a la grabación del disco con Regina, Méndez Vigo lo expresaba así en *ABC*:

> Nos contaba Juan Carlos que esta ha sido una de las grabaciones más tortuosas y difíciles de las que ha realizado en su larga carrera. Al parecer, Regina, como gran profesional de la música, no se halla jamás satisfecha con lo realizado. Sabe que sus posibilidades son prácticamente inagotables y procura siempre mejorar lo hecho, sin reparar en esfuerzos ni en sacrificios. Tiene, según nos ha dicho, una increíble voluntad de perfección. Todo esto queda sobradamente demostrado con la audición del disco. La voz de Regina es hermosa y convincente y su guitarra un magnífico compañero de desusada brillantez. Se pueden diferenciar dos facetas en esta grabación: de un lado, los temas que Regina canta en español y que son originales de Juan Carlos Calderón y, de otro, las canciones en inglés que vienen firmadas por Regina y un viejo amigo y colaborador de los días de Estados Unidos. Entre las primeras cabría destacar "Tu maleta" en mejor línea de las composiciones de Calderón; "Yo me confieso" y "Regina", autorretrato de la cantante dibujado sobre un fondo musical lleno de fuerza y de gracia. Las canciones en inglés están definidas dentro del estilo que Regina ha cultivado con mayor frecuencia, el *folk-country*, "Feelin frisky" y "Sweet substitute" son de lo más tradicional de la buena música americana, enriquecidas por la voz y por el maravilloso sonido de la guitarra de esta gran mujer. [...] Esta es, al menos, nuestra impresión y la opinión de un hombre tan importante y que sabe tanto de estas cosas como Juan Carlos Calderón.

Alberto Mallofré, desde *La Vanguardia* (1/05/1976), no ve las cualidades vocales de la cantante con el mismo entusiasmo que su colega del *ABC* y para él "la emisión de la voz aparece como contenida, como dominada, como con sordina, lo que le resta claridad y fuerza, probablemente por cantar de garganta", aunque considera que "las canciones son airosas y de buen oír".

Otra canción de Calderón en coautoría con Hank Sable es "Mi casa", rememorando a esas baladas apetecibles de escuchar en una tarde lluviosa. El resto de las canciones son firmadas por Hank Sable y por Regina con arreglos de Calderón. La cantante grabó un nuevo *single* en 1978 con arreglos y producción de Ricard Miralles y tras este *single* abandonó la carrera musical discográfica para dedicarse a la docencia, una de sus principales pasiones.

El sustituto de Serrat

Tiempo después de *Mediterráneo*, la posición crítica de Joan Manuel Serrat y la condena contra el franquismo durante una rueda de prensa le llevó al exilio en México desde septiembre de 1975 hasta agosto de 1976. La voz del cantautor cacereño Paco Martín tenía tanto parecido con la de Serrat que la discográfica Zafiro-Novola quiso aprovechar el hueco que había dejado el cantautor catalán para lanzar un sustituto, y será Calderón quien se encargue de los arreglos, la producción y la dirección de las diez canciones del primer disco de Paco Martín, titulado *Añoranzas*. Como estrategia comercial, la discográfica envió a los medios de comunicación un *single* con la carátula en blanco y una nota remitiendo al programa *Directísimo* de Televisión Española, donde se revelaría la identidad del artista, jugando así con las sospechas del regreso de Serrat. Paco Martín no sabía nada de las intenciones de la discográfica hasta momentos antes de la actuación: "era un pardillo de veintiún años y no veía las jugadas".[41] Cantó "Condesa de cristal" y fue un éxito de audiencia, teniendo en cuenta, además, que TVE era el único canal de televisión en la época.

El disco logró un gran éxito de ventas en España y en diversos países de Latinoamérica, con un gran apoyo por parte de la discográfica. *La Vanguardia* (8/05/1976) valora las canciones positivamente sin dejar de apuntar el parecido con Serrat, "alguien que en Novola-Zafiro conocen muy bien y que mucha gente echa de menos. Hasta los arreglos de Juan Carlos Calderón, en este caso, recuerdan a los de Ricard Miralles... Uno de esos recuerdos que agudizan el rigor de su ausencia".

Los siguientes discos de Paco Martín serán producidos por Ricard Miralles y Eduardo Leiva, sin lograr el éxito conseguido con *Añoranzas*, aun así, durante la segunda mitad de la década de los setenta fue uno de los cantautores de más prestigio en España.

En 2005, el sello Rama Lama, dirigido por José Ramón Pardo, reeditó la discografía grabada por este cantautor en un doble CD, incluyendo cuatro canciones inéditas.

41. "El cacereño que cantó a las pijas", *El Periódico de Extremadura* (31 de octubre de 2005).

Víctor Manuel

Víctor Manuel se ha convertido en uno de los cantautores españoles más importantes de las últimas décadas, pero su trayectoria no siempre fue fácil. Sus composiciones cargadas de denuncia política y social provocaron muchos problemas con la censura durante la última etapa del franquismo. Aunque la biografía de Víctor Manuel no necesita presentación, pues es de sobra conocida, apuntamos a vuelapluma algunos acontecimientos que ayudan a comprender cómo es esa España en la que Juan Carlos Calderón explosiona como arreglista y compositor y contextualizan la etapa en la que se desarrollan las circunstancias que propiciaron el encuentro del cantautor con Calderón.

El asturiano Víctor Manuel San José Sánchez (1947) nace en el seno de una familia sin vínculos profesionales musicales y en 1964 se traslada a Madrid para estudiar música. Durante año y medio canta cada domingo en el programa concurso *La nueva ola musical*, de La Voz de Madrid, y en 1965 graba sus primeros sencillos con la discográfica Belter y participa en el Festival de Benidorm como intérprete, sin ninguna repercusión mediática.

A mediados de los sesenta había gran proliferación de festivales y concursos en las distintas emisoras de radio y el proceso para conseguir introducirse en el mundo de la canción era recorrer las emisoras y participar en todos los concursos que fuera posible. Víctor Manuel ilustra en sus *Memorias descosidas* cómo funcionaba el mundo del disco en aquella época:

> El mundo del disco entonces era tan pedestre que, aparte de lo que las compañías pudieran procurarte promocionalmente, el resto lo hacías tú a mano. Siempre llevabas tu último *single* contigo por si acaso. En Madrid el negocio musical se movía en unos metros: las editoriales, algunas compañías, las emisoras de radio, todo estaba a mano. En la calle Salud, al borde de la Gran Vía, se encontraba Belter y pasaba por allí todos los días a saludar, a ver cómo iba todo, a firmar una foto, un póster. Pero encima de Belter había tres o cuatro pisos que eran pensiones donde vivían establemente varios artistas —Los Tamara, Luis Gardey, Los Archiduques con su cantante Tino Casal— o recalaban los que estaban de paso por Madrid, y todos nos acordábamos en la barra de la cafetería California, donde Herminia, la encargada, velaba por nosotros, que, caninos, nunca despreciábamos una invitación de ella o de cualquiera que la ofreciera. A esa cafetería [...] también llegaban locutores de Radio Madrid: José María Íñigo, el más moderno, recién venido de Londres y uno de los pocos españoles que entonces hablaba inglés fluidamente; o Joaquín Prat, que locucionaba en Radio Madrid de madrugada y al encontrarte podía proponerte: "¿Por qué no te pasas por la radio a la una y media o dos y me cuentas cosas...? Tráete el disco".[42]

42. Sánchez, Víctor Manuel, *Antes de que sea tarde: Memorias descosidas*, Penguin Random House, 2015, p. 459.

El cantante comienza a presentarse a concursos como compositor, aunque la Sociedad de Autores le había atribuido la categoría de silbador por no tener estudios musicales suficientes. Al ser silbador, para registrar una canción como autor tenía que buscar a un músico de carrera para que cediera su firma, "cosa que este no hacía por menos de un veinticinco por ciento de los derechos que recaudase".[43] Este hecho fue uno de los principales motivos por los que J. C. Calderón se esforzó por finalizar sus estudios de piano una vez establecido en Madrid, ya que necesitaba el "carnet de músico" para firmar sus partituras como compositor.

A partir de 1967, Víctor Manuel comienza a obtener éxito en distintos festivales y a tener solvencia económica. Escuchando a Charles Aznavour en la radio descubre que se puede cantar sin cantar bien y empieza a esbozar sus primeras canciones con la guitarra. Así nacen temas como "El cobarde", "Paxarinos" o "La romería". El compositor Augusto Algueró le consigue un contrato con la discográfica Philips y participa en el Festival del Atlántico (1968), donde por poco acaba entre rejas a causa de la canción "El cobarde", por ser considerada una canción antimilitar por el Gobernador militar de Canarias. A pesar de ser relegado al cuarto puesto, supone un gran éxito de público y jurado y el nombre de Víctor Manuel alcanza cierta repercusión mediática.

Con canciones como "El abuelo Vitor" o "El portalín de piedra", de temática asturiana, consigue gran popularidad y graba su primer LP, llegando a ser número 1 en ventas. Sus canciones empiezan a sonar en todas las emisoras de radio, sin embargo, Víctor Manuel ya no está a gusto con Belter y decide irse. La compañía Belter le hace varias promesas, entre ellas le ofrece ir al Festival de Eurovisión en 1970 a cambio de renovar contrato, pero Víctor Manuel lo rechaza porque no le gustaba el festival. Será Julio Iglesias, con "Gwendolyne", el elegido para representar a España.

Tras este episodio, Víctor Manuel firma con la discográfica Philips para grabar un LP que triunfa en distintos países de Latinoamérica. Su tercer LP, *Dame la mano* (1972), tiene muchos problemas con la censura y el cantante es obligado a reescribir muchas canciones por su manifiesta ideología de izquierdas. Ese mismo año hace una gira por Galicia, compartiendo escenario con Julio Iglesias, y conoce a la cantante Ana Belén, con la que inicia una relación, convirtiéndose en una de las parejas artísticas y sentimentales más populares de las últimas décadas. Al poco tiempo, Víctor Manuel escribe una comedia musical titulada *Ravos* para ser interpretada por los dos, sin embargo, no pasa la censura. Víctor Manuel continúa escribiendo canciones para él mismo, con contenido político y social, que son censuradas continuamente por el régimen franquista. El cantautor, en sus memorias, apunta cómo funcionaba el sistema de la censura:

43. *Ibidem*, p. 38.

> Cuando querías grabar una canción debías enviarla al Ministerio de Información y Turismo, a la Dirección General de Cultura Popular, y ellos decían sí o no, o tachaban cosas y tú podías cambiarlas por otras y enviarla de nuevo o decidías que no merecía la pena. [...] Igualmente, para cantar en un concierto debías enviar a la delegación de la provincia correspondiente todas las canciones que querías interpretar y ellos determinaban cuáles sí y cuáles no. Se podía dar perfectamente la paradoja de que canciones ya grabadas y editadas fuesen autorizadas o prohibidas dependiendo del momento político, del ambiente... Si cantabas varios días en distintas localidades de la misma provincia, debías pedir autorización cada vez que las interpretabas.

Poco después, la pareja se aventura a estrenar *Ravos* en un teatro de México D. F., dirigida por Miguel Narros. Se mantuvo dieciocho días en cartel y fue un desastre económico y artístico según Víctor Manuel. La comedia musical provoca un grave conflicto con las autoridades españolas tras aparecer una noticia en la que se les acusa de pisar la bandera para luego arrojarla a un cubo de basura. "No sé si fue primero la incredulidad o el desconcierto, pero hubo algo que sí resultó taxativo: «No regreséis hasta que todo esté aclarado»", relata Víctor Manuel en sus memorias.

Después de permanecer seis meses en el exilio, finalmente todo se aclaró y quedaron libres de cargos y de sospechas, sin embargo, la censura estaba muy pendiente de cualquier nueva canción que intentaba grabar el cantautor. Además, las discográficas se mostraban reticentes porque lo consideraban un producto de riesgo: "ninguna compañía discográfica se aventuraba a pagarte un estudio, un arreglista, músicos, porque sencillamente no podía editarlo y si lo editaba la difusión en los medios masivos era igual a cero".[44]

Ante la imposibilidad de grabar composiciones propias, Víctor Manuel decide hacer un disco con canciones populares asturianas y estas circunstancias favorecen el encuentro profesional entre Víctor Manuel y Juan Carlos Calderón, que se encarga de los arreglos y la producción de un disco con canciones difícilmente censurables. Las dificultades provocadas por la censura despiertan en Víctor Manuel deseos de refugiarse en sus raíces: "La nostalgia, el querer irme a mi tierra, el pensar mucho en ella, me trajo a la memoria todo el folklore que yo había escuchado de pequeño, a todos los cantantes populares que había escuchado", dice Víctor Manuel.[45] El *Cancionero popular de la lírica asturiana*, de Eduardo Martínez Torner (1888-1955), es la fuente de la que extrae las canciones que conforman el disco *Verde.* Grabado por Philips y producido por Fonogram, fue publicado en mayo de 1973, un mes después de la participación de Mocedades en Eurovisión.

Calderón sentía gran afición por el folklore, en especial por la música del norte de España, y por ese motivo afrontar los arreglos y la dirección musical de *Verde*

44. *Ibidem,* p. 74.
45. José María Íñigo entrevista a Víctor Manuel. Canal Rama Lama Music.

fue ilusionante para él. La dirección artística corresponde a Alfredo Garrido y los músicos que grabaron este disco fueron: Juan Carlos Calderón (órgano y *mellotron*), Manuel Gas (piano), Martín Carretero, Rafael Martínez y Carlos Villa (guitarras), José Oliver Bisbal (guitarra bajo), José Ganoza, Joaquín Liébanas y Francisco Belenguer (baterías). Previamente a la publicación del álbum completo se lanzó un *single* (el séptimo de la discografía de Víctor Manuel) con dos canciones: "Soledá" y "No hay carretera sin barro". Este *single* es valorado negativamente en *La Vanguardia* (29/09/1973) por el cambio de estilo y concluye diciendo: "Preferimos a Víctor Manuel en canciones de las suyas actuales antes que en este papel de folklorista".

Las canciones presentan sustanciales diferencias entre sí, sin embargo, aparte de la inspiración en el folklore asturiano, tienen un denominador común: el timbre. Los instrumentos utilizados son bajo, batería y guitarras (eléctricas o acústicas), a los que se suman los sonidos generados a través de un sintetizador *mellotron*[46] (sonidos de cuerdas y flautas principalmente), que fueron muy novedosos en el momento en que se grabaron.

"Soledá" es la canción que abre el disco y para el arreglo, Calderón hace una introducción presentando un motivo principal extraído del estribillo, de manera que las tres notas que acompañan a la palabra "so-le-dá" son las tres notas del motivo con distintas variaciones. El tema va *in crescendo,* añadiendo más densidad en el acompañamiento y pasando de la sutil percusión a la batería con un amplio desarrollo. A lo largo de la canción hay varias incursiones en las que el sintetizador sustituye a toda una sección de cuerda. El arreglo es de gran sutileza y cumple la función de realce de la melodía sin restar protagonismo a la voz.

"Axuntando y atropando" es una versión de una danza transcrita que suele estar en compás de 6/8, sin embargo, el arreglo utiliza un compás binario. Comienza con una introducción rítmica en la que aparece la melodía del estribillo para dar paso a la estrofa, con el ritmo muy marcado a lo largo de todo el tema. La mayoría de las frases de la voz son contestadas con melodías de sintetizador imitando el sonido de una flauta.

Uno de los temas más destacados del álbum es "Ea mio neñin", una canción de cuna o añada, como se denomina en Asturias. Se trata de una canción muy popular por su sentido del humor, ya que no es una nana al uso, sino que tiene un doble sentido, habitual en canciones de cuna asturianas, cuya letra expresa los amores ilícitos que hay entre una mujer casada y el cura del pueblo. La mujer canta arrullando a su hijo y a través de los versos advierte a su amante ("el que tá en la puerta") para que no entre, ya que su marido ("el padre del neñu") ha regresado a casa antes de tiempo. La canción se estructura en tres estrofas con un único estribillo. Calderón realiza una introducción con una parte de la melodía del estribillo para

46. Sintetizador de teclado creado en la década de los años cincuenta en Estados Unidos, cuya característica principal es que funciona a través de cintas pregrabadas que se accionan al tocar con los dedos.

dar paso a la estrofa mediante una cadencia conclusiva, claramente inspirada en uno de los temas más emblemáticos de los Beatles, "Let It Be" (1968). Aunque no comparten la misma tonalidad ("Let It Be" está en Do mayor mientras que "Ea mio neñín" está en Sol mayor), utilizan la cadencia IV-III-II-I para cambiar de partes.

"Aquel quirosanu" es un fandango o baile de gaita en el que la melodía es sustituida por la voz y es el estilo de danza más usado en Asturias. Esta canción también se conoce con el título "L'aldeanu" y en las dos versiones es interpretada con mucha frecuencia por grupos populares de canción asturiana y como canciones de chigre. Comienza con una introducción instrumental formada por la melodía que articula toda la canción, pues solo hay una melodía a modo de pregunta y respuesta por la que transitan diferentes versos octosílabos. El ritmo es ternario y destacan las melodías creadas por Calderón como adorno a la voz, alternando los sonidos entre la flauta y las cuerdas, ambas producidas por el *mellotron*.

"No hay carretera sin barro" es una canción muy conocida como "El carmín de la Pola". Rítmicamente es igual que la anterior ("Aquel quirosanu"), de ritmo ternario y la estructura del arreglo también es muy similar. Lo más interesante de este arreglo son las improvisaciones finales de piano eléctrico y flauta sobre un acorde y guitarra pedal, a modo de roncón y melismas de gaita.

"El cura de la Piñera" es la canción más breve del disco y es muy conocida por el picaresco argumento que trata de la relación entre un cura y una molinera. Carece de estribillo y se desarrolla en dos estrofas, siendo la primera de cuatro versos y la segunda de seis.

"Pastor que tás en el monte", probablemente es la canción más singular del disco, tanto por los arreglos que hace Calderón como por la estructura propia de la canción. Si nos fijamos en la forma, la canción carece de estribillo y se estructura en siete estrofas de cuatro versos octosílabos, excepto el tercer verso de las estrofas impares, que añade la palabra "pastor", dando como resultado un verso decasílabo. Esta peculiaridad no está presente en la partitura registrada en el *Cancionero* de Torner, ya que cada verso acaba con la palabra "pastor". Esto provoca que en la versión de Víctor Manuel las frases musicales no se estructuren en los habituales ocho compases, subdivididas en 4 + 4 (excepto en la introducción y en el final instrumental, que sí son de ocho compases). Así, en el tercer verso de cada estrofa, Calderón, en lugar de dos compases, añade cuatro compases más para compensar con las estrofas que no llevan el añadido y formar una estructura regular homogénea. Por tanto, en la parte cantada, todas las frases musicales impares son de ocho compases y las pares de doce compases. Para la introducción, Calderón crea una melodía de flauta, interpretada con el *mellotron* a modo de gaita asturiana. Otra peculiaridad que presenta esta versión respecto a la partitura de Torner es que se omite la resolución al final de cada estrofa, correspondiente a la frase "¡Y anda y anda!". Esto genera riqueza armónica, ya que las frases terminan en Do m7 para volver a comenzar en el mismo acorde sin el uso de la séptima como tensión, creando así una sonoridad rica y distinta a la mayoría de las canciones. Destaca el uso de notas pedales, principalmente en la guitarra, buscando las notas comunes de la armonía para crear un ambiente sonoro singular.

"Tengo el mio Xuan" es otra canción de cuna o añada, que también es conocida con el nombre de "La cita" y la temática es muy similar a "Ea mio nenín", es decir, habla de los deseos de una mujer adúltera y del encuentro frustrado con su amante.

Los arreglos del disco *Verde* fueron calificados por el propio Víctor Manuel como "un trabajo de recreación espléndido", tal y como aparece citado en el texto impreso del interior del disco. En la publicación de la revista *Blanco y Negro* (12/01/1974) también se destacan los arreglos de Juan Carlos Calderón, en especial las canciones "Soledá", "Ea mio nenín", "Ayer vite en la fonte" y "Pastor que tás en el monte". El texto concluye diciendo: "Víctor Manuel ha puesto en *Verde* un gran cariño y nos sirve para mostrar que la obra de este intérprete mantiene un elevado tono de calidad, al cual ayuda mucho la personalidad musical de Juan Carlos Calderón, que ha realizado unos buenos arreglos".

Gran parte de las canciones del disco *Verde* han formado parte de los conciertos de Víctor Manuel durante toda su carrera y en sus últimas giras, con motivo del 75.º aniversario, han sido la base principal del repertorio.

Ana Belén

Al igual que había ocurrido con Aute, Calderón está presente en el origen de la carrera musical de Ana Belén cuando fue contratada por Polygram para grabar su primer disco, *Tierra*. Paralelamente a la génesis de *Verde*, J. C. Calderón es el encargado de dar vida a los arreglos del debut discográfico de Ana Belén con un álbum formado por diez canciones compuestas por Víctor Manuel.

La madrileña María del Pilar Cuesta gana un concurso de radio a los diez años y comienza a actuar en diferentes emisoras de este medio, hasta que en 1964 le llega su gran oportunidad: los productores de las películas de Rocío Dúrcal buscaban una sustituta y, tras oír la voz de Pilar en la Cadena Ser, fue contratada para el personaje principal de una nueva película, *Zampo y yo*. Son los productores los que le cambian el nombre porque les resultaba poco artístico y, a partir de ese momento, pasa a llamarse Ana Belén. La película fue un fracaso comercial, sin embargo, fue una oportunidad para poder recibir clases de música con el compositor y arreglista Adolfo Waitzman y conocer a Miguel Narros, figurinista y ambientador de *Zampo y yo*, y director de *Ravos*, citado anteriormente. Comienza así una larga y fructífera carrera como actriz, logrando numerosos premios a lo largo de medio siglo, entre ellos el Goya de Honor a toda su carrera en 2017. De forma paralela al cine y al teatro, Ana Belén ha realizado una carrera musical muy conocida y solvente, ha grabado alrededor de cuarenta discos y ha recibido innumerables premios, entre ellos el Grammy Latino a la Excelencia Musical, en 2015.

Tierra fue publicado por el sello Philips, producido por Alfredo Garrido y con dirección y arreglos de Juan Carlos Calderón. Una de las peculiaridades de este disco es el uso del *mellotron*, al igual que en el disco de Víctor Manuel. En *Verde*, este instrumento se utilizó básicamente para ejecutar algunas melodías que imitaban instrumentos de viento y cuerdas, sin embargo, en *Tierra* la orquestación que realiza Calderón con el *mellotron* es más profusa, pues una importante característica del sintetizador es su capacidad para reproducir timbres sinfónicos sin necesidad de recurrir a una orquesta. Víctor Manuel en sus memorias cuenta que el trabajo de Calderón fue "una delicia", trabajando con una base rítmica formada por batería, percusión, bajo, guitarra y piano, y con el único *mellotron* existente en España, alquilado a Teddy Bautista. El teclista, líder de Los Canarios y posterior presidente de la SGAE, fue pionero en la utilización de este instrumento en España:

> Se trataba de un teclado artesanal que incorporaba cintas magnetofónicas grabadas con la nota correspondiente que rotaban continuamente; podías mantener la nota pulsada un máximo de ocho segundos. Se podían cambiar las cintas para los *recordings* siguientes con flautas, violines, violas, cellos, metales...Tenía un sonido muy natural. En esa época, la carencia aquí de equipos, instrumentos, de todo, era brutal y todos aprovechábamos viajes al exterior para traer cosas y tratar de no pagar en la frontera.[47]

Son conocidas las carencias que había en España en cuanto a innovaciones tecnológicas, pues el primer *mellotron*[48] fue comercializado por la compañía inglesa Bradley en 1963 (diez años antes) y varios grupos ya lo habían utilizado en sus discos y en conciertos en directo para crear sonidos durante esa década, entre ellos los Beatles o los Moody Blues.

Tierra es un disco con unos arreglos de gran calidad, que exploran diferentes registros adaptándose a la tesitura de mezzosoprano y las peculiaridades tímbricas de Ana Belén. Las canciones que conforman el disco son: 1. "Dieron las diez", 2. "Te besaba la arena en la playa", 3. "Soy yo, mi amor", 4. "En realidad", 5. "Lady Laura", 6. "Quiero ser canto y rodar", 7. "Hay días", 8. "Nana para dormir a un subnormal", 9. "Quiero vivir", 10. "Nos liberará".

"Dieron las diez" es una balada de medio tiempo que destaca por los cambios de ritmo, principalmente en la parte del estribillo: al compás binario presente en la canción se añade un pulso más en los versos impares para marcar los pulsos sonoros adecuándose a los acentos diatónicos de las palabras, por lo tanto, en estos versos impares se produce un compás de amalgama de 2/4 + 1/4. En cursiva se remarca la sílaba que forma el pulso fuerte del compás: "*Die*ron las *diez, Die*ron las *diez* / en un reloj colgado en la pared / *y* como a*yer, y* como a*yer* / están todos los sueños del revés, / *se* duerme el *sol so*bre mi *piel* / y ahogo mi tristeza en una mesa de un

47. Sánchez, Víctor Manuel, *Antes de que sea tarde,* p. 465.

48. El *mellotron* que se utilizó en la grabación se encuentra depositado en la Fundación Joaquín Díaz.

café". En la parte del estribillo, la batería y el bajo ayudan a acentuar las sílabas especificadas anteriormente.

Además del pulso, también destaca la utilización de sonidos de coros y de viento a través del *mellotron*. La melodía (con alguna pequeña variación) correspondiente a la estrofa "Necesitamos amor / para poder caminar / y darle cuerda al reloj / una vez más", tiene una duración de veintidós compases (cuatro iguales que la introducción + dieciocho). En este sentido, de nuevo es singular que Calderón no utilice estructuras de múltiplos de los ocho compases habituales en la música pop. Por último, la coda final es igual que la introducción interpretada dos veces y termina en *fade out*. Una vez más, Calderón utiliza la técnica de realizar una introducción y coda prácticamente iguales, creando una sensación cíclica.

Según García Gil, esta canción "aunaba el talento de Juan Carlos Calderón y la lírica amorosa de Víctor. El entendimiento de las partes es perfecto".[49]

"Te besaba la arena en la playa" es probablemente la canción menos comercial del disco por carecer de estribillo y por los cambios profusos de ritmo y de estilo que se dan a lo largo del tema. Comienza con una introducción lenta de piano de estilo balada jazz y no hay hilo conductor durante toda la canción, excepto la voz de Ana Belén, que enlaza las distintas secciones. También encontramos un ostinato sobre dos notas, que comienza en el piano y pasa por diferentes timbres hasta terminar con una guitarra eléctrica con efecto *wah-wah*. Además, tiene una parte cuyo ritmo es de *bossa nova,* en la que Calderón hace una improvisación de piano interesante y sutil, que no interfiere en el fraseo de la voz de Ana Belén. Desde el punto de vista musical, posiblemente es la canción con más riqueza rítmica y armónica.

La Vanguardia (9/02/1974) destaca positivamente la dirección musical de Calderón y la interpretación de Ana Belén en el disco *Tierra*:

> Cinco puntos cardinales, cinco, en la canción actual de expresión femenina. Empezando por Ana Belén, que canta en su primer *long play* diez canciones compuestas por Víctor Manuel. Son canciones realmente excelentes y Ana Belén las interpreta muy bien. Tan bien que llega uno a pensar que limitarse al repertorio doméstico puede ser un hándicap para las posibilidades reales de Ana Belén como cantante intérprete universal. Buen trabajo el de Juan Carlos Calderón en la dirección musical de este disco.

Siguiendo la carrera discográfica de Ana Belén, vemos que la mayoría de sus éxitos están escritos por Víctor Manuel a lo largo de casi cincuenta años, por lo tanto, no fue ningún hándicap "limitarse al repertorio doméstico", como señala la crítica. El tándem es perfecto: Víctor Manuel es un gran poeta y Ana Belén canta sus versos como nadie y todo ello aderezado por la inspiración de Calderón en los arreglos.

49. García Gil, Luis, "La Ana Belén de los años 70, en 10 canciones", *Efe Eme* (26 de mayo de 2020).

Otra reseña fechada pocos meses después en la revista *Blanco y Negro* (15/06/1974) hace una valoración del disco ensalzando algunas canciones que favorecen las cualidades vocales de la artista, como "Soy yo mi amor" y "En realidad", y hace una crítica negativa de la canción "Hay días", por ser un tema que "supera las posibilidades de esta cantante al enfocarlo de un modo difícil del cual no logra salir brillantemente". "Hay días" es una canción bastante experimental que se desarrolla en tres estilos diferentes, comenzando por un blues, pasando por balada pop en compás ternario y terminando en un estilo pop más animado, cercano al funky soul en compás binario. No hay estribillo que se repita y, por lo tanto, es una canción alejada del pop comercial, sin embargo, es una canción con una letra y unos arreglos muy interesantes. Por otro lado, la misma reseña citada hace una valoración positiva de las letras y los arreglos del disco: "Los arreglos de Juan Carlos Calderón contribuyen de un modo importante a la bondad del álbum. *Tierra* es un disco aprovechable y esperanzador de nuevos logros".

Ana Belén continúa con su carrera de actriz paralela a la musical, grabando para el sello Philips tres álbumes más y en 1979 cambia de compañía y pasa a formar parte del sello discográfico CBS, al igual que Víctor Manuel. Su quinto álbum, titulado *Ana*, cuenta con una composición de J. C. Calderón, que firma junto a Víctor Manuel, "Se detuvo abril", que fue lanzada en *single* junto con la canción "Desde mi libertad", obteniendo un gran éxito de ventas. Ha pasado más de un lustro desde que grabó *Tierra* y en la grabación se aprecia una evolución del sonido por parte de la instrumentación seleccionada por Calderón, siendo protagonista la guitarra eléctrica.

Al año siguiente se localiza otra composición en colaboración con Víctor Manuel, "Quién pudiera saber amar", una preciosa balada que no ha tenido mucho éxito inmerecidamente, pues el arreglo con ese diálogo entre piano eléctrico y guitarras es redondo. Además Ana Belén canta sus versos con una gran sutileza. El título del álbum es el segundo verso de esta canción: "Con las manos llenas", publicado por CBS en 1980.

En 1997 se publica el álbum *Mírame,* del sello Ariola, que contiene una de las mejores composiciones de Calderón en tiempo medio y la última para Ana Belén: "Entre dos amores", una canción que tuvo un importante éxito y que aún resuena en las cabezas de los fans de la cantante. El título no puede ser más explícito para representar la disyuntiva entre el amor que recibe en el hogar (suave, tranquilo, sensato...) y la pasión que despierta el amante (excitante, fiero, bohemio...). Una historia muy bien narrada que Ana Belén eleva a una categoría plus, como todo lo que canta:

Entre dos amores voy a la deriva,
uno me protege, el otro es mi guía,
uno me da hogar, el otro vida,
uno es amor, el otro me excita.

Entre dos amores voy como hoja al viento,
uno es el que tengo, el otro es el que siento,
uno es tan suave, el otro tan fiero,
uno me da paz, el otro miedo.

Entre los dos voy enloqueciendo,
un amor normal, un amor veneno,
un amor tranquilo, un amor deseo,
si con uno vivo, por el otro muero.

Entre dos amores no sé lo que quiero,
un amor casero, un amor bohemio,
el que tengo siempre o al aventurero,
un amor sensato, un amor sediento.

Entre dos amores no sé lo que anhelo,
amor de palomas o un amor de fuego,
con el uno duermo, con el otro sueño,
uno me adora, el otro es mi dueño.

Entre los dos voy enloqueciendo...

En menos de un segundo cambia como el viento,
hoy me lleva al cielo, luego al infierno
y me hace bailar al son de sus deseos,
por eso le odio, por eso le quiero.

Los discos instrumentales

Calderón y su orquesta

Uno de los pioneros en hacer temas instrumentales de canciones pop en España fue J. C. Calderón al publicar en mayo del 68 el *single* que incluía "La, la, la" y "El titiritero" en versión instrumental para piano y orquesta, citado anteriormente. Sin embargo, es Waldo de los Ríos quien logra hacer de este género una moda a partir de 1969, tras publicar *El sonido mágico de Waldo de los Ríos y su orquesta* (Hispavox). Consigue una importante cifra en ventas y capta la atención de nuevos públicos interesados en este género y este éxito da lugar a la creación del *Volumen 2* al año siguiente. Recordamos que el sello Hispavox tuvo un gran apogeo en la década de los sesenta con fichajes de primera línea como Karina, Alberto Cortez, Los Pekenikes, Raphael o Sara Montiel, entre muchos otros, posicionándose así como la discográfica más importante de España. A principios de la década de los setenta tienen su incursión en España sellos gigantes como la americana CBS o la alemana Ariola. CBS quiere posicionarse en el mercado con esta línea de trabajos y en 1973 encarga a Juan Carlos la realización de un disco instrumental para competir con Hispavox.

> La CBS me preguntó que si no quería sacar un disco instrumental con mi cara. Estaba influido por un disco, *Jazz Workshop*. Grabé tres discos, el primero triunfó. Para el segundo, el director pedía algo muy comercial y yo era incapaz de dárselo. Hice un tercero con versiones de música clásica. Estaba muy despistado, no sabía qué hacer. Me lo pasé bien. Hice "Bandolero", metí temas de Ravel, Bach, The Beatles. Sabía que aquí no cuajaría, no sabían promocionarlo. Si hacía lo que quería no era comercial.[50]

El primer disco se plasma con cuatro temas inéditos y seis versiones de temas muy conocidos bajo el nombre *Calderón y su orquesta*. Fue grabado en los Estudios Audiofilm de Madrid con el ingeniero de sonido Juan Vinader, artífice del sonido de varias producciones de Calderón.

Abre el disco "Eres tú" (3'55"), la versión instrumental del tema que había compuesto para el Festival de Eurovisión. La melodía principal es interpretada por Calderón al piano eléctrico, sustituyendo la voz de Amaya y elevando un tono (mi mayor) respecto al de Mocedades (Re mayor). Utiliza prácticamente el mismo arreglo que hace para la grabación de Mocedades, incluidas las voces del estribillo, con alguna variación instrumental en las partes de la estrofa.

El segundo tema es uno de los más populares del año, "Poder a todos los amigos" ("Power to All Our Friends") (3'03"), composición original de Guy Sletcher y Doug Fleet, con la que Cliff Richard obtuvo el tercer lugar en el Festival de Eurovisión, quedando un puesto por detrás de "Eres tú". Calderón hace una versión instrumental muy festivalera con gran orquesta, conservando los coros del estribillo.

La segunda composición original y uno de los temas más interesantes que aparecen en el disco lleva por título "El moscardón" (3'40"). De corte más electrónico, se caracteriza por la experimentación con sonidos de sintetizadores y baterías electrónicas y fue uno de los *singles* del disco. Tras la experiencia con el *mellotron* que utilizó para los discos de Víctor Manuel y Ana Belén, Calderón se aficionó a los sintetizadores, adquiriendo todos aquellos que salían al mercado para poder experimentar con la creación de sonidos.

"Una bella historia" ("Une belle histoire") (2'33") es una versión de la composición de Michel Fugain y Pierre Delanoë. El compositor Michel Fugain fue quien la estrenó junto a su grupo Le Big Bazar en 1972, publicada por CBS en el álbum *Fais comme l'oiseau*, logrando un gran éxito en Francia. J. C. Calderón hace unos arreglos en los que fusiona timbres de gran orquesta con sonidos electrónicos.

"Pianola" (2'33"), divertida composición original de Calderón, cierra la cara A y fue incluida en *Simone*, único disco grabado de Luis Gómez-Escolar. Se trata de un tema de *ragtime* en el que el piano es el instrumento principal y, gradualmente,

50. Delgado, "Juan Carlos Calderón. La dualidad", p. 34-35.

se van incorporando otros instrumentos (trompetas con sordina, clarinetes, saxos, etc.), jugando con los estéreos hasta formar una completa orquesta. Sin duda, es el tema que más se aleja de la línea del resto del disco.

Abre la cara B una versión de la archiconocida "Mañanas de terciopelo" ("Velvet Mornings") (3'05"), popularizada por el cantante griego Démis Roussos, que supuso un gran éxito en España desde su lanzamiento en formato *single* a principios de 1973 (Philips). El arreglo de Calderón es muy similar al de Roussos en versión instrumental y también incluye coros en el estribillo. Es el mismo caso de "Nunca llueve en el sur de California" ("It Never Rains in Southern California") (3'51"), composición de Albert Hammond y Michael Hazlewood, que tuvo un gran éxito en la interpretación de Albert Hammond tras ser publicada en 1972 en el álbum con título homónimo. La versión de Juan Carlos Calderón es muy similar, incluidos los coros del estribillo, cuya melodía es interpretada por el piano eléctrico.

"Frère Jacques" (3'12") es la popular canción infantil francesa que Calderón utiliza ese mismo año en la banda sonora de la película *Los ojos azules de la muñeca rota,* aunque nada tiene que ver con esta versión. Es un nuevo arreglo mucho más orquestado con un gran coro armonizado.

"Canción de abril" (2'42") es otra de las composiciones inéditas de Calderón que fue editada en *single* junto con "Eres tú", previa a la aparición del álbum. Se trata de una bella balada en compás ternario, con protagonismo del piano que se apoya en un arreglo orquestal de cuerdas y una voz femenina (sin letra) en la segunda parte del tema. Fragmentos de "Canción de abril" aparecen en la banda sonora de la película *Asesinato en Sarajevo.*

Cierra el álbum "Suavemente me mata con su canción", versión instrumental de la famosa "Killing Me Softly With His Song" (4'47"), composición de Charles Fox y Norman Gimbel que se había hecho muy popular en la voz de Roberta Flack. La cantante americana lanza un *single* en 1971, previo al álbum homónimo publicado en 1973 por Atlantic Records y alcanza tal magnitud que se cuela en las emisoras de radio de prácticamente toda Europa y América. Calderón cuenta con la interpretación de Pedro Iturralde al saxofón, que se encarga de la melodía principal.

La Vanguardia (14/07/1973) puntúa el álbum con 4 estrellas (sobre 5) y cita que este disco "acredita una vez más el talento de arreglador y director del joven Calderón, así como su fecunda inspiración de compositor. Encomiable labor la suya, verdaderamente digna de aplauso". Sin embargo, un mes después, en el mismo periódico, el crítico Alberto Mallofré, después de haber vertido toda clase de elogios y ponderar gran parte de las creaciones discográficas anteriores, arremete contra J. C. Calderón, alegando que su finalidad parece tener intenciones meramente comerciales:

> Nos gusta tanto escuchar el último álbum de Juan Carlos Calderón y nos mueve una admiración tan profunda por su talento que no podemos menos que pensar "¡qué lástima!". No es para extrañarse, porque la vida está llena de

contradicciones, pero procuraremos explicar las razones de esta. Y es que Juan Carlos Calderón es un músico apasionado y sensible, que vibra y se emociona por los poros de su piel estremecida tanto como por el razonamiento de su intelecto siempre despierto, y que todo en él, hasta el chasquido de sus dedos, se convierte en música. Y es por todo ello que su música es vibrante y emotiva; es inteligente y razonada; es profunda y epidérmica. Juan Carlos Calderón es un músico muy importante, de veras y sin retórica. Lo cual se demuestra con las orquestaciones que ha realizado para el disco que nos ocupa y que acaba de publicarse en el país. Tan primorosas en su concepción como en su ejecución, con una carga latente de potencial creativo de tanta densidad que, ciertamente, por bonito que resulte, por muy agradable que sea escucharlo, es una verdadera pena. Sí, es una pena ver todo este talento dedicado a arreglar cosas como "Mañanas de terciopelo" o "Nunca llueve en el sur de California", que no tienen otro mérito que figurar en este álbum por haber sido títulos de "lista de ventas", lo cual tiene muy poco que ver con los valores musicales auténticos. Es una pena que el talento de Juan Carlos Calderón se haya utilizado con propósitos meramente comerciales esta vez. Y no es que queramos verlo circunscrito a una élite minoritaria, sino que arreglar melodías de moda es un trabajo que involucra al artista en las corrientes secretas de la misma moda y la vigencia de su trabajo se supedita a la que tenga la moda que le sigue, que será efímera, bien seguro, como la de todas las modas. Parece claro, es una lástima desperdiciar tanto talento en un empeño que puede ser a la vez digno y lucrativo, pero que será forzosamente pasajero por la condición determinante de las piezas que se interpretan y que le dan la fugaz comercialidad. En este punto no podemos evitar acordarnos de aquel álbum insólito que Juan Carlos Calderón grabó a gran orquesta hace algunos años con toda su ilusión y que Hispavox editó con retraso y con evidente displicencia. Nos gustaría ver repetida una experiencia como aquella, contando con una promoción adecuada. Estamos seguros de que, en este momento, la música popular y la discografía autóctona españolas necesitan una obra de semejante calibre y Juan Carlos Calderón es quien puede hacerlo.

Juan Carlos Calderón y su Taller de Música

En 1974 vuelve a grabar otro álbum instrumental titulado *Juan Carlos Calderón y su Taller de Música.* La grabación tuvo lugar en Estudios Eurosonic entre junio y septiembre de 1974, siendo el ingeniero de sonido Bryan Stott. El álbum cuenta con nueve temas, siete de ellos de composición propia y dos arreglos sobre piezas de J. S. Bach y Beethoven. Fue un éxito de ventas gracias al tema que abre el disco, "Bandolero", que fue extraído en *single* junto con "Melodía perdida".

"Bandolero" (3'23") es una gran composición de estilo soul con influencias funk que cuenta con la colaboración especial de uno de los guitarristas flamencos más importantes de España, Manolo Sanlúcar. El tema está construido sobre una melodía *cantabile* con una duración de ocho compases, tal y como se puede ver en la siguiente *particella* original correspondiente al primer violín.[51]

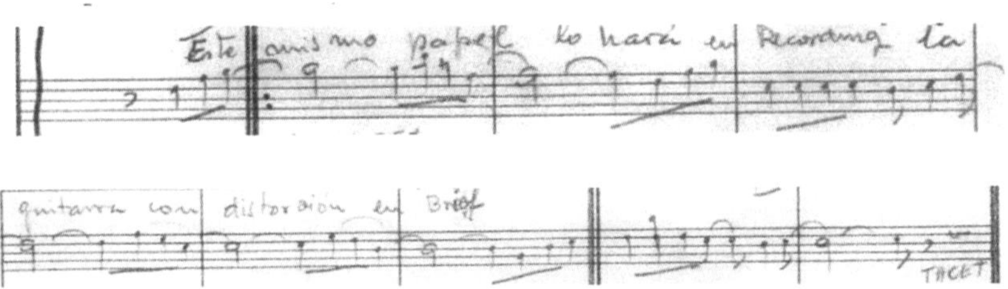

Esta melodía se ejecuta por primera vez con un *mellotron* y guitarra, mientras que la repetición la hace con violines sobre una gran orquestación. Una vez finalizada la melodía principal tiene lugar un desarrollo orquestal en el que predominan las síncopas. La armonía sobre la que transcurre la melodía se desarrolla en tonalidad de Sol m sobre los siguientes acordes:

Sol m 7 / Re m 7 / Do m 7 – Fa 7 / Sib – Mib 7 M /
Do m 6 – Re 7 / Sol m 7 – Do 7 / Mib 7 M / Fa – Re 7.

Manolo Sanlúcar ofrece dos partes de interpretación como protagonista: la primera de ellas a mitad del tema y la segunda al final, junto a la sección de coros. En ambas partes, Sanlúcar interpreta la *particella* escrita por J. C. Calderón con cierta libertad.

Imagen de la *particella* original correspondiente a la guitarra.

51. La partitura está escrita para los siguientes instrumentos de la orquesta ordenados de agudo a grave, según la partitura original: flautas 1.ª y 2.ª, trompetas 1.ª, 2.ª y 3.ª, trombones 1.º, 2.º y 3.º, trompa en Fa, saxo barítono, saxo tenor, piano, trompeta solista, arpa, guitarra acústica, guitarra eléctrica, batería 1.ª y 2.ª, percusión, bajo, violines A, B y C, viola (2 voces) y violonchelo (2 voces).

Las críticas de "Bandolero" y del disco al completo fueron muy positivas y Juan Carlos Calderón logra un gran reconocimiento como compositor. Tuvo una buena promoción tanto en radio como en televisión y destaca la participación en el programa de máxima audiencia de Televisión Española *¡Señoras y señores!,* emitido el 26 de octubre de 1974.[52] Fiorella Faltoyano lo presenta como "gran figura dentro de la música ligera española" y Calderón comienza interpretando al piano fragmentos de "Algo así" (Mari Trini), "Más allá" (Mocedades), "Vete" (Nino Bravo), "Eres tú" (Mocedades), "Búscame" (Sergio y Estíbaliz) y "Tómame o déjame" (Mocedades). Después, con toda la orquesta y con la presencia de Manolo Sanlúcar a la guitarra, suena "Bandolero". Esta grabación es la única que se conserva de estas características y, aunque es un *playback*, tiene un gran valor, pues es difícil reunir a una gran orquesta y a un guitarrista como Sanlúcar si no es a través de un gran medio como es la televisión pública.

Al día siguiente de su aparición en Televisión Española, *ABC* anuncia la concesión de un Long Play de Oro por sus méritos como compositor y escritor de canciones. También cita que Calderón anuncia su próxima composición: un concierto para orquesta y saxo para Pedro Iturralde, aunque el proyecto no se llegó a editar.

La prensa comienza a hablar de este disco y de J. C. Calderón como representante del "sonido Filadelfia" o "sonido español", como el caso de *ABC* (26/11/1974) donde Carlos Galindo, en una entrevista realizada al autor, lo expresa así:

> Juan Carlos Calderón es uno de los compositores españoles actuales con más renombre universal gracias a la canción "Eres tú" [...]. Pero no han sido solo esa canción y ese grupo los que han hecho de Juan Carlos el compositor vanguardista de la música española. Él es un músico en todos los aspectos y su reconocimiento está en que lo último que ha grabado con su orquesta sube considerablemente en audición. *Bandolero* es el título que lleva el disco de larga duración que acaba de editar y el título de la canción principal al estilo de lo que se ha dado en llamar "sonido español".

A esta afirmación responde Calderón explicando las razones que le llevaron a componer el disco, al mismo tiempo que manifiesta su discrepancia con aquellos que catalogan el estilo como "sonido Filadelfia":

> Compuse *Bandolero* por el simple hecho de saciar mi vanidad de músico. No puedo dedicarme solamente a componer para los demás o a hacer arreglos de otras melodías, porque vivo la música desde siempre. Lo de hacer un "sonido especial" creo que es una propaganda que no tiene nada de realidad. Lo que cuenta es que una música sea buena o mala, no importa de donde venga. Me ha ocurrido muchas veces tener compuestas algunas melodías y ser coincidentes en

52. Revista musical emitida los sábados por la noche en TVE entre 1974 y 1975 con actuaciones musicales, humor y variedades, dirigida por Valerio Lazarov y José María Quero. Se puede localizar en los archivos de TVE.

todo con temas hechos con otros países. Por este motivo no se puede decir que yo haya inventado un nuevo sonido ni que sea una copia del "sonido Filadelfia", como tanto se ha escrito.

Meses después, Mariano Méndez-Vigo, desde *ABC* (16/03/1975), publica un artículo (con fotografía incluida) haciendo referencia al tema "Bandolero" que va a ser lanzado al mercado anglosajón con fuerte promoción y etiquetando al compositor como "el músico con mayúsculas de España":

> Hoy, nuevamente, Juan Carlos Calderón vuelve a ser noticia de primera plana, y esta vez por doble razón. En primer lugar, porque una vez más ha sido el encargado de crear el tema que nos representará ante toda Europa en el Festival de Eurovisión. Una vez más y cara al exterior se ha visto en Juan Carlos la capacidad creadora que mejor puede representar a la música que hoy se hace en nuestro país. Y por otra parte, todo el mundo conoce la calidad que rebosa *Juan Carlos Calderón y su Taller de música*. Pues bien, acaba de anunciarse que "Bandolero" el tema estrella del LP va a ser editado en el difícil mercado inglés con una fuerte campaña de promoción. Así pues, por Eurovisión y por "Bandolero", Juan Carlos lleva a todo el mundo el mejor sonido español. La popularidad de Juan Carlos aumenta notablemente día a día. [...] Después de años de duro trabajo, todo parece indicar que el éxito popular de "Bandolero" va a ser por fin la prueba por la que se reconozcan todos los méritos que el trabajo de Juan Carlos merece. Este tema está destinado a ser el número uno que corrobore toda una carrera plena de aciertos. [...] Juan Carlos Calderón, el músico con mayúsculas de España. Esta es la obra que sale de su taller.

El periódico *ABC* publica semanalmente una Clasificación Nacional de Éxitos Discográficos y, según esta clasificación, "Bandolero" entra en el puesto número catorce durante la semana del 25 de noviembre al 1 de diciembre de 1974 y permanece oscilante entre los diez primeros puestos hasta el verano de 1975, llegando a alcanzar varias veces el número uno. Durante estas semanas, además de "Bandolero", podemos encontrar en los primeros puestos de la clasificación otros temas compuestos por J. C. Calderón: "Piel" (Sergio y Estíbaliz), "Tómame o déjame" (Mocedades) y a partir de mayo de 1975 aparece "Tú volverás" (Sergio y Estíbaliz), que se sitúa en los primeros puestos junto con "Bandolero".

Recién publicado en *single,* también se hizo una versión extendida para su utilización en discotecas y pistas de baile, con una duración de 6' 27", añadiendo al tema original más partes dobladas, percusiones añadidas y un ritmo de batería disco con el que comienza y termina el tema.

En la portada del *single* aparece una fotografía de Juan Carlos Calderón en su casa con dos de sus hijos: Teresa, la mayor, a la derecha y el pequeño Juan Carlos (Juanín, le llamaban) al lado de su padre. Es un año de éxitos y alegrías para el compositor, pues en mayo de 1974 nace Jacobo Calderón, el menor de sus hijos y heredero de vocación, quien se convertirá en un gran compositor, productor y arreglista, colaborando en varios discos con su padre. Actualmente Jacobo Calderón es uno de los compositores y productores más internacionales y reputados del mercado hispano.

Siguiendo con los otros cortes del disco *Juan Carlos Calderón y su Taller de Música,* encontramos "Melodía perdida" (2'55"), una balada orquestal con un arreglo exquisito. Para la melodía principal, de nuevo vuelve a contar con la colaboración de Pedro Iturralde. En compás de 4/4, la mayor parte del tema se desarrolla sobre dos acordes presentados en la introducción: Sol 7 M y Re 7/4, juego armónico heredado de la música soul, por ejemplo en "Chain of Fools" (Don Covay), interpretado por Aretha Franklin.

"Dies irae" (3'32") es el tercer tema del disco y el título hace alusión al poema en latín medieval del siglo XVIII que describe el día del Juicio Final. Calderón selecciona doce versos del famoso himno cantados por un coro integrado por: Merche Macaria, Mariví Navarrete, Ana María Navarrete, Linda Yang, Manolo Hernández, Fernando López, Adolfo Garces y Joaquín Lara. Es una pieza particular por el contraste entre los arreglos orquestales, en la línea de "Bandolero", y el texto en latín cantado por el coro. "Dies irae" formó parte de la banda sonora de la película *Olvida los tambores,* dirigida por Rafael Gil y basada en un guion de Ana Diosdado.

"Cuentos de la Alhambra" (4'31") es otra balada compuesta por Calderón, de inspiración en sonidos típicos del sur de España, con la utilización de la cadencia andaluza y la escala frigia en algunos pasajes. Se alternan las melodías de las secciones de viento y cuerda con la guitarra española interpretada por Miguel Iniesta.

"Fantasía sobre un preludio de Bach, con permiso del autor (J. S. Bach)" (3'10") es el título del tema que cierra la cara A y cuenta con la colaboración del pianista Agustín Serrano, que interpreta al piano eléctrico el "Preludio en Do menor BWV 934" de Johann Sebastian Bach, compositor por el que Juan Carlos Calderón sentía una especial admiración. Para este tema realiza un arreglo de orquesta en el que predomina la sección de cuerdas que interpreta melodías sobre las líneas del piano, con apoyo de batería, percusión y bajo eléctrico.

"I love Beethoven" (4'00"), al igual que el anterior tema, también se basa en un arreglo de una obra clásica y se trata de una versión del segundo movimiento de la "Séptima Sinfonía" de Ludwig van Beethoven. Poco tiempo después, este tema aparece publicado en el álbum *La otra España* (1975) de Mocedades, con algunos cambios en los arreglos y con el título "Nos dieron las doce". Esta línea de arreglos sobre compositores clásicos también había sido iniciada por Waldo de los Ríos en 1970 con su álbum *Sinfonías,* teniendo un gran éxito de ventas y su continuidad en varios álbumes más: *Mozartmanía* (1971), *Óperas* (1973), *Sinfonías 2* (1974), *Oberturas* (1974) y *Conciertos* (1976).

"Oh My Guitar" (2'55") es una balada que Calderón dedica a su hermano Ramón, en la que las melodías de guitarra (interpretadas por Fernando López) se alternan con arreglos corales a cuatro voces, con armonías jazzísticas que recuerdan a ciertas armonizaciones comerciales del grupo vocal estadounidense Manhattan Transfer.

"El Quijote" (2'55") es otro de los temas que podemos englobar dentro del "sonido Filadelfia". El título del tema se justifica por una voz en *off* que narra extractos del primer capítulo de la obra de Cervantes, mientras suena la base musical con arreglos de metales punzantes con síncopas sobre las cuerdas y el ritmo animado entre soul y funk.

"Love After Love" (3'10") es la versión instrumental de "Poeta", tema comercial inmerso en el "sonido Filadelfia" que había compuesto para la cantante Regina, ya citada. Fue extraído en formato *single* en 1975, junto con "Dies irae".

"Resaca" (3'28") cierra el disco y bien podría ser una continuación de "El Quijote", solo que en lugar de la narración de una voz en *off*, es el saxo de Pedro Iturralde el protagonista. Se trata de un tema singular de estilo funk dentro del "sonido Filadelfia", con partes de improvisación del saxo soprano y también un coro que desarrolla una armonía compleja en algunos compases.

En líneas generales, *Juan Carlos Calderón y su Taller de Música* es un disco que se puede englobar dentro del "sonido Filadelfia" y que cuenta con aportaciones de grandes músicos de la época. Además de los mencionados anteriormente, también contó con Martín Carretero y Carlos Villa (guitarras); Olivé, Billbi y Eduardo Gracia (bajo eléctrico); José María Garrié, Santiago Rico y Pepe Sánchez (batería); Paco Berenguer y José Ganoza (percusión). Calderón explica sus propósitos al componer el disco:

> Sencillamente, un disco instrumental. Un sonido. Nada más y nada menos. Creo sinceramente que es el disco más digno que se hizo nunca en España dentro de la música instrumental. Y que fue pensado así, nada de retales o añadidos, nada de escoger temas e instrumentar canciones. Yo compuse diez temas instrumentales y no se escogió nada. Nació tal cual y se grabó tal cual, con unas ideas muy concretas, con medios, con tiempo y con buenos resultados. [...] No al ciento por ciento, porque siempre surge algún imprevisto, porque en la práctica siempre hay algo que falla, pero sí con dignidad, con altura. Yo, lo que quise fue mezclar la suavidad y la fuerza y eso está muy claro en el disco. [...] El disco es muy español. Hecho y pensado por un compositor español. Y eso cualquier oído lo descubre. [...] Yo tal vez le vea un defecto al disco, que no es suficientemente instrumental. Pero eso es ya afinando mucho. Quiero decir que en algunos de los temas se me escapó la mano y me fui a la canción, hay temas que se pueden cantar. [...] A ese punto sí me quiero referir, porque mi idea fue hacer un disco totalmente incantable, compuesto de otra manera. Pero son muchos años de hacer arreglos para canciones, y es posible que en algunos casos se me haya escapado la intención.[53]

53. "Juan Carlos Calderón, su Taller de Música y su talento", *El Gran Musical* (noviembre de 1978). Recorte de prensa familiar.

Calderón y su Taller de Música 2

Animado por la discográfica, en 1975 publica un nuevo álbum instrumental, *Calderón y su Taller de Música Volumen 2,* con nueve composiciones propias y una versión de uno de los temas más interesantes y más inspiradores para Juan Carlos Calderón: "Eleanor Rigby". "Es un homenaje a los autores que más admiro, que son los Beatles. Es una versión bastante rock jazzística de «Eleanor Rigby», [...] Su construcción, como casi todas las baladas de los Beatles tiene una facilidad para poder crear sobre ellas grande. Aquí lo hacemos en un tiempo bastante rápido en rock".[54]

Aficionado a las composiciones beatlelianas, la profusa armonía y la construcción melódica convertía a "Eleanor Rigby" (1966) en uno de los temas más atractivos para Calderón. Además, la versión de los Beatles está construida justamente con los puntos fuertes del compositor: la sección de cuerdas (en este caso con un doble cuarteto de cuerda) y las voces armonizadas. Lejos de imitar o hacer una versión similar a la original, cambia por completo los timbres y no aparece ni sección de cuerdas ni coros. Las fantásticas guitarras y las improvisaciones de piano eléctrico (insuperables) son arropadas por batería y bajo junto con la sección de metales contundentes y brillantes. A lo largo de la historia ha habido muchas versiones de "Eleanor Rigby", sin embargo, en mi opinión, la de Juan Carlos Calderón es una de las más interesantes.

El álbum está formado por las siguientes composiciones: Cara A – 1. "Fiesta" (J. C. Calderón); 2. "Tío Sam" (J. C. Calderón); 3. "La Diligencia (Dedicado a mi hermano Fernando)" (J. C. Calderón); 4. "Marilyn" (J. C. Calderón); 5. "Eleanor Rigby" (Lennon-McCartney). Cara B – 1. "California" (J. C. Calderón); 2. "Mafioso" (J. C. Calderón); 3. "Mi pequeño Chopin (Dedicado a mí mismo)" (J. C. Calderón); 4. "Laurel & Hardy" (J. C. Calderón); 5. "El desfile" (J. C. Calderón).

A pesar de que a Calderón no le gustaba que se le atribuyera ser el artífice del "sonido Filadelfia" en España, es innegable la influencia en sus composiciones de bandas como MFSB (*Mother, Father, Sister, Brother*), Isaac Hayes con su "Theme from Shaft" o Barry White, quien consiguió las primeras posiciones en listas de ventas con su "Love's Theme", entre muchos otros grupos que nacieron con ese estilo tan característico a raíz de la creación de la discográfica Philadelphia International Records. Uno de los temas más representativos de este estilo es la composición que abre el disco, la pegadiza "Fiesta", que sirve de base instrumental (con melodía diferente) para la banda sonora *Las adolescentes,* comentada anteriormente. En una grabación para Radio Nacional, Calderón presenta el tema en directo "cuyo nombre

54. <https://www.rtve.es/play/audios/discopolis/discopolis-10892-sesiones-tesoro-rne-61-juan-carlos-calderon-1976-13-03-20/5538475/>.

es *Fiesta*, aunque es muy extraño porque los coros dicen «*La corralada*»[55] [...]. Gustó en la casa de discos más el nombre de «Fiesta» y este es mi último *single*, digamos mi tema de verano". Grabación de lujo esta, realizada el 11 de junio de 1976 en los Estudios 2 de Radio Nacional, contando con la compañía de los siguientes músicos: José Antonio Galicia (batería); Enrique Pons (bajo); Jim Kashishian (trombón); Vlady Bas (saxo alto); Carlos Villa (guitarra); René de Coupaud (piano eléctrico) y, por supuesto, el propio Calderón, que se encarga de tocar el piano y varios tipos de teclados. Esta grabación fue rescatada por José Miguel López como "Sesiones Tesoro" dentro de su programa *Discópolis* (disponible en pódcast), y el repertorio que interpretaron en directo fue: "Bandolero", "Fiesta", "Mafioso", "Interlude", "Bloque 8", "Eleanor Rigby", "El tío Sam" (con gran intervención de Vlady Bas), junto con un popurrí de éxitos de Mocedades y Sergio y Estíbaliz en versión instrumental y el tema "Secretaria", interpretado a cuatro manos por Juan Carlos Calderón y el teclista René de Coupaud, recientemente fallecido.

El álbum está producido por Honorio Herrero con diez temas y el primer *single* que se extrae es "Mafioso" (3'28"), en la cara A, un tema a la vanguardia de los ritmos funk con gran complejidad. "Aunque no tuvo demasiado éxito en ventas, sí se escuchó mucho por la radio y en discotecas. Creo que es un tema bastante funk y, además, tiene la gracia de tener un centro un poco italianizante, que por eso le puse el título de «Mafioso»", declara Calderón en la emisión de Radio Nacional citada. En la cara B aparece "Marilyn" (3'20"), una balada protagonizada por el saxo y la sección de cuerdas junto con un motivo melódico cantado por un coro, que sirve también para cambiar de partes.

Este es un disco cargado de joyas en el que no todo es instrumental. Una de las que más valor tiene es la canción "Mi pequeño Chopin", que Calderón se dedica a sí mismo y es la primera vez que el compositor se atreve a cantar y grabar un tema propio con su voz. Está construido sobre un magnífico arreglo orquestal en el que sobresalen los fantásticos fraseos del saxo alto sobre la sección de cuerdas y una base de piano, como no podía ser de otra forma. La melodía que compone es exigente en cuanto a tesitura y, por supuesto, al no ser cantante carece de la técnica que tienen otras voces para las que habitualmente compone, sin embargo, se permite la licencia de poner su propia voz porque es biográfica y canta desde la nostalgia a aquel niño (Juanín) que fue algún día y que ya no está. Dice así:

Qué fue de ti,
de aquel niño que fui,
de humilde sonrisa
y azul mirada.

55. *La Corralada* era el nombre de un restaurante regentado por Dito Calderón (primo y mejor amigo de Juan Carlos) y su mujer Charo (hermana de Tota), situado en la calle Villanueva de Madrid. Ambas parejas mantuvieron una relación muy estrecha durante toda su vida, de hecho, las dos parejas celebraron sus bodas juntas.

Qué fue de ti,
de aquel niño feliz,
con sus delantales
de azules rayas.

Tú, mi Chopin,
lápiz, goma y papel,
qué me quedé de ti,
mi pequeña lombriz.

Tu piel se hizo niebla,
te perdí.

Tú, mi Chopin,
lápiz, goma y papel,
qué me quedé de ti,
mi pequeño Juanín.

El viento, lluvia de vejez,
se fue mi infancia y yo
me quedé.

Otra dedicatoria personal, en este caso familiar, la encontramos en "La diligencia", arreglo completamente instrumental de esencia americana, en el que destaca la interpretación de piano *honky tonk* y los toques country y funk, con teclado *harpsichord* y guitarras *mute* imitando a un banjo. Un tema rítmico y alegre con el que Juan Carlos Calderón quiso expresar la personalidad de su hermano Fernando, a quien dedicó el tema.

También aparecen temas de fusión y experimentación sonora, como es el caso de "California" y uno de los favoritos de Calderón: "Tío Sam". "Está dentro de mi estilo jazzístico rock y dentro, también, de una libertad de expresión, una libertad de interpretación. [...] A mí, el tema me gusta bastante", declara Calderón.[56] Realmente es un tema que está lleno de matices y de creatividad, desde el interesante bajo con el que abre el tema y que se va transformando según avanza, hasta poder apreciar el nivel de improvisación de Calderón con el piano eléctrico, demostrando que está en uno de sus mejores momentos.

Juan Carlos Calderón y su Taller de Música 3

En 1976 se publica una nueva edición titulada *Juan Carlos Calderón y su Taller de Música 3,* caracterizada por un sonido más eléctrico, con protagonismo de los

56. *Ibidem.*

sintetizadores que se fusionan con la orquesta clásica y con el cuarteto de ritmo. Siguiendo la línea de los anteriores, el álbum contiene diez temas en total: seis de composición propia y cuatro adaptaciones de obras clásicas de J. S. Bach, Ravel y Tchaikovsky.

Abre el disco "A la carga" (2 '58"), una composición propia con dos melodías principales que se superponen entre una amalgama de sonidos orquestados y lo convierten en un tema instrumental animado y pegadizo. La segunda pista lleva por título "Villa Asunción" (3'40"), un tema lento que dedica a su madre y destaca por la fusión de sonidos eléctricos, cuerdas y un pequeño coro.

"Fuga n.º 2" (2'44") es una adaptación de la pieza de J. S. Bach, perteneciente al primero de los dos volúmenes de la obra *El clave bien temperado.* Bach era uno de sus compositores favoritos y esta fuga a tres voces es reinterpretada en una nueva versión electrónica que sigue la línea del icónico "Swiched-on Bach" de Wendy Carlos (1968). Si bien Calderón, entre otros instrumentos y sintetizadores, utiliza sonidos Moog al igual que había hecho Wendy Carlos, ha pasado casi una década entre una y otra grabación y el avance tecnológico es exponencial. En este caso, Calderón tuvo a su favor la polifonía conseguida con los sintetizadores, al contrario que Wendy Carlos, quien tuvo que grabar nota a nota antes de volcar el resultado final en las pistas de grabación, pues los sintetizadores Moog de 1968 eran monofónicos.

También en honor a Bach incluye "Ave María" (2'06"), adaptación de la melodía de Charles Gounod compuesta sobre el "Preludio n. º 1 en Do mayor BWV 846", de J. S. Bach. Y siguiendo con las nuevas versiones de clásicos, incluye "Pavana" (3'20), adaptación de la pieza para piano solo "Pavane pour une infante défunte", compuesta por Maurice Ravel en 1899. También con un arreglo similar en cuanto a orquestación, aparece "Romeo y Julieta" (3'55"), adaptación de la obra de Piotr Ilich Tchaikovsky subtitulada *Obertura-Fantasía* compuesta en 1869.

El álbum se completa con títulos de nueva composición, como "Michelle, Michelle" (3'17") en compás ternario, la balada melódica "Atentamente" (3'22") y la peculiar "Arlequín" (2'36"). Por último incluye un tema que titula "Para despedirnos" (3'30"), una composición propia en la que él mismo presenta el tema: "Y para despedirnos un poco de improvisación con mis músicos", y después interpretan un tema con melodías improvisadas sobre una potente base en la que se mezcla el rock con el funk.

En 2002, el sello Rama Lama Music, bajo la dirección de José Ramón Pardo, recupera las grabaciones instrumentales creadas en los discos anteriormente mencionados y publica un doble CD, reuniendo los cuarenta temas que habían sido publicados por CBS desde 1973 hasta 1976. Sin duda, una gran aportación, puesto que no es fácil encontrar las ediciones originales.

Soleá

En 1978 vuelve a publicar un nuevo disco instrumental, musicalmente muy diferente a los anteriores. De hecho, es el disco más singular de toda su discografía,

en el que fusiona estilos como flamenco, jazz, funk y rock andaluz, además de un acercamiento al rock progresivo.[57] Para esta producción cuenta con la colaboración especial de Enrique Morente, el bailaor Goyo Montero y la cantante Amaya Saizar. Los músicos partícipes fueron: Bilbi y Eduardo Gracia (bajo), Mariano Rico y Pepe Sánchez (batería), Carlos Villa, Fernando López, Joaquín Rodrigo, Martín Carretero, Miguel Iniesta y Rafael Martínez (guitarras), Pepe Ganoza (percusión) y Eduardo Leyva, que apoyó a Calderón en los teclados. Como ingenieros de sonido, vuelve a contar con Brian Stott y Juan Vinader. Si el sonido del disco es singular, los títulos de los cinco temas no lo son menos: 1. "Siguiriya"; 2. "Introducción – Soleá"; 3. "Oración"; 4. "Vuelo Madrid-Chicago-Madrid"; 5. "Colombiana para un niño sin parque".

"Siguiriya" (6' 53") es la pieza que abre el disco y el título alude a uno de los palos del flamenco más antiguos y el más representativo del llamado cante jondo, usado habitualmente para expresar la rabia flamenca. Calderón estructura la pieza en tres partes significativas, la primera con la presentación del tema, la segunda con la seguiriya propiamente dicha en la voz de Enrique Morente y la tercera un desarrollo del tema principal. La primera parte dura 1'26" y se desarrolla en compás de amalgama con alternancia de 6/8 y 3/4. En ella se presenta el motivo principal en una métrica musical de doce pulsos con la que se construye la clave rítmica de la seguiriya. El motivo principal se repite dieciocho veces en distintos registros tímbricos, comenzando con cuerdas disonantes, pasando por la percusión e incorporando en cada vuelta una nueva sección tímbrica. A partir de la vuelta trece y hasta la dieciocho se puede apreciar la improvisación en el zapateado del bailarín Goyo Montero. En la segunda parte, Calderón incorpora una seguiriya grabada previamente por Enrique Morente (1977), titulada "Mírame a los ojos", perteneciente al álbum *Despegando*[58] y grabada junto al guitarrista Pepe Habichuela. La letra de Morente sigue la estructura habitual de las seguiriyas, con una copla de cuatro versos hexasílabos, excepto el tercero, que es endecasílabo (6-6-11-6), y la voz de Morente se apoya en un acorde tenido con sonido de órgano. La tercera parte del tema se puede dividir en dos secciones: la primera sección es una variación de la primera parte en un tempo más lento, donde tienen lugar improvisaciones melódicas con el sintetizador. La segunda sección retoma el motivo principal, que se desarrolla igual que en la primera parte excepto la última vuelta, en la que se anuncia el final con la sección de metales.

"Introducción - Soleá" (7'27") establece conexiones con discursos propios del rock andaluz, género que tuvo su momento álgido en la década de los setenta,

57. G. Salueña, Eduardo, *Música para la Libertad. Nuevas tecnologías, experimentación y procesos de fusión en el rock progresivo de la España de la Transición: el eje noroeste,* Norte Sur Discos, 2017, p. 282.

58. Grabado por el sello CBS con número de catálogo S 82568. Fue producido por José Luis de Carlos y es el único disco que el cantante graba con la discográfica CBS.

destacando grupos como Triana, Smash o Medina Azahara, entre otros. También hay evidentes conexiones con el rock progresivo por la utilización de largos pasajes de improvisación con diferentes partes y la integración de timbres acústicos y electrónicos propios del género. En esta pieza instrumental se fusionan varias sonoridades y una parte de improvisación en la que se aprecia la utilización de la cadencia andaluza y el modo frigio. Comienza la primera parte con una cortinilla en un acorde *tenuto*, para que el sintetizador desgrane la melodía a modo de llamada que caracteriza el tema, concluyendo con un arreglo de metales en una progresión conclusiva. La segunda parte se inicia con una guitarra con las cuerdas apagadas que marca el compás característico del palo flamenco "Soleá",[59] mientras se suceden improvisaciones de zapateado por parte de Goyo Montero sobre el compás de amalgama (dos compases ternarios y tres binarios y, según los doce pulsos que caracterizan el compás, recaen los acentos en los pulsos 3, 6, 8, 10 y 12). La última parte es de gran riqueza tímbrica y melódica, en la que está presente el modo frigio y la cadencia andaluza con diferentes improvisaciones.

"Oración" (5' 29") es una balada que se caracteriza por la utilización de melodías de sintetizador sobre diferentes bases: sección de cuerdas, piano y sección de ritmo (guitarra, bajo y batería). En este tema colabora la cantante Amaya Saizar, componente femenina del trío Trigo Limpio, que interpreta la melodía tarareando sin palabras. Más que un tema cantado es un tema instrumental con el uso de la voz como instrumento aerófono.

"Vuelo Chicago-Madrid-Chicago" (5' 52") es un tema fusión en el que se mezclan ritmos funk, jazz y flamenco con efectos *free jazz*. Se puede dividir la pieza en tres grandes bloques con cinco secciones. La primera parte es de estilo funk y en ella se intercalan los arreglos orquestales para *big band* con improvisaciones de piano eléctrico. La segunda parte comienza con un acorde flamenco y se desarrolla *ad libitum* sobre las notas del acorde. En esta sección destaca la improvisación del teclado con sonido de sintetizador y la utilización de arpegiadores electrónicos.

La sección D es breve y con efectos *in crescendo*. La sección E comienza con una especificación "solo calmoso" durante dos compases para dar lugar a una breve balada jazz instrumental con protagonismo melódico del sonido de saxofón sobre una base de sintetizadores, piano eléctrico, percusión y bajo. El tema finaliza repitiendo las secciones A y B íntegras.

"Colombiana para un niño sin parque" (5' 35") es la última pieza del disco y no guarda relación con el resto de los temas. Se trata de una pieza instrumental de ritmo latino, comenzando con una base sonora a modo de introducción mientras una voz en *off* narra un suceso irónico sobre la destrucción de un árbol en un par-

59. La *soleá* es uno de los palos flamencos básicos cuyo plural es *soleares*. Aunque principalmente es un estilo de cante flamenco con copla constituida por tres o cuatro versos octosílabos con rima consonante o asonante, también se utiliza a menudo de forma instrumental, siguiendo la misma métrica.

que como si se tratara de un crimen. Supone todo un alegato a la especulación y la conservación del medio ambiente, anticipándose en décadas a un tema que hoy es cotidiano. Así comienza:

> Sucesos. En la madrugada del día de ayer ha sido hallado en la calle, muerto a hachazos, un árbol. Por el análisis forense, su tronco debía tener más de cien años de edad. Según testigos oculares, se cree que el autor del crimen fue la especulación de terreno que, al ser sorprendida, huyó protegida por un certificado del ACMA, la Asociación Contra el Medio Ambiente. La PNSP, Patrulla de Niños Sin Parque, está tras su pista. Se cree que el móvil del crimen fue el dinero.

Después de la narración, comienza el tema instrumental con un ritmo latino, en el que alternan protagonismo melódico las guitarras y los teclados. Calderón escribe la partitura para batería, bajo, piano, dos sintetizadores y cinco guitarras y es interesante el uso de la armonía en las distintas voces de guitarras, dos de ellas con la utilización del trémolo.

Recién publicado el álbum, el crítico Alberto Mallofré escribe una reseña en *La Vanguardia* (26/05/1978) alabando el trabajo del compositor:

> Otra producción especialmente sustantiva es la que propone Juan Carlos Calderón con su obra *Soleá* (sello CBS). En ella se desarrolla toda una completa teoría de instrumentación de la suerte flamenca sobre la base de la "Siguiriya" y la "Soleá", con la cooperación de Enrique Morente y Goyo Montero, entre otros, para seguir una evolución coherente y lógica, por caminos enteramente libres, a lo largo de los temas "Oración", "Colombiana para un niño sin parque" y "Vuelo Chicago-Madrid-Chicago" desembocando, con este último, en un reflexivo estudio de "recherche" de nuevos horizontes a partir de plataformas de partida muy concretas y muy claramente marcadas. Es una trayectoria apasionante lo que nos induce Calderón y en cuyo recorrido no nos deja de la mano, semiperdidos, como ocurre a menudo en casos semejantes, sino que nos conduce paso a paso, con pulso firme y paso seguro, coordinando armonías sorpresivas con naturalidad, nitidez y método disciplinado, haciendo que todo parezca sencillo, amable y hasta familiar. Hay, ciertamente, gran cantidad de trabajo concienzudo detrás de este resultado que parece tan fácilmente logrado. Y es que hay un gran caudal de música en la cabeza y en los dedos de Juan Carlos Calderón.

Dos meses después, Calderón presenta su disco en el XIII Festival Internacional de Jazz de San Sebastián y Alberto Mallofré escribe otra crítica en *La Vanguardia* (27/07/1978), pero esta vez nada favorable. El artículo pondera con creces a los artistas que precedieron la actuación de Calderón y critica a este por tocar los temas del disco *Soleá* sin ofrecer nada nuevo, tal y como se esperaba en un festival de jazz.

> En la primera parte había actuado Juan Carlos Calderón con su orquesta, pero en vez de efectuar un verdadero concierto de jazz, como legítimamente se esperaba,

> Calderón se trajo simplemente los arreglos de la música de su último disco *Soleá*, en flamenco instrumental que, aun siendo de positivo interés en otro contexto, no encajaba en lo que se supone que ha de ser un festival de jazz. Por no haber tenido tiempo de preparar arreglos ex profeso o por no haber podido ensayar o por la razón que fuera, el caso es que lo que pudo haber sido un buen concierto de jazz español, que músicos tiene Calderón para ello, incluyéndose él mismo, se convirtió a fin de cuentas en una especie de acción promocional de su último disco. Fue una lástima, y la decepción invadió el recinto.

También *El País* arremete contra la actuación de Juan Carlos Calderón y su grupo en el Festival de Jazz de San Sebastián. Divide la crítica en dos partes y en la primera de ellas ataca la "maltrecha reputación como músico de jazz" de Calderón en un escenario que no era "el más apropiado para un regreso" a la escena del jazz, pues el público lo recibió con "hostilidad" por su éxito comercial:

> Desde un principio se palpaba una profunda hostilidad contra el compositor de canciones comerciales, contra el último representante de España en el incalificable Festival de la OTI, contra el tránsfuga que intenta combinar prestigio y dinero. Juan Carlos Calderón busca ahora nadar entre dos aguas, y esto es algo muy difícil, máxime cuando ni sus composiciones ni sus solos de piano llegaron a ser algo más que apresurados intentos de convencer humildemente de que sigue siendo el que era.
>
> El público de San Sebastián pitó cada uno de esos pobres solos de piano, mientras aplaudía enfervorizado los de Vlady Bas al saxo alto, porque esto fue casi lo único que valió la pena. Juan Carlos se debió sentir frustrado, porque ni tan siquiera se le dio una oportunidad. Pero es que ha hecho demasiado y demasiado malo para que un público cualquiera olvide de inmediato los engendros que debidos a su mano nos asaltan desde gargantas tan cantarinas como Sergio y Estíbaliz o Mocedades. Pero en todo caso debe y puede seguir intentándolo.

Méndez-Vigo, desde *ABC,* califica *Soleá* como "un lúcido álbum" y destaca la originalidad del disco "en todos sus conceptos y en el que Juan Carlos gana muchos enteros en su brillante carrera".

Posteriormente, fue reeditado en formato CD por iniciativa de José Miguel López, quien afirma en su programa de Radio 3: "*Soleá* es una obra de arte, es un disco absolutamente maravilloso, sensacional, de esos que dices «¡caray! Vale la pena»", y señala que puso todo su empeño y convenció a la discográfica Sony para su reedición, a pesar de que dudaban del éxito de ventas: "Entonces la industria discográfica era boyante y tener un disco que le vendiera cien copias tampoco era problema", aunque este hecho es considerado injusto por parte de José Miguel López. "No se vendió mucho, pero es una obra maestra que, con el paso del tiempo y si lo seguimos reivindicando, quedará en las historias como obra seminal de la historia de la música española". López también afirma que el disco fue presentado en el

Festival de Jazz de San Sebastián en 1978 y tuvo un gran éxito, contradiciendo así las afirmaciones de *La Vanguardia* y *El País,* señaladas anteriormente.

Tras la reedición del disco, Calderón concede una entrevista al periódico *ABC* (5/07/1998), en el que aparece una pequeña caricatura del compositor, explicando la importancia que tiene el disco para él:

> *Soleá* —explica— fue un capricho de 1978. Era un homenaje a la música española, donde se mezclan la música sinfónica con el jazz, *free jazz*, rock sinfónico, lo eléctrico y lo acústico. Lo cierto es que se ha podido rescatar de puro milagro, gracias a un amigo que tenía todavía un disco de vinilo. De ahí hemos sacado el CD; después de mucho trabajo. [...] Es un trabajo hecho por el placer de grabar. Entonces casi no se le dio importancia a la hora de su lanzamiento y, por consiguiente, tampoco se vendió demasiado. Quiero que ahora se le reconozca.

En la misma entrevista del *ABC* afirma que no volvería a repetir *Soleá*, aunque sí haría una segunda parte "con menos elementos acústicos, un jazz muy mío, con un cuarteto fuera de lo común. En el primer disco estaba Enrique Morente... ¡Le volvería a llamar, por supuesto!".

En otra entrevista publicada en la citada revista *Enlace Funk* (2008), Calderón habla sobre *Soleá*, manifestando que es el disco del que más orgulloso se siente, aunque no se vendiera. También habla sobre otro proyecto con los guitarristas Paco de Lucía y Al Di Meola que nunca llegaron a ver la luz:

> En el 78 grabé *Soleá* con Enrique Morente, un genio. Es un disco muy rico en matices porque, aunque es flamenco, no tiene ninguna guitarra acústica, ninguna guitarra flamenca. Es una fusión de jazz, rock sinfónico, pop y flamenco. Eran las vivencias de muchos años. En *Bloque 6* hay muchos temas míos, pero en *Soleá* lo son todos. Pedro Iturralde hizo *jazz flamenco* por esa época. Es instrumental, no se ha vendido nada, pero es del que más orgulloso me siento. Según Paco de Lucía, es lo más flamenco que ha oído sin ser flamenco. Trabajé con él y Al Di Meola en un disco nunca terminado. Al Di Meola equivocó una nota y no quería que quedara, intentó editarla, se lo cargó y se fue del estudio. Me encantaría trabajar con Paco de Lucía al menos una vez.

Calderón Disco

En la segunda mitad de la década de los setenta tiene su apogeo la música disco, un estilo que deriva del soul, el funk y el *rhythm and blues*, cuya esencia principal es el baile. La música disco nació en Estados Unidos, extendiéndose como un virus por todos los continentes y propiciando la creación de las discotecas, salas nocturnas con pistas de baile que surgieron como réplica de la famosa Studio 54 de Nueva York: "La pista de baile era el corazón de Studio 54 y la música disco su latido".[60] Rápidamente llega a España y la juventud encuentra en esta música un aliciente para olvidar sus problemas diarios y divertirse hasta altas horas de la noche, abarrotando las pistas de baile de todo el territorio a ritmo de "Hot Stuff" o "I Feel Love", de Donna Summer, quien consiguió ostentar el título de "Reina de la música disco". También los hermanos Gibb con sus himnos "Stayin' Alive" y "Night Fever", convirtieron a los Bee Gees en una de las figuras más influyentes del género. El grupo ABBA también incursionó en este género con su canción "Dancing Queen", uno de los himnos más famosos de la época. La banda Chic con su "Le Freak" o los Village People con su imagen icónica y sus pegajosos himnos "Y.M.C.A." o "Macho Man" arrasaron en las pistas de baile y, por supuesto, Gloria Gaynor, con su himno de empoderamiento "I Will Survive". Estos ejemplos, junto con muchos otros, convirtieron el género en uno de los más importantes dentro de la música popular, actualmente en fase de revitalización.

Y en este género, con el precedente de "Bandolero", J. C. Calderón hace una incursión grabando el LP *Calderón Disco* con seis largos temas de composición propia en los que explora todas las características de la música disco. El género se caracteriza por la utilización del compás cuaternario con un *groove* contagioso y un ritmo de batería donde el bombo es lo más importante, al que se añade una marcada percusión y el uso del *hi-hat* abierto como esencia. El bajo a octavas y sincopado produce una sensación de movimiento y euforia junto con las secciones de vientos, cuerdas y coros, creando un sonido exuberante y lleno de energía, con *riffs* y frases repetitivas y una progresión de acordes estandarizados. También destaca el uso de instrumentos electrónicos, que añaden texturas y efectos sonoros a través de sintetizadores y cajas de ritmos. Todos estos detalles aderezados con buen gusto están en los seis temas que compone Calderón, cuyos títulos son: 1. "Dame un poco de tu amor" (7'10"); 2. "Mr. Pianoforte" (5'20"); 3. "Assassination" (7'28"); 4. "Latin Lover" (7'12"); 5. "Love Me Wild" (4'15"); 6. "I'm Sick of this Album" (7'01").

El álbum tuvo cierto éxito y Calderón fue protagonista de programas musicales juveniles de máxima audiencia como *Aplauso* (emitido por Televisión Española el 20/10/1979), siendo portada de la revista del mismo título.[61] Fue grabado en el estudio de Joaquín Torres (Madrid), uno de los estudios más icónicos de las grabaciones de música pop en España durante la década de los setenta y ochenta. Y de este disco se extrajo un *single* con una versión reducida del tema "Latin Lover" (que formó parte de la banda sonora *La familia, bien, gracias*) en la cara A y "Love Me Wild" en la cara B. Calderón relata cómo surgió:

> Mi compañía me pidió un disco de música disco e hice uno que a mí me suena de maravilla. Hablaron bien de él en la radio, fue bien recibido por los

60. Documental *Studio 54: behind the scenes documentary,* dirigido por Matt Tyrnauer (2018).

61. En los archivos de Televisión Española se puede ver la actuación de Calderón en el programa *Aplauso.* <https://www.rtve.es/play/videos/aplauso/aplauso-20-10-1979/3818514/>.

> medios. A la semana voy a la CBS y ni me saludan. Pregunté qué pasaba y me dijeron: es que ahora se llevan las baladas. Después de grabar un disco entero, elaborarlo, un disco que yo creo que es fantástico, me dicen de un día a otro que lo retiran. Pedí que lo reeditaran. Quizás hoy lo más comercial sería sacar cosas de coleccionista. Quería sacarlos yo, pero ni eso.[62]

Como era de esperar, el disco provoca rechazo entre la crítica más afín a sus anteriores proyectos. Alberto Mallofré, pendiente de la carrera de Calderón desde sus primeros discos de jazz, como ya se ha visto, no deja pasar la oportunidad de ironizar y criticar duramente a un compositor que se toma la libertad de salirse de los circuitos canónicos del jazz y *La Vanguardia* (13/10/1979) señala que:

> Juan Carlos Calderón se apunta a todas y lo mismo le da grabar un LP al frente de una *big band* de extraordinaria fuerza jazzística como escribir una cancioncilla y llevarla al Gran Premio de Eurovisión con éxito, y le gusta tanto tocar el piano en un club como escribir arreglos e instrumentaciones de encargo para un estudio de grabación. Por esto no le puede sorprender a nadie que ahora salga con un disco "disco". Y no es redundancia; queremos decir con un disco conteniendo *disco-music.* En otras palabras, Calderón se arranca ahora por bulerías discotequeras con un disco realizado con verdadero primor, conteniendo unas cuantas composiciones suyas, guisadas según la receta sonora que ahora priva en la cocina discotequera del consumo. Y lo hace bien, como él sabe. Precisamente para lo que él sabe este disco es poca cosa. Preferimos recordarle en sus tiempos del "Bloque 6", "Bad feeling", "Reunión blues", "Sambando", etc. Ojalá no los haya olvidado él, tampoco.

Aunque Mallofré considera que este disco "es poca cosa" tiene aportaciones muy interesantes para una época en la que los cambios tecnológicos fueron rápidos e intensos. En este sentido destaca la creación de sonidos originales a través de cajas de ritmos y sintetizadores de última tecnología como Moog, Korg, Yamaha o Roland, permitiendo recrear toda una sección de cuerdas y metales que mezcla con instrumentos reales, consiguiendo una producción brillante y acorde con los gustos de la época. Una vez más, J. C. Calderón demuestra estar a la vanguardia de los acontecimientos musicales y coincido totalmente con la opinión de Pérez de Ziriza, quien, en su libro de reciente publicación, califica el disco como

> un extraordinario trabajo de *disco funk* desbordante de sensualidad, mayoritariamente instrumental, que permanece como una de las grandes joyas semiocultas del género en España, con canciones como las fabulosas "Mr. Pianoforte", "Assassination" o "Latin Lover". A diferencia de otros productos disco hispanos de

62. Delgado, "Juan Carlos Calderón. La dualidad", p. 34-35.

la época, *Disco* apenas tiene nada que envidiar —ni en la producción ni en lo compositivo— a los referentes norteamericanos de los que se nutría.[63]

Los grupos vocales

Voces Amigas

Regresamos a finales de la década de los sesenta y hallamos un trabajo como arreglista para un cuarteto vocal, que tuvo un periodo vigente muy corto pero con un gran éxito: Voces Amigas. El productor y compositor Pablo Herrero, que en 1968 era director musical del sello Novola (división de Zafiro enfocada al público joven), tenía como encargo el proyecto de formar un grupo vocal mixto y alejado de la canción protesta. Para ello cuenta con cuatro estudiantes universitarios con cierta trayectoria musical como aficionados. Herrero y Armenteros componen dos canciones y encargan a Calderón la parte de los arreglos para un *single* que será publicado en otoño de 1968. La canción "Canta con nosotros", que José Ramón Pardo califica como "himno ñoño a la solidaridad", abre la cara A y se convierte en un gran éxito de ventas,[64] provocando numerosas apariciones en programas de Televisión Española, en emisoras de radio y en diferentes publicaciones como *Mundo Joven* (1 de febrero de 1969). En la cara B aparece el tema "Suena un reloj", una balada romántica con arreglos de J. C. Calderón que pasó desapercibida.

Pocos meses después graban un nuevo *single* con "Un lugar en mi mente" (Pablo Herrero y Twight Porter) y "Mi cabaña", primera composición publicada de Carlos Fernández-Prida, bajo la producción de Pablo Herrero y arreglos de Calderón. No logran igualar el éxito alcanzado con el primer *single* e inmediatamente se publica otro con las canciones "Fin de semana" y "Qué más da", compuestas por el tándem Herrero y Armenteros. En *La Vanguardia* (12/04/1969) se cita que con "una letra más que pobre, indigente, se ha montado un armazón musical muy apreciable, probablemente gracias al arreglo de Juan Carlos Calderón". Seguidamente, aparecen dos *singles* nuevos: el primero con las canciones "Ayer soñé" (composición de Herrero, Armenteros y Fernández Prida) y "Mundo de amor", compuesta por Pablo Herrero; el segundo con las canciones "Jamás la olvidaré" (Herrero y Fernández-Prida) y "Un mundo mejor", composición de Herrero y Armenteros. "Jamás la olvidaré" también es una de las veinte seleccionadas para acudir al Festival de Eurovisión en la edición en la que participa Julio Ramos con la composición de Calderón "Novia para Miguel", anteriormente citada.

Tras la publicación del disco, en *La Vanguardia* (17/01/1970) aparece una referencia al grupo lamentándose por no alcanzar el éxito que a su juicio se merecen:

63. Pérez de Ziriza, Carlos, *Música disco: Historia, cultura, artistas y álbumes fundamentales*, Barcelona: Redbook Ediciones, 2019.

64. Entre otros éxitos, alcanza el puesto número cuatro en la lista de Los 40 Principales durante marzo de 1969.

"Sea como fuere, este disco es una prueba palpable del buen hacer de las Voces Amigas y contiene dos encomiables interpretaciones en castellano con arreglos de Juan Carlos Calderón".

El sello discográfico sigue apostando por este grupo vocal y Calderón, además de los arreglos, se encarga de la dirección de sus siguientes publicaciones. Así surgen las mejores canciones que representan al grupo, como es el caso del *single* que contiene "Quiero verte feliz" y "The War" ("La guerra") y un último *single* en el que aparece una composición de Calderón titulada "Amanece", un tema animado con una orquestación densa y arreglos vocales complejos que, si bien consiguen una buena sonoridad en conjunto, no están tan acertadas las voces en solitario. En la cara B se graba "Porque te quiero", una composición de Pablo Herrero con arreglos de Calderón.

Zafiro recopila en un álbum todas las canciones que habían formado parte de los *singles* y dos canciones inéditas que graban antes de la disolución del grupo: en la cara A "Te quiero", compuesta por Calderón y Fernández-Prida, y "Zucchero" en la cara B, firmada por Mogol-Ascri Soffici-Guscielli y Fishman, que tuvo un gran éxito en Inglaterra. Todos los arreglos y la dirección de este disco son obra de J. C. Calderón.

En el año 2002 el sello Rama Lama publica un álbum recopilatorio con todas las canciones que grabó el cuarteto Voces Amigas en dos CD, titulado *Voces Amigas: Todas sus grabaciones (1968-1973)*. El primer disco incluye las canciones del cuarteto mientras que el segundo disco recopila las que grabaron en solitario dos de sus componentes: Carlos Antón y Diana María.

Carlos Antón, nombre artístico de Carlos Fernández-Prida, fundador de Voces Amigas, grabó seis *singles* y un álbum recopilatorio en solitario, publicado en 1973 tras la disolución del grupo. Diana María es el nombre artístico que adoptó Diana Linklater tras abandonar el grupo, llegando a grabar varios *singles* en solitario, los tres primeros con arreglos de Calderón. Desde *La Vanguardia* (5/06/1971), Mallofré considera la labor de Calderón como "lo más destacable de toda la obra conjunta".

Nuevos Horizontes

Otro de los grupos vocales con los que colabora Juan Carlos Calderón es Nuevos Horizontes. Esta formación madrileña había fichado con Columbia, grabando varios *singles* con composiciones de Elena Santonja y Gloria van Aersen (Vainica Doble), con relativo éxito de ventas. Liderado por la pianista y cantante Ana María Guillén, el cuarteto vocal fue comparado por la prensa con The Mamas & The Papas por su estilo y su afinación. En 1971 publican un nuevo *single* con una canción de Calderón titulada "Buenos días, viejo sol", convirtiéndose en una de las canciones más representativas de este grupo con corto recorrido. "Buenos días, viejo sol" tiene una estructura repetitiva de influencias beatlelianas, con cortes, *rallentandos* y un arreglo instrumental singular. Destaca una guitarra eléctrica con efecto *wah-wah* y el piano acústico que hace de interludio entre estrofas. Al contrario que en la mayoría de las composiciones de Calderón, es la parte del estribillo la que menos orquestada está. La letra está construida con criterio y habla de ese amor efímero que tan solo dura una noche y se extingue al amanecer:

Un lugar bajo el sol, un camino por andar,
solo un beso, unas palabras y una flor,
solo tú, solo yo y una hoguera junto al mar,
una estrella, una guitarra, una canción.
Así fue nuestro amor, que de día comenzó
y sin darnos cuenta pronto amaneció.

Buenos días viejo sol, buenos días viejo sol,
buenos días viejo sol, no digas nada por favor.
Así fue nuestro amor, con el alba se marchó,
que en la espuma de las olas se perdió.
Tal vez sí, tal vez no, nos volvamos a encontrar
bajo el cielo con el viento y junto al mar,
un lugar, un adiós, unos besos y una flor,
una lágrima que el viento se llevó.

Este *single* representa el último grabado por Columbia Records y después de un *single* más con RCA, Ana María Guillén abandona la formación y el grupo se disuelve.

Tradición

Juan Carlos Calderón tiene una nueva y breve experiencia con un grupo vocal de origen madrileño llamado Tradición, formado por los cinco hermanos Aguirre (Santiago, María Jesús, Javier, Nieves y José Manuel). María Jesús Aguirre era una de las integrantes del famoso Trío La La La, protagonista de los coros de varias ediciones del Festival de Eurovisión y la voz femenina de la canción "Diálogos de Rodrigo" y "Gimena" de L. E. Aute.

En 1974, los cinco hermanos forman Tradición y graban un LP titulado *Fuimos y somos* (Ariola) con diez canciones, dos de ellas con la firma de Calderón: "Cause I Love You", primer tema de la cara A, y "Lot", segundo tema de la cara B. La pegadiza "Cause I Love You" es un tema original en el que el compositor invierte su manera de arreglar los temas, dejando mayor densidad orquestal en las estrofas, mientras que el estribillo está orquestado por una batería y una sencilla melodía de cuerda. Fue el primer *single* del álbum y tuvo cierto éxito en España y en diferentes países de habla hispana.

"Lot" también tiene un arreglo peculiar, tanto instrumental como vocal, y llama la atención esta forma de componer en comparación con otras producciones que realiza ese mismo año, algunas ya mencionadas y otras que veremos, como el caso de Mocedades o Sergio y Estíbaliz.

Recién publicado el *single*, *La Vanguardia* (4/01/1975) resaltaba la canción de Calderón respecto a "No llores más", de Manuel Alejandro, "dos excelentes extractos del último (primero, en realidad, que han grabado) LP del nuevo grupo Tradición. Nos gusta especialmente la canción de Calderón, que tiene mucho «gancho» para popularizarse".

Aguaviva

Uno de los grupos vocales más importantes de la historia de la música popular española durante la etapa final del franquismo fue Aguaviva, y su primer LP, *Cada vez más cerca,* lleva la firma de Juan Carlos Calderón en la parte de los arreglos junto a la de Ramón Ferrán. La singularidad de este grupo se caracterizaba por mezclar una voz principal recitando textos de poetas sobre una base musical y un coro. Su originalidad y su implicación política y social provocaron rechazo en España y muchísimo éxito por varios países de Europa.

La idea de formar Aguaviva surge del cantautor y compositor Manolo Díaz (Oviedo, 1942), uno de los artistas más representativos del pop español de la década, dotado de una gran visión comercial. Díaz había sido guitarrista del grupo Los Sonor y como cantautor vinculado a la canción protesta tuvo un éxito significativo con su álbum *Retablo* (Sonoplay, 1967), grabado en París, en el que esgrime una crítica a la sociedad española del momento. Cuenta Juan Carlos Ramírez,[65] voz principal y guitarra de Aguaviva, que conoció a Manolo Díaz a través de José Antonio Muñoz, por ser amigos de la etapa universitaria. José Antonio era muy buen recitador y los tres comenzaron a reunirse en casa de Manolo Díaz junto con un grupo de artistas entre los que se encontraban Patxi Andión, Alain Milhaud, Pablo Guerrero, Ricardo Cantalapiedra y algunos más. Comenzaron cantando algunas canciones de manera informal y a raíz de aquello surge la idea de musicar textos de poetas como León Felipe, Alberti, García Lorca, etc., origen de algunas canciones de Manolo Díaz.

Aguaviva se forma inicialmente como grupo integrado por José Antonio Muñoz (recitador), Juan Carlos Ramírez (voz principal y guitarra), José María Jiménez, José Luis Heras, Pepe Egea, Luis Díaz (hermano de Manolo Díaz), José María Panizo (bajo), Johnny Galvao (guitarra eléctrica) y las voces femeninas de Teresa Aranguren, Carmen Sarabia, Mercedes Ibáñez y Paloma Vallejo Nájera. Grabaron

65. Entrevista personal con Juan Carlos Ramírez. De profesión ingeniero de sonido, Juan Carlos Ramírez trabajó en Estudios Celada (posteriormente pasó a ser Kirios) y actualmente es el director general y propietario de Sinergia Digital, empresa dedicada al diseño de sonido y postproducción para televisión (en programas como *Cuéntame, Aida, Un país para comérselo, Los hombres de Paco...*), así como en espectáculos y grandes eventos. A lo largo de su trayectoria como ingeniero de sonido ha coincidido con Juan Carlos Calderón en multitud de grabaciones para diversos artistas.

su primer disco en los Estudios Celada con el sello Acción, de Manolo Díaz. En la Cadena Ser hicieron su primera actuación, presentando su primer *single* con las canciones "Cantaré" y "Poetas andaluces", que Gerardo Irles califica como "*single* histórico",[66] publicado en 1969.

Previamente, surge la idea de grabar un primer LP y Manolo Díaz escoge a Juan Carlos Calderón y a Ramón Farrán para la parte de los arreglos. Cuenta Juan Carlos Ramírez que "Manolo Díaz tenía relación con Calderón porque habían trabajado varias veces juntos y confiaba en él. En aquella época, Calderón trabajaba con todo el mundo, con todas las casas de discos. Tenía contratos concretos, pero no en exclusividad".[67]

En un primer momento, el grupo se llamaba Voces de Humo y fue la discográfica la que decidió cambiar el nombre por Aguaviva cuando se publica el primer *single*. Al poco tiempo, graban el álbum completo con el título *Cada vez más cerca*, sin embargo, el grupo no tenía actuaciones en España (salvo en recintos privados), ya que sus espectáculos estaban teatralizados y los textos escogidos eran tachados por la censura. Aguaviva logró muchísimo éxito por varios países de Europa: en Holanda llegaron a ser número uno y en Italia fueron invitados a participar en prestigiosos festivales, como la Mostra de Venecia de 1970. Según Juan Carlos Ramírez, este éxito se debió a varias razones: "Era una mezcla de cosas muy nuevas, la parte progresista de estar oyendo algo que en España no se podía oír en ese momento, una puesta en escena bastante rompedora, todos vestidos de negro con una especie de medallón al estilo *hippie*; así nos presentamos en la Mostra de Venecia". El reconocimiento internacional comenzó en Italia y cogió una inercia que funcionó en toda Europa. En aquella época la canción española no salía prácticamente de sus fronteras:

> Cuando estábamos grabando el LP, el *single* empieza a funcionar en Italia y nos llaman para participar en la Mostra de Venecia y allí nos dan el León de Oro. Fue un éxito sobrepasado en aquella época y creo que se debía a que era de las primeras veces que se ponía música a letras de poetas y Alberti era muy conocido en Italia. El éxito en Italia fue tanto que se grabaron en idioma italiano y luego en inglés la parte de recitado [...] Fueron dos o tres años en Europa muy bestiales, hasta nos invitaron a participar en el Festival de Cannes. En aquel momento estábamos a nivel de popularidad de Ike & Tina Turner y otros. En Italia lo editó Carosello Records y se hicieron un montón de apariciones en televisión [...] Todavía seguimos cobrando derechos de autor.[68]

66. Irles, Gerardo, *¡Sólo para fans! La música ye yé y pop española de los años 60*, Madrid: Alianza Editorial, 1997, p. 200.

67. Entrevista personal con Juan Carlos Ramírez.

68. *Ibidem.*

AGUAVIVA

Cada vez más cerca

ÚLTIMA HORA

EL HOMBRE NUEVO DEL MUNDO

LA HERMOSA Y CREADORA FALTA DE RESPETO A LOS TEXTOS

ROMPIENDO MOLDES

ANDALUCIA: ¡SE HA QUEDADO SIN NADIE?

LOS LIMITES DE LA VIDA

Lorca vive

LA HUIDA

Carpeta de *Cada vez más cerca.*

Surgen múltiples giras por Europa y el éxito de Aguaviva fue tal que se llegaron a grabar discos en diferentes idiomas: "Lo que hacían era conservar los coros en español y traducir la parte recitada al idioma de cada país".[69] En 1971, la discográfica Capitol graba de nuevo el LP con el título *12 Who Sing the Revolution,* destinado al mercado anglosajón y norteamericano, con versiones en inglés de parte de las canciones, contando con el actor Raúl Juliá, que grabó en inglés la parte que recitaba José Antonio Muñoz en castellano.

El diseño de la carpeta del disco *Cada vez más cerca* fue muy vanguardista y original para la época: cuatro imágenes a modo de periódico, incluida la portada con fotografías de Rafael Alberti, León Felipe, Gabriel Celaya, Cristóbal Halfter, un retrato de Lorca, las letras de las canciones y dos textos a modo de presentación del grupo firmados por Celaya y Halfter.

De las dieciséis canciones que forman el disco, Calderón se encarga de los arreglos de los siguientes títulos: "Cantaré" (Manolo Díaz), "Los cuentos" (León Felipe), "Límites" (Manolo Díaz), "La unión del mundo" (Manolo Díaz), "¡Ay, amor!" (Federico García Lorca), "Federico" (Manolo Díaz), "Luna, luna, luna" (Federico García Lorca), "24 bofetadas" (Federico García Lorca) y "Poetas andaluces" (Rafael Alberti).

69. *Ibidem.*

Juan Carlos Ramírez recuerda las peculiaridades de Calderón en su faceta de arreglista:

> Como arreglista, me ha encantado toda la vida la forma de combinar y el gusto con que lo hacía todo. Cómo combinaba el piano, las percusiones y la cuerda sobre todo... Los arreglos de cuerda eran fantásticos, pero tiene tantas y tantas cosas preciosas, es de auténtico gusto. En aquella época esos arreglos no eran tan normales, porque ahora se ha oído de todo, pero en aquella época no. Por ejemplo, cómo mezclaba una marimba o el piano, meterlo en el sitio justo y que nada sonara a mazacote. Para mí, era un genio total. Desde el principio, el gusto que tenía Juan Carlos era increíble. La personalidad que tenía para encajar todo, cómo sabía darle un color y un dibujo a un arreglo... era capaz de convertir la canción en otra cosa totalmente diferente y superatractiva.[70]

Aguaviva tuvo una vigencia más o menos ininterrumpida hasta el año 1979, llegando a grabar seis álbumes más con distintas formaciones. Juan Carlos Ramírez abandonó el grupo antes de grabar el segundo LP para entrar a trabajar como ingeniero de sonido en Kirios,[71] siendo sustituido por Luis Gómez-Escolar.

Mocedades-Calderón: el nacimiento de un gran binomio

> Para mí Mocedades y Sergio y Estíbaliz son algo más de lo que ustedes conocen, son esa gran familia que antes de tener un nombre artístico se reunían para cantar folk americano bajo la batuta de Don Roberto.
>
> Juan Carlos Calderón

Las canciones de Mocedades han unido a varias generaciones desde la época de la transición española y detrás de ellas está Juan Carlos Calderón. El grupo vocal de origen bilbaíno surge en 1967 en el seno de la familia Uranga, formada por un matrimonio con nueve hijos. Sus padres habían sido cantantes aficionados y seis de los nueve hijos han formado parte del grupo Mocedades. Don Roberto vivió durante quince años en Estados Unidos y a su regreso a España, aparte del idioma trajo la música que inculcó a su familia. Amaya Uranga, la mayor, junto con Izaskun y Estíbaliz formaron el trío vocal Las Hermanas Uranga. Amaya toca la guitarra y canta y sus hermanas le hacen los coros y comienzan a actuar en locales y festivales de Bilbao en 1967. Después de una actuación durante la inauguración de la tuna de ingenieros de Bilbao, se unen al trío los hermanos Sergio y Rafael Blanco, Javier Garay, José Ipiña, Paco Panera y Roberto Uranga, pasando a llamarse

70. *Ibidem.*

71. Nombre con el que se rebautizó el estudio de grabación Estudios Celada (Madrid) a partir de 1973.

Voces y Guitarras. Sergio Blanco es quien se encarga de hacer los arreglos vocales y comienzan a hacer pequeños bolos locales sin grandes pretensiones, más bien por afición. Consiguen participar semanalmente en un programa de Radio Popular cantando todos los jueves durante varios meses y en 1969 graban una cinta de casete de la que hacen varias copias para enviar a las discográficas. Una de las copias llega a Zafiro y Juan Carlos Calderón, que en ese momento tenía fuertes vínculos con la discográfica, recibe una de ellas: "yo recibí lo que entonces se llamaba una cinta, que cantaban folk y ahora lo llaman country", dice Calderón, quien viajó junto con otro productor a Bilbao para escuchar al grupo. La canción que cantan en directo es "La guerra cruel", de Peter, Paul and Mary, y al primer productor que les escuchó no le convenció porque hacían unas armonías que él consideraba "poco ortodoxas", sin embargo, a Calderón aquellos acordes le parecieron fantásticos y así comienza el binomio Calderón-Mocedades.

Voces y Guitarras viajan a Madrid y firman un contrato con Novola, la división de Zafiro especializada en grupos españoles, dirigida en ese momento por el productor y compositor Pablo Herrero, y a propuesta de la discográfica pasan a llamarse Mocedades. Según Izaskun Uranga, "Juan Carlos nos lleva a una casa de discos en la que ya había un grupo que se llamaba Voces Amigas y era un lío que hubiera otro Voces y Guitarras. Nos propusieron ser Mocedades y nos encantó". Con el paso del tiempo Amaya apunta que el cambio de nombre fue una estrategia de la discográfica para quedarse con los derechos del nombre.

Su primer álbum lo graban ocho componentes, prescindiendo de Javier Garay por estar cumpliendo el servicio militar obligatorio. El disco se tituló *Mocedades*, con doce canciones, la mayoría de ellas de folk norteamericano, entre ellas "La guerra cruel", versión traducida del tema "Cruel War" (Peter, Paul and Mary) con la que sorprendieron a Calderón en su primer encuentro en Bilbao.

> La música que interpretaba Mocedades, en una época en la que la canción protesta y el movimiento *hippie* estaba en pleno auge, tenía unos orígenes completamente diferentes. Por un lado, la música norteamericana, los espirituales negros que habían llegado a conocer de la mano del padre de los Uranga, que se había educado en los Estados Unidos. Por otra parte, la música folk, Atahualpa Yupanki, Joan Baez o Peter, Paul and Mary. Pasando, por supuesto, por la fuerte influencia del grupo del momento, los Beatles, por el que todos estos chicos sentían una enorme admiración. Pero otro movimiento que influyó bastante en su forma de hacer fue el movimiento universitario, ese fue realmente el público que siguió a Mocedades en su primera época.[72]

Abre el disco la composición de Calderón "Pange lingua", con un arreglo musical influenciado por los cantos espirituales negros en la línea de las grandes baladas americanas. Destacan las armonías que selecciona Calderón junto con los arreglos

72. Página oficial del grupo Mocedades <https://www.grupomocedades.com/varios/historia/>.

vocales organizados por Sergio Blanco, nada escuchados en los grupos vocales de la época. Por otro lado, la elección de la letra creó cierta controversia por el uso de un himno escrito por santo Tomás de Aquino para la festividad de Corpus Christi. Utilizar un texto litúrgico en un contexto totalmente profano no fue bien visto por el sector más conservador de la Iglesia católica. Fue prohibida en algunas emisoras de radio de línea conservadora y, a pesar de la polémica generada, "Pange lingua" se convirtió en el primer *single* de Mocedades junto con "Viejo marino", un tema escrito por Pedro Iturralde que no fue incluido en el álbum completo. "Pange lingua" es el nombre con el que se conoce popularmente al primer disco y cuenta Roberto Uranga que:

> en principio, lo que el grupo componía o lo que el grupo cantaba era más bien del tipo folklórico, sin embargo, estábamos todos, en cuanto a la música que oíamos, muy influenciados por los Beatles y Juan Carlos Calderón también. Entonces el "Pange lingua" y una serie de canciones como "Oh no!" o "Make Love Not War", que eran de Juan Carlos, estaban muy influenciadas por lo que él había oído de los Beatles y había asimilado y lo había hecho suyo. Entonces, de esa vertiente, que en principio solo era folk en Mocedades, se añadió la otra vertiente que es la de Juan Carlos Calderón.[73]

En este disco aparecen otros temas clasificados como espirituales negros, como "Take My Hand Precious Lord", publicado en *single* junto con "Áridos campos", firmada por Ipiña y Calderón. Los dos temas son bastante dispares en arreglos y en estilos: el primero es un arreglo íntegramente vocal en que destaca la voz grave de Rafael Blanco, mientras que "Áridos campos" es una composición más básica, con armonías sencillas y acompañamiento de guitarras de estilo folk. En *La Vanguardia* (17/01/1970) se valora positivamente el tema espiritual "interpretado muy a conciencia", mientras que "Áridos campos" es un tema "con el que estos dos autores no pasarán probablemente a la posteridad. Con sus pros y sus contras es un disco que encierra valores positivos y que merece atención".

La esencia coral de Mocedades está en otra composición de Calderón de estilo country folk. Titulada "El agua no tiene color", supone una utópica reivindicación contra el racismo y fue muy utilizada por los coros parroquiales para celebrar misas juveniles en la década de los setenta. Claro que el mensaje y el estilo, de lo más naif, se presta a este propósito:

Ya no hay razas, ya no hay color,
solo hay trigo, solo hay amor
y el mismo sol que vemos tú y yo
es de todos y es de Dios.

73. Documental *La saga de Mocedades*, 1.ª parte. <https://www.youtube.com/watch?v=DEAqK_jGhr0&ab_channel=hebelunpuru>.

Cuando un hombre te dé de comer
y en sus manos agua beber
acéptalo, qué importa su piel,
te lo da de buena fe.

Todos comemos del mismo pan,
todos buscamos a Dios,
todos bebemos en un manantial
y el agua no tiene color.

Cuando el sol se asoma en el mar,
cuando el hombre empieza a sembrar
te miro a ti, me miras tú a mí y bebemos libertad.
Y si buscas ese hogar, algún hombre te lo dará.
Acéptalo, qué importa su color, te lo da de corazón.

El álbum se completa con los títulos: "Juliette", "Jimmy Brown", "Swing Low, Sweet Chariot", "Donna donna", "Miss Katty Cruel". En la imagen de la contraportada se utiliza un cuadro de Fernando Calderón (hermano de Juan Carlos) representando a unos colonos americanos en torno a una fogata, cantando y tocando instrumentos. Es una imagen icónica del concepto de Mocedades en esta primera etapa, en cuanto a que representan a esa gran familia reunida para cantar folk americano y otros cánticos de diferentes culturas.

En Navidad de 1969, Mocedades aparece por primera vez en Televisión Española en el programa de máxima audiencia *Galas del sábado,* presentado por Joaquín Prat y Laura Valenzuela. Los ocho componentes del grupo, junto con los presentadores del programa, interpretan junto a Marisol una canción titulada "Navidad feliz", compuesta por J. C. Calderón para la ocasión. Todo un logro en sus comienzos.

La Vanguardia (21/03/1970) califica la aparición de Mocedades en el mercado discográfico como "un grupo vocal mixto de mucha talla", recordando que en la música coral "está todo por hacer" y que el grupo "emprende el camino contando con materia prima para salir airoso de cualquier aventura y con la guía inapreciable del excelente Juan Carlos Calderón". Asimismo, opina que en el grupo hay "alguna voz solista femenina de poco relieve, pero, en contrapartida, Mocedades dispone de un bajo de primera categoría que nada tiene que envidiar a sus colegas de los más acreditados conjuntos norteamericanos", refiriéndose a Rafael Blanco.

"Más allá"

Tras la buena acogida del primer LP, al año siguiente, Calderón dirige y produce el segundo álbum con la misma formación que el primero. El disco se titula oficialmente *Mocedades 2* y es más conocido como "Más allá" por el título que abre el disco. Este tema es una adaptación de Calderón de la "Sinfonía del Nuevo Mundo"

(A. Dvořák), con la que participan en la I Feria Internacional de la Canción de Barcelona junto con otros veinte cantantes populares.

La moda de hacer versiones pop de piezas sinfónicas se había colado en las listas de éxitos y Calderón acierta de pleno con este arreglo. La letra recoge el mensaje impregnado en "El agua no tiene color" del anterior LP y lo expande con versos como,

Más allá, donde el sol tiene otro color
siempre habrá un lugar para el que llegó.

Primera estrofa de un texto cándido, acorde con un momento histórico en el que una parte de la sociedad no se identifica con la canción protesta y aplaude letras más diáfanas y positivas. Con el estribillo culmina ese mensaje de positividad:

Un nuevo mundo, nuevo amanecer,
nuevas ilusiones, ver una vida nacer.

Respecto a la música, "Más allá" tiene un singular arreglo dividido en dos partes: en la primera se respeta la melodía del segundo movimiento de la sinfonía con las voces armonizadas sobre una base de batería, bajo, guitarra y algunas frases de piano; la segunda parte es totalmente diferente, comenzando con un arreglo en la línea de las canciones pop del momento, más rítmica y rápida, con la incorporación de algunas frases de cuerdas o metales y terminando con cierto aire de canción folk irlandesa. Junto con una versión del clásico de los Beatles "Let It Be", "Más allá" fue lanzada en *single* y se convirtió en el tema de más éxito del grupo hasta ese momento. Méndez Vigo, desde *ABC* (12/06/1971), lo veía así:

> El entusiasmo de estos muchachos, secundado por ese gran músico español que es Juan Carlos Calderón, les llevó a estudiar con el máximo cuidado los tiempos primero y segundo de la "Sinfonía del Nuevo Mundo", de Dvořák, hasta finalizar una de las páginas más bellas de la música ligera: la grabación de la canción "Más allá", ampliamente difundida por las estaciones de radio nacionales, para deleite de los buenos aficionados.

Años después, Calderón manifestaba en un programa de Televisión Española su preferencia por este tema: "uno de los más queridos míos y más trabajados. [...] Gozamos mucho al hacerlo", decía. El disco está formado por once canciones que siguen la línea del anterior, con predominio de las *folk songs*, algunas *work songs* y una canción popular en euskera titulada "Oi pello pello", que fue también *single* junto con la *work song* norteamericana "The Cotton Picker's Song". Además, encontramos un peculiar tema compuesto por J. C. Calderón, titulado "Amuba Kiba", estructurado en tan solo tres frases: "Amuba Kiba, donde estás / busco una isla que se ha perdido / donde yo pude ser feliz". Lo más interesante del tema es la fusión entre ciertas sonoridades caribeñas (la clave 3-2, por ejemplo) con profusas improvisaciones de piano y arreglos de soul blues.

"Peace in the Valley", "Just a Closer Walk with Thee" y "Go Tell It on the Mountain" son tres canciones más del álbum en las que destaca la voz grave de Rafael Blanco. "Kean the Depsasees" es una canción lenta que supone la antesala de Sergio y Estíbaliz como dúo. El álbum se completa con "I Know the Lord Laid his Hands on Me", un espiritual tradicional muy cantado en las iglesias de góspel, y "Río", composición de J. C. Calderón junto con J. Ipiña y S. Blanco, interpretada por Sergio Blanco como voz solista.

"Otoño"

A finales de 1970 Paco Panera y José Ipiña abandonan el grupo y se incorpora Javier Garay después de haber finalizado el servicio militar obligatorio, quedando una formación de siete componentes. Tras los cambios, en 1971 se publica un nuevo álbum titulado *Mocedades 3*, que sigue la misma línea de los dos anteriores, con algunos cambios: se suprimen los espirituales negros, motivo por el que la voz grave tan característica de Rafael Blanco pierde peso en las grabaciones, y se da más protagonismo a las voces femeninas de Amaya y Estíbaliz. Además, se añaden otros estilos con arreglos más pop y arreglos vocales más elaborados, en la línea que va a caracterizar a Mocedades en los siguientes discos. Al igual que el anterior, el álbum también se inicia con una adaptación de una pieza clásica: "Otoño", basada en el primer movimiento del "Concerto" de Vivaldi con título homónimo. "Otoño" es el nombre con el que se conoce popularmente este disco y, de la letra, Calderón se sentía orgulloso:

Vuelve ya el otoño, el fruto, los retornos,
los cantos junto al hogar,
vuelven las hogueras, se queman las quimeras,
qué solo se queda el mar.

Vuelven los romances, los niños y los parques,
vuelven los amigos, saludan los vecinos.
Ya las golondrinas se pierden en las cimas y tú vendrás.
Hablan las comadres y junto a los telares se teje una historia más,
vuelven ya los días de luz adormecida, de dulce tranquilidad.

Y tañen las campanas, la plaza se engalana,
se baila, la fiesta de otoño va a empezar.

Vuelve ya el otoño, el vino, los madroños, el fuego junto al hogar.
Se cuentan historias de playas y de olas, de besos junto a la mar.
Vuelven los amantes ansiosos por amarse,
vuelven los pastores, marchitan ya las flores.

Beben los compadres, recuerdan mocedades,
conquistas allende el mar,
todos se han casado, su vida han ordenado,
más no pueden olvidar.

"Otoño" tiene un arreglo de cuerdas extraordinario, conservando algunas ideas del original de Vivaldi y añadiendo enlaces nuevos para cuadrar con las voces. Fue *single* junto con "My Bonnie", una alegre canción country protagonizada por la voz de Izaskun.

"¡Oh, no!" es una canción que va a definir el estilo musical de muchas de las composiciones de Calderón y anticipa temas como "Eres tú" y "Tómame o déjame", con las que guarda cierto parecido estructural. En cuanto a la temática, es totalmente diferente y representa otra manera de entender el amor:

Oh, no! ¡Oh, no!
Alguien dice que no bebo de la viña del amor
y qué saben lo que puedo beber yo.
Porque viva sin raíces,
porque crezca sin calor,
¡Oh, no! ¡Oh, no!

Tengo un árbol, una fuente, un mañana, un ayer
y sonrío cuando veo amanecer.
Soy el lecho de tu río, soy un sol de anochecer,
qué más se puede ya tener,
yo soy tu huella, yo soy tu piel,
¡Oh, no! ¡Oh, no!

Soy pequeña como un niño, cuando miro al sol nacer,
soy mujer cuando te veo aparecer,
soy la tierra donde pisas, soy semilla de tu flor,
que no me hablen de ese amor,
¡Oh, no! ¡Oh, no!

"Make Love, No War" es otra composición de Calderón de inspiración americana, cuya letra hace alusión al lema antimilitar ("Make Love, Not War") que se había extendido a finales de la década de los sesenta con la cultura *hippie* como artífice del mensaje. Calderón escribe las estrofas en español para que Amaya se cuestione a cuento de qué su amor se ha ido al campo de batalla: "Por qué estarás luchando / por algo tal vez / o no / no sé por qué". La penúltima estrofa presagia un triste final: "Yo no sé si volverás / si en el campo quedarás / si a algún soldado daré / el hueco que en mi lecho / llenaste con tus besos / o no / no, no podré". A ritmo de marcha militar, lo primero que encontramos es un estribillo con letra en inglés muy bien armonizado, repetido por todo el batallón vocal después de cada estrofa, con el arreglo musical *in crescendo*. El estribillo dice:

Make love, no war,	*Haz el amor, no la guerra,*
told me my father a day.	*me dijo mi padre un día.*
Don't forget your smile,	*No olvides sonreír,*
don't forget the wild.	*no olvides lo salvaje.*
Try to go, singing through the way.	*Intenta ir, cantando por el camino.*

"Make Love, No War" fue lanzado como *single* junto con un tema popular santanderino titulado "Esta noche ha llovido", en el que Calderón se inspira en su tierra (Cantabria) y se esfuerza en una impecable armonización de voces para darle un aire melancólico.

La cara B del disco se inicia con una versión popular de la tradicional cubana "El manisero" (Moisés Simons), a la que sigue "Where Is Love?", una versión del tema principal de la película musical *Oliver!* (1968), compuesta por Lionel Bart para el musical del mismo título y basada en la novela de Charles Dickens *Oliver Twist* (1838).

"He's Mine" (H. Martin y Bobby Scott) va a marcar el estilo de arreglos vocales que identificarán al futuro dúo Sergio y Estíbaliz. Para cerrar el álbum vuelven a incorporar una canción con letra en euskera, "Zure Begiak" (Mikel de Zarate y José Ángel Guerrero), en un arreglo vocal con el único acompañamiento de una guitarra.

América negra

En 1972, Calderón logra reunir a una gran parte de los músicos con los que había grabado sus discos de jazz y al grupo Mocedades en un espectáculo titulado *América negra,* una obra musical basada en una selección de poemas, cánticos y textos inspirados en la segregación racial norteamericana como homenaje a Martin Luther King, traducidos y adaptados por Lorna Grayson y Vicente Romero, y escenificados por Antonio Díaz Merat. El espectáculo fue producido por Emilio Santamaría (padre) y su hijo recuerda que "le costó su dinerito, aunque lo hizo encantado porque siempre apostó por el talento".[74] Fue un espectáculo pionero, ya que la producción de musicales aún estaba por llegar a España. El estreno estaba previsto para noviembre de 1971 bajo el título "Yo también soy América", contando con Donna Hightower, Basilio, Mocedades y Javier Escrivá, como actor principal. Finalmente, se estrenó en abril de 1972 en el Teatro de la Comedia de Madrid con algunos cambios, entre ellos el nombre del espectáculo (pasando a llamarse *América negra*) y contando con la participación del actor Antonio Iranzo en el papel de recitador, Mocedades en las voces, el grupo África 72 y la Gran Orquesta de Jazz, formada por la élite de los músicos de grabación de la época. Permaneció pocas

74. Entrevista personal con Emilio Santamaría.

semanas en cartel, ya que apenas se invirtió en publicidad y el "boca a boca" tardó en funcionar. Así, cuando la taquilla se empezó a animar, los responsables del teatro ya tenían prevista la cancelación del espectáculo, recuerda Emilio Santamaría. Sin embargo, las críticas fueron positivas desde la primera función: *ABC* (21/04/1972) resalta la belleza de los poemas, la gran orquesta y las voces impecables de Mocedades:

> Parecía que el tema quedaba lejos. Al fin y al cabo, entre nosotros no hay problema racista. Los milagros del arte desmintieron aquella suposición inicial al encender entre los espectadores el fuego del entusiasmo. El tema pasó a ser repentinamente familiar, cercano y arrebatador. [...] Los poemas —bellísimos—, de escritores prácticamente desconocidos aquí, que dijo Antonio Iranzo, son una muestra incisiva y violenta. Con una gran orquesta de yaz [*sic*], de la que forman parte los mejores instrumentistas de la especialidad que existen en España y con la decisiva participación del grupo Mocedades, cuyo estilo y voces son de una pureza irreprochables, el espectáculo —o mejor, el festival— *América negra* fue de menos a más. Desde las primeras evocaciones de Harper sobre los antiguos mercados de esclavos hasta los gritos desafiantes de los últimos poemas, pasó el espectador a través de todos los estados de espíritu de una raza que fue resignada y ya no lo es. [...] Entre Antonio Iranzo, la orquesta, dirigida por J. C. Calderón, y Mocedades, el público —juvenil y predispuesto a apoyar las causas nobles— se vio conducido a través del ardiente paisaje histórico y psicológico que es el drama de las gentes de color en los Estados Unidos, país poderoso, país demócrata, país amante de las libertades, corroído por el cáncer de la segregación, al que se van poniendo parches catarrales tarde y sin ganas. [...] Pero sorprende la perfección formal, la gracia alada de muchos poemas, la ironía finísima, la elevación de la sátira. Es mérito que en gran parte corresponde a Lorna Grayson, Vicente Romero y el director Antonio Díaz Merat, tres jóvenes que han acertado de lleno al concebir y desarrollar este clarificador festival. El final, ya con la sala recalentada por la protesta tan bellamente expresada, fue apoteósico. La voz poderosa de Iranzo, gritando por encima de los trompetazos de la orquesta y al lado mismo de la canción entonada por Mocedades, hizo estallar una interminable ovación de los espectadores puestos en pie. En esos momentos finales, el escenario se pobló con un coro de cantantes de color, y la plasticidad del cuadro multitudinario sirvió para ratificar la aguda inteligencia que ha presidido la preparación de este festival. Sería una lástima que se perdiese el esfuerzo. Un disco que recogiese todo el espectáculo tal y como se presenta en la Comedia dejaría constancia de una fiesta que, por su propia naturaleza, es esencialmente audible.

Antonio Iranzo y Juan Carlos Calderón. Caricatura publicada en *ABC*.

Juan Carlos Ramírez recuerda que Calderón le llamó para participar en el espectáculo, en sustitución de Sergio Blanco por estar cumpliendo el servicio militar obligatorio, aunque el cantante acudía a las grabaciones cuando era requerido: "Tuve la suerte de cantar con los Mocedades auténticos, sin Sergio, porque estaba en la mili, pero los demás sí y fue una experiencia increíble". Según Ramírez, el actor Antonio Iranzo estaba caracterizado de negro y salía desde diferentes sitios del escenario recitando los textos de forma solemne, al igual que Mocedades:

> La puesta en escena era absolutamente hierática, Antonio recitaba un poema y luego nosotros cantábamos y había alguna cosa que hacíamos de manera conjunta. Mientras Antonio recitaba, nosotros hacíamos voces, pero no había teatralización ninguna. Musicalmente sonaba tan bien que era increíble, los hermanos eran espectaculares, todo cantado a cuatro voces. Yo las pasaba canutas porque no se iba nadie ni una micra, como se fuera la afinación una micra los demás se volvían todos como si se hubiera matado a alguien. Era una cosa difícil y asustaba. Pero aquella masa coral te ponía la carne de gallina, era espectacular.

Cancelada la representación en el Teatro de la Comedia, se programó de nuevo en el Teatro Calderón desde el 10 de octubre de 1972 hasta el 22 de noviembre. Según Emilio Santamaría, no era el sitio más adecuado para un espectáculo de este formato, pero fue el único que tenía fechas disponibles. Fue anunciado por *ABC* (10/10/1972) como "el gran espectáculo musical" y, para su promoción, el cartel del periódico resalta las críticas de otros diarios. Así:

> "*América negra* es un soberbio e impresionante espectáculo" (Basilio Gassent), Radio Madrid. "Un espectáculo de ímpetu insospechado que levantaba al público de sus asientos" (G. Espina), *Hoja del Lunes*. "Pocas veces hemos visto aplaudir y vitorear como anoche lo hizo el público" (A. Marquerie), *Pueblo*. "Es sencillamente una joya teatral. Una cosa así no se ve ni se oye todos los días" (C. L. Álvarez), *Arriba*. "Clamorosas ovaciones hubo al finalizar la representación

de este bello, interesante y moderno espectáculo" (M. D. Crespo), *Alcázar*. "Un espectáculo auténticamente extraordinario" (P. Corbalán), *Informaciones.*

Calderón recuerda en un programa de TVE cuál fue la motivación para llegar a materializar un espectáculo tan complejo como *América negra*:

> El probar cada noche esa especie de venenillo del teatro, que no solo es musical, sino también mirar a ver si viene el público, si no viene... El hacer un tipo de música como es el jazz o el espiritual, que siempre me ha gustado, contar con elementos como Mocedades, el ser un músico más y realmente todo eso tiene una emoción diaria [...] Fue muy importante para mí porque, además, muchas de las canciones eran mías y muchos arreglos de los textos.[75]

El repertorio que interpretaron fue el siguiente: 1. "Deep River"; 2. "Summertime" (Gershwin); 3. "Suite" (J. C. Calderón); 4. "St. James Infermery"; 5. "Nobody Knows, the Trouble I've Seen"; 6. "Where You There"; 7. "Hold On"; 8. "Take My Hand, Precious Lord"; 9. "Sinfonía negra" (J. C. Calderón); 10. "We Shall Over Come"; 11. "Amen"; 12. "Marchemos, compañeros" (J. C. Calderón); 13. "Dejad la segregación en paz" (J. C. Calderón); 14. "Pregunté al Señor" (J. C. Calderón); 15. "One Man's Hand"; 16. "Kumbaya"; 17. "Oh Freedom".

Desafortunadamente, no existe ninguna grabación del espectáculo de modo oficial, aunque Emilio Santamaría recuerda poseer una grabación que había sido digitalizada y convertida en CD: "Lo difícil es saber dónde está tras varias mudanzas", se lamenta Santamaría. Por su parte, Mocedades ha grabado algunos temas que han formado parte de diversos discos, como es el caso de "Take My Hand, Precious Lord", que pertenece al primer disco. También, durante 1972, se graba un *single* que incluye dos canciones: "Hold On" y "Where You There", un tema tradicional en la voz principal de Rafael Blanco, sin embargo, los dos temas del *single* no llegan a formar parte de ningún álbum completo, aunque merece la pena escucharlos. Otro de los temas grabados es "Nobody Knows the Trouble I've Seen", una canción tradicional con arreglo de Calderón que va a formar parte del álbum *Mocedades 5*.

Los seis históricos de Mocedades

La formación vasca comienza a tener un éxito significativo, tanto por la venta de discos como por la cantidad de conciertos que se demandan desde toda la geografía española. La discográfica es consciente y no quiere perder ni una sola oportunidad de colocar algún *single* o LP en el momento conveniente. Así, de cara a las Navidades de 1972 se publica un nuevo *single* apropiado para la ocasión con dos composiciones que serán incluidas en el posterior *Mocedades 4:* "Rin ron" en

75. Entrevista de J. C. Calderón en el programa de TVE *Música para la nostalgia*. Vídeo facilitado por Teresa Calderón.

la cara A y "Yesterday (It Was a Happy Day)" en la cara B, compuesta por Sergio Blanco y José Ángel Guerrero.

"Rin ron" es una composición de Calderón, con arreglos de estilo folk y aires navideños. La letra habla del amor poético y el arreglo musical se estructura en función de los mensajes de los versos. Comienza directamente con el estribillo cantado por todas las voces ("Rin ron, rin ron"), acompañadas por batería, bajo, guitarras, teclados y sonidos de campanillas marcando cada sílaba, detalle que le da la sonoridad navideña. Izaskun Uranga lleva el mayor peso vocal, comenzando con la estrofa que dice:

Díjome madre, pregúntale a padre,
que en el mar está de sol a sol,
en una barca de velas calladas,
tu callado padre pescador.

En la segunda estrofa las voces masculinas se encargan de la melodía principal, mientras que las voces femeninas hacen un coro con notas descendentes:

Dígame padre, pregúntele al viento
si he crecido ya para el amor
y en una barca de velas calladas
mi cansado padre dijo no.

Seguidamente, tiene lugar un puente donde el arreglo juega con un intercambio entre las voces masculinas y las femeninas que aporta colorido:

Los pescadores preguntan al viento (voces femeninas)
como el joven a la vida (voz masculina),
saben de vino, saben de penas (todo el coro),
saben leyendas dormidas (coro sobre dos acordes de guitarra).

Con esta última frase se produce una pausa antes de retomar el estribillo y, después de una melodía instrumental, llega la segunda parte con los mismos arreglos y versos diferentes:

Díjome padre, pregúntale a madre,
que ella es madre y sabe del amor
y en una barca de velas calladas
mi cansado padre se durmió.
Y entre preguntas a madre y a padre
se me fue toda la vida,
porque del viento se aprenden las penas,
pero es que el amor es brisa.

Desde el aspecto musical, esta composición es una muestra más de la visión comercial que había desarrollado Calderón, manteniendo su calidad compositiva y añadiendo elementos que logran captar la atención del oyente. En cuanto a la letra, hay poesía, hay conocimiento de métricas, usa un lenguaje lírico, las metáforas están presentes... todo un catálogo de muestras que evidencian el afán lector del compositor y el talento como letrista.

Después de la grabación del último *single,* tres componentes abandonan el grupo: los dos hermanos Rafael y Sergio Blanco, y Estíbaliz Uranga. Regresa a la formación José Ipiña y se incorpora Carlos Zubiaga, procedente del grupo Los Mitos. A partir de ese momento se estabiliza la formación durante varios años con los seis componentes, también conocidos como "los seis históricos": los tres hermanos Uranga (Amaya, Izaskun y Roberto), José Ipiña, Javier Garay y Carlos Zubiaga.

Fueron seleccionados para participar en el Festival de San Remo con la canción "Addio amor", compuesta por Calderón, Gallerani, Bosisio y Nobile, con letra en italiano. Este festival tuvo lugar entre el 8 y el 10 de marzo de 1973 y Calderón se encargó de dirigir la orquesta en directo. No logró clasificarse para la final, sin embargo, tuvo bastante repercusión en el mercado europeo y fue grabada en diferentes *singles*: para el mercado español junto con "Dime Señor" y para el mercado italiano junto con "Sulla Piazza del Gran Porto" (compuesta por Bosisio-Gallerani-J. M. Lizar y J. C. Calderón), por el sello Fonit-Cetra. "Sulla Piazza del Gran Porto" fue grabada en italiano y posteriormente en español con el título "El vendedor", una de las canciones más conocidas de Mocedades y publicada posteriormente en el álbum *Mocedades 5.*

"Eres tú"

Cuenta Carlos Zubiaga que a los quince días de entrar en el grupo le llama Roberto Uranga para decirle: "Carlos, que nos vamos a Eurovisión". Zubiaga no se lo creía y respondió: "Vale, dime a qué hora quedamos para ensayar mañana y déjate de bobadas".[76] No era ninguna broma. En noviembre de 1972 se anuncia la decisión de Radio Televisión Española de llevar a Juan Carlos Calderón como director de orquesta y al grupo Mocedades para representar a España en el Festival de Eurovisión que se celebra el 7 de abril de 1973 en Luxemburgo. La noticia causó cierta sorpresa en los medios de comunicación, ya que se barajaban otros nombres como Marisol, Luciana Wolf o Junior, entre otros solistas. Según Carlos Zubiaga, la decisión la toma el director general de Radiodifusión y Televisión, Adolfo Suárez (futuro presidente del Gobierno de España entre 1976 y 1981), por consejo de su mujer, Amparo Illana: "«¡Adolfo, tienes que llevar a estos chicos de Bilbao a Eurovisión!» [...] Adolfo, que se fiaba mucho de su mujer, dijo: «¡Venga, vamos a llevarles!»".[77]

76. <https://www.eitb.eus/es/television/programas/que-me-estas-contando/videos/detalle/8068010/video-carlos-zubiaga-participo-en-eurovision-con-mocedades-y-cancion-eres-tu/>.

77. Entrevista a Carlos Zubiaga en el programa de televisión *EITB.EUS.* <https://www.youtube.com/watch?v=PDxLcjxRCwA&ab_channel=eitb>.

El 3 de febrero de 1973 se anuncia por primera vez que "Eres tú" será la canción elegida, aunque no se hará pública hasta el 5 de marzo en Televisión Española y después será de libre difusión, según está regulado en las bases. *ABC* reseña que la edición se celebró entre grandes medidas de seguridad y relata la indignación del resto de participantes por el hecho de que Cliff Richards, representante de Inglaterra y en su segundo año de participación (el primero fue en 1968 cuando ganó Massiel), utiliza *playback* con coros y ritmo añadido a la orquesta en directo. Al margen de las polémicas, la canción "Eres tú" actuó en séptimo lugar y, llegado el momento de la actuación, los seis de Mocedades ocuparon su lugar en el escenario sin un atisbo de inseguridad, aparentemente. Sin embargo, aunque lo tenían todo muy ensayado, estaban muy nerviosos y en ese momento el representante Emilio Santamaría (padre), que estaba sentado en las primeras filas del público, gritó: "¡Aupa el Erandio!", en honor a un equipo de fútbol local vasco. La frase hizo su efecto y sirvió para que se relajaran y Emilio Santamaría fue expulsado de la sala por "alborotador". Calderón también ocupó su lugar frente a la orquesta y en apariencia todo iba bien, sin embargo, pasó muchos nervios: "Fue un sufrimiento más que un placer, era la primera vez que dirigía fuera de España y estaba muy nervioso, sobre todo porque quería que ganara, [...] porque se lo merecía. La prueba es que la que quedó primera ese año no se acuerda nadie de ella".

A pesar de ser la gran favorita, quedó en la segunda posición por detrás del país anfitrión (Luxemburgo), logrando 125 puntos, la puntuación más alta conseguida en el festival hasta 2022. El compositor tenía verdadera fe en esta canción, tanto para la identidad de Mocedades como para su proyección internacional. De hecho se barajaba la posibilidad de que el grupo llevara otra de sus canciones, "El vendedor", sin embargo, él se negó. Estando trabajando a altas horas de la noche, Calderón escribió sus impresiones en una vieja partitura, subrayando las frases que él consideraba más importantes para recordar al día siguiente y reiterando la intención de llevar "Eres tú":

> Me niego. No quiero "Vendedor" para Eurovisión, me puede hacer daño como autor y quitarme internacionalidad, amén de hacerme daño en España. No suena a Mocedades, no se lucen y ningún grupo extranjero querrá hacer su versión por no ser nada internacional.
>
> 1.º Llamar a Carmen (Carmen Grau de Zafiro) a las 9, decirle que no vaya "El vendedor", a Eurovisión, que Mocedades no querrá con razón, pues no es su imagen para Europa; que ahora que podemos presentar algo digno y europeo pop, no vamos a estropearlo: debe ir "Eres tú" (aunque tenga yo que revisar la letra para mejorarla).
>
> Que mande también a Bilbao *playback* sin voz de Amaya pero, por favor, que vaya "Eres tú" a Eurovisión, que no quiero que veintisiete millones de españoles se crean que yo no soy un compositor europeo, que "El vendedor" puede hacerme daño como imagen a mí también y que si tenían tanta fe en "Eres tú" (que es

la mejor) la defiendan, pues solo con esta canción podré tener una proyección y un porvenir europeos. Que San Remo ya tiene "Adiós amor". Insisto, por favor, que no vaya "El vendedor" que vaya "Eres tú".

Que "El vendedor" no suena a Mocedades NADA. Es demasiado claro que "El vendedor", con lo que han hecho antes los Mocedades: "Pange lingua", etc. Y a ningún holandés le va a importar que la letra sea de García Nieto. Acuérdate de las que ganan en San Remo: El "Eres tú" nos pega.[78]

Cuenta Tota (esposa de Juan Carlos) que en esos días le operaban del oído en Barcelona y, cuando ya se lo llevaban en la camilla al quirófano, seguía gritando: "Que vaya «Eres tú», díselo a Carmen (de Zafiro), «Eres tú».

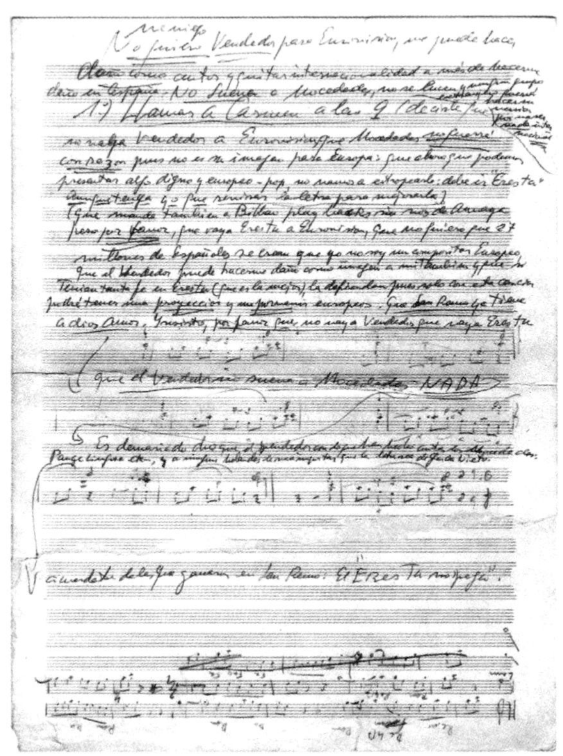

Copia del manuscrito original, cedida por Teresa Calderón.

"Eres tú" nace de dos canciones diferentes, el estribillo de una y las estrofas de otra y al mezclarlas dan lugar a la versión que conocemos. El compositor recuerda

78. Transcripción del manuscrito de Juan Carlos sobre su empeño en llevar "Eres tú" a Eurovisión.

que era una canción que iba a cantar Pedro Ruy-Blas en México, pero solo tenía la primera parte. Por sugerencia de uno de los componentes de Mocedades la juntó con otra, cuya maqueta había grabado el cantante panameño Basilio. "Lo curioso de esta canción es que tiene una letra que nunca me ha impresionado, todo el mundo me dijo «¡déjala!». Para mí, era una «maqueta» de letra. Y la dejé porque a todo el mundo le encantaba, unos porque suena a amor supremo, otros porque es poética... incluso hay gente religiosa que piensa que se refiere a Dios. No, era una letra maqueta y a mí no me dejaron cambiar ni una letra", recuerda Calderón en su última entrevista para *El Diario Montañés*.

Esta mezcla de dos canciones titulada "Eres tú" no fue para las voces de Mocedades como primera opción sino para Pedro Ruy-Blas. Cuenta el cantante que, a través de su representante y productor Alain Milhaud, le llegó la propuesta y se citó con Juan Carlos en su apartamento para conocerla y ensayarla. Calderón le mostró la canción al piano, cuya melodía estaba construida como canto llano, sin ningún adorno o melisma. Una vez asimilada, Ruy-Blas recuerda que la hizo suya añadiendo giros de góspel y adornos en los finales de frase: "Sobre todo en aquellos versos en los que se decía «Eres tú» y quizá algún otro. Al final del tema, sobre el estribillo, improvisé dos o tres *feelings*". Juan Carlos la registró en un magnetofón con el modo de cantar de Ruy-Blas y quedaron en grabarla en los estudios Audiofilm para formar parte del siguiente álbum del cantante. Sobre el día de la grabación, Pedro Ruy-Blas afirma lo siguiente:

> Yo estaba ya preparado para cantar. Tenía incluso los auriculares puestos. Sin embargo, el *playback* no arrancaba. [...] Seguía pasando el tiempo. Estar delante de un micrófono en un estudio de grabación sin hacer nada es lo más parecido a un martirio chino, más aún cuando nadie te dice algo desde el control. Y mucho más cuando, a través de la ventana, puedes ver a Juan Carlos Calderón y a Alain Milhaud hablando sin parar entre ellos y comienzas a intuir que están en medio de una fuerte discusión.[79]

La grabación se suspendió y ni Calderón ni Milhaud quisieron dar explicaciones a Ruy-Blas, quien quedó desmoralizado, incluso este incidente le llegó a causar una depresión. Muchos años después, tras hablar con ambas partes, llegó a la conclusión de que la suspensión de la grabación fue por desavenencias económicas entre productor y compositor.[80] Como es sabido, la canción acabó en las voces de Mocedades y Ruy-Blas afirma que cada una de las inflexiones que añadió aquel día en casa de Calderón, y que este grabó en su magnetofón, fueron reproducidas por Amaya: "Incluidos algunos de los *feelings* que yo aporté para el final del tema y que le daban cierta gracia y originalidad, a pesar de que la cantante solista, desde mi

79. Ample Candel, Pedro, *Pedro Ruy-Blas. A los que hirió el amor.* Lérida: Editorial Milenio, 2023, p. 295.

80. Entrevista personal con Pedro Ruy-Blas.

punto de vista, no le daba el carácter necesario, dicho sea con todo respeto, siendo posible que el éxito de la canción fuese precisamente por eso”.[81]

Calderón escribe una partitura orquestada[82] en un tempo de ochenta y cuatro pulsos de negra y tonalidad de re mayor. La estructura es la siguiente:

Introducción	A Estrofa 1	B Estrofa 2	C- D Estribillo	E Estrofa 3	F Puente	G Estribillo

La partitura escrita para el festival, fechada el 19 de febrero de 1973, comienza con una introducción instrumental de cuatro compases (en la grabación del disco se añade un compás más, repitiendo el cuarto compás). En los dos primeros compases se presenta el motivo melódico procedente del estribillo, elaborado con tres notas que coinciden con las sílabas del título, una de las razones del éxito de la canción. Este motivo lo presenta toda la orquesta excepto las flautas y se construye sobre la tríada que define la tonalidad (Re mayor), siendo las notas Fa# - La - Re (figuras blancas), sobre los acordes Re M - La M / Si m. Los dos compases restantes de la introducción corresponden a la resolución del estribillo, sobre los acordes Mi m - Sol M7 - La sus4 - La / Re M - La (4/7). La sencillez de la introducción es obvia y de ahí que sea tan impactante y tenga tanto gancho.

Amaya canta la primera estrofa con una frase de ocho compases y acompañamiento de guitarra y piano sobre una armonía sencilla.

Como una promesa, eres tú, eres tú,
como una mañana de verano,
como una sonrisa, eres tú, eres tú.
Así, así, eres tú.

Los acordes son:

...Re M - La M / Sol M - Re M - Do - Do#[83] / Re M - La M / Sol 7 M - La M / Re M - La M / Sol 7 M - Fa# m 7- Sol 7 M / Re M - La M / Re M.

Para finalizar la primera estrofa, en el último compás utiliza un pequeño detalle que le da un plus a la armonía al añadir una cadencia reforzada con una subdominante secundaria (Re M - Do M - Sol 7).

La segunda estrofa tiene el mismo desarrollo armónico que la primera excepto en el último compás, el cual, en lugar de utilizar la cadencia anterior, va directamente al acorde de dominante sus4, consiguiendo así más tensión y, por tanto, más fuerza en el estribillo que sigue. Además, en la segunda estrofa se incorpora el ritmo y

81. Ample Candel, *Pedro Ruy-Blas. A los que hirió el amor*, p. 296.

82. La partitura está escrita para los siguientes instrumentos: flauta, oboe, trompa 1.ª, trompa 2.ª, trompeta 1.ª, 2.ª, 3.ª y 4.ª, trombón 1.º, 2.º, 3.º y 4.º, saxo alto 1.º y 2.º, saxo tenor 1.º y 2.º, saxo barítono, voz principal, coro (3 voces), órgano, piano, arpa, guitarra eléctrica, guitarra acústica, bajo, batería 1.ª y 2.ª, violín 1.º, 2.º y 3.º, viola, violonchelo y contrabajo.

83. Do y Do # tienen una duración de corchea cada uno de ellos en el 4.º pulso del compás.

paulatinamente los coros que repiten las sílabas del título. También se incorpora la sección de cuerda, las trompetas en los cuatro primeros compases y el resto de la sección de viento en los cuatro siguientes.

Toda mi esperanza, eres tú, eres tú,
como lluvia fresca en mis manos,
como fuerte brisa, eres tú, eres tú.
Así, así eres tú.

El estribillo se estructura en ocho compases y se repite dos veces:

Eres tú,
como el agua de mi fuente,
eres tú,
el fuego de mi hogar.

En el segundo estribillo Amaya canta versos diferentes, mientras que el resto de las voces repiten el primer estribillo, con la voz de Izaskun como primera voz, excepto el último verso, que cambian por "el trigo de mi pan".

Algo así eres tú,
algo así como el fuego de mi hoguera,
algo así eres tú,
el trigo de mi pan, eres tú.

Desde el punto de vista armónico se utilizan acordes sencillos, jugando con los grados I, V, VI y IV, muy comunes en las canciones pop. También juega con sustituciones de la escala armonizada, como es el caso del tercer compás: en lugar de ocupar todo el compás con el IV.º (Sol M), lo divide a la mitad y en la segunda parte lo sustituye por el II.º menor. Además, en el séptimo compás vuelve a utilizar el acorde de dominante sus4, con séptima (La 4/7), un acorde que Calderón utiliza frecuentemente en las cadencias para cambios de partes de la canción, consiguiendo suavizar la armonía al carecer de modo mayor o menor.

Musicalmente, la tercera estrofa es igual que la segunda y los cambios tan solo se dan en la letra:

Como mi poema, eres tú, eres tú,
como una guitarra en la noche,
toda mi esperanza, eres tú.
Así, así, eres tú.

Finalizada la tercera estrofa, llega un puente breve en el que hay una modulación a una nueva tonalidad medio tono más alto (Mib mayor). Esta modulación se produce en el último compás a través de los acordes con tensiones La 13 y Sib (4/7). Después del puente, se repite el estribillo dos veces e intercala un pequeño arreglo en la sección de metales sobre la armonía Mib - Sib 4 - Lab - Sib, en el compás cincuenta y cuatro de la partitura. Finaliza la canción repitiendo el estribillo. La versión de estudio termina en *fade out,* mientras que para el directo del festival Calderón escribe un arreglo concluyente para ajustarse a la duración exigida de tres minutos. En este final intercala un compás de 2/4, en la antepenúltima sílaba del verso, y finaliza con toda la fuerza de la orquesta en el acorde de tónica, voz principal, metales y cuerdas con la nota Mib aguda.

"Eres tú" es de esas canciones mágicas que tienen un éxito tremendo, perdurando en el tiempo y, sin embargo, una vez analizadas resultan apabullantemente sencillas. Varias razones justifican esa magia. Para empezar, las voces: a estas alturas, la formación Mocedades tiene mucha experiencia en arreglos corales y la afinación es impecable. Amaya, la voz solista, tiene un precioso timbre que transmite calma, buena afinación, correcta dicción, proyecta la voz con gran sonoridad jugando con el micrófono correctamente y, sobre todo, es una voz que empasta muy bien con el resto de la formación. En cuanto a los aspectos musicales, también se apuntan varias razones. El motivo melódico de tres notas coincide con el título de la canción y está construido sobre las notas principales del acorde, por lo tanto, notas consonantes y fáciles de recordar. Además, el motivo (*e-res-tú*) es un bombardeo constante a lo largo de los tres minutos que dura la canción: repetido veinticuatro veces por la voz principal y catorce veces por el coro, reforzado por la orquesta. Estas repeticiones son denominadas con el término *hook*, un "gancho" fácil de recordar por los oyentes. Otra de las peculiaridades es la construcción melódica tanto de las estrofas como del estribillo: la línea melódica tiene forma de arco y se mueve por grados conjuntos en su mayoría, sobre una melodía expresiva y cantable, por lo tanto, fácil de aprehender con pocas escuchas. El arreglo orquestal está equilibrado y la letra, qué decir: está fantásticamente construida y es muy pegadiza. En definitiva, una gran canción que quedará para la historia.

Tras su paso por Eurovisión, Mocedades tuvo mucha repercusión y se volvió todo un fenómeno global, liderando las listas de éxitos en Europa, Estados Unidos y América Latina. "Eres tú" se grabó en diferentes idiomas, entre ellos en inglés, francés, italiano, alemán y euskera. Es la canción más representativa de Mocedades y de Juan Carlos Calderón en toda su historia y se convirtió en un himno para muchas personas. Según José Ipiña, "incluso en Estados Unidos, sonando en castellano, fue un pelotazo".[84] Cuenta Javier Garay que "Eres tú" se utilizó para enseñar el idioma castellano en muchas universidades americanas y también se cantaba en las iglesias.[85] Muchos artistas han grabado su particular versión del tema, desde Perry Como, Pedro Vargas, Kelly Family, Bing Crosby, Petula Clark, Nana Mouskouri, Sergio Dalma, Thalía, Los Panchos o Il Divo, hasta versiones cañeras como la del

84. "La Saga de Mocedades" <https://www.youtube.com/watch?v=DEAqK_jGhr0&ab_channel=hebelunpuru>.

85. *Ibidem.*

exguitarrista de Megadeath, Marty Friedman, y alguna versión poco afortunada como la de Andrés Calamaro. Existen más de ciento veinte versiones de la canción y una de las favoritas de Calderón fue la de Johnny Mathis, con las estrofas en inglés y el estribillo en español.

Durante los siguientes meses, las constantes galas por España y por diversos países europeos fueron desbordantes para los componentes de Mocedades y también surgió una importante gira por todas las universidades de América del Norte.

Un año después de Eurovisión, resalta la publicación de la revista *Newsweek* al señalar que Mocedades figura entre los diez conjuntos musicales más famosos de Estados Unidos, siendo la primera canción en español que ha logrado colocarse entre los diez discos más vendidos en Estados Unidos. Concretamente, en las listas Billboard permaneció durante doce semanas llegando a alcanzar el número 9.

La discográfica que se encargó de la venta y distribución en Estados Unidos fue Tara Records, empresa que se declaró en quiebra pocos meses después de hacerse con los derechos de "Touch the Wind" ("Eres tú" en versión inglesa), por lo que nunca se llegaron a cobrar los derechos de autor generados por las ventas en el país norteamericano.[86]

Mocedades 4

Finalizado el festival, sale a la venta el álbum completo, repitiendo título (*Mocedades*), más conocido como *Mocedades 4* o *Mocedades-Eres Tú*, en el que Calderón se implica a fondo en composición, dirección y producción. Los títulos del disco son: Cara A – 1. "Eres tú" (J. C. Calderón); 2. "If You Miss Me from the Back of the Bus" (Trad. con arreglo de J. C. Calderón); 3. "Recuerdos de mocedad" (J. M. Gorostiaga, Clodoveo- P. Pérez- Yarza con arreglo de Ivor Raymonde); 4. "I Ask the Lord" (Tradicional con arreglo de J. C. Calderón); 5. "Rin ron" (J. C. Calderón). Cara B – 1. "Adiós amor" (Gallerani, Bosisio, Nobile, J. C. Calderón); 2. "Dime Señor" (J. C. Calderón); 3. "Mary Ann" (Eva Sobredo, J. C. Calderón); 4. "Himno" (H. Herrero, L. G. Escolar con arreglo de Ivor Raymonde); 5. "Yesterday (It Was a Happy Day)" (Sergio Blanco, José Ángel Guerrero).

Este álbum supone un cambio en la línea de los tres discos anteriores y Amaya se posiciona como solista. Es el caso de la balada de estilo americano "I Ask the Lord", el vals "Adiós amor" o la balada pop "Himno", con el resto de la formación cantando los estribillos y apoyando las estrofas con las voces armonizadas.

Quizás, uno de los temas más interesantes que hay en este disco y que apenas tuvo repercusión, eclipsado por otros de mayor éxito, fue "Dime Señor". El escaso éxito probablemente se deba a la falta de promoción en la misma medida que la tuvieron otras canciones. "Dime Señor" es una composición con unos arreglos cuidados y fáciles de identificar, con el estilo compositivo de Calderón en esta primera

86. Información facilitada por José Ramón Pardo.

etapa. También la letra se identifica con Calderón, pues habla de la soledad, ese sustantivo abstracto al que entiende y recurre una y otra vez en sus composiciones:

Sola en el puerto de la verdad,
veo mi vida meciéndose en el mar,
es una barca que no viene ni va,
mis esperanzas son velas sin hinchar.

No tengo playa donde atracar,
no tengo amarras, a nadie tengo ya.
A la deriva está mi barca en el mar,
a la deriva mi vida flota ya.

Dime, Señor,
¿a quién tengo que esperar?
¿Con qué viento, con qué rumbo debo navegar?
Dime, Señor,
pescador del más allá,
¿habrá un puerto donde pueda anclar?

Sola en el puerto de la verdad,
dos flores blancas
se mecen en el mar.
Son dos amores
que no supe alcanzar,
son dos entregas
y a cambio soledad.

Con canciones como "If You Miss Me from the Back of the Bus" es fácil imaginarse una velada en el salón de los Uranga con el padre, Don Roberto, marcando el tempo con los nudillos, mientras alguno de los hermanos inicia el tono con la guitarra y todas las voces entonan esta canción de estilo folk tradicional, pues conserva el estilo de los inicios del grupo. Por su parte, "Recuerdos de mocedad" es una balada de aires italianos en la que el protagonismo de las voces también se reparte, alternando las voces masculinas con las femeninas y uniendo el combo en las partes del estribillo.

Juan Carlos Calderón trabaja con la cantautora Cecilia de forma simultánea a Mocedades y de esa relación surge "Mary Ann", compuesta por Calderón con letra de Cecilia, inspirada en el folk americano en tempo rápido con las voces repartidas entre todos los componentes. Entre cantos tiroleses, cortes y guitarras rítmicas, el arreglo resulta singular y alejado del estilo de Calderón.

"Yesterday" es una canción pop con letra en inglés que nada tiene que ver con el popular "Yesterday", sin embargo, melódicamente guarda cierto parecido con muchas canciones de los Beatles. Una vez más, la inspiración beatleliana está presente en el subconsciente creativo de Calderón, pues en las melodías hay varias reminiscencias.

"Tómame o déjame"

Un año después del éxito de "Eres tú "se publica *Mocedades 5,* con doce temas que superarán el éxito del anterior disco. El álbum sigue la tendencia marcada por el trabajo anterior, con más canciones de estilo pop y gran balada, con protagonismo de Amaya. Las doce canciones que conforman el álbum son: Cara A – 1. "Tómame o déjame" (J. C. Calderón); 2. "Quisiera algún día" (J. C. Calderón);[87] 3. "El vendedor" (José María Lízar - J. C. Calderón); 4. "Red River Valley" (tradicional con arreglos de Carlos Zubiaga); 5. "Pequeño y andarín" (J. C. Calderón); 6. "Eu so quero un xodo" (Dominguinhos - Anastacia). Cara B – 1. "Los amantes" (J. C. Calderón); 2. "Nobody Knows the Trouble I've Seen" (Tradicional con arreglos de J. C. Calderón); 3. "Vuelvo a mi hogar" (J. Dupre - S. Beldone - Luis G. Escolar); 4. "Llévame mis penas" (J. C. Calderón); 5. "Soledades" (Lope de Vega- José Manuel Ipiña); 6. "Mulowa" (Raúl Indipwo).

Abre el disco "Tómame o déjame", una balada romántica que superó el éxito de "Eres tú" en el momento de su lanzamiento y que musicalmente comparte similitudes con esta, como el material de la introducción, procedente del estribillo, la estructura y el protagonismo de Amaya. Comienza con toda la fuerza de la orquesta y las voces cantando el coro del estribillo (*Tó-ma-me-o-dé-ja-me*) y a diferencia de "Eres tú", Calderón no escribe la voz principal en la partitura, sin embargo, sí escribe los arreglos vocales del coro. La sensación desgarradora de la melodía de la introducción la consigue con el uso de la guitarra eléctrica tocada una octava alta, con efecto de distorsión y el uso de técnicas como el *glissando* y el *bending.*

La letra narra la historia de una esposa sumisa, callada, comprensiva y acostumbrada a soportar los escarceos del marido con tal de preservar su hogar. Un discurso que hoy en día estaría mal visto, sin embargo, representa un ejemplo común de la sociedad femenina de la época, con absoluta dependencia del marido, bien sea por cuestiones económicas, por los hijos o por mantener las costumbres familiares. El caso es que existía y Calderón construye una realidad llena de sentido a través de unos versos directos y bien estructurados. En la primera estrofa da a entender que le va a plantear un ultimátum y concluye con un verso ("Pues tu ropa huele a leña de otro hogar"), que solo una mente brillante como la de Calderón es capaz de encontrar:

Tómame o déjame,
pero no me pidas que te crea más
cuando llegas tarde a casa,

87. Esta canción también forma parte del disco *Simone*, mencionado anteriormente. El disco *Simone* fue grabado por CBS, mientras que el de Mocedades fue grabado por Novola.

no tienes por qué inventar,
pues tu ropa huele a leña de otro hogar.

Tómame o déjame,
si no estoy despierta, déjame soñar,
no me beses en la frente,
sabes que te oí llegar
y tu beso sabe a culpabilidad.

En el primer verso, el bajo hace una imitación de las palabras "tómame" y "déjame" y en el resto de las frases va contestando a los coros. El estribillo comienza con una de las frases más inspiradas de Calderón, quizás, aludiendo a esas esposas resignadas y religiosas:

Tú me admiras porque callo y miro al cielo,
porque no me ves llorar
y te sientes cada día más pequeño
y esquivas mi mirada en tu mirar.

Después del estribillo, en el que se desliza algún reproche, continúa su papel de esposa sumisa, dejando la decisión de romper el matrimonio en manos de su marido:

Tómame o déjame,
ni te espío ni te quito libertad,
pero si dejas el nido,
si me vas a abandonar,
hazlo antes de que empiece a clarear.

Tómame o déjame
y si vuelves trae contigo la verdad,
trae erguida la mirada,
trae contigo mi rival,
si es mejor que yo podré entonces llorar.

En la parte final realiza un interesante arreglo en cuanto a métrica. Coincidiendo con la palabra "yo" del último verso, el compás cambia a 2/4 y tanto la voz como la orquesta hacen una parada en figura blanca, como si el tempo se detuviera para invitar a reflexionar sobre el mensaje. Sin embargo, el tempo continúa y añade un compás de 6/4, para resolver el verso, produciéndose un silencio entre las palabras "entonces" y "llorar". Espléndida y emocionante resolución. La canción termina con el mismo arreglo de la introducción y resolviendo en el acorde de tónica (Sib mayor).

El título se repite en varias ocasiones: cuatro veces la voz principal y seis veces el coro, reforzado por la orquesta. Asimismo, coincide con el motivo melódico del bajo repetido en diferentes ocasiones por otros instrumentos. Además, tiene una melodía expresiva, silábica, cantable y fácil de recordar. Los arreglos de "Tómame o déjame" la convierten en una de las mejores composiciones de Calderón en la canción pop y se consolida así el estilo de gran balada que define a Mocedades y a J. C. Calderón. Fue lanzada en *single* junto con "Nobody Knows the Trouble I've Seen" y el éxito fue arrollador.

Tras la publicación del álbum completo, Mariano Méndez-Vigo redacta un reportaje dedicado a Calderón como "compositor de éxito", remarcando el salto a la fama que supuso su participación en Eurovisión: "Hoy, su nombre es sinónimo de éxito. Ha pasado por arte y magia de un tema «Eres tú», nacido en el casi anonimato nacional, a la palestra del triunfalismo a escala internacional" y afirmando que "Mocedades ha sido su punta de lanza". Méndez-Vigo, desde *ABC* (1/10/1974), también señala que, aunque "los *royalties* alcanzaron cifras de muchos dígitos" es necesario seguir componiendo porque así funciona la industria discográfica y en este aspecto destaca la composición "Tómame o déjame":

> La máquina consumista de la industria discográfica autodestruye sus propias creaciones. La renovación es indispensable para la continuidad. El artista y el compositor están obligados a una tarea de echar "leña a un fuego" incandescente. Suministrar material a un público ávido de novedades que sube a los tronos a sus ídolos con la misma facilidad que los apea. Es la carrera que solo se acaba con la rendición. "Tómame o déjame" fue la encargada de llevar a efecto todo lo tratado anteriormente. Y aún representó más: el espaldarazo en su propio terreno. Ese nefasto "ser profeta en su tierra", tan difícil y tan necesario de conseguir. Y resultó. El milagro se produjo. "Tómame o déjame" ha sido, durante este último verano, el número 1 en casi todas las listas del país. Empezando por la de este diario y siguiendo por la de revistas especializadas como *El Musical*, *El Musiquero*; *Sono Control*; *Top Magacine*, etcétera. Revistas de gran tirada como *Lecturas* o *Diez Minutos* también la han encaramado al primer puesto. Y listas especializadas como *Los 50 de Oro* o *Top 50*. En resumen, un éxito en toda la línea. Pero no solo ha sido una canción. El álbum que contenía el tema, titulado bajo el nombre genérico de *Mocedades 5*, fue un triunfo parecido. En él, ocho canciones de Juan Carlos Calderón daban la medida de sus posibilidades de composición. Y Mocedades hacía justa réplica por una interpretación impecable en todos los aspectos.

El disco en su totalidad es interesante por la variedad de estilos y las composiciones singulares. Algunas de ellas pasaron desapercibidas, eclipsadas por el éxito de "Tómame o déjame", y otras tuvieron cierta repercusión, como es el caso de la mencionada "El vendedor", que fue publicada en formato *single* anteriormente. Tras su salida al mercado *La Vanguardia* (13/10/1973) apuntaba que "es una excelente canción de Juan Carlos Calderón, muy indicada a la fórmula interpretativa de Mocedades. Escuchada despacio diríamos que nos gusta más que «Eres tú». Fue compuesta por Calderón junto con José María Lízar (seudónimo de García Nieto) y candidata a representar a España en el Festival de Eurovisión. Es uno de los temas más representativos del estilo Mocedades, con arreglos vocales de gran nivel y magníficos arreglos orquestales, destacando la sección de cuerdas. Esta canción ha formado parte del repertorio habitual de los conciertos en directo del grupo durante décadas. Recordamos que Calderón no la quería para Eurovisión y puede que tuviera razón, porque para valorar esta canción como se merece hay que entender la letra, algo difícil en un festival donde se dan cita más de una docena de idiomas. Dice así:

En la plaza vacía nada vendía el vendedor
y aunque nadie compraba no se apagaba nunca su voz,
no se apagaba nunca su voz.

Voy a poner un mercado entre tantos mercaderes
para vender esperanzas y comprar amaneceres.
Para vender un día la melodía que hace al andar
el agua de ese río que es como un grito de libertad.
Que es como un grito de libertad.

Quién quiere vender conmigo
la paz de un niño durmiendo,
la tarde sobre mi madre
y el tiempo en que estoy queriendo.

Tú eres el que ha pasado,
el que ha llegado,
y el que vendrá.
Vende el árbol que queda
en la arboleda de la verdad,
en la arboleda de la verdad.

Voy a ofrecer por el aire
las alas que no han volado,
y los labios que recuerdan
la boca que no han besado.
Alza cada mañana esa campana de tu canción,
pregonero que llevas mil cosas nuevas en tu pregón
mil cosas nuevas en tu pregón.

Vendo en una cesta el agua
y la nieve en una hoguera
y la sombra de tu pelo
cuando inclinas la cabeza.

"Quisiera algún día" también fue grabada por Simone (Luis Gómez-Escolar) el mismo año. De la voz principal se encarga Javier Garay mientras que el resto del grupo canta los estribillos con las voces armonizadas y la introducción y la coda final sin texto. Es interesante la pausa que hace detrás del segundo verso de cada estrofa: esa cadencia aporta singularidad a la canción.

"Pequeño y andarín" es una composición de estilo folk que destaca porque huye de los patrones que conoce para convertir una canción en éxito comercial (repeticiones, melodías pegadizas, etc.) y hace un arreglo en la línea de Aute en el disco *Diálogos de Rodrigo y Gimena*. El acompañamiento está formado por batería, bajo, guitarras acústicas y una trompeta que va desgranando una melodía en contestación a las frases cantadas, en ocasiones un tanto desafinada para producir un efecto cómico. Comienza con un sonido de sintetizador estridente a modo de claxon y seguidamente entra el ritmo en tempo rápido y la trompeta, la cual interpreta la melodía principal con pequeñas variaciones.

La letra plasma con cierta gracia un modo de vida dura y de grandes sacrificios para obtener escasas recompensas. Refleja a esas familias españolas que, tras emigrar a otros países, consiguen ahorrar algo de dinero para comprar un utilitario a plazos ("Cien plazos de vida y un poquito de morir", gran frase), en el que poder llevar a toda la familia un domingo de ocio, tortilla y suegra incluida. Todo un orgullo poseer ese coche adornado con elementos iconográficos setenteros, como la imagen de un San Cristóbal (patrón de los conductores) o la figura del perrito con la cabeza móvil. Dice así:

Duerme junto a un muro como un clochard de París,
come por diez duros, es bajito y andarín,
su pequeño dueño, dicen, tiene porvenir,
cortas son sus piernas pero eterno su existir.

Tres fotos marrones piden "No corras papá"
y él que es muy prudente solo bebe la mitad,
nadie se lo roba, quién puede ligar allí,
no cabe ni un beso, ni un te quiero, ni un yo a ti.

Tiene dos escapes y más luces que un Belén,
más ruido que nueces y no pasa de los cien,
de Madrid al cielo y de Villamulas, qué,
baño los domingos, tortilla y mujer.

Cuatro o cinco niños y la madre de ella atrás,
siempre vomitando, dice, de velocidad.
Tiros en el parabrisas a lo Bonnie & Clyde,
cómo ha prosperado Paco, de Alemania a acá.
Embellecedores y una raya azul añil,

de mascota un perro enano que dice que sí,
un pequeño San Cristóbal, regalo de su mujer
y una foto obscena, oculta junto a su carnet.

Tiene dos escapes y más luces que un Belén...

Pero qué ternura sentarse al volante de él,
cien mil horas extras y un balance cada mes,
cien mil ilusiones, cien meses de presumir,
cien plazos de vida y un poquito de morir.

De whisky a cerveza, de butaca a general,
de Winston a Celtas y unas pocas canas más.
Tuvo que apretarse el cinto de seguridad
para asegurarse el poder desayunar.

Tiene dos escapes y más luces que un Belén...

Duerme junto a un muro como un clochard de París,
come por diez duros y es pequeño y andarín.

Otro de los grandes temas de este disco es "Los amantes", una balada con brillantes arreglos orquestales en la línea de "Tómame o déjame" y "Eres tú". La estructura es convencional, alternando un refrán cada dos estrofas y, de nuevo, es Amaya quien lleva el peso de la letra. Después de una breve introducción instrumental en la que destacan la nota pedal en la cuerda aguda y los cuatro acordes de la sección de metal, comienza la primera estrofa con un acompañamiento sencillo. De nuevo, versos bien construidos para exponer una forma de amar incondicional:

Toma veinte años de un ingenuo caminar,
toma mi pasado que no existe en realidad,
toma mi persona y algo más
y todo aquello que me hicieron ocultar,
para hacer el más grande poema al amor
necesitas penas que solo sé darte yo.
No soy flor de un día, no soy flor,
yo soy arbusto, soy perenne, soy verdor.

El tema va desarrollando un gran arreglo orquestal que crece en intensidad hasta llegar al estribillo con el *tutti* orquestal y vocal. El estribillo coincide con el título y está formado por cuatro versos en los que cada uno lleva la palabra "amantes", siendo la primera palabra de los impares y la última de los pares.

Los amantes son dos ríos en un cauce,
solos nacen, juntos mueren los amantes.

Los amantes son dos versos, una frase,
luchan, yacen y en la tregua son amantes.

La tercera estrofa baja un poco la gran intensidad del estribillo, sin llegar a la sencillez de la primera y la letra habla del amor desde la madurez:

El amor que siento ni se inventa ni se da,
ni siquiera es como un traje fácil de llevar,
hay que trabajarlo, hay que luchar,
solo si es buena la simiente nacerá.
Toma veinte flores blancas, no me quedan más,
entre tus dos páginas más bellas, ciérralas,
cuando pase el tiempo, líbralas,
si aún les queda aroma, podemos hablar.

"Los amantes" es una gran balada que pasó desapercibida eclipsada por "Tómame o déjame", sin embargo, la calidad es merecedora de más reconocimiento.

Mocedades 5 es un álbum con una gran variedad de arreglos en el que también encontramos temas como "Llévame mis penas", otra de las canciones en las que el protagonista es Javier Garay y J. C. Calderón al piano, en un arreglo tipo blues. También encontramos una canción en portugués a ritmo de samba titulada "Eu xo quero un xodo" (Dominguinhos y Anastacia), con arreglos de Calderón muy diferentes a los anteriores, destacando las líneas vocales por su calidad y el piano interpretado por Calderón.

Interviene el gran músico Carlos Zubiaga, que presta sus arreglos a "Red River Valley", tradicional de estilo country cantada por Izaskun. Habíamos mencionado anteriormente "Nobody Knows the Trouble I've Seen", un espiritual negro que había formado parte del repertorio del musical *América negra,* con arreglo de J. C. Calderón, que también toca el piano. Otro miembro del grupo, José Ipiña, también aporta su musicalidad al componer "Soledades" sobre versos del poema de Lope de Vega "A mis soledades vengo", escrito en 1632. Otra de las canciones es "Mulowa", interpretada en dialecto angoleño con un ritmo totalmente diferente, que sirve de cierre a un álbum que se ha consagrado a lo largo de las décadas como uno de los mejores de su discografía.

La otra España

Continúa la misma formación y en 1975 graban su sexto álbum titulado *La otra España,* el primero en su carrera discográfica que lleva nombre diferente en la portada y el primero que prescinde de temas en inglés, todos en castellano excepto uno en euskera. Los títulos que conforman el disco son: Cara A – 1. "La otra España" (J. C. Calderón); 2. "Marinero de agua dulce" (J. C. Calderón); 3. "Charango" (J. C. Calderón); 4. "El afilador" (J. C. Calderón); 5. "Goizaldean" (Pedro Iturralde, Luis Iriondo Echaniz). Cara B – 1. "Dieron las doce" (L. Van Beethoven, con arreglo de

J. C. Calderón); 2. "La viajerita" (Atahualpa Yupanqui); 3. "¿Qué pasará mañana?" (Rafael Pérez Botija); 4. "Quién es él" (J. M. Ipiña - J. C. Calderón); 5. "Dónde habrá ido" (J. C. Calderón).

"La otra España" abre el disco y es una canción con una letra que hace alusión a todos aquellos emigrantes españoles que se van a América a trabajar. La voz principal corre a cargo de Amaya y tiene una estructura similar a las canciones de más éxito del grupo.

Con sombrero de ala ancha
y un clavel en la solapa
un donjuán se hizo a la mar.

Con la tierra a sus espaldas,
la aventura en su mirada,
su guitarra y un cantar.

Aparece una tercera estrofa, a la que se añade un verso con acentuación y métrica diferente para plasmar la transformación del emigrante y reflejar la asimilación cultural que sucede:

Oh, marinero, oh, marinero,
de su capa hizo un poncho,
de su guitarra un charango,
de su tierra otra mar.

El estribillo está orquestado por todas las secciones (cuerdas, metales y conjunto rítmico) y cantado por todas las voces. Se produce un cambio de métrica y se da intensidad al mensaje a través del coro, con un aire más alegre y menos nostálgico que las estrofas. Algunas críticas surgieron del otro lado del Atlántico por referirse en el estribillo a la cultura hispanoamericana como "perezosa". No dejan de ser estereotipos culturales.

Tú eres la otra España,
la que huele a caña, tabaco y brea,
eres la perezosa,
la de piel dorada, la marinera,
ah, ah, ah, marinera, ah, ah, ah, marinera.

Esta canción representa el primer *single* y es la que más éxito tuvo de todo el álbum, convirtiéndose en una de las habituales en el repertorio de Mocedades a lo largo de los años. El *single* se completa con un tema de Rafael Pérez Botija, "Qué pasará mañana". Precioso tema y, sin duda, una de las mejores composiciones del álbum.

De la solemnidad de "La otra España" pasamos al segundo corte con un tema titulado "Marinero de agua dulce", donde se sumerge de lleno en el "sonido Filadelfia" en la línea de los discos instrumentales en solitario que Calderón estaba fabricando en su *Taller de Música*. La orquestación es más americana, tiene buen sonido y estupendos arreglos vocales, destacando los del estribillo, donde el coro reprocha al marinero de agua dulce: "Navegante de agua dulce, tú qué sabes de aguas bravas / con tu barca de papel y caña no podrás remarlas, / mejor vuelve al remanso, vuélvete a casa".

"Charango" es uno de los temas más peculiares del disco y uno de los que perduran en el repertorio a lo largo de los años. Mocedades se había hecho muy popular en distintos países de Hispanoamérica y Juan Carlos Calderón compone una canción que nos traslada a esas tierras con sus ritmos de percusión en compás de 6/8 y un charango como instrumento principal. Las estrofas están cantadas por Amaya y Roberto Uranga, dejando los estribillos para las voces armonizadas. Es interesante el final de la canción una vez terminado el coro del estribillo, donde se puede apreciar el ritmo base de percusión que se queda solo y sobre el que está construido todo el armazón rítmico.

Canta, charango,
que te ayude la quena al cantar,
que se callen los enamorados
y el río se lleve la pena al mar.

Cántale, recio charango,
mezcla de guitarra y fango,
aún te queda mucha tierra,
mucha queja en tus cantos.
Cántale a la piel de toro
que le dio sangre a tus cuerdas
y aún dormido ahí en tu vientre,
un fandango de Huelva.
Canta, Charango...

Hoy ha muerto mi guitarra,
mañana la he de enterrar,
cántale recio, charango,
que me llora el cantar.
Muerta la que me cantaba,
no me queda ya pregón,
canta tú, charango mío,
si aún te vibra el bordón.

Ella tenía poemas
y cantábame a la vida,
pero ahora está dormida
y no sabe de penas.

Aunque musicalmente predomina el formato gran balada, el álbum está formado por diez canciones de temáticas diferentes y vuelve a incorporar una canción basada en una obra sinfónica: "Dieron las doce", basada en el segundo movimiento de la "Sinfonía n.º 7", con letra dedicada a Ludwig van Beethoven:

Dieron las doce en su mirada,
con la alborada, yo le dejé,
el abrazado a su melodía,
yo a mi silencio, pensando en él.

Era tan grande como su orgullo,
pero pequeño, tierno a la vez,
yo le temía por su grandeza,
pero adoraba su pequeñez.

Ese poeta sentado al piano,
cuerpo encorvado, entré y lo ví,
dice llamarse Ludwig Van Beethoven,
dejadle solo, quiere escribir.

"Goizaldean" o "Canto al amanecer" según la traducción del euskera, es una composición de Pedro Iturralde y Luis Iriondo Echaniz con arreglo de J. C. Calderón. Las dos hermanas, Amaya e Izaskun, comparten línea vocal al unísono, con apoyo de los coros. Está inspirado en el baile tradicional zorcico y su compás de 5/8, si bien en la primera parte de la canción el compás es de 6/8 (4/8 + 2/8).

Como homenaje a esos profesionales, prácticamente extinguidos en la actualidad y, sin embargo, tan comunes durante siglos, Calderón compone "El afilador", con una música alegre y una letra que describe de alguna manera a los artesanos ambulantes que iban de calle en calle y de pueblo en pueblo con su carrito ataviado con la rueda de esmeril, afilando cuchillos, reparando paraguas y un sinfín de objetos del vecindario, que salía al paso de la llamada con la flauta de pan. Dice:

¡Afilador, paragüero!
En tus pregones traes la mar,
llevas la lluvia en tu corral,
en tu mirada, guiños hay,
tú sí que sabes navegar.

Llama a mi puerta, te he de dar
siete cuchillos que afilar,
siete pretextos para hablar,
pan de centeno y un hogar.

¡Afilador, paragüero!
Rueda que rueda tu rodar,
hierro con canto, haces brotar
miles de estrellas de metal
y allá a lo lejos canta el mar.
Aventurero de la mar,
se te ha olvidado navegar,
eres remero, eres juglar,
eres gorrión sin anidar.

Cierra el álbum "¿Dónde habrán ido?", bonita canción en tiempo medio con versos cargados de metáforas inspirados en la nostalgia de la juventud que se ha esfumado: "Dónde habrán ido las siestas de mayo / cuando sembraban mis sueños / las calabazas, los notables y los libros de texto, / dónde fue el humo de aquel cigarrillo, / de aquel mi primer mareo, / quién guardará mi primer beso, / mi primer te quiero".

Alberto Mallofré, desde *La Vanguardia* (25/04/1975), comienza a cuestionarse el tándem Mocedades-Calderón, señalando que ya realizan las canciones de manera mecánica y que adolecen de falta de innovación:

> Mocedades lanza otra prueba de su talento con el álbum *La otra España*, que es ya el sexto de su producción (Novola NLX 1049). En él, como ya viene siendo costumbre, canciones de Juan Carlos Calderón en "casi exclusiva" con el añadido de un tema de Yupanqui, "La viajerita", y uno de Pérez Botija, "Qué pasará mañana". Significativamente, estos dos temas son los que más destacan de toda la selección, lo que da que pensar. Da que pensar, en primer lugar, que el resto de las canciones destacan poco, entre sí, unas de otras. Y esto da que pensar más todavía. Da que pensar que tal vez el tándem Mocedades-Calderón marcha tan perfectamente engrasado que ya se ha acostumbrado... y Juan Carlos Calderón ya está haciendo canciones para Mocedades como de manera mecánica, dándole a la manivela. Y Mocedades está cantando canciones de Calderón como quien lava... Francamente, hemos captado la impresión de que esto es lo que ocurre. Una y otra, las dos partes del complejo Calderón-Mocedades, se han recostado en la mecedora de la costumbre y les sale el trabajo tan bien, tan cómodo, tan a gusto... Tanto que están abocados al riesgo de la decadencia cierta e inminente, si no despiertan y se levantan.

El color de tu mirada

En 1976 J. C. Calderón ya es una figura importante, tanto que Televisión Española le rinde homenaje con un programa titulado *La hora de Juan Carlos Calderón*. En este programa es el propio compositor quien hace de presentador y, después de interpretar varias piezas instrumentales acompañado de grandes músicos de la época, actúan varios artistas que han tenido un importante vínculo con él, entre otros, Cecilia, Simone, Dúo Dinámico, Donna Hightower, Mari Trini, Manolo

Sanlúcar o Regina, y, por último, Sergio y Estíbaliz y Mocedades, presentados por él mismo como "la obra por la cual me siento más orgulloso".

Tras la emisión del programa, se publica el séptimo álbum, titulado *El color de tu mirada*, con el estilo de Mocedades que ya se había definido en los dos discos anteriores. Todas las canciones son en español excepto "Zenbat Bide Zure Billa", cantada en euskera con un fantástico arreglo en compás de 5/8 y un magnífico solo de piano interpretado por él mismo.

Las canciones que conforman el álbum son: cara A – 1. "El color de tu mirada" (J. C. Calderón); 2. "Para ti pequeñas cosas" (J. C. Calderón); 3. "Lluvia" (J. C. Calderón); 4. "Zenbat Bide Zure Billa" ((J. C. Calderón, Luis Iriondo); 5. "Secretaria" (J. C. Calderón); cara B – 1. "Que te me vas" (J. C. Calderón); 2. "Qué más da" (J. C. Calderón, C. Zubiaga, J. Garay); 3. "El niño yuntero" (Miguel Hernández, J. Ipiña, arreglo de Mocedades); 4. "Mi padre" (Rafael Pérez Botija); 5. "La gaviota" (J. C. Calderón).

"Secretaria" es la canción más destacada del álbum, la que primero se publicó y la que más éxito tuvo. Fue lanzada en formato *single* en 1975 junto con "Charango" y se mantuvo varias semanas en el número 1 de listas de ventas. Este motivo propició la creación del álbum completo "con bastantes prisas para vender también en el formato grande", según Julián Molero. Calderón compuso "Secretaria" con anterioridad y, tal como él mismo manifestó, estaba con los últimos retoques a finales de 1974:

> Ahora casi he terminado una canción que ya tenía pensada hace tiempo y a la que estoy dando los últimos retoques. Es un tema con mucho fondo humano porque se trata de una loa a las secretarias, a esas chicas que dulcifican la labor diaria de los demás, que mienten casi por mandato, que hacen esos mil y un quehaceres molestos y monótonos, pero muy necesarios. [...] Formará parte del próximo LP de Mocedades. Pienso que la voz de Amaya es muy idónea para interpretarla y que ella sabrá darle esa dulzura que el tema lleva implícita.[88]

La letra habla de una relación laboral entre jefe y empleada, cuyas funciones van más allá del trabajo propiamente dicho y causó un gran revuelo desde el momento de su publicación. Quizás, las declaraciones de Calderón no fueron afortunadas, al no hablar en singular y manifestar que era una "loa a las secretarias", pues al utilizar el plural, parte del colectivo profesional se sintió molesto por algunas frases que describen el trabajo de secretaria como una sumisión total a su jefe. Se desconoce en quién pensó Calderón para crear el personaje, quizás reparó en alguien de su entorno o tal vez se inspiró en el personaje de la señorita Moneypenny, de la saga de James Bond, pues encaja totalmente con el perfil de "fiel, buen soldado y un

88. "Juan Carlos Calderón forma banda de jazz", *El Musiquero* (1 de diciembre de 1974). Recorte facilitado por Teresa Calderón.

poquito enamorada", tal y como la describe. Todavía hoy en día, cada vez que se hace una nueva versión, se cuestiona el significado e incluso se censura, pero no hay que olvidar que cada letra es de su tiempo y para la creación de una canción se han de permitir ciertas licencias poéticas. Dice así:

Secretaria, la que no habla,
siempre atenta, diciendo nada.

Te firmé mis veinte años,
te ayudé a subir peldaños
y entre copa y copa me hice necesaria
y al negarme a ser amable
me ignoraste y solo fui tu secretaria.

Hemos compartido juntos
tus fracasos y tus triunfos
y hasta creo haber tejido yo tus canas
pero allá a las siete en punto
tú te ibas con los tuyos, yo a mi casa.

Fui también la celestina
de tus citas clandestinas
y aprendí a estar bien callada.
Luego un guiño de malicia,
una caricia de cumplido
y un gentil hasta mañana.

Era yo quien escogía
las flores que cada día
enviabas a tus jóvenes amadas.
Era yo quien te firmaba las tarjetas,
hasta en eso, secretaria.

Secretaria, secretaria,
la que escucha, escribe y calla,
la que hizo de un despacho tu morada,
casi esposa, buen soldado y enfermera
y un poquito enamorada.

"Secretaria" lleva la misma línea de arreglos que "Tómame o déjame", comenzando con una introducción cantada por todo el coro con la palabra "se-cre-ta-ria", dos estrofas en las que Amaya se mete en el papel en primera persona, para dar paso al estribillo con más orquestación. Al igual que en "Tómame o déjame" hace un reposo sobre el acorde de dominante para dar más énfasis al mensaje antes de la coda final. Una vez más la labor coral de la formación, arropando a la voz principal, eleva la calidad de la canción y la hace singular.

Cierra el álbum "La gaviota", composición mencionada anteriormente que Calderón utilizó como tema principal de la película *Las adolescentes,* de Pedro Masó. Desde *El País* (30/05/1976), este LP es

> una obra aceptable, que les aleja cada vez más del tono "folk" que tanto les caracterizó en otros tiempos y les coloca en plena línea *standard* de música para matrimonios jóvenes y burguesía media. Muy bella canción la que da título al LP, "El color de tu mirada", y muy repipi el pretendido góspel de la ya famosa "Secretaria", aunque Amaya es capaz de hacer digestiva a Corín Tellado. Muy serratiana por su letra de virginidades de los 60 el "Qué más da", también formidablemente bien interpretado y con un contenido *playback* orquestal.

Mocedades 8

Apenas había pasado un año después de la salida al mercado de *El color de tu mirada* y se publica *Mocedades 8* durante el verano de 1977, con diez temas, entre los cuales se incluye una nueva versión de "Pange lingua" y dos canciones en euskera ("Lo-Kanta" y "Santa Yagueda"). También se incluye un arreglo y adaptación al español de la canción de uno de los grupos de más éxito en las listas de ventas de la época, Bee Gees y su tema "Come on Over", que había sido grabado por la cantante Olivia Newton-John. La versión en español de Mocedades se tituló "Como un hombre". Además, Mocedades hace una incursión en la música disco, género en pleno auge, con el tema "One, Two, Three, Four, Five", una composición firmada por Calderón y el ingeniero de sonido Bryan Stott, quien se encargaría de la grabación del disco y poco después se iría a la compañía A&M Records de Herb Alpert. El tema está construido con un magnífico armazón en el que se fusionan ritmos funky con los arreglos corales, dando como fruto uno de los temas más singulares del repertorio de Mocedades.

En este disco también encontramos dos canciones compuestas bajo la influencia del rock andaluz, cuya base instrumental se utilizará para dos temas en el disco *Soleá*, mencionado anteriormente: "Nana" se utiliza en "Introducción-Soleá" y "De puro mío tu cuerpo" cede fragmentos al tema "Colombiana para un niño sin parque", último tema del disco *Soleá*.

Una de las canciones que más destacó de todo el álbum fue "Solo era un niño", una composición de Calderón cuya valiente letra está inspirada en el asesinato de un joven de diecinueve años (Arturo Ruíz García) el 23 de enero de 1977 tras participar en una manifestación proamnistía en la plaza de Oriente en Madrid en favor de los presos políticos y desautorizada por el Gobierno Civil. La historia de este joven estudiante, de familia humilde, que subsistía con trabajos esporádicos como albañil, conmovió a todo un país en una etapa histórica en la que la democracia española estaba todavía dando sus primeros pasos. Es la primera vez que encontramos connotaciones políticas en las letras de Calderón y lo hace con la categoría y elegancia que le caracteriza, condenando los hechos por sentido común, sin tener que posicionarse políticamente. El arreglo musical va acorde con el texto, utilizando un marcado ritmo lento con tambores de funeral y melodías descendentes sobre una armonía que comparte similitudes con "Eres tú", consiguiendo un carácter triste y majestuoso. El arreglo orquestal va *in crescendo* y se acentúa al final con la incorporación de campanas y órganos que aportan solemnidad, terminando en un apropiado *fade out*. Amaya se pone en el papel de la madre del joven para exponer las estrofas mientras el resto de las voces, junto con la orquesta, van entretejiendo armonías contrapuntísticas con gran peso en el estribillo. Entre la voz y el coro forman un entramado armónico imponente sobre el que se deslizan los siguientes versos:

Se marchó a la calle esta mañana
al entierro de su compañero,
por la decisión de su mirada,
yo sabía que iba al matadero.

Cuando ya hubo anochecido
lo trajeron mal herido
y pensé "¡qué inútil oblación!",
solo era un niño.

Qué dirán los que mandaban,
qué dirán sus compañeros,
quién sabrá que al verse morir
siguió creyendo.

Me dirán que fue simiente, me dirán,
me dirán que fue todo un valiente,
me dirán no hay más camino, me dirán,
me dirán que era su destino.

Pero quién dirá conmigo
si le queda algún amigo
ahora que me ven todos llorar,
solo era un niño.

Me dirán que fue valiente,
me dirán que fue el destino,
quién dirá al verme llorar,
solo era un niño.

Fragmentos de "Solo era un niño" junto con fragmentos de "La Lola" aparecen en la banda sonora de *Atentado en Sarajevo*, dirigida por Veljko Bulajic y estrenada en octubre de 1975.

"La Lola" es una simpática canción que habla de una prostituta con amplia clientela militar (de todos los bandos) y llena de contradicciones que "a su manera hizo la guerra":

La Lola
era como una institución,
amante y alegría de mi batallón
y a su manera hizo la guerra.
La Lola,
forrada de su acordeón,
cambió más de colores que un camaleón,
pero a su estilo hizo la guerra.

Un poco Matahari y mucho de Madelón,
estuvo a punto de ir al paredón.
Ramera inconformista, pero ¡viva mi rey!
Católica, castiza y de ley.

Por ella,
quiero decir por su colchón,
pasaron rojos, blancos, de cualquier color,
pero a su estilo hizo la guerra.

Ahora,
más quieta que un galápago
recibe aún claveles de un monárquico,
viejo perfume de amor y guerra.

El disco lo forman las siguientes canciones: cara A - 1. "Solo era un niño" (J. C. Calderón); 2. "Lo-Kanta" (L. Iriondo); 3. "Si yo no fuera fiel..." (J. C. Calderón); 4. "Pange lingua" (texto litúrgico - J. C. Calderón); 5. "La Lola" (J. C. Calderón), cara B - 1. "Nana" (J. C. Calderón); 2. "De puro mío tu cuerpo" (J. C. Calderón); 3. "Santa Yagueda" (tradicional, arreglo de J. C. Calderón); 4. "Como un nombre" (B. Gibb, R. Gibb, J. C. Calderón); 5. "One, Two, Three, Four, Five" (Bryan Stott, J. C. Calderón).

La Vanguardia señala que este disco responde "a la actual etapa de refinamiento estético en el área de la música pop" y califica las canciones creadas por Calderón como "realmente muy logradas", destacando "Si yo no fuera fiel", "De puro mío tu cuerpo" y "One, Two, Three, Four, Five".

Kantaldía

El éxito obtenido hasta el momento, tanto en España como en la mayoría de países de Latinoamérica, les permite volcarse en un trabajo con poca proyección comercial fuera de las fronteras de Euskadi: *Kantaldía,* publicado en 1978. El álbum se compone de once temas, seis de los cuales ya habían formado parte de sus anteriores discos. Los cinco restantes son de nueva composición, algunos procedentes de la música popular vasca y otros más actuales, contando con la colaboración de Luis Iriondo, que ya había trabajado en los anteriores discos encargándose de las adaptaciones del euskera. En este disco también se incluye la versión en euskera de "Eres tú", cuyo título es "Zu Zara".

Mocedades 10

En el mes de mayo del mismo año que *Kantaldía* (1978), Mocedades participa en la Jornada de Exhibición del Festival Musical Mallorca 78, retransmitido en directo por RTVE con la actuación de artistas de nivel internacional. Izaskun Uranga fue sustituida por su hermana Idoia y Calderón se encargó de dirigir la orquesta, mientras Mocedades interpretó "Más allá", con un nuevo arreglo y "¿Quién te cantará?" como tema de estreno. Los dos temas van a formar parte del álbum *Mocedades 10* y algunos críticos comienzan a apuntar ciertas muestras de agotamiento creativo. Como novedad de este álbum resalta el reparto de voces, pues solamente cuatro canciones tienen la voz de Amaya como protagonista. Una de ellas es "Todo", una canción lenta poco interesante, aunque contiene un arreglo coral espectacular en el estribillo, con las voces exclamando "Todo / todo / eres mi mundo / eres / todo / todo / eres mi infierno, mi Dios".

Otro impecable arreglo de voces lo encontramos en la mencionada "¿Quién te cantará?", la canción que más éxito tuvo, alcanzando el primer puesto en los 40 Principales y siendo récord de ventas durante varias semanas. En ese momento comenzaban a adquirir fuerza los videoclips como herramienta para promocionar una canción y Mocedades se apunta a la novedad participando en un videoclip cuya puesta en escena —con los de Mocedades a bordo de un barco, muy sonrientes, despidiéndose de una mujer que está en la orilla— resulta extraña y chocante con lo que cantan:

Ayer pensé en decirte adiós y me faltó el valor,
es que había en tus ojos tanto amor.
Qué fácil es decir adiós, qué fácil olvidar,
qué difícil será para los dos.

Quién te cantará con esa guitarra,
quién la hará sonar cuando no esté yo,
quién dará a tu casa color y a tu lecho calor,
quién te hará el amor.

Quién tachará mi dirección de tu libreta azul,
archivando mi historia en un cajón

y tú qué harás, a dónde irás, tal vez me olvidarás
y pondrás mi guitarra en un rincón.

El éxito de Mocedades empieza a dar síntomas de cansancio por parte de algunos componentes y también son sonoras las discrepancias con la discográfica. *Mocedades 10* es el penúltimo álbum que graban con Zafiro y se compone de las siguientes canciones: cara A – 1. "Bienvenida campesina" (J. C. Calderón); 2. "Gracias amor" (J. C. Calderón); 3. "Danny Boy" (tradicional con arreglo de J. C. Calderón);[89] 4. "Poco a poco" (J. C. Calderón); 5. "Yo no quiero saber" (José y Manuel con arreglo de Eduardo Leyva); cara B – 1. "¿Quién te cantará?" (J. C. Calderón); 2. "Más allá" (A. Dvořák con adaptación y letra de J. C. Calderón); 3. "Todo" (J. C. Calderón); 4. "No soy fuerte" (Carlos Zubiaga, Javier Garay, J. C. Calderón); 5. "La barca de oro" (Cuco Sánchez).

El final del binomio

El 14 de enero de 1979, tras meses de gira por Hispanoamérica, Mocedades regresa a España para formar parte del *show* televisivo de máxima audiencia *Fantástico*, programa conducido por José María Íñigo. Es Amaya quien confiesa en directo su hartazgo de cantar casi a diario la canción "Eres tú" desde su éxito en Eurovisión.

1979 también es año de efemérides, pues se cumple el décimo aniversario de la formación y la discográfica Zafiro aprovecha para lanzar varios álbumes recopilatorios con gran parte de los éxitos obtenidos, entre ellos el álbum doble *Mocedades 11/12*. Es el primer año en el que el grupo no publica un nuevo álbum y tan solo lanza un *single* con la canción "Me siento seguro", cuyo estribillo será utilizado como reclamo publicitario de una compañía de seguros, claro que con ese título en blanco y en botella. La portada original del sencillo no tuvo mucho éxito, pues, según Julián Molero, "con una portada distinta y los mismos temas, la Asociación de Aseguradoras de Vida lo regaló a sus clientes, por lo que no se vendió demasiado bien. ¿Por qué pagar por lo que, si me lo monto, me puede salir gratis?".

Al margen de las cifras de ventas, se trata de una bella canción con unas guitarras bien construidas y una clara diferencia melódica entre estrofa, puente y estribillo. Probablemente, los anuncios publicitarios contribuyeron a ello, el caso es que gran parte de la depurada letra quedó tatuada en la memoria colectiva y todavía hoy en día se recuerda. Dice así:

He pasado la vida como náufrago,
he quemado kilómetros de amor,
ahora sé que a tu lado todo es cálido,
el ayer, la mañana, tu color.

89. Nueva versión en forma de balada del tema instrumental que forma parte del primer disco de Juan Carlos Calderón. Fue lanzado posteriormente en *single*, junto con la canción "Me siento seguro".

He pasado la vida siendo horóscopo,
apostando a mi fe de jugador,
ahora puedo sentarme junto a un álamo,
en tus brazos hacer nuestro rincón.

Pasarán,
las mañanas pasarán,
pasarán,
por tu ventana pasarán,
pasarán,
nuestros besos quedarán.

Me siento seguro,
Nara na na na...

He pasado la vida como náufrago,
he quemado kilómetros de amor,
ahora sé que a tu lado todo es cálido,
el ayer, la mañana, tu color.

He pasado mi vida descubriéndola,
cada paso que daba en soledad
me acercaba a esa casa ya sin máscara,
deseando quererte más y más.

"Me siento seguro" forma parte del álbum *Amor* y con este disco finaliza el contrato mantenido durante una década con Zafiro. Este álbum presenta diferencias respecto a los anteriores pues, aunque los arreglos siguen siendo de J. C. Calderón, el exceso de trabajo del compositor y el cansancio que empieza a notar, por las exigencias de las discográficas para fabricar continuamente éxitos, provoca que solo aporte cinco composiciones propias. En ellas hay un reparto más equitativo de protagonismo vocal y también vuelve a incluir temas en inglés famosos, en los que Mocedades ofrece una nueva versión adaptada al estilo coral del grupo, pero sin lograr resaltar. Atrevida fue la elección de dos de los temas: "Love Me Tender" de Elvis Presley y "I Say a Little Prayer for You", el cual había sido grabado por Dione Warwick y, posteriormente, por Aretha Franklin. La versión de Mocedades es correcta pero no llega a convencer, pues resulta lenta y excesivamente plana.

Mejores resultados obtuvo la versión de "Can't Buy Me Love" de los Beatles, cuyo arreglo mezcla rock y funk, con el uso de interesantes sonidos de sintetizador y efectos de guitarras eléctricas. También se incluye una versión de la canción "The More I See You", estándar de jazz que había sido grabado por artistas como Sarah

Vaugham o Nat King Cole en estilo de balada jazz y por el cantante Chris Montez,[90] en estilo *rock and roll* con influencias yeyé. La versión de Mocedades conserva la estructura de la versión de Chris Montez, con protagonismo de las dos voces femeninas al unísono y arreglos de música disco interesantes, a base de síncopas y profusos cortes, destacando la línea de bajo de estilo funk con técnica *slap*.

Abre el disco y da título al álbum "Amor", composición de Calderón en la línea de gran balada que identifica a Mocedades: Amaya como protagonista y el resto de las voces como refuerzo. Mantiene la misma estructura y las mismas peculiaridades que las grandes baladas, sin embargo, el arreglo orquestal es más sencillo al incluir tan solo cuarteto de ritmo y la sección de cuerdas a base de sintetizadores. La temática de la canción está intrínseca en el título y Calderón no se anda con rodeos para exponer la esencia del significado de la palabra *amor*:

No era mi intención hablar de amor, pero ya ves,
me ha traicionado el corazón
y es que estando tú por medio ¿de qué puedo hablar?
Eres mi única razón,
amor, amor, amor.

Es una palabra tan sencilla de decir
y tan difícil de sentir,
todo el mundo ha dicho "yo te quiero" alguna vez
y ha regalado alguna flor,
amor, amor, amor,
amor, amor, solo amor.

Nunca supe hacer poemas, solo sé cantar
y a mí me gusta esta canción,
es poquita cosa, es ingenua, es para ti,
es una simple canción de amor.

Las canciones que forman el disco son: cara A – 1. "Amor" (J. C. Calderón); 2. "Tú. ¿Quién eres tú?" (J. C. Calderón); 3. "Acúnale" (J. C. Calderón); 4. "The More I See You" (Harry Warren, Mack Gordons); 5. "Me siento seguro" (J. C. Calderón). Cara B – 1. "Eras tú, era yo" (J. C. Calderón); 2. "Love Me Tender" (Elvis Presley); 3. "La que llaman soledad" (C. Zubiaga y Víctor Manuel, arreglo Eduardo Leiva); 4. "I Say a Little Prayer for You" (Burt Bacharach - H. David); 5. "Can't Buy Me Love" (John Lennon - Paul McCartney).

Con este disco finaliza la colaboración de Juan Carlos Calderón como productor de "los seis históricos de Mocedades". También se rescinde el contrato con Zafiro

90. El cantante y compositor Chris Montez formó parte de A & M Records junto a Herb Alpert, con quien Juan Carlos Calderón está en tratos para colaborar.

y el grupo inicia una nueva etapa con CBS, con nuevo productor, con otros compositores y con distintos cambios en la formación. Aunque algunas composiciones de Calderón fueron incluidas en sus siguientes álbumes: la primera de ellas "Andar, andar", que aparece en el álbum *Desde que tú te has ido* (1981) y "Sí o no", formando parte del popular *Amor de hombre* (1982).

Cuatro años después de la separación, se reúnen para celebrar quince años de trayectoria como Mocedades y ofrecen un concierto en el Teatro Alcalá de Madrid que será grabado en un doble álbum. *15 años de música* representa su decimosexto trabajo y fue publicado en septiembre de 1984. Calderón se encarga de dirigir la orquesta durante la primera parte del concierto mientras el grupo interpreta éxitos suyos como "El vendedor", "Tómame o déjame", "¿Quién te cantará?", "Secretaria", "Me siento seguro" y "La otra España". También actúan Sergio y Estíbaliz interpretando "La guerra cruel", "Jimmy Brown" y "Pange lingua", esta con la voz principal de Sergio Blanco y Calderón tocando el piano y dirigiendo la orquesta. En la segunda parte del concierto, presentan algunos temas de éxito tras su marcha a CBS con el productor Óscar Gómez, y se encarga de dirigir la orquesta Graham Priestley, arreglista principal durante la etapa de CBS. Al finalizar el concierto, regresa Calderón para dirigir "Eres tú" como final de gala. Este evento también significó la despedida de Amaya Uranga como parte de Mocedades, iniciando una corta carrera en solitario sin ninguna vinculación con J. C. Calderón.

Años más tarde (1997) vuelven a colaborar en la creación del álbum *Mocedades canta a Walt Disney*, en el que participan dos de los históricos de Mocedades, Izaskun Uranga y Javier Garay, junto con nuevas incorporaciones: Idoia Arteaga, Arsenio Gabriel Gutiérrez, José Antonio Las Heras y Fernando González. Juan Carlos Calderón se encarga de la dirección del disco y comparte con su hijo Jacobo el trabajo de producción, los arreglos y los teclados. El disco se compone de diez canciones clásicas de producciones de Disney revisadas y adaptadas a las voces, como *Pinocho, El libro de la selva, La Cenicienta, Blancanieves y los siete enanitos, Pocahontas, La bella durmiente, Dumbo, Mary Poppins* y *La Bella y la Bestia.*

Actualmente (2023), Mocedades continúa activo con dos formaciones diferentes. Desde la marcha de Amaya, el grupo siguió su carrera grabando nuevos discos, con cambios de componentes y nuevas incorporaciones. En 2014, las desavenencias entre Izaskun Uranga y Javier Garay, los dos únicos componentes de los llamados "seis históricos" que permanecían en la formación, propiciaron la creación de dos Mocedades distintos. Los seis componentes de Mocedades tienen los derechos registrados para la utilización del nombre y, tanto Izaskun como Javier, están dentro de la legalidad para formar Mocedades cada uno por su lado.

El Mocedades de Javier Garay está formado por Luis Hornedo, Icíar Ibarrondo, Belén Esteve, Aitor Melgosa y el propio Garay.

La formación de Izaskun Uranga está integrada por su hermana Idoia, Rosa Rodríguez (voz principal), José Mari Santamaría, José Miguel López y Toni Menguiano. Coincide que Toni Menguiano estuvo al servicio de Juan Carlos Calderón durante su última década, encargándose de grabar las maquetas de Calderón que servían de referencia para los artistas que finalmente las materializaban en sus propios discos.

El 7 de abril de 2023 se cumplió el cincuenta aniversario de "Eres tú" y, para celebrarlo, los dos Mocedades —cada uno por su lado—, graban una nueva versión del tema. La versión del grupo de Izaskun lleva los arreglos de Jacobo Calderón y para la grabación se contó con la Sinfónica de Bratislava y la colaboración de Plácido Domingo.[91]

Mocedades ha sido la banda sonora de varias generaciones y la formación vocal más importante de las últimas décadas (con excepción de El Consorcio, que veremos más adelante). Es una lástima que, en los últimos años, sean protagonistas de titulares más por sus peleas, denuncias y comentarios desafortunados que por lo que cantan. Además, la confusión que ocasiona el hecho de que haya dos formaciones con el mismo nombre no es agradable para un público que les ha sido fiel desde sus inicios al lado de Juan Carlos Calderón.

Sergio y Estíbaliz

En los albores de Mocedades, además del vínculo profesional que unió a Sergio Blanco y Estíbaliz Uranga, también surgió una relación sentimental entre ellos. En noviembre de 1972 abandonan el grupo, tienen intención de casarse y Sergio quiere acabar sus estudios como aparejador para poder vivir de esa profesión, pues la música no da lo suficiente. En la primera etapa de Mocedades todo era muy bonito y las críticas eran buenas, "pero no ganábamos un duro porque éramos ocho a repartir", cuenta Estíbaliz.[92] Deciden irse del grupo y nada más dejarlo surgió la oportunidad de ir a Eurovisión con "Eres tú". Sergio y Estíbaliz se quedaron en casa, pero al poco tiempo Juan Carlos Calderón les ofrece hacer un disco con canciones expresamente compuestas para ellos.[93]

Sergio Blanco, antes de incorporarse a Voces y Guitarras, había formado parte de un grupo llamado Los Grillos en su adolescencia y más tarde de otro grupo folklórico con nombre Los Campesinos, en el que tocaba la guitarra. La primera aparición como dúo se había producido el 14 de febrero de 1970, participando en el Segundo Festival de la Canción Española, celebrado en Barcelona, con el propósito de seleccionar la canción que representaría a España en Eurovisión. Interpretan "Un mundo mejor" (Herrero y Armenteros), con arreglos de J. C. Calderón, quien se encarga de dirigir la orquesta en directo. Aunque la canción estaba pensada para el grupo Mocedades, en 1970 las normas del festival limitaban la participación a solistas o dúos acompañados por un coro de hasta tres personas,

91. En 1985 el tenor entra en el mercado de la música pop con el disco *Save Your Nights For Me*, incluyendo una composición de Calderón (con letra de Tom Paxton) titulada "If You Ever Love Again".

92. Entrevista personal con Estíbaliz.

93. *Ibidem*.

motivo que propicia una pequeña trampa y así participan Sergio y Estíbaliz como dúo, acompañados por tres componentes de Mocedades, Amaya, Izaskun y Roberto Uranga, en la parte de los coros.

Al abandonar Mocedades, Calderón les aconseja que si en algún momento quieren volver al mundo de la música, no dejen que pase mucho tiempo. Y así lo hicieron. Después del éxito obtenido con "Eres tú", Calderón se interesa por el dúo y comienza a trabajar en su primer disco, hasta que sale publicado a finales de 1973 con el título *Sergio y Estíbaliz*. Las diez canciones siguen la trayectoria que llevaba hasta ese momento Mocedades, centrándose en baladas, canciones pop que hablan de amor y desamor, algunas canciones folk y espirituales negros. De este álbum, seis temas son composiciones de Calderón, que también se encarga de la dirección y producción. Se extrae el primer *single* con "Búscame" y "Sometimes I Feel Like a Motherless Child", espiritual negro tradicional.

"Búscame" es una composición pegadiza en la que Calderón acierta al escribir una letra que identifica la idílica relación que transmite la pareja. Se capta en la presentación del tema en Televisión Española, donde vemos a Sergio con la guitarra y a Estíbaliz con su estética de niña buena enamorada y se cantan mutuamente el estribillo "Búscame donde haya un sol, / donde se acabe el mar, / donde el amor se puede regalar, / donde mi voz se escuche más y más". No dejan de mirarse con complicidad y, sonriendo, alternan versos como "Yo te he dado techo, fuego, amor, comodidad, / yo te haría un lecho con la arena de la mar / si tú lo quieres". Incluso llegan a decirse un "Te quiero" entre tímidas sonrisas. Aunque suele pasar desapercibida por ser una segunda voz, destaca la compleja línea vocal que hace Sergio, ensortijando por arriba y por abajo la bonita melodía exquisitamente afinada que canta Estíbaliz. La composición se sitúa en los primeros puestos de las listas de ventas nacionales y *La Vanguardia* (5/01/1974) aplaude esta canción mientras que rechaza la cara B del *single*:

> "Búscame", de Juan Carlos Calderón, es un acierto pleno en Sergio y Estíbaliz, pero el viejo espiritual titulado "Sometimes I Feel Like a Motherless Child" no debieron grabarlo nunca para grabarlo así, ya que es tan conocido y se tienen versiones muy presentes a cargo de las grandes estrellas del género, que la versión de Sergio y Estíbaliz nos pone nerviosos. Y no porque esté tan mal, sino porque está rematadamente equivocada. En cambio, en "Búscame", sí. En "Búscame" no les regateamos el aplauso más convencido.

Además de cantar bien, la imagen que ofrecen Sergio y Estíbaliz como pareja gusta al público en general. Desde *ABC* (2/06/1974), Méndez-Vigo considera que la estética de los dos por separado sería "algo anodino para los ojos de la gente", mientras que en dúo se forma una "simbiosis perfecta" para triunfar:

> Estíbaliz, con sus grandes coletas de pelo negro y su expresión de niña recién salida de un colegio, da el contraste junto a esa seriedad varonil y madura de

Sergio a su lado. Los jóvenes les identifican como pareja. Muchos de ellos han sido en alguna ocasión Sergio y Estíbaliz y otros muchos sueñan con serlo. Para los mayores, son "esa parejita formal" que quieren para sus hijos. O, que alguna vez por lo menos, han deseado para ellos.

Para la grabación de este primer álbum, Calderón cuenta con músicos de jazz que habían colaborado con él en el Bourbon Street y en la grabación de *Bloque 6*: Carlos Villa (guitarra), Pedro Iturralde (saxo soprano, clarinete y flauta), Javier Iturralde (saxo barítono y flauta), José Luis Medrano (trompeta) y Jim Kashishian (trombón). Su capacidad instrumental imprime al disco variedad y calidad, destacando temas como "Come Along, Join Our Band", donde encuentran hueco para improvisar a ritmo de jazz swing en la segunda parte. También participan otros músicos de renombre, como José Ganoza (percusión), Manuel y Roberto Grandio (mandolinas), Pepe Sánchez (batería) y Cánovas (armónica).

El álbum se compone de las siguientes canciones: Cara A – 1. "Búscame" (J. C. Calderón); 2. "Adiós Sussan" (J. C. Calderón); 3. "Gina" (J. C. Calderón); 4. "Come Along, Join our Band" (Sergio Blanco, Jim Kashishian); 5. "Mis poemas, mi guitarra" (J. C. Calderón). Cara B – 1. "Sometimes I Feel Like a Motherless Child" (Peters, White, Unter Werw, Einer Yolksweise); 2. "A la orilla del alma" (J. C. Calderón); 3. "Top of the World" (R. Carpenter - J. Bettis); 4. "Un sombrero, un saxo" (J. C. Calderón); 5. "Ruby Jean and Billie Lee" (James Seals, Jash Crofts).

Aunque el resto del disco pasó prácticamente desapercibido, el éxito de "Búscame" fue tan significativo que da pie a la publicación de un segundo álbum, titulado *Piel*, que sale a la venta pocos meses después.

"Piel" es una de las palabras más utilizadas por Calderón en sus composiciones y el sustantivo es también el título de la primera canción del nuevo álbum. Otra de sus palabras favoritas es "miel" y, como rima con "piel", los versos consonantes están servidos. "Piel" lleva un arreglo instrumental en tempo alegre, con una base de guitarras rítmicas que hace que sea una canción apetecible de escuchar. La temática es una manera inteligente de abordar la pérdida de la belleza con el paso del tiempo y lo hace contando la historia de una joven a la que llamaban Piel. Sergio presenta la primera estrofa: "Le llamaban Piel y era como la tarde / tan dorada como el sol sobre la miel / por su forma de decir, por su mirada / casi ingenua y procaz a la vez". Se incorpora Estíbaliz para hacerse cargo de la melodía principal, mientras Sergio adorna con una segunda voz: "Le llamaban Piel y ella lo sabía, / lo sabía y explotaba su niñez / hasta que un día la tarde se lo dijo, / cuídate, cuídate, cuídate". A base de metáforas la historia de Piel llega al estribillo con tres preguntas acerca de su futuro: "¿Qué será de aquella piel de miel? / ¿Qué será de su mirada? / ¿Qué será cuando un otoño cruel le madure y marchite su piel?". Y prosigue Estíbaliz con una estrofa en la que se resuelve la intriga. Lo hace con sarcasmo y hasta con crueldad en el último verso: "Pero un día seducida por el aire / de la mano de la noche se marchó / y su piel que antaño fuera piel de lujo / en rebajas de enero quedó".

La canción "Piel" fue el segundo *single* extraído del álbum, junto con "Anabel" en la cara B. El primer *single* que se lanzó al mercado, sin tanta suerte como el segundo, fue "Volver" en la cara A y "Mano con mano", en la cara B.

El álbum contiene diez canciones, compuestas casi todas por Calderón, excepto "Tomorrow Is a Long Time", de Bob Dylan, y "Act Naturally", de Johnny Russell y Voni Morrison, que había sido popularizada por los Beatles. Los títulos son: Cara A – 1. "Piel" (J. C. Calderón); 2. "Tomorrow is a Long Time" (Bob Dylan, arreglo de Sergio Blanco); 3. "Volver" (J. C. Calderón); 4. "O.K." (J. C. Calderón y Jim Kashihian); 5. "Música, música, música" (J. C. Calderón). Cara B – 1. "Anabel" (J. C. Calderón); 2. "Dolly Milu" (José I. Pérez, Yarza, J. C. Calderón); 3. "Don Miguel" (J. C. Calderón); 4. "Act Naturally" (Morrison, Russell); 5. "Mano con mano" (J. C. Calderón).

El disco consigue situarse en los primeros puestos de ventas y *La Vanguardia* opina que el éxito es debido al sincretismo de Sergio y Estíbaliz con Juan Carlos Calderón:

> Sergio y Estíbaliz han encontrado en Juan Carlos Calderón un mentor ideal. Autor de sus canciones originales, arreglista, director artístico y productor, Calderón tañe magistralmente las cuerdas de su inspiración por medio de este dúctil dúo vocal, cuyas características técnicas encajan perfectamente en este tipo concreto de canciones. Uno piensa que J. C. Calderón puede hacer todavía cosas distintas, pero estas que hace, concretamente con S. y E., le están dando excelente resultado. A comprobar escuchando el LP titulado *Piel* que edita Zafiro.

En enero de 1975 son designados por Televisión Española para participar en el Festival de Eurovisión con la canción "Tú volverás", con letra y música de J. C. Calderón, quien dirigió la orquesta en la gala. Estíbaliz contaba con veintidós años y Sergio con veintiséis, y era la primera vez que un dúo defendía a España en el festival, celebrado en Estocolmo el 7 de abril de ese mismo año.

Estructuralmente, "Tú volverás" lleva una línea de arreglos similar a "Eres tú", sin embargo, es curioso el añadido de los dos compases con melodía de guitarra eléctrica antes de la primera estrofa cantada por Estíbaliz: "Volverás a ser la chica sencilla que tomó el tren de la vida antes de ser mujer". La letra habla del regreso a la esencia tras haber intentado triunfar y fracasar y tiene la magia de esas canciones sencillas y bien hechas que gustan. El clima sonoro está servido para que se luzcan versos como "Aunque vestida de olvido / incluso para el amigo / que te enseñó a besar / volverás". Aunque el protagonismo vocal es de Estíbaliz, excepto una corta estrofa, el dúo que hace Sergio durante toda la canción destaca por la complicación y la singularidad, demostrando una vez más que los arreglos vocales eran el punto fuerte de Sergio Blanco.

El jurado eurovisivo no fue generoso y no obtuvieron el éxito deseado, quedando en la décima posición de una edición en la que resultó ganadora la representante de Holanda, sin embargo, el *single* fue un éxito en España y en Latinoamérica. La canción fue grabada en diferentes idiomas, entre ellos inglés, italiano o sueco. Este éxito da lugar a la grabación del tercer álbum, que lleva por título *Tú volverás,* con las siguientes canciones. Cara A – 1. "Tú volverás" (J. C. Calderón); 2. "Cuando habla la noche" (J. C. Calderón); 3. "Entonces" (H. Martin, B. Scott, J. C. Calderón); 4. "1940" (J. C. Calderón, Jim Kashishian); 5. "Lady Pandora" (J. C. Calderón, José Ángel Guerrero). Cara B – 1. "Música, música, música" (J. C. Calderón); 2. "Duerme" (Kurt Hertha - Ralph Siegel - J. C. Calderón); 3. "Un sombrero, un saxo" (J. C. Calderón); 4. "Happy Song" (J. C. Calderón, Jim Kashishian); 5. "Quisiera ser" (J. C. Calderón).

La mayor parte de las canciones siguen la línea de canción melódica con letras de amor, aunque ninguna logró demasiado éxito, excepto "Tú volverás". Este álbum también incluye dos canciones en inglés con arreglos de jazz, "1940" y "Happy Song", cuya composición comparte Juan Carlos Calderón con el trombonista Jim Kashishian. Hay dos canciones que Calderón reutiliza de anteriores discos, la primera de ellas es "Un sombrero, un saxo", publicada en el primer álbum con un nuevo arreglo similar, aunque más comercial en la segunda versión. La segunda canción que reutiliza es "Música, música, música", que aparece en el álbum *Piel* en una versión cantada solamente por Sergio Blanco, mientras que en el disco *Tú volverás* es interpretada por las dos voces. También hay diferencias en la instrumentación, principalmente en los arreglos de piano y en la sección de cuerda. En la primera versión el piano es acústico y tiene más protagonismo, mientras que en la segunda versión, es eléctrico y cumple una función de relleno. En mi opinión, la primera versión resulta más interesante que esta segunda, pues adolece de comercialidad excesiva.

Las dos canciones pasaron totalmente desapercibidas en su primera publicación, eclipsadas por otros temas de más éxito, y el hecho de rehacer dos canciones en tan corto plazo puede deberse a dos motivos: el primero de ellos, quizás, Calderón no quedó convencido con el primer arreglo y sí con las posibilidades de la composición. Aunque todo apunta a que es por falta de tiempo y exceso de trabajo. Ese año (1975), Juan Carlos Calderón publica el álbum de Mocedades *La otra España*, dos discos de Cecilia (*Un ramito de violetas* y *Amor de medianoche*), también participa en el Festival de la OTI con "Amor de medianoche", el segundo volumen del disco instrumental *Juan Carlos Calderón y su Taller de Música,* la banda sonora de la película *Las adolescentes* (Pedro Masó), la banda sonora de *Atentado en Sarajevo* (Veljko Bulajic) y la grabación del archivo de RNE de la historia del jazz, además de algunos *singles* para diferentes cantantes. Una actividad frenética y apabullante, sin duda.

Otras canciones del disco pasaron desapercibidas al ser eclipsadas por el éxito de "Tú volverás", como la que cierra el disco, "Quisiera ser", una balada muy bien ejecutada en la que Sergio y Estíbaliz se declaran su amor entre arreglos de cuerdas y un audaz piano interpretado por Calderón. Ese mismo año, el 9 de diciembre, la pareja contrae matrimonio en Bilbao, la ciudad natal de ambos. La boda fue un acontecimiento multitudinario que ocupó páginas enteras en la prensa del corazón.

En 1976, se publica un nuevo álbum que sigue la línea de los anteriores, sin lograr demasiado éxito, excepto por el tema que da título al álbum, "¿Quién compra una canción?". Una introducción de piano da paso al ritmo alegre, que enmascara un cierto reproche a los hábitos de los consumidores de canciones. A dúo, entonan: "Mi voz ya se ha secado de cantarle a usted / mis años, mis tristezas, el por qué / he dado media vida / a esta guitarra y hoy / en esta su canción dejo la piel". Y continúa Estíbaliz con unos versos en los que afirma que "Vender canciones es como vender amor, / si no lo entiende usted ¿qué pinto yo?". En el estribillo está la pregunta que da lugar al título: "¿Quién compra una canción? / Por el precio de una vendo dos". La respuesta es acertada, pues un *single* tiene dos canciones, y en este *single* también aparece "Put a Little Love Away".

Las canciones del álbum son: Cara A – 1. "¿Quién compra una canción?" (J. C. Calderón); 2. "Put a Little Love Away" (Denis Lambert, Brian Potter, arreglo de Sergio Blanco); 3. "La Amelia" (J. C. Calderón); 4. "Tú bahía" (Rafael Pérez Botija); 5. "Deep River" (Tradicional). Cara B – 1. "Es imposible" (J. C. Calderón); 2. "The Stage Coach" (Regina, J. C. Calderón); 3. "La llamada" (J. C. Calderón); 4. "Regina" (J. C. Calderón); 5. "Palikari" (Tradicional con arreglo de Sergio Blanco).

Durante el proceso de creación de este disco, Calderón trabaja en la composición y producción del único álbum de la cantante Regina, mencionado anteriormente, y para el álbum de Sergio y Estíbaliz se utiliza la canción "Regina", compuesta por Calderón, con arreglos diferentes a la línea general del disco de Sergio y Estíbaliz. "Regina" es una canción de baile con una base disco-funk y toques de *bossa nova*, que también contiene improvisaciones de jazz con el piano eléctrico interpretadas por Calderón.

Otra reutilización que hace es "The Stage Coach" ("La diligencia"), compuesta por Regina y Calderón, que también utilizó en versión instrumental en su *Taller de Orquesta*.

Rescata un título que había formado parte del repertorio de *América negra*, la tradicional "Deep River", con la voz principal de Sergio y arreglos muy bien ensamblados de orquesta y de coros.

Y siguiendo con la tradición de Mocedades, en este disco también se incluye una canción tradicional en euskera, "Palikari", cantada por Sergio, mientras que Estíbaliz aporta ocasionalmente una segunda voz, con el único acompañamiento de una guitarra.

"La llamada" es la canción que había compuesto para acudir con Cecilia al Festival de la OTI y finalmente se cambió la letra por "Amor de medianoche", porque Cecilia no se sentía identificada con ella. Calderón mantiene la letra y le hace unos arreglos musicales totalmente nuevos para Sergio y Estíbaliz. "La llamada" pasó totalmente desapercibida en España, sin embargo, obtuvo un gran éxito en México al publicarse como *single*. Es una balada bien construida, con una melodía soberbia en el estribillo y narra una historia triste en la que Estíbaliz se pone en la piel de una mujer que acaba de tener un hijo con su esporádico amante, al que no reclama nada y bien poco pide. Aparte de las rimas, no hay exceso de recursos literarios, es una letra cruda y descriptiva sobre un acontecimiento relativamente frecuente, aunque poco visible en una sociedad que no veía con buenos ojos a las madres solteras:

Óyeme, el niño ya nació,
yo estoy bien, lo malo ya pasó
y no temas, ella nunca lo sabrá,
disimula, no volveré a llamar.
No hubo amor, no sé cómo ocurrió,
soledad, tristeza, qué sé yo.
Sin embargo, no me puedo despedir
sin que sepas que se parece a ti.
Dame un poco de tu vida,
dos palabras, solo una postal,
cumpleaños y por Reyes
un balón de plástico al chaval.
Ponte aquel, tu fiel pijama a rayas,
de mañana besa a tu mujer
y si acaso escuchas mi llamada
contesta: "Aquí no es".
Si un balón rodase hasta tus pies,
dáselo, no temas, porque ayer
he guardado tu retrato y no sabrá
ni quién eres, y yo ya lo olvidé.

También en México triunfó "La Amelia", y en este caso la protagonista es una prostituta de barrios bajos que se gana la vida como puede: "Sube con un payés, / baja con un inglés, / unos son vino tinto. / ¡Qué pocos quedan champán francés!". Versos con cierto tono de comicidad para describir a las distintas clases sociales que solicitan los favores de la mujer en su trajín diario. La sensibilidad de Calderón está presente al mostrar que en la profesión de Amelia también hay nobleza, pues el objetivo es dar de comer a su hijo: "Hecho un ovillo espera un chiquillo / la hora de merendar, / qué guapo está el bribón, / un beso y al serón / pues si en la calle manda el bolsillo / en su casa el corazón".

El mismo año (1976), se publica un álbum recopilatorio con los temas de más éxito del dúo y, como única novedad, el tema que da título al álbum, "Queda más vida". La trayectoria ascendente que llevaba el dúo comienza a estancarse y, en 1978, cambian de estilo y de imagen y graban un álbum titulado *Canciones sudamericanas*, producido, arreglado y dirigido por J. C. Calderón, con canciones clásicas del repertorio sudamericano, como "Guantanamera", "Alfonsina y el mar" o "Moliendo café", entre otras.

Al año siguiente se publica otro disco recopilatorio titulado *Canciones populares,* con canciones de los primeros álbumes, y tampoco consigue alcanzar posiciones interesantes en las listas de ventas. En el siguiente disco vuelven a dar un giro de imagen, grabando un álbum de estilo folk titulado *Beans,* en el que el compositor y productor es Fernando Arbex.

Tras el poco éxito obtenido, se produce un parón en la carrera discográfica de Sergio y Estíbaliz hasta 1983, año en el que cambian de sello discográfico y vuelven a colaborar con Calderón. Han pasado diez años desde que el dúo se independizó de Mocedades e inició su carrera al lado del compositor santanderino, y en este disco Calderón se encarga de ofrecer una visión nueva de Sergio y Estíbaliz.

Como se verá más adelante, en 1983 Calderón tiene una nueva forma de trabajar, pasando varios meses al año en Los Ángeles, grabando y alternando a diario con los mejores músicos americanos. La absorción de nuevas sonoridades y la influencia americana la vuelca en la composición y los arreglos del álbum *Agua*, pues el cambio de sonido y de producción es evidente. Y en este sentido, no puedo afirmar que Calderón fuera pionero en traer ese sonido americano a las producciones españolas, pues la industria discográfica a finales de los setenta y principios de los ochenta pasaba por sus mejores momentos y el muestreo discográfico es demasiado extenso para extraer tal conclusión. Sin embargo, si no fue el primero ahí estaba a la cabeza junto con los mejores y basta observar que en *Agua* hay un sonido distinto y un concepto de mezcla sonora que se estandarizará en la segunda mitad de la década en la música pop española.

Calderón firma la composición de los diez temas del disco *Agua*, editado por RCA Víctor. También las letras son suyas, excepto dos que encarga a su amigo Luis Gómez-Escolar. Parte de la grabación se hizo en California y el resto en Torres Sonido, en Madrid, contando con el ingeniero de mezclas Bryan Stott. En la grabación participan músicos excepcionales, como el saxofonista Joel Peskin (escúchese el tema "Habitación para dos"), el guitarrista George Doering, el bajista David White o el percusionista brasileño Paulinho da Costa. El pianista Steve Rucker es quien se encarga de la parte de los teclados y sintetizadores, con gran peso en esta grabación, y también aporta arreglos en varias canciones.

Además del cambio del sonido, las voces de Sergio y Estíbaliz también son diferentes y se aprecia desde la primera canción "Quiero más de ti". Estíbaliz sigue teniendo la misma tesitura de soprano, sin embargo, ha ganado más graves, enriqueciendo así el timbre. Por su parte, Sergio pierde protagonismo en la mayoría de los temas, excepto en "Serás, seré" y en "Qué nos pasará" y las segundas voces que hace son más estandarizadas.

De este álbum destaca "Agua", una de las canciones favoritas de Estíbaliz y uno de los poemas en forma de canción más bonitos escritos por Juan Carlos Calderón, donde el agua, en sus variedades semánticas, significa amor, con toda su ambigüedad y contrariedad hiperbólica:

Agua, estancada o dormida
o arrasando mi vida, así eres tú.
Agua, solo un charco de nada,
luego una marejada, así eres tú.
Agua, que empapa mi cuerpo
y que me arrastra a ti,
me ahogan tus besos
y siento agua.
Agua, una lluvia pequeña
o que rompe las peñas, así eres tú.
Agua, pura o envenenada,
que me limpia o me mata, así eres tú.
Agua, que empapa mi cuerpo
y que me arrastra a ti,
me ahogan tus besos.
Siento...
Agua, que me alivia el deseo
o me abrasa por dentro, así eres tu.
Siento agua, donde apago mis penas
o tal vez solo arena, así eres tú.

Los títulos que conforman el álbum son: Cara A – 1. "Quiero más de ti" (J. C. Calderón); 2. "Lluvia de amor" (J. C. Calderón); 3. "Puede que te quiera" (Luis Gómez-Escolar, J. C. Calderón); 4. "Dame la mano" (J. C. Calderón); 5. "Serás, seré" (J. C. Calderón). Cara B – 1. "Qué nos pasará" (J. C. Calderón); 2. "Tú me has dejado" (J. C. Calderón); 3. "Agua" (J. C. Calderón); 4. "Tú te irás" (J. C. Calderón); 5. "Habitación para dos" (Luis Gómez-Escolar, J. C. Calderón).

En 1984, participan en el concierto de Mocedades *15 años de música*, referenciado anteriormente, y también se publica un álbum de *Grandes éxitos,* con doce canciones de las cuales once son composiciones de Calderón, y con este álbum finaliza la colaboración de Sergio y Estíbaliz como dúo con Juan Carlos. En una entrevista con Mara Torres para la Cadena Ser (2019), Estíbaliz manifestaba la suerte que habían tenido por haber trabajado con J. C. Calderón:

> Tuvimos la suerte de tener un compositor, un autor tanto para Mocedades como para Sergio y Estíbaliz fantástico, Juan Carlos Calderón, con una vena creativa magnífica en cuanto a música y en cuanto a letras. Lo que dicen las letras de las canciones de Juan Carlos es increíble, son intemporales, tú ahora cantas en directo esas canciones y a todo el mundo le cuaja, a todo el mundo le conmueve algo en relación con el que tiene al lado, con sus padres [...] y una constante es cuando te dicen por la calle "¡Ay, qué buenos ratos nos habéis hecho pasar!".

Trigo Limpio

Y del País Vasco, tierra de mucha afición a las formaciones vocales en todos los géneros, también surge el trío vocal Trigo Limpio, formado por Iñaki de Pablo, Carlos Gil y la joven Amaya Saizar. Los tres, residentes en San Sebastián, comienzan cantando sus propias canciones y actuando en locales de su ciudad y alrededores cuando, en 1975, el sello Philips se fija en ellos y les ofrece un contrato discográfico. Tras publicar varios *singles* de estilo neofolk con discretos resultados, la discográfica considera que necesitan un compositor más serio para no ceñirse solo a las composiciones propias. En 1977, Juan Carlos Calderón ya se había convertido en un autor y productor muy cotizado y será quien se encargue de dar un nuevo giro al grupo vocal. El contacto con Calderón cambia radicalmente el rumbo del grupo y pasan de grabar canciones naíf o antiabortistas como "Pequeño Juan" o "Adiós mamá" a defender canciones como "Rómpeme, mátame", con una letra más propia de un grupo punk que de un trío vocal.

"Rómpeme, mátame" es la primera canción que compone para Trigo Limpio y con ella representan a España en la sexta edición del Festival de la OTI. El estilo de la canción, alegre y festivalera, contrasta con la letra, en la que Calderón se permite ciertas licencias metafóricas y describe una relación de masoquismo y sumisión total, aceptando la violencia verbal y física a cambio de conservar las migajas que le concede su amado. Probablemente, hoy en día esta letra sería políticamente incorrecta, de hecho se utiliza frecuentemente en seminarios y charlas como ejemplo de canciones que hablan de relaciones tóxicas, violencia machista, malos tratos... a veces, sin tener en cuenta el sentido figurado que se quiere expresar. Ninguna estrofa está de relleno y el potencial de la canción y de la letra, en concreto, no pasa desapercibido para otros intérpretes o grupos, como es el caso de Siniestro Total, que graba una versión punk en la que los mismos versos adquieren otro carácter totalmente distinto, pues el contexto es otro. Dice la letra:

Tus ojos ya no me miran, son tus labios dos mentiras,
tu lengua, insulto y caricia, pero así me siento viva.
Prefiero ser pura sangre y me tires de las bridas
que una muñeca de jade, un adorno en tu vitrina.

Por eso rómpeme, mátame, pero no me ignores, no, mi vida,
prefiero que tú me mates que morirme cada día.

Tus manos son dos cadenas, mi placer y mi agonía,
con una me das cariño, con la otra me dominas.
Prefiero sentir la espuela que me hincas cada día
a ser la flor que en un vaso olvidaste en una esquina.

España había ganado la edición anterior del festival, celebrado en México, con María Ostiz y su canción "Canta cigarra". Y siguiendo con la práctica de celebrarse en el país ganador, la sexta edición tuvo lugar el 12 de noviembre de 1977 en el Centro Cultural de la Villa de Madrid. Ante el temor de posibles fallos de comunicaciones con los diferentes países de Latinoamérica, como había ocurrido en anteriores ediciones, el festival se hizo dos veces el mismo día, primero de tarde y luego por la noche con la retransmisión en directo. Amaya Saizar, en una entrevista para el programa de radio mexicano *Españoleando*, recuerda el protocolo fijado por los organizadores: "Por si acaso fallan las comunicaciones, vamos a hacer un festival por la tarde, un festival tal cual. Se van a hacer todas las canciones y va a haber un jurado en la sala... y ahí ya se va a saber cómo van las votaciones, quién gana y quién no gana. De noche se hace el festival otra vez con las conexiones y si fallan y algo va mal, ya tenemos el resultado de la tarde y es el que valdrá". Según Amaya, en las votaciones de tarde fue Trigo Limpio quien obtuvo la mayor puntuación, sin embargo, en la emisión en directo, aunque fallaron algunas comunicaciones, ganó Nicaragua con la canción "Quincho Barrilete" y la canción española logró un tercer puesto.

Trigo Limpio irrumpe en el mercado internacional con esta canción y graba un álbum con título homónimo del grupo, dirigido y producido por Calderón. Otro de los éxitos del disco es "Cinco canas más", en el que la protagonista es una chica que se deja seducir por un hombre mayor y adinerado: "Él compró mi juventud / y al verse sin encantos ya / pagó mi libertad / con mil regalos". En el estribillo la joven llega a ponerse en la piel del seductor, hasta el punto de sentir lástima por él: "Y yo con cinco canas más / y menos que perder / le hubiera comprendido / y yo, con cinco canas más / sabría lo que es ver / que se va sin ser nada". Al final de la canción el sentimiento se transforma y de la lástima pasa al amor: "Y quién lo iba a creer, / también me enamoré".

El disco lo forman las siguientes canciones: Cara A – 1. "Cinco canas más" (J. C. Calderón); 2. "No volveré" (D. R. - J. C. Calderón), 3. "Aquella canción" (J. C. Calderón); 4. "Muñeca" (I. de Pablo); 5. "Aurtxoa Seaskan" (Popular vasca). Cara B – 1. "Rómpeme, mátame" (J. C. Calderón); "Txikita" (I. de Pablo); "Celtibérico" (I. de Pablo); 3. "Pequeño Juan" (I. de Pablo); 4. "Agur Euskalerriari" (Iparragirere).

Al año siguiente, Calderón se encarga de producir el álbum *Desde nuestro rincón* y se implica más en la composición de algunos temas, como la balada que abre el disco, "Eres como el mar", o el tema de estilo disco funk "Ven a Jerusalem", con una melodía exigente compuesta a la medida de las posibilidades de la cantante Amaya Saizar. Esta canción fue *single* junto con una nueva versión con voces armonizadas y diferentes arreglos del tema "Mi casa", de estilo folk, que había compuesto junto con Hank Sable para el disco *Regina.*

Y del rock and roll "Los ejecutivos" pasa a la balada "No se te notan los años", donde Calderón escribe una letra que retoma el asunto de la diferencia de edad entre dos amantes, pero desde otro aspecto. Amaya canta versos como "No, no se te notan los años. / Lo que pasa es que en tus brazos / me siento alumna, una cana al aire". Para el estribillo deja los versos más comprometidos: "Cómo quieres que te quiera / si he de hacerlo a mi manera. / Me da igual / novia o ramera. / Lo hago por ti". Y después de cinco estrofas en las que sigue negando la evidencia del paso del tiempo, cambia de opinión y concluye afirmando: "Sí, sí se te notan los años. / Hoy te he mirado mejor / y te he visto lejos y solitario".

El éxito más significativo de este disco y el más importante de la trayectoria de Trigo Limpio fue, sin duda, "María Magdalena", única composición de Calderón en toda su discografía en la que el título es un nombre femenino. Fue extraído como *single* y tuvo un éxito internacional, llegando a grabarse en otros idiomas, como el francés y el italiano. El resto de las canciones son compuestas por Iñaki de Pablo y Amaya Saizar, con arreglos de Calderón.

En 1979, Amaya Saizar, que había colaborado con Calderón el año anterior en el disco *Soleá,* inicia su carrera en solitario. Trigo Limpio estaba teniendo un gran éxito en España y sobre todo en Latinoamérica, sin embargo, había ciertas tiranteces entre los tres componentes y Amaya, que era ajena al éxito y no acababa de ver resultados ni económicos ni de satisfacción, decide abandonar el grupo porque pensaba que la formación había tocado techo. Animada por Juan Carlos Calderón, inicia su carrera en solitario con el nombre Amaia (su nombre en vasco), publicando un álbum que fue grabado en Los Ángeles, titulado *Autorretrato* (Ariola), con cuatro composiciones de Calderón: "¿Quién es él?", "Papá Ukelele", "Tú" y "La miel", esta última mencionada anteriormente por haber sido utilizada como tema principal de la banda sonora de la película *La miel,* dirigida por Pedro Masó. También la canción "Papá Ukelele" fue adaptada posteriormente para Luis Miguel y Sheena Easton con diferente letra, con la que obtuvieron un Grammy, como veremos posteriormente.

Otros temas del disco están firmados por un compositor desconocido llamado Michael Gómez, sin embargo, se nota claramente la influencia musical de Calderón en el tipo de arreglos, en las armonías y en el estilo compositivo. Su estilo funky soul está presente en "Quiero ser tu amor" y el estilo de balada es captado en "Es lógico". J. C. Calderón, a estas alturas, ya era todo un maestro y había creado escuela.

Más festivales

Camilo Sesto

Retrocedemos más de un lustro en la narrativa de la intemerata lista de trabajos del compositor hasta situarnos justo después del éxito eurovisivo de Mocedades (1973). Los nervios que pasó J. C. Calderón dirigiendo la orquesta del Festival de Eurovisión en Luxemburgo con "Eres tú" fueron superados pocos meses después al frente de la orquesta del Festival de la OTI, celebrado en el Palacio de las Artes de Belo Horizonte, Brasil. Esta vez el representante español era nada menos que el gran Camilo Sesto, defendiendo la canción "Algo más", composición propia con arreglos de Calderón. Esta edición, en la que colaboran por primera vez Juan Carlos Calderón y Camilo Sesto, era la segunda vez que se celebraba el festival, inaugurado en Madrid en 1972 con el nombre oficial Festival Iberoamericano de la Canción. Camilo Sesto se había convertido en poco tiempo en una estrella en España e Hispanoamérica y, aunque era el favorito para obtener el primer premio, solo logró el quinto puesto entre catorce países participantes. El país vencedor tenía la obligación de organizar el festival en la siguiente edición y eran tiempos difíciles para España y para Televisión Española, por lo tanto, no había intención de ganar porque este país no se podía permitir tal desembolso económico.

Años después, en 1977, vuelven a colaborar juntos, pero en esta ocasión con composiciones de J. C. Calderón. Se trata del álbum *Entre amigos*, noveno disco de estudio del cantautor en el que por primera vez incluye canciones que no son de su autoría. Calderón firma tres composiciones, "Vístete de blanco", "Celos" y "Perdona, perdona", tres baladas románticas que hablan de amor y desamor desde distintos enfoques. "Todo es muy intenso en el amor: lo bonito y lo malo. Hay muchas alegrías y muchos sufrimientos. Cuando empiezan los celos, es horroroso, porque los celos son una enfermedad terrible. Y el final del amor, también es terrible; y siempre termina", confesaba Juan Carlos Calderón en una de sus últimas entrevistas a *La Verdad* (8/04/2008), añadiendo que era un hombre "terriblemente celoso". Ese sentimiento quedó definido en "Celos", la canción que más repercusión tuvo en el mercado. Así lo expresó en el estribillo: "Celos de los ojos de mi amigo, / del saludo de un vecino / y del forro de tu abrigo, / celos, ese dulce sufrimiento / que te quema a fuego lento, / que me hace tu enemigo".

Aunque pasó más desapercibida "Vístete de blanco"[94] es una balada romántica con unos arreglos singulares que se salen de lo habitual. Desde la introducción, se desliza sutilmente una compleja armonía detrás del ostinato de piano casi permanente, destacando la progresión armónica que enlaza el puente con el estribillo y la compleja parte instrumental (variación de la citada progresión armónica) que tiene lugar entre los dos estribillos finales. Todo un catálogo de técnicas sinfónicas en formato canción. Estos arreglos instrumentales están creados como base para unos versos que no se quedan atrás en calidad. El mensaje es personal, de tú a tú entre Camilo y su ex. El cantante aborda de frente el sentimiento de traición por parte de su amada y no admite perdón: "No pretendas que acaricie / como al ángel que yo amé / porque me hayas confesado / lo que yo ignoraba ayer, / pues ser tonto y comprensivo / nada arregla la verdad / y aunque muera en el castigo / no te pienso perdonar". Y aunque el amor ya no tiene salvación, no renuncia al placer físico, pues la atracción permanece intacta por la belleza de la piel (de nuevo la palabra *piel*): "Y usaré lo que te queda, / la belleza de tu piel / pues mi amor de puro herido / se ha dormido en el ayer. / Y ahora vístete de blanco / que te quiero desnudar, / esta

94. "Vístete de blanco" también fue grabada por el cantante de origen nicaragüense Hernaldo (Francisco Hernaldo Zúñiga), recién llegado a España después de haber logrado cierta popularidad en Chile. Calderón se encarga de los arreglos, la dirección y la producción de un disco titulado *Cancionero* y aporta la composición de "Vístete de blanco", que fue editada como *single*.

noche quiero poseer la luna. / No habrá flores, ni regalos / ni usaré el verbo amar / solo sábanas, tu piel y mi ansiedad".

Juan Carlos opinaba que Camilo era "uno de los más grandes que ha habido siempre"[95] y para él escribió "Tres veces no", publicada en 1980 como parte del álbum *Amaneciendo*, una de las canciones favoritas del cantante, que alcanzó el número 1 en las listas de ventas durante varias semanas y la situó en el centro de su espectáculo en giras posteriores.

Juan Bau

El cantante Juan Bau también tuvo vínculos con J. C. Calderón a principios de su carrera musical y también ambos representarán a España en otro festival al otro lado del mundo, concretamente en Japón. Pablo Herrero tenía una productora llamada Mecenas y fue quien propuso a Juan Bau hacer unas pruebas en su estudio. Su voz convence, firma un contrato con Novola en 1971 y, a partir de ahí, comienza su carrera discográfica con las canciones "Pequeñas cosas", "Tú no comprendes", "Siempre" y "Dentro de mi alma", cuyos arreglos son de J. C. Calderón. Continuarán más arreglos que serán extraídos en formato *single* y en 1974 se publica el álbum *Mi corazón*, que contiene cuatro arreglos de Calderón: "Mi corazón", "Raquel", "Santa Clara" y "Adiós te digo amor", las tres primeras compuestas por el tándem Herrero-Armenteros y la última firmada por Alejandro Jaén. Este álbum se coloca en las listas de éxitos y le abre las puertas del mercado hispanoamericano al cantante valenciano. Ese mismo año (1974), J. C. Calderón viaja a Japón con Juan Bau para participar en la tercera edición del Tokyo Music Festival con la canción "Sobre el viento" (composición de Herrero Armenteros), consiguiendo situarse entre los veinticuatro finalistas.

El siguiente álbum, titulado *Penas,* se publica en 1975 y logra obtener un Disco de Oro por ventas. Calderón hace los arreglos de la canción que da título al álbum, con un éxito rotundo tanto en España como en Hispanoamérica y sirve para representar a España en el Festival Viña del Mar (1976), en Chile. Era la segunda vez que Juan Bau participaba en este festival, la primera en 1974 con la canción "Libre", popularizada por Nino Bravo y con arreglos de Calderón. En el álbum Penas también encontramos la firma de J. C. Calderón en los arreglos de "Podré volver a ti".

El siguiente álbum, publicado en 1976 y titulado *Fantasía*, contiene tres arreglos de J. C. Calderón: "Gracias", "Divorcio", "Libérate" y "Natacha y yo". La última colaboración de J. C. Calderón con Juan Bau es en 1979, realizando los arreglos de las nueve canciones que contiene el álbum *Soñaré*. No volvieron a grabar nada juntos, sin embargo, compartían la afición por la música de jazz y en varias ocasiones se dieron cita para actuar en directo en locales madrileños dedicados al género.

95. Entrevista de Javier Rodríguez a Juan Carlos Calderón. Publicada en *El Diario Montañés* el 1 de noviembre del 2007.

Eurovisión con Peret

Después de Mocedades el nombre de Juan Carlos Calderón quedaba vinculado a Eurovisión y, de una manera o de otra, la organización del festival quería contar con su pericia para las venideras ediciones. Así, en 1974, entre las propuestas que se hicieron en la preselección estaba Juan Bau con "Penas" (arreglo de J. C. Calderón) y Sergio y Estíbaliz como apuesta fuerte del compositor para que representaran a España. Entre polémicas y rifirrafes, la dirección de RTVE desechó las dos opciones y decidió llevar a Peret incluso en contra de su voluntad. El máximo exponente de la rumba catalana estaba de moda en diferentes países de Europa, sin embargo, no era partidario de ese tipo de festivales. Ante la negativa del cantante, TVE le llevó a la fuerza, argumentando una especie de compensación para prestar servicio a su país por no haber hecho la mili. En varias entrevistas concedidas tiempo después, Peret afirmaba que incluso llegó a recibir amenazas de muerte si rechazaba representar a España en Eurovisión y durante un tiempo se vio obligado a contratar guardaespaldas. La composición de Peret, "Canta y sé feliz", fue la seleccionada y J. C. Calderón se encargó de los arreglos, no pudiendo dirigir la orquesta en directo por un problema de oído que le obligó a una intervención quirúrgica, siendo sustituido por Rafael Ibarbia. Según se publica en *El Confidencial* (19/04/2009):

> En una entrevista concedida a Efe, el músico (Peret) recuerda con nostalgia cómo la canción española iba ganando en todas las apuestas —incluso a los aún desconocidos ABBA y su "Waterloo"— y considera que la ejecución, apenas un mes antes, del anarquista Salvador Puig Antich a manos del régimen franquista hizo que muchas delegaciones "boicotearan" a España y no le dieran ni un solo punto.

Peret logró el noveno puesto en una polémica edición debido al sistema de votaciones, en la que el grupo ABBA obtuvo el primer premio. La canción fue lanzada en *single* junto con "La quiero" en la cara B, también con arreglos de J. C. Calderón, bajo el sello discográfico Ariola. La revista *Efe Eme,* en un artículo titulado "Diez clásicos que pasaron por las manos de Juan Carlos Calderón", destaca la canción "La quiero" y señala al compositor santanderino como precursor del emblemático sonido de Las Grecas:

> ("La quiero") parece extrañamente de Las Grecas, cuando aún Las Grecas no tenían disco en la calle, que les faltaban semanas. No sé de qué se embebió Calderón, pero fue precursor de algo que se concede al dúo gitano: esa batería omnipresente, esos "nainonaina". El Peret más atento a lo que se hacía en las calles de Madrid y la constatación de que Juan Carlos Calderón fue grande pero no sabía lo que era la rumba catalana.

Se localiza un antecedente en la rumba al componer una canción para Dolores Vargas, "La Terremoto", titulada "Anana-Hip". La canción la firman José Castellón y Juan Carlos Calderón y fue publicada por el sello Belter en 1971. Se trata de una singular canción en la que se mezclan elementos de flamenco, pop, gypsy, funk y rock. Posteriormente, fue incluida en el álbum *La Guerrillera*, publicado por el sello Olympo en 1977.

La primera guitarrista flamenca

Antes de finalizar la década de los setenta destaca uno de los discos más singulares, en cuanto a arreglos, en los que haya intervenido J. C. Calderón. Se trata de Merche, nombre artístico de Mercedes Rodríguez Arana, una de las escasas guitarristas que graban flamenco, "la única y la primera guitarrista flamenca de todos los tiempos", según cita Méndez Vigo en *ABC* (9/09/1979). Su tercer álbum, titulado *Al otro lado del mar,* cuenta con una cuidada orquestación arreglada y dirigida por Calderón para el sello Zafiro. Es un disco en el que se mezclan canciones de temas flamencos compuestos por el guitarrista Antonio Perea (que también participa como instrumentista), con ritmos hispanoamericanos, contando con la colaboración de Dioni Velázquez. En la mezcla de estilos interviene el conocimiento de J. C. Calderón, que consigue aunar y enriquecer los temas con los arreglos orquestales. Según *ABC* (19/09/1979):

> No era fácil la empresa. Pero aquí están los resultados. Un LP cuidado, mimado y sin precedentes en el que encontramos temas donde se mezclan unas bulerías con un joropo venezolano, una guajira con la cueca chilena, un tanguillo gaditano con aires de chacarera, un tango flamenco con litoraleñas, una rumba andaluza con samba brasileña, unos tientos con guajira cubana, tarantos con polka paraguaya.

Merche es seleccionada para representar a España en el Primer Festival Folklórico de Dublín, que se celebra en octubre de 1979, con la canción "Jaranera", una fusión de rumba andaluza y samba brasileña, compuesta por Antonio Perea, que forma parte del disco arreglado y producido por J. C. Calderón.

6

Los años 1980, compositor internacional

Una nueva etapa en América

Al finalizar la década de los setenta Calderón se había convertido en uno de los compositores de más prestigio y sus éxitos se extienden más allá de las fronteras españolas. Las discográficas y los propios artistas son conscientes de ello y reclaman sus servicios como un valor seguro, porque saben que si consiguen grabar una canción creada o producida por J. C. Calderón, hay muchas posibilidades de lograr éxito. Llama la atención que un grupo como Tequila quisiera contar con él, no para componer ni para arreglar o producir algunas de sus canciones, sino para tocar el piano en la grabación del tema que abre y da nombre al álbum: "Rock and Roll". Cita César Prieto en *Efe Eme* que Calderón era colega de Ariel Rot y habían coincidido en el estudio de Joaquín Torres (Torres Sonido, Madrid), en sus respectivas grabaciones: Calderón para grabar *Disco* y Tequila *Rock and Roll*. "Ante la falta de músicos de piano que tuviesen calado rock en esos años, fue lo que pudieron encontrar. Calderón sigue el ritmo canónico, acepta un pequeño solo, pero lo importante es que acompaña a la energía juvenil que iba a venir en los ochenta".

Así comienza la década de los ochenta, inmerso en una gran cantidad de proyectos diferentes entre música, cine y teatro y la dualidad entre los trabajos realizados en España y en el continente americano.

En España sigue con composiciones de canciones para diferentes artistas, entre ellos Rocío Dúrcal,[1] para la que compone "Una noche loca", publicada en el famoso disco *La gata* (Ariola). Nada que ver con la línea de rancheras y boleros que la

1. En 1968, Juan Carlos había hecho los arreglos de la canción "Tengo lástima", grabada por Rocío Dúrcal como parte de la banda sonora de la película *Cristina Guzmán*, protagonizada por la cantante junto con Arturo Fernández y dirigida por Luis César Amadori.

encumbraron como una de las mejores cantantes del estilo. "Una noche loca" tiene una construcción melódica de estilo rumba pop y unos arreglos pop rítmicos con toques funk (escúchese el bajo y los sintetizadores), mientras la voz confiesa cierto desliz en una noche, que resume así en el estribillo:

Fue una noche de copas,
una noche loca,
besé otros besos, olvidé tu boca,
manché tu imagen,
me perdí yo sola,
y esta es la historia.

Otro icono de la música española es Miguel Bosé y en alguna ocasión exclamó que "Te amaré" era la canción más bonita de toda su historia. Compartimos esa opinión, pues esta tiene el encanto de una canción de autor, que encaja perfectamente con las orquestaciones de un compositor que brilla como nadie en la gran balada romántica. "Te amaré" está firmada conjuntamente por Bosé y Calderón y fue publicada en 1980 como parte del álbum *Miguel*. Las voces se grabaron en Madrid, los arreglos en Londres y las bases, junto con la mezcla final, en Los Ángeles. La música carece de grandes pomposidades y está elaborada con cierto toque artesanal al servicio de una letra inspirada que Bosé canta como nunca lo había hecho antes y que sin música también funciona como poema:

Con la paz de las montañas te amaré,
con locura y equilibrio te amaré,
con la rabia de mis años,
como me enseñaste a hacer,
con un grito en carne viva, te amaré.

En secreto y en silencio te amaré,
arriesgando en lo prohibido te amaré,
en lo falso y en lo cierto,
con el corazón abierto,
por ser algo no perfecto, te amaré.

Te amaré, te amaré,
como no está permitido,
te amaré, te amaré,
como nunca se ha sabido,
porque así lo he decidido, te amare.

Por ponerte algún ejemplo, te diré
que aunque tengas manos frías te amaré,
con tu mala ortografía,

y tu no saber perder,
con defectos y manías, te amaré.

Te amaré, te amaré,
porque fuiste algo importante,
te amaré, te amaré,
cuando ya no estés presente,
seguirás siendo costumbre y te amaré.

Al caer de cada noche esperaré,
a que seas luna llena y te amaré,
y aunque queden pocos restos,
en señal de lo que fue,
seguirás cerca y muy dentro te amaré.

Te amaré, te amaré,
a golpe de recuerdo,
te amaré, te amaré,
hasta el último momento,
a pesar de todo, siempre te amaré.

Una de las composiciones que más sorprenden al conocer su autoría es "Caliente, caliente", creada por Calderón para la gran Raffaella Carrá, una artista con una personalidad rompedora, capaz de convertir su ombligo en un símbolo de libertad, y rodeada de talento suficiente como para remontar su carrera tras ser censurada y desprestigiada por el mismísimo Vaticano. En 1981, la cantante y actriz ya era todo un icono televisivo y musical en Italia, en España y en muchos países de Hispanoamérica, con éxitos como "Hay que venir al sur (para hacer bien el amor)", "Fiesta", "En el amor todo es empezar (Explótame, explótame, exploó)", "Pedro" o su famoso baile "Tuca Tuca", entre muchos otros. Con su estilo único y atrevido rompió prejuicios de la época hablando libremente de sexo, homosexualidad o empoderamiento femenino y fue capaz de cantar y bailar jugando con los espectadores al erotismo sin caer en la vulgaridad. Juan Carlos Calderón, que a esas alturas ya tenía mucha experiencia con todo tipo de artistas, capta la esencia de Raffaella y para ella escribe "Caliente, caliente", canción transgresora donde las haya en un año histórico en el que, aunque irrumpe en España la deseada Ley del divorcio, la sociedad rezuma mojigatería y prima el exceso de moralidad. La letra habla abiertamente de los deseos sexuales de la mujer, cuyo cuerpo "anda loco y desenfrenado" por culpa de un marido que satisface sus deseos con amantes y cuando llega a casa ya no está para más trotes. Incluso la masturbación femenina aparece de forma velada, pues la mujer "calma sus deseos con la almohada". Calderón era consciente de que solo alguien de la talla de la italiana era capaz de convertir un discurso así en una canción elegante y festivalera, hasta lograr que las abuelas más beatas la tararearan. Dice la letra:

Caliente, caliente, eo caliente, caliente, oa,
hace tiempo que mi cuerpo
anda loco, anda suelto y no lo puedo frenar,
por las noches me despierto
abrazada a la almohada y con deseos de amar.

Será que ya es primavera,
será que ya no me besas,
será que tienes a otra,
que tus fuerzas agota y llegas harto de amar.

Hace tiempo que mi cuerpo
está desierto de besos, tú me quieres matar.
Premio para el caballero
que me bese primero, no se arrepentirá.

"Caliente, caliente" destaca dentro de un álbum cargado de grandes éxitos como "Amore, amore", "Adiós amigo" o "Mamá dame 100 pesetas". Fue *single* en varias ediciones en diferentes países y se convirtió en una de las canciones imprescindibles en el repertorio de Carrá a lo largo de toda su carrera.

La cantante dominicana Ángela Carrasco ya era una artista muy conocida en España después de haber grabado varios discos y haber bordado el papel de María Magdalena en el musical (y también disco) *Jesucristo Superstar*, junto a Camilo Sesto. En 1981, Ángela Carrasco lanza un disco titulado *Con amor,* del sello Ariola, con siete composiciones de Calderón de las diez que conforman el álbum, además de la dirección, producción y arreglos de todas ellas.

De este álbum se extrae el primer *single* "Un muchacho más", una balada construida con elegancia y sencillez, en la que están muy presentes el piano y los coros, destacando el arreglo armónico de estilo americano. En cuanto a la letra, Calderón explora nuevos terrenos sobre la forma de amar y en un principio el mensaje da lugar a cierta confusión de género. Ángela se pone en la piel de un hombre y canta: "Siempre fui un muchacho más / para ti que me has visto jugar, / navegamos juntos pero sin mezclar / el amor con nuestra amistad". Una vez planteada la relación de amistad, supuestamente desde la infancia, le confiesa su amor platónico: "Y es que yo jamás te confesé / que te amé, que te amo y te amaré". La dicotomía viene cuando dice: "Te amaré como una hembra sabe amar, / como ves no hablo de amistad". Por lo tanto, Calderón da a entender que el amor que puede llegar a sentir una mujer es superior al de un hombre, aunque sea un hombre el que dice los versos, en esta ocasión en la voz de una mujer. Todo un lío de género que Ángela Carrasco resuelve con gran expresividad.

En la cara B del *single* aparece un tema de corte festivalero titulado "Pam pam", que recuerda ligeramente a "Ding-a dong", la canción ganadora de Eurovisión en

1975, de Países Bajos. Calderón se esmera en las rimas consonantes de cada verso, dando como resultado un tema divertido que Ángela canta con picardía:

Eres tú cuanto quiero, tú mi anillo al dedo.
Eres tiempo y te espero y me desespero,
pues me dices enero y vienes en febrero.
Yo pondría un letrero: Busco un bandolero.

A ver si así, Pam, pam, vivo o muerto vienes a mí.
Pam, pam, mátame o te mato yo a ti.
Eres tú cuanto quiero, tú mi anillo al dedo.
Haga usted un agujero, Don sepulturero
para este cuatrero por el que me muero.

El primer *single* se vendió bien, sin embargo, con el segundo las ventas se dispararon notablemente. Este *single* contiene "Adiós tristeza" y "Cariño mío", esta última firmada por Maryní Callejo con arreglos de Calderón.

Y al otro lado del Atlántico, encontramos un disco que lleva íntegramente el ADN de Calderón, grabado por la cantante mexicana Estela Núñez cuando ya contaba con veinticinco discos en el mercado: *Te quiero todo* (Ariola, 1981). Juan Carlos Calderón compone diez canciones de temática amorosa, destacando "Eres mi hombre" por el ritmo folklórico tradicional en compás de amalgama, convertido en una canción melódica. Todo un logro por parte de Calderón.

"Con las manos vacías" abre el disco y destaca la melodía con distorsión, que enlaza las estrofas sostenidas por un ritmo de batería pausado y contundente, con la sección de cuerdas sello de Calderón. La letra es un reproche al amor no correspondido:

Sabes, mi amor, esto se acabó,
el aire ya no huele a tú y yo
creo llegó la hora de hablar,
hagamos cuentas.

Pues yo te di todo lo que soy,
tú solo diste un gramo de tu amor,
quiero saldar tu deuda,
no es justo que me vaya de tu vida

con las manos vacías.
Lo que yo te di era más que amor,
amor a manos llenas,
así te amé yo a ti.

Yo no te pido nada en especial,
tal vez moral y un poco de amistad

para seguir muriendo.
No es justo que me vaya de tu vida
con las manos vacías,
yo no me quiero ir.

La canción que da título al álbum, "Te quiero todo", había sido grabada por Lolita[2] en 1977, como parte del disco *Mi carta* con un arreglo diferente. El disco de Estela Núñez se compone de diez canciones, compuestas por Juan Carlos Calderón, con los siguientes títulos: 1. "Con las manos vacías"; 2. "Ámame esta noche"; 3. "Si con tus manos"; 4. "Oye, óyeme"; 5. "Dímelo"; 6. "Te quiero todo"; 7. "Que tengas un buen día"; 8. "¿Quién compra mi amor?"; 9. "Eres mi hombre"; 10. "¿Te acuerdas?".

Teatro, comedia y televisión

El 18 de diciembre de 1980 se estrenó en el Teatro Martín de Madrid la comedia musical *¡Viva la revista!*, un espectáculo de la compañía Arenas y Cal, creado por Eloy Arenas, de dos horas de duración y una inversión de diez millones de pesetas aproximadamente. La obra consta de siete partes con doce números coreográficos creados por Giorgio Aresu y diez canciones compuestas por Calderón que, además, se encarga de la dirección musical. El espectáculo permanece varias semanas en cartelera, aunque las críticas no fueron buenas. Así, *El País* (26/12/1980) opinó que la revista fue "parca en medios y fines, con la pareja cómica Arenas y Cal al frente del reparto", para sentenciar que "entre todos han amasado un producto ramplón donde el bostezo es ley". Entre la compañía de actores, bailarines y cantantes que participaron figura la colaboración especial de María Casal, con quien Calderón tenía intenciones de llevar a cabo un proyecto para componer y producir un disco con canciones melódicas, aunque al final no se logró.

Pocos meses después, otro *show* creado por Eloy Arenas requiere del talento de Calderón. En esta ocasión se trata de un espectáculo de "cabaret de línea internacional", titulado *Erótico cabaret,* que se representa en la Sala Talismán de Madrid. El espectáculo permanece en cartelera varias semanas, según consta en las publicaciones diarias del *ABC* durante junio y julio de 1982.

En el terreno del teatro había realizado colaboraciones con el dramaturgo Jaime Salom, la primera de ellas para una comedia musical titulada *Historias íntimas del paraíso*, estrenada en 1978 con gran éxito de público y fracaso de la crítica. El mismo año también escribe la partitura de un "musical rock" que está ambientado en la época de las Cruzadas, el cual, desde *La Vanguardia* (4/10/1978), vaticinan que se presentará fuera de España porque "difícilmente puede estrenarse aquí una comedia musical si no cuentas con ayuda estatal". Posteriormente, en 1982 com-

2. Juan Carlos había compuesto una canción para el anterior disco de Lolita: "No notas que estoy temblando", publicado en *Acaríciame* (1976).

pone las partituras para una obra musical de Salom titulada *Jerusalem, hora cero*, con dirección de José Tamayo y contando con la participación de Teddy Bautista, Marisa de Leza y Juan Carlos Naya. También es una obra que se apoya en la Cruzada de jóvenes a Tierra Santa, situándose en el año 1212. Según Salom: "Es una actualización dramatizada de La Cruzada de los niños, de Marcel Schwob; aunque en el fondo es un pretexto para insistir en el tema de mayo del 68".[3] La obra pasó totalmente desapercibida a pesar de su calidad.

El 20 de enero de 1981, Calderón vuelve a protagonizar otro programa de televisión presentado por Miguel de los Santos, *Retrato en vivo,* emitido en la Segunda Cadena[4] de Televisión Española. En este programa, Juan Carlos Calderón hace un repaso por su biografía artística e interpreta varios de sus éxitos.

Y en Televisión Española, el 15 de junio de 1981, se emite el programa *Mano a mano*, anunciado como un enfrentamiento entre Juan Carlos Calderón y Luis Eduardo Aute, en el que los dos conversan con el presentador sobre la trayectoria de ambos y la situación de la industria musical en ese momento. En la entrevista, Calderón anuncia la producción próxima del disco de Ángela Carrasco y de diversos cantantes latinoamericanos.

También en 1981, el 24 de diciembre, participa en el programa de Televisión Española *Feliz Nochebuena,* presentado por Laura Valenzuela y dirigido por Fernando Navarrete. Calderón se encarga de dirigir una orquesta junto con Pedro Iturralde y Jayme Marques. Los tres músicos interpretan el tema "Jingle Bells" "a tres bandas" y después cada uno de ellos interpreta sus éxitos con sus respectivas orquestas.

Herb Alpert y A&M Records

A finales de la década de los setenta, en España apenas quedan artistas para los que Juan Carlos Calderón no haya producido, arreglado o compuesto alguna canción. El reclamo internacional de su talento le obliga a cruzar el océano varias veces al año y comienza a entender cómo funciona la industria musical y qué condiciones hay en otros países, hasta que llega un momento en el que no se siente a gusto trabajando en España. En 1981 ya no soporta más las presiones de la industria discográfica para que fabrique éxitos como si fueran rosquillas, por lo que decide abandonar su país y fijar su residencia en Los Ángeles con toda la familia (esposa y tres hijos) y con ilusión por comenzar nuevos proyectos. La revista *Hola* publica un amplio reportaje de Calderón desde su nueva casa en Los Ángeles y el compositor se sincera ante Adrián Wecer:

3. Salom, Jaime, *Jerusalem hora cero: Nuevo brindis por un rey*, Fundamentos, 1995, p. 9.

4. "Segunda Cadena" es el nombre con el que se designa al canal UHF hasta 1983, momento en el que pasó a designarse TVE-2 hasta 1991, adoptando el nombre de La 2, hasta el momento actual.

> Me fui de España porque de no hacerlo hubiera abandonado la música para siempre. De hecho, prácticamente lo hice. Estaba cansado de tener la obligación de someterme constantemente a las tremendas presiones y exigencias de una industria del disco pequeña y desesperada..., presiones y exigencias totalmente encarriladas a la fabricación del "triunfo seguro" mediante la explotación de ciertas fórmulas musicales ya aprobadas y que nada tenían que ver con la creatividad artística. Yo quería tener la oportunidad de hacer otras cosas, de poder experimentar con otros géneros musicales, pero las únicas dos posibilidades que tenía yo ahí eran bastante claras: o hacía lo que ellos querían, o no hacía nada. Estaba a punto de optar por la segunda cuando me llamó Herb Alpert.

En 1981, Calderón conoce al trompetista y cantante estadounidense Herb Alpert, quien dirige el sello discográfico A&M Records junto con Jerry Moss,[5] y este encuentro abre nuevas fronteras y supone la internacionalización de su carrera como compositor y productor. "Herb Alpert me llamó para ofrecerme la oportunidad de poder hacer exactamente lo que yo quería y sin compromiso alguno, salvo el de venir a vivir a Estados Unidos y colaborar con él en varios proyectos que tenía en mente. Acepté, me consiguieron un permiso de trabajo y heme aquí", explica el compositor a la revista *Hola*. Alpert encarga a Calderón la composición de varios temas de su álbum *Fandango*, con el que alcanza posiciones muy altas en las listas de éxitos internacionales. Con el tema que da título al disco y "Route 101", primer tema de la cara B, consigue situarse en la cabecera de las listas americanas, siendo el único español desde 1955.[6] Otros temas de su autoría que forman parte del disco son: "Margarita", "Push and Pull", "California Blues" y "Ángel" y se completa con composiciones de Rafael Pérez Botija, Diego Verdaguer, Roberto Carlos y Eduardo Magallanes. Herb Alpert cuenta en el libreto del disco cómo surgió la colaboración: "*Fandango* comenzó cuando mi coproductor, José Quintana, sugirió que trabajáramos con el gran compositor y arreglista español Juan Carlos Calderón. Juan Carlos tiene un estilo único y escribió la mayoría de las canciones de este CD, incluida una de mis favoritas, «Route 101»".

El álbum se graba en tres días y se publica en 1982, año en que Herb Alpert junto con el gran productor José Quintana crean la División Latina dentro de A&M, siendo el primer sello estadounidense en crear una división específica para el pop latino con el fin de llegar al público de habla hispana sin necesidad de depender de traductores y poder ofrecer a los artistas una distribución internacional. Nace así A&M Discos y para ello cuentan con un equipo de profesionales que conocen el mercado hispano, entre ellos Benny Faccone en calidad de ingeniero de sonido

5. La letra "A" del sello discográfico A&M corresponde a Alpert, mientras que la "M" corresponde a su socio Moss.

6. Arce, Julio, "Juan Carlos Calderón", *Diccionario de la Música Española e Hispanoamericana,* 1999: Sociedad General de Autores y Editores, Tomo 2, p. 917.

y Juan Carlos Calderón como compositor. "Vi el cielo", expresaba Calderón al respecto.[7]

Después de un tiempo ya no se siente a gusto viviendo en Los Ángeles y combina su estancia pasando varios meses en Madrid. Su hija Teresa lo recordaba así:

> Empezó a ir solo. Le encantó cómo se trabajaba en Los Ángeles, se quedó fascinado con los músicos que encontró, con la posibilidad de hacer discos con buen presupuesto. Cuando al fin se decidió a llevar a la familia, no hubo tanto trabajo y se agobió. Estuvimos un año y pico y volvimos a Madrid. EE. UU. le gustaba mucho para trabajar, pero prefería la vida de España, los bares, la gente, era muy de aquí. Desde entonces, pasaba medio año allí, componía, trabajaba y volvía.

Primeras grabaciones con la División Latina

Tras la grabación del disco de Herb Alpert, Calderón es ya toda una figura internacional y la marca Freixenet, que no escatimaba en medios, es consciente de su popularidad y le invita a participar en la campaña de Navidad de 1982. El *spot* se rodó en el Queen Mary, en Long Beach (California), y Calderón aparece brevemente mostrando ante la cámara sus dotes de seductor ofreciendo un brindis a la protagonista del *spot*, la actriz y cantante Cheryl Ladd.

Junto con José Quintana, abre una editorial bajo el nombre de Calquín (Calderón-Quintana) para distribuir sus canciones por todo el mundo. A través de la División Latina, también junto a José Quintana, comienza a componer para artistas internacionales y produce un disco para la cantante Lani Hall, esposa de Herb Alpert. Es el primer disco que la cantante estadounidense graba en español y la intención es colarse en las listas de éxitos del mercado latino. El álbum lleva por título *Lani* y los ocho primeros temas son compuestos por J. C. Calderón, entre ellos "Te quiero así", que incluye un dueto con el cantante José José,[8] primer *single* junto con otra canción de Calderón, "Estaré enamorada". También incluye una versión diferente del tema "Adiós tristeza", que había sido grabado por Ángela Carrasco y un magnífico arreglo de un *medley* de clásicos brasileños a dúo con el brasileño Sergio Mendes, con quien Lani Hall se subió por primera vez a los escenarios.

Una de las canciones más bonitas e interesantes de todo el álbum es el *single* "Te seguiré", donde escuchamos a Juan Carlos Calderón cantando junto a Lani Hall unos versos con los que expresa una forma de amor incondicional, que recuerda a "Te amaré" (Miguel Bosé). Dice así:

7. Delgado, "Juan Carlos Calderón. La dualidad", p. 34-35.

8. Calderón ya había compuesto varios temas para el cantante José José: "Buenos días amor" (1977), "Ahora o nunca" (1978) y "Siempre te vas" (1982).

Donde quiera que vayas siempre te seguiré,
de la mano, de lejos, yo te seguiré.
En lo negro y en el color,
en el amor y en el desamor.
Donde quiera que vayas siempre te seguiré.

Con tus penas sobre mi espalda te seguiré,
no me pesa esta carga, yo la llevaré.
Soy capaz de cambiar de piel
para que sigas amándome.
De una forma o de otra yo te seguiré.

Te seguiré, mi amor, te seguiré,
siempre te amé, te amo y te amaré.
Sin tus labios no sé quién soy,
sin tu voz no sé a dónde voy.
Porque soy la mitad de ti, te seguiré.

En la calma y en la locura te seguiré,
si me pides dulzura, azúcar te daré,
si me quieres como aventura,
de aventura me vestiré.
Hasta donde quieras llegar, te seguiré.
Te seguiré, mi amor, te seguiré,
siempre te amé, te amo y te amaré.
Sin tus labios no sé quién soy,
sin tu voz no sé a dónde voy.
Porque soy la mitad de ti, te seguiré.

Te seguiré, mi amor, te seguiré,
siempre te amé, te amo y te amaré.
Sin tus labios no sé quién soy,
sin tu voz no sé a dónde voy.
Porque soy la mitad de ti, te seguiré.
Te seguiré, te seguiré,
yo te seguiré.

El disco se lanzó al mercado español a principios de 1983 y debido a la escasa promoción no cuajó en las emisoras de radio y pasó totalmente desapercibido.

Más suerte tuvo la cantante y actriz cuban-venezolana María Conchita Alonso, que había conseguido saltar a la fama entre concursos de belleza y algunas incursiones en el mundo de las telenovelas. Tras unos tímidos comienzos musicales, consiguió conquistar el mercado latino grabando dos discos consecutivos, y los dos fueron nominados a los premios Grammy como "Mejor interpretación de pop latino". El primero de ellos (1984) lleva por título *María Conchita* y contiene nueve temas de los cuales ocho son compuestos por J. C. Calderón con gran variedad de ritmos y de recursos. Las dos canciones que formaron el primer *single* arrasaron en las discotecas de casi toda Latinoamérica. Por un lado, "Noche de copas" se encargó de llenar las pistas de baile a ritmo de pop latino y por otro, "Acaríciame", con la que, además de triunfar con el videoclip, enamoró a las parejas en el pase lento que toda discoteca que se preciara reservaba para las tres o cuatro canciones más románticas y punteras. Y sin tanta fortuna, pero con la intención de triunfar en las pistas de baile, fue la canción disco con doble título en español y en inglés "Dame un poquito de tu amor" / "Give Me a Little of Your Love".

"Amor de madrugada" fue otro de los *singles* que obtuvo un importante éxito, un tema a medio tiempo con rítmica de inspiración americana y una estupenda melodía de saxo. Y, aunque pasó más desapercibida, de este álbum también destaca "Cadenas", con un arreglo más roquero y una melodía propia del pop italiano que triunfaba con cantantes como Umberto Tozzi o Daniela Romo, entre otros.

El álbum se completa con las composiciones de Calderón "Decir te quiero", "Entre la espada y la pared" y "Eres tan real".

El segundo álbum, *O ella o yo*, se publica en 1985 y contiene cinco canciones de su autoría, incluida una nueva versión de "Tómame o déjame", junto con "Dueño de mi cuerpo", la alegre "Por ti, por mí" o la balada "Te quiero, te quiero, ayúdame". En la canción que da título al álbum y primer *single* "O ella o yo", una vez más la letra habla de cuestiones de amor y los versos nacen desde el conformismo en una relación: "El amor que tú me das /es poco, pero en fin, / me conformo con creer / que soy feliz", hasta poner las cartas sobre la mesa en el estribillo, "Qué difícil es vivir con desamor, / te quedas o te vas, / para ti quién soy". Y sentencia: "No podemos seguir diciéndonos frases vacías, / no podemos seguir mintiéndonos, / o ella o yo".

El coordinador de producción, José Quintana, explica lo que supuso la grabación de este disco para la compañía A&M:

> Sabíamos que ella (María Conchita Alonso) estaba empezando a incursionar en Chile [...] y básicamente sin escucharla, siguiendo un poco el *feeling* de Juan Carlos que me ayudó, la firmé para la compañía y creo que para A&M fue un gran éxito, vendimos millones de copias. [...] Hasta ese momento gozábamos de poder contratar a músicos para nuestras grabaciones de gran nivel, pero todavía no llegaban los de cinco estrellas [...], fue el primer disco donde realmente pudimos tener las cinco estrellas de todo, desde los músicos [...] a un ingeniero inglés joven que se llama Jeremy Smith. Lo llamamos a la grabación y llegamos al estudio de Sound Records en Hollywood y allí tenían una mesa Harrison y, curiosamente él había trabajado en la fábrica Harrison, así que conocía la consola de arriba abajo [...] Fue impresionante, todos teníamos los pelos parados porque nunca se había logrado una grabación tan perfecta en

> todos los aspectos, tanto musicales como de audio. Creo que causó gran impacto en el mercado latino, según recuerdo nadie había llegado a ese nivel de tal perfección. Qué más podías pedir, música y arreglos de Juan Carlos Calderón, los mejores músicos de Estados Unidos, el mejor ingeniero de *record* estudio y afortunadamente nada salió mal.[9]

Años después y tras muchas colaboraciones mano a mano, José Quintana opinaba sobre Juan Carlos Calderón:

> Definitivamente es el hombre más talentoso que yo conocí y te puedo mencionar que he tenido la oportunidad de trabajar con grandes nombres mundialmente reconocidos, pero nadie le llegaba a Juan Carlos Calderón. Sus arreglos, sus composiciones, sus letras, su personalidad eran únicas y, la verdad, lo sigo extrañando cada día de mi vida.[10]

La cantante escocesa Sheena Easton había logrado una carrera discográfica vertiginosa desde que interpretó la canción principal de la banda sonora de *James Bond*, "Solo para tus ojos" (1981). El mercado hispano se había puesto de moda y estaba en plena expansión, por lo que la artista no quería perder esta oportunidad. En 1984, Calderón ya era todo un mago en estrategias a la hora de colocar artistas en este mercado y se encarga de producir el disco *Todo me recuerda a ti* junto con Greg Mathieson. La balada que da título al disco fue adaptada por Calderón del tema "Almost Over You" y obtuvo la primera posición en el Billboard latino.

El compositor también adapta al español los grandes éxitos de la cantante afincada en Estados Unidos e incluye dos canciones grabadas a dueto. La primera de ellas, "La noche y tú", una balada romántica que canta junto a Dyango, quien inicia los versos: "Sabes, mi amor, / aún no me creo que estemos juntos solos tú y yo, / de amor a amor, / de beso a beso, / de corazón a corazón". Las dos voces se alternan y llegan a fundirse en el estribillo en el que recitan "La noche y tú, la noche y yo, / solo nos falta la decisión". Precioso encaje de bolillos entre la voz rasgada de Dyango (que borda el dúo más difícil de los dos) y el brillo del timbre de Sheena Easton. El beneficio fue mutuo para los dos cantantes, pues con este tema lograron cotas altas de popularidad.

Más éxito tuvo Sheena Easton con el otro dúo, esta vez con Luis Miguel y la canción compuesta por Calderón "Me gustas tal como eres", con la que consiguen un Grammy a la "Mejor interpretación México-americana". Luis Miguel (del que hablaremos más adelante) estaba aún en el proceso de cambio de voz y en ocasiones no se sabe cuál de los dos alcanza las notas más agudas. Se trata de una nueva versión del tema "Papa Ukelele", grabada por Amaya Saizar en su disco *Autorretrato*. Musicalmente, la canción es impecable, sin embargo, aunque era frecuente en la

9. "Latin Notes", producción de Cristina Abaroa para www.moonmusic.com.
10. *Ibidem*.

época, la puesta en escena dio mucho que hablar y hoy en día resultaría cuestionable, incluso de mal gusto que un adolescente imberbe intercambie versos de amor con una mujer adulta como Sheena Easton, como se puede ver en la gala de presentación del tema. Dicen las primeras estrofas:

Hablando de ti, hablando de mí,
no sé de qué mundo vienes,
de un mundo de amor en el que tú y yo
no estamos porque no quieres.

Hablando de ti, hablando de mí,
quisiera poder quererte,
pero entre tú y yo, prohibido el amor,
me gustas tal como eres.

Otra de las canciones que se incluyen en el álbum de Sheena Easton es "Ámame" en una versión adaptada para la cantante escocesa. "Ámame" también fue grabada en 1982 por la cantante venezolana Marlene, quien debutó de la mano de Juan Carlos Calderón con un álbum de diez canciones publicadas por el sello de reciente creación SonoRodven. El caso de Marlene es singular, pues la artista inició su carrera en solitario con este disco, titulado también *Marlene*, y consiguió un éxito sin precedentes. En poco tiempo colapsó todas las listas de ventas del país y se convirtió en un icono de moda venezolana. A los pocos meses de la grabación del disco, contrajo matrimonio y abandonó su carrera artística e incluso cambió su país de residencia. Varias de las canciones del álbum fueron publicadas en *single*: "No notas que estoy temblando" (también grabada por Lolita en 1977), "Qué nos pasa esta mañana" y la citada "Ámame". Esta última es una canción con una bonita melodía que se utilizó como tema principal de la popular telenovela *La heredera,* protagonizada por Eduardo Serrano y Hilda Carrero. De nuevo, Calderón se esfuerza en crear versos consonantes que expresan los deseos del amor:

Una gota de tu amor cayó en mi alma,
y en un mar de sábanas blancas, te pedí, ámame.
Fuiste labios de amor,
fuiste cuerpo y ardor,
yo estaba ardiendo,
fuiste lluvia menuda y viento, te pedí, ámame,
ámame, como lo hiciste ayer,
ámame.

Ámame, como la hiedra a la encina,
ámame, vida mía, ámame.
Aunque finjas calor, aunque mientas amor, no estoy herida,
lo que importa es sentirse querida,

ámame, ámame,
ámame como la rosa a la espina,
ámame,
ámame como la hiedra a la encina,
ámame, vida mía, ámame.

"Cantaré, cantarás" o el "We Are the World" latino

En 1985, la CBS encarga a J. C. Calderón y a Albert Hammond la composición de una canción como respuesta latina al himno "We Are the World" de Quincy Jones, Michael Jackson y Lionel Ritchie. La idea nace en los estudios A&M Records y es el productor José Quintana quien toma la iniciativa. Así nace "Cantaré, cantarás" ("I Will Sing, You Will Sing"), con música de Calderón y Hammond y letra de Anahí van Zandweghe.

Se crea el proyecto Hermanos, fundación filantrópica cuyo único objetivo es el de recaudar ayuda económica destinada a los programas de Unicef en Latinoamérica, el Caribe y África. CBS se encarga de la administración de las ganancias netas recaudadas y cuentan con el patrocinio de Pepsi-Cola, encargándose esta de cubrir todos los gastos con una generosa donación.

Aunque en la contraportada del LP aparecen acreditados treinta y seis cantantes españoles y latinoamericanos, fueron un total de cuarenta y ocho los artistas que participaron en este encuentro: Fernando Allende, María Conchita Alonso, Apollonia, Ramón Arcusa, Basilio, Braulio, Irene Cara, Roberto Carlos, Nydia Caro, Vikki Carr, Verónica Castro, Charytin, Chiquetete, Gal Costa, Celia Cruz, Lupida D'Alessio, Guillermo Dávila, Claudia de Colombia, Emmanuel, Sergio Facheli, José Feliciano, Vicente Fernández, Miguel Gallardo, Lucho Gatica, Julio Iglesias, José José, Rocío Jurado, Lissette, Valeria Lynch, Cheech Marín, Sergio Mendes, Lucía Méndez, Menudo, Miami Sound Machine, Amanda Miguel, Ricardo Montalbán, Mario Moreno "Cantinflas", Palito Ortega, Pimpinela, Tony Renis, Danni Rivera, José Luis Rodríguez, Lalo Schifrin, Simone, Manoella Torres, Pedro Vargas, Diego Verdaguer y Yuri.

La grabación se hizo en los mismos estudios que "We Are the World" y fue dirigida por Albert Hammond. Se estrenó simultáneamente en todas las cadenas televisivas de Latinoamérica y Ricardo Montalbán se encargó de poner la voz en *off* al documental que se grabó con motivo de la presentación del tema. En este documental destaca la participación de Julio Iglesias como eje central de la promoción, siendo el artista más representativo de la discográfica CBS.

Calderón no quedó satisfecho con los resultados: "Hicimos un «We Are the World» latino. Grabamos una réplica con cuarenta y siete latinos. Una penuria, espantoso. «We Are the World», se grabó en una noche, esto fue una juerga llena de limusinas. Cantó hasta Cantinflas. Podía haber sido muy bonito, pero no lo fue. El dinero no llegó donde tenía que haber llegado".[11]

De vuelta a Eurovisión: Paloma San Basilio

La cantante Paloma San Basilio conoció a Juan Carlos Calderón cuando esta ya tenía una carrera discográfica consolidada tanto en España como en Latinoamérica. En 1980, Paloma protagoniza el musical *Evita*, batiendo todos los récords de taquilla y permaneciendo en cartel durante dos años en el Teatro Monumental de Madrid. Al año siguiente graba *Evita* y simultáneamente el disco *Ahora*, con canciones como "La hiedra" y "Juntos", que alcanzaron las primeras posiciones en las listas de ventas. La cantante relata que la compañía discográfica Hispavox pensaba que necesitaba un gran compositor y fue Luis Gómez-Escolar quien favoreció el contacto con Juan Carlos Calderón, "un ser muy frágil pero con muchísimo talento", expresa. A él le dedica un apartado en su autobiografía titulada *La niña que bailaba bajo la lluvia,* destacando que

> Juan Carlos era uno de los compositores más importantes de nuestro país, capaz de colocar un tema en las listas de Billboard o de producir a grandes artistas, como Luis Miguel. Congeniamos desde el principio, le gustaba trabajar conmigo y cuando estaba angustiado me llamaba por teléfono, a veces a horas tardías, para hablarme de sus dudas sobre una letra o una canción. Sus producciones eran tan impecables que antes de añadir la voz a los temas podías escuchar una música exquisita, tocada por auténticos virtuosos, como Abraham Laboriel, un bajista de primera. Los músicos de sus grabaciones eran los mejores de Los Ángeles, donde él se refugiaba para grabar, y su oído absoluto a veces me planteaba dificultades a la hora de cantar, intentando afinar una nota que yo no oía fuera de tono y tenía casi que inventarme.[12]

Calderón comienza a trabajar en composiciones para la cantante y surge el primer álbum que graban juntos: "Nos conocimos con «La fiesta terminó». Me mandó las demos desde Los Ángeles y cuando oí esa música, dije: «¿Para qué le voy a poner voz?» Tenía miedo de arruinarlo".[13] La canción fue seleccionada por Televisión Española para representar a España en el Festival de Eurovisión de 1985. El tema alcanzó gran popularidad y era una de las favoritas para ganar la edición celebrada el 4 de mayo en Suecia. "Desembarcamos en Gotemburgo, Suecia, mi equipo, Nieves, la maquilladora, representantes de la compañía y de Televisión Española, además de Juan Carlos y los coros que nos acompañarían. Fue una experiencia muy

11. Delgado, "Juan Carlos Calderón. La dualidad", p. 34-35.

12. San Basilio, Paloma, *La niña que bailaba bajo la lluvia*, Madrid: Penguin Random House, 2014, p. 276.

13. "Paloma San Basilio sobre la muerte de Juan Carlos Calderón", *Diario La Tercera* (28 de noviembre de 2012).

divertida, los únicos cantantes conocidos éramos Romina y Albano y yo, y después de los ensayos me querían entrevistar todos los países".[14] Sin embargo, fue el peor resultado de una de las canciones presentadas por Calderón al quedar en el puesto catorce. Recordamos que el sistema de votación de cada país se regía por un jurado "supuestamente profesional", escogido entre personalidades de la música y de la cultura. Cabe citar que ningún componente del jurado español de esta edición tenía relación con la música, por lo que siempre queda la duda de lo que ocurre con lo que se vota en otros países. En España, el jurado estuvo formado por Tomás Zardoya, en calidad de presidente y profesional de Televisión Española, junto con Emilio Butragueño (futbolista), María Asquerino (actriz), Adriana Ferrer (actriz), Marisa Medina (presentadora), Francisco Umbral (escritor), Eloy Román (industrial), Jesús María Landín (estudiante de periodismo), Javier Sádaba (filósofo), César Alonso (deportista), María Dolores Ortiz (profesora de primaria), Cristina Peña Marín (profesora universitaria de literatura), Pilar de la Huerta (técnica turística) y Ágatha Ruiz de la Prada (diseñadora de moda).

El Festival de Eurovisión seguía siendo un acontecimiento que reunía a toda la familia frente al televisor (aún existían solo dos canales) y la decepción fue sonora, pues había confianza tanto en la canción como en la interpretación. "Yo tenía mis dudas sobre acudir al festival, no me gustan los concursos y no era algo que necesitáramos ni Juan Carlos ni yo, pero la discográfica nos dijo que sería una gran promoción para el disco y así fue", confiesa Paloma.[15]

Una vez más, Calderón utiliza la fórmula estructural que le encumbró como compositor con "Eres tú". En la introducción, con el *tutti* orquestal, expone el motivo melódico extraído del estribillo y lo concluye con una cadencia (principio y final del estribillo), dando paso a la primera estrofa:

Amor ¿qué haces por aquí?
La fiesta terminó,
dime a qué estás jugando.

La pluma de Calderón describe una relación amorosa que ha llegado a su fin pero, por si los primeros versos no quedan suficientemente claros, se reafirma con la segunda estrofa:

Amor, lo que pasó, pasó,
dijimos se acabó,
¿qué andas buscando?

Estrofas adornadas con poco más que un piano para crecer en la siguiente, donde incluye el cuarteto de ritmo y la sección de cuerdas. Vienen otros versos donde se justifica el mensaje, mientras el arreglo orquestal sigue ganando densidad:

14. San Basilio, *La niña que bailaba*, p. 218.
15. *Ibidem*, p. 276.

Amor, no quiero hacerte mal,
mejor no insistas más,
no hay magia ya en tus manos.
Amor, perdón por lo de amor,
me sale sin querer,
tal vez porque te he amado.

Y llega el estribillo con toda la orquesta y el coro:

Y ahora no, la fiesta terminó,
ya no hay más que niebla entre tú y yo.
¿Para qué echar más leña a arder?
Si el fuego se ha apagado ya, dímelo.

En la siguiente estrofa utiliza el mismo acompañamiento que en la anterior:

Amor, al fin te superé
y no pienso volver
de nuevo a las andadas.
Amor, perdón por lo de amor,
me sale sin querer,
tal vez porque te he amado.

De nuevo, repite el primer estribillo y añade otro con nuevos versos, utilizando un cambio de tonalidad para dar más énfasis y alguna pequeña variación instrumental:

No insistas más, la fiesta terminó.
Tú y yo ya no somos tú y yo,
de qué sirve amarnos sin amor,
por qué seguir mintiéndonos.

La canción termina con una cadencia final en la que Paloma derrocha sensibilidad: "Dímelo, dímelo". La composición es muy buena, pero, sin duda, la voz de la cantante la engrandece aún más.

"La fiesta terminó" da título al álbum publicado por Hispavox con diez temas, los cinco primeros producidos y compuestos por Calderón y los otros cinco producidos por Rafael Trabucchelli. De ahí que se noten ciertas diferencias de producción entre la cara A y la cara B, en cuanto a estilo.

"Por culpa de una noche enamorada" es una composición hecha a la medida de la voz, tan pegadiza que engancha desde los primeros compases como un gusano cerebral, motivo por el cual rápidamente se coló en las listas de éxitos nada más lanzarla al mercado. Las mandolinas y las cuerdas se funden con la letra desde los primeros compases en un tempo tranquilo, para expresar el paso de la amistad al amor en una sola noche:

Hacía tiempo que te conocía,
hablábamos de tantas tonterías,
jamás me había fijado en tu mirada,
un amigo más, un día más.
La Luna se apagó y nos quedamos
a oscuras y el amor nos dio la mano
y en el pequeño hueco de un abrazo
todo comenzó a ser tú y yo.

Por culpa de una noche enamorada,
hierba mojada,
por solo una caricia inesperada,
nos amamos hasta enloquecer.
Por culpa de una noche enamorada,
sombras, calma.
Por culpa de un deseo que flotaba,
fuimos cuerpo, vida, amor y piel.

De norte a sur tus labios me buscaron,
de este a oeste yo te abrí mis brazos,
sentí el galope suave de tus manos
todo estaba allí, entre los dos.
La Luna se apagó y nos quedamos
callados tan felices, tan cansados,
con un sabor a miel entre los labios
todo terminó, todo empezó.

El álbum al completo fue de los más vendidos de la carrera de Paloma San Basilio y tanto "La fiesta terminó" como "Por culpa de una noche enamorada" volvieron a grabarse en directo el mismo año en el Teatro Monumental de Madrid para formar parte del disco titulado *En vivo*. Los otros tres temas de Calderón que formaron parte del álbum fueron "No quisiera decirte adiós", "El beso de tu boca" y "Amor de gafas oscuras", otras tres maneras diferentes de cantarle al amor.

Al año siguiente, el mismo sello publica otro álbum titulado *Vuela alto*, producido por J. C. Calderón con siete de los diez temas de su autoría. "Soy" es considerado por la cantante como "una pequeña joya, casi desconocida", en la que Paloma se pone en la piel de una mujer enamorada y prácticamente insignificante para su amado: "Soy solo tu dosis de placer, nada más", es uno de los versos que resume el sentimiento de la mujer, cuyo estribillo se articula con breves versos tetrasílabos, cantados por Paloma con delicadeza: "Y soy llegar / y soy besar / y soy placer / y soy pasar / y soy reír / y soy llorar una experiencia que contar".

El tema más destacado del disco es "Cariño mío", una elegante canción en la que Paloma se enfrenta a una disyuntiva, pues no quiere abandonar a su amante, pero tampoco quiere perder al marido, que ya sospecha. El conflicto interno surge ante la indecisión de confesar la verdad y arriesgarse a perder al marido o mantener la mentira y continuar con los dos hombres a los que ama de distinta manera:

Sé que estás pensado que te soy infiel,
que te estoy mintiendo por primera vez.
Cariño mío, por qué ocultarlo,
por qué decirlo, qué debo hacer.
Sé que si lo niego no me creerás
y si te lo cuento me abandonarás.
Cariño mío, te tengo miedo,
que no es un juego, es mucho más.

Cariño mío, no sé qué hacer,
seguir callada y seguir con él
o ser sincera y serte fiel,
cariño mío, ya no sé qué hacer.

Pienses lo que pienses lo voy a negar,
de qué serviría torturarnos más,
tú eres mi alma, él es mi cuerpo,
cariño mío, de verdad lo siento,
pude no engañarte, pero sucedió,
de qué serviría pedirte perdón,
él es el viento y tú mi puerto,
a ti te quiero, por él me muero.

Paloma conocía muy bien al compositor: "Juan Carlos escribía para mujeres, el alma femenina le apasionaba, aunque no era capaz de entenderla a fondo. El hecho femenino le inspiraba un cierto miedo, porque le atrapaba y hacía más débil. Tenía una mujer estupenda y con clase y paciencia suficientes para compartir su vida junto a ese niño grande y asustado que era él".[16] Tiempo después, la cantante describía al compositor como muy perfeccionista:

> A veces me llamaba a las tres de la mañana para cambiar una palabra. Era un ser educadísimo, entrañable, muy tierno y muy inseguro, siempre pensaba que las cosas se podían hacer mejor. Tenía una forma muy especial de componer, una enorme riqueza armónica y ese punto cercano al jazz que hacía que las armonías nunca fueran convencionales. Era exquisito escogiendo los músicos. Y, por supuesto, un mago con el piano.[17]

16. *Ibidem.*

17. Martínez, Borja, "10 años sin Juan Carlos Calderón, el genio oculto del pop español que conquistó el mundo", *El Mundo* (25 de noviembre de 2022).

Durante la producción de este disco, Calderón vivía entre Madrid y Los Ángeles, atravesando etapas de mucha soledad. Entre sus pocas amistades, lograba conectar más con las mujeres que con los hombres y era un gran contador de historias femeninas. Años después, recién publicado el álbum *Querido Juan* (El Consorcio), así lo expresó en una entrevista:

> Sufrí soledades muy gordas cuando, por ejemplo, en los años ochenta trabajé mucho en Los Ángeles. Había temporadas en las que no tenía amigos ni nada. Aunque yo, cuando digo amigos, me refiero más a mis amigas, porque por desgracia yo no he encajado bien con los amigos, que siempre me achacan que no como con ellos, que no me voy con ellos a tomar copas. [...] Yo prefiero estar en casa. Creo que la soledad es el mejor estado, siempre que llames a la familia y la quieras, y que llames a los amigos y los quieras.[18]

La soledad sobrevuela la mayoría de las letras del disco ("Contigo aprendí", "Insaciable", "Mi ordenador"...), hasta llegar al tercer corte de la cara B, titulado "Mi soledad", donde la aborda de frente y define el sentimiento así:

Mi soledad es el refugio donde escondo para mí mis sentimientos.
Mi soledad es ese sitio donde nadie puede entrar y yo me encierro.
Mi soledad es el producto del calor que no me das o que no siento.

Mi soledad es tu rival, pues no eres tú,
mi soledad soy yo por dentro.
Mi soledad es para mí, lo siento, amor,
mi libertad, mi complemento.

Mi soledad es con quien hablo cuando necesito hablar y no te encuentro.
Mi soledad es la que sabe de verdad interpretar mis pensamientos.
Mi soledad es consejera cuando me aconsejan mal tus argumentos.

Mi soledad es tu rival, pues no eres tú,
mi soledad soy yo por dentro.

En cuanto a la música, esta canción tiene un arreglo contrastante, ya que la melodía está construida sobre una base armónica en tonalidad menor (expresa tristeza), mientras que el ritmo es el más alegre de todo el disco. Destaca la improvisación del saxo en las manos del gran Joel Peskin al final del tema.

La informática nunca fue del interés de Juan Carlos, por ello resulta llamativo que escriba una canción en la que un ordenador cobra vida y se convierte en protagonista: "Tengo dos (ordenadores), pero solo los sé abrir. Jamás me he metido

18. Arco, Antonio, "Paso de todo y de todos; vivo en mi ático solo y me encanta", *La Verdad* (8 de abril de 2008).

en ellos. La inspiración sigue estando en un lápiz y un papel".[19] El mensaje de esta canción, titulada "Mi ordenador", no queda claro. A mediados de los ochenta la informática aún estaba en pañales en comparación con lo que existe en la actualidad. Desde luego, no existía la Web 2.0 y aún faltaban muchos años para la interacción social a través del ciberespacio, por lo tanto, es difícil imaginarse un amor entre un ordenador y un ser humano en esa época. ¿Una letra anticipada a su tiempo? ¿Una crítica velada a un tipo de conducta? Lo que quería decir Juan Carlos lo desconozco, sin embargo, musicalmente hablando, el arreglo es impecable y la voz defiende la canción con dignidad.

Ayer mi ordenador se enamoró de mí
y como un hombre comenzó
a hablar, reír, fallar, mentir
y yo no supe qué decir.

Ayer mi ordenador me deseó también,
me vi desnuda frente a él,
no sé por qué, tal vez miró,
sentí vergüenza y lo apagué.

Amigo de mi soledad,
no hubo testigo en mi habitación,
su resistencia ya no resistió,
me dio pena de mi ordenador.

Ayer sintió los celos por primera vez,
le programé un "por qué"
y me respondió: amor, amor, amor,
y su memoria se quemó.

Amigo de mi soledad,
no hubo testigo en mi habitación,
su resistencia ya no resistió,
me dio pena de mi ordenador.

Ayer mi ordenador se suicidó, lo sé,
y su pantalla se apagó,
después calló y yo callé
y nunca más le programé.

Ayer, ayer, ayer,
ayer, mi ordenador se enamoró de mí.

19. *Ibidem.*

La tercera canción del álbum es "Para aprender a quererte", en la que se unen dos grandes talentos: la composición musical de Calderón con la letra de Gómez-Escolar, artífice del encuentro entre Paloma y Juan Carlos y uno de los grandes letristas del país. Y cierra la cara A un tema titulado "Quién eres tú", que anticipa una de sus grandes composiciones que están por llegar: "Nacida para amar".

El álbum superó el éxito de "La fiesta terminó" tanto en España como en Latinoamérica y, de nuevo, Juan Carlos contó con músicos de la talla de K. C. Porter o Robbie Buchanan (teclados), Paul Jackson y Fernando López (guitarras), Pepe Ébano y Mariano Rico (percusión), Dennis Belfield (bajo), John Robinson (batería) y las sabias manos del ingeniero Benny Faccone en las mezclas, junto con Steve Taylor. Nada podía salir mal con un equipo así. En *La Vanguardia*, el crítico Alberto Mallofré valora positivamente el trabajo de Calderón, calificando los arreglos instrumentales como excelentes, con una cuidadísima producción.

No volvieron a colaborar en ningún disco, sin embargo, conservaron la amistad y, sobre todo, la admiración mutua. Paloma define a Juan Carlos con las siguientes palabras:

> Era tremendamente dulce, con su acento de Cantabria, y muy respetuoso, jamás intentaba hacerme cantar si yo no me sentía cómoda y le gustaba utilizar mi voz como si fuera un instrumento más. No hace mucho le entregué el Grammy a la excelencia en una ceremonia en Las Vegas. Realmente le tenía mucho cariño, con todos sus miedos, sus obsesiones y sus carencias, era una persona entrañable. Tocaba el piano con un gusto increíble y una de sus últimas propuestas fue hacer pequeños conciertos en clave de jazz, él al piano, una guitarra y yo. Su nieta toca el piano y compone de maravilla. Tuvieron que estar muy orgullosos el uno de la otra y viceversa. En los últimos años se sentía maltratado y arrinconado por una industria a la que había dado todo. Pero quién no.[20]

"Nacida para amar"

Cuatro años después de su presencia en Eurovisión con "La fiesta terminó", Juan Carlos vuelve a participar por cuarta vez en el festival con la canción "Nacida para amar", interpretada por Nina. La cantante había sido descubierta por Xavier Cugat y conseguido gran popularidad tras haber sido azafata de *Un, dos, tres... responda otra vez,* programa de televisión de máxima e irrepetible audiencia, dirigido por Chicho Ibáñez Serrador.

La voz de Nina inspiró a Juan Carlos para componer una de sus mejores canciones, según explicó en *ABC* (22/04/1989): "Escuché la voz de Nina, tan personal y peculiar que, cuando llegué a casa, me puse a componer esta canción, que creo es idónea para su estilo". Nina estaba ilusionada con la participación en el festival

20. San Basilio, *La niña que bailaba*, p. 276.

y con la canción: "Está hecha a mi medida, Calderón la ha pensado expresamente para mi voz".[21]

En "Nacida para amar", al igual que en "Cartas amarillas", la introducción de piano está extraída de la primera estrofa y no del estribillo, como ocurre en la mayoría de sus composiciones. La melodía aprovecha la amplia tesitura vocal y Nina la expresa de manera impecable, con una potente voz matizada en todos sus registros. Juega con las dinámicas y brilla en los estribillos hasta producirse un ajuste perfecto entre texto, voz y música. La letra captura el instante final de un gran amor:

Cállate, bésame, hazme creer que todo sigue igual,
cierra los ojos, por favor, dame una noche más.
Cállate, ámame, dame de plazo hasta la aurora,
si no te puedo hacer feliz, no me lo digas ahora.

Nacida para amar, quisiera unirme a tu camino
y caminar por tu destino, besar tus huellas, amar tu signo,
Nacida para amar.

Ya lo sé, es tarde ya,
gracias por este cuerpo a cuerpo,
si no te vuelvo a ver, mi amor,
gracias por todos tus besos.

Nacida para amar, quisiera unirme a tu camino
y caminar por tu destino, besar tus huellas, amar tu signo.
Nacida para amar, llevo en mi piel la primavera
y en mis caricias luna llena y mucho más amor del que quisiera.
Nacida para amar.

Días antes del festival, *ABC* ya vaticina que la canción "tiene demasiada calidad como para participar en una competición festivalera". Aunque en un principio no buscaban el primer puesto, tras la presentación de la propuesta, las críticas fueron muy positivas y empezaron a vislumbrar posibilidades de obtener una buena posición. El concurso se celebró el 6 de mayo de 1989 en Lausanne (Suiza) y cuenta Nina en su libro *Con voz propia* que "Juan Carlos Calderón, hombre de inseguridad proporcional a su enorme talento, lo daba todo por perdido antes de empezar. Lo que se juzgaba era la canción y no su intérprete; era lógico, entonces, que sintiera el peso de la responsabilidad más que yo. 'Si una canción no gana, se pierde'. Con la intención de no tirar a la basura ninguna otra pieza, hacía años que había decidido no componer ni una más para un festival". Juan Carlos se encargó de dirigir la orquesta y Nina la defendió con mucha seguridad. La canción quedó en sexto lugar.

21. Baget Herms, J. M.ª, "Nacida para amar", *La Vanguardia* (30 de abril de 1989), p. 60.

A pesar de que fue un buen resultado, Juan Carlos quedó decepcionado y afirmó que no volvería a presentar ninguna canción al Festival de Eurovisión:

> El veredicto final de este Festival ha sido injusto. España [...] no podía ganar con una canción de tan alta calidad. Seguramente era demasiado buena para este concurso. Nina [...] ha sido la verdadera ganadora del certamen, ya que fue la más aplaudida durante los ensayos por todas las delegaciones. [...] Quería presentarme tras cuatro años de ausencia del festival para comprobar si las cosas habían cambiado, pero me he percatado de que no ha sido así.[22]

Fue la última vez que pudimos escuchar la famosa frase "dirige la orquesta el maestro Juan Carlos Calderón". Nunca volvió a participar en el festival que le hizo famoso con "Eres tú" en 1973, sin embargo, estaba pendiente de las candidaturas de España en las siguientes ediciones. En marzo de 2005 es elegida la canción "Brujería", defendida por el trío de flamenco-pop Son de Sol y por ese motivo Juan Carlos escribe una carta a *ABC* (16/03/2005) en la que se lamenta de la selección, arremetiendo contra TVE y, en general, contra la música popular del momento:

> Hace años que produzco mis discos fuera y para fuera de España y, por curiosidad malsana o por masoquismo incontenible, he tenido la tentación de ver y escuchar la preselección de las canciones candidatas a representarnos en el Festival de Eurovisión este año.
>
> Si lo que quería TVE, ganemos o no, es aislarnos del mundo, lo ha conseguido. El espectáculo ha sido lamentable: hemos superado lo insuperable, colocarnos en el primer puesto del mal gusto musical internacional y la cutrez más refinada, tanto artística como televisivamente.
>
> Cuando yo era un niño, España no estaba para hacer discos, pues pasaba por momentos de construcción, cartillas de racionamiento y el estraperlo; lógico que no hubiera música pop, sino una serie de inventos populares que difundían las radios de entonces. Pero también tuvimos la suerte de escuchar a los más grandes cantantes de copla que ha habido y que habrá, como Imperio Argentina, Concha Piquer, Juana Reina, el gran Antonio Molina o Angelillo.
>
> En general, la música popular que se hace ahora no es más que una chabacanería y una chirigota y hemos pasado de un seudo flamenquismo [*sic*], ya tan usado en la dictadura, a una caricatura de la música árabe. O sea, que estamos haciendo una música peor que la de posguerra.
>
> ¿Por qué no enviamos el próximo año a un aldeano con una sola ceja tocando el pito y el tamboril con toda su "nobleza de lo autóctono"? De este modo quedaría claro que España ha pasado de la pandereta a la alpargata...

22. Lausana: "Juan Carlos Calderón arremete contra el Festival de Eurovisión", *ABC* (8 de mayo de 1989), p. 82.

Ahora entiendo por qué la industria discográfica española se ha ido al garete. Algunos compositores, discográficas, productores y TVE lo han conseguido. O sea, que no echen toda la culpa a la piratería y al "top manta".

Por votación popular, en una encuesta de TVE realizada en 2020, queda patente la magia de las canciones de Calderón creadas para el Festival de Eurovisión en la década de los ochenta, resultando ganadora "La fiesta terminó" y en tercer lugar, "Nacida para amar".

Desnudo

En diciembre de 1985, Juan Carlos Calderón regresa a España para pasar las fiestas navideñas con su familia y concede una entrevista al diario *ABC* en la que explica que acaba de sufrir una peligrosa tromboflebitis, por lo que le han restringido el consumo de tabaco y alcohol. También cuenta que su familia no se adaptó a vivir en Los Ángeles y él mismo no está del todo satisfecho:

> Me aburro, me muero de horror, siento una nostalgia terrible, pero aguanto porque allí está mi trabajo. Hago muchos discos para cantantes anglosajones que quieren temas en español, música española; ahora está muy de moda lo español, cantar en español, para entrar en el amplio mercado iberoamericano; casi todas las grandes estrellas hacen un disco en castellano, a ver qué pasa. Y si alguno de los temas les gusta mucho y funciona bien, lo graban luego también en inglés. También trabajo mucho para cantantes de aquí y para mexicanos como Emmanuel... Pero no creo que aguante allí más de cuatro años. Por muy mal que esté esto, no sabes lo que se puede llegar a echar de menos España.

Emmanuel llega a España en el mes de septiembre de 1985 para ver cómo va el LP que está componiendo para él Juan Carlos Calderón. Tras ganar un concurso en 1976, el cantante mexicano inicia una carrera musical que sobrepasa las fronteras después de publicar el álbum *Íntimamente* en 1980, el disco más vendido en México con más de cinco millones de copias. Las cifras son apabullantes y desde que comienza su carrera graba prácticamente un disco cada año, convirtiéndose en uno de los cantantes de balada romántica más internacionales en idioma castellano. Calderón se encarga de la producción, dirección, arreglos y composición de algunos temas del octavo álbum, titulado *Desnudo.* El disco de pop español sale a la venta en 1986 y tiene una icónica portada que muestra el torso del cantante completamente desnudo. Curiosamente, esta portada no es atractiva para el mercado norteamericano y se cambia por una fotografía, también de medio cuerpo, pero cubierto. Además de la imagen, también se cambia el título, pasando a llamarse *Solo* y conservando el mismo número de referencia.

"Con qué derecho" es el título que abre el disco y una de las canciones más importantes de todo el álbum. Una gran producción para una canción que lleva unos arreglos inconfundibles y muy característicos del compositor en la década de los ochenta. El arranque inicial, con los teclados, la batería y el destacado fraseo del bajo sobre un denso fondo de cuerdas, es propicio para que la distorsión adelante un fragmento melódico extraído del estribillo con gran expresividad. Emmanuel, con su peculiar timbre, le pregunta a su ex:

Con qué derecho vuelves a mi lado
sin preguntarme si te sigo amando,
siempre apareces cuando estoy tratando
de enamorarme de unos nuevos labios.

Con qué derecho vuelves sin llamarme.
con qué derecho tienes aún mis llaves,
imagínate que estoy en otros brazos,
olvidando que estuve enamorado.

Con qué derecho vuelves a intentarlo,
con qué derecho, nadie te ha llamado,
qué quieres de mí, busca en otro lado,
de qué forma te estás equivocando.

Entre interrogantes y advertencias se desarrollan tanto las estrofas como los estribillos y Emmanuel sentencia:

Yo te he querido hace tanto tiempo
que no recuerdo cómo son tus besos.
Con qué derecho tú vuelves ahora,
nadie te quiere ya, ya no estás de moda.
Por favor, déjame ser feliz,
pues no vives ni dejas vivir.

"No te quites la ropa" es otra de las canciones en las que está presente la identidad de J. C. Calderón en las composiciones de tempo más rápido, con las melodías de saxo sintetizado que se fusionan con los pianos eléctricos y los sonidos de sintetizador. Y el tercer tema de Calderón y tercero de la cara A es "Mujer de tantos hombres", una balada a medio tiempo que contiene las sonoridades de los dos temas anteriores. En la cara B aparece "Rayo de luna", con letra de Luis Gómez-Escolar, y para cerrar el disco otra composición de letra y música de J. C. Calderón titulada "Qué largo fin de semana", en la que el amor se agota en pocas horas:

Qué largo fin de semana,
cuántas cosas por hacer,
vivimos todo en un día
y aún quedaban otros tres.
Qué largo fin de semana,
la mañana despertó

y ya no te vi tan guapa
como la noche anterior.

Qué lento, qué largo
se hizo aquel adiós,
no me atreví a decirte
me equivoqué de amor.

Qué largo fin de semana
cuando miente el corazón,
pensar que todo empezaba,
cuando todo terminó.
Qué largo fin de semana,
me sentí como un león
dando vueltas y más vueltas
en la cárcel del reloj.

Arreglos con una orquestación que conservan la identidad adquirida a lo largo de los años. En cuanto a la producción, la utilización del efecto *reverb*, los sonidos de los teclados, las síncopas y las orquestaciones tienen una influencia sonora muy americana, en la línea de las grabaciones que hacía en la época el grupo Chicago, el cantante Christopher Cross o las grandes baladas de Dionne Warwick. Ya van algunos años de grabaciones en Los Ángeles, con músicos americanos que graban con muchísimos artistas de diversa índole, y esa influencia se percibe en sus producciones.

El álbum fue nominado a los Premios Grammy a la "Mejor interpretación de pop latino" en su 30.ª edición.

Del éxito a la tragedia

En mayo de 1986, Juan Carlos Calderón recibe el premio especial Long Play de Oro como reconocimiento a su labor musical dentro y fuera de España, otorgado por un jurado compuesto por profesionales de la prensa, radio y televisión. Un mes después participa en un homenaje a Betty Pino, organizado por Rocío Jurado y Raphael. Betty Pino era la vicepresidenta de la emisora Radio FM 92 de Miami, directora del programa musical de habla española más importante de dicha ciudad y una de las personas más influyentes en el mercado discográfico latino. De hecho, los artistas que querían introducirse en el difícil mercado estadounidense necesitaban del apoyo de Betty Pino, quien pinchaba sus canciones a través de la emisora. En Latinoamérica estaba considerada como la "gurú" del mundo del disco.

El 11 de julio de 1986, cuatro días después de que Juan Carlos Calderón celebrara el 50 aniversario de su nacimiento, una desgracia irrumpe en su vida y en la de su familia. Su segundo hijo, también llamado Juan Carlos, que cuenta con tan solo veinte años, muere en un accidente de tráfico. El vehículo que conducía chocó violentamente con otro coche en el que viajaban tres personas a la salida de San Lorenzo de El Escorial (Madrid), resultando muertos los conductores de ambos vehículos. Pocos días antes, el chico había manifestado en una entrevista que quería ser cantante y contaba con el apoyo de su padre. La música fue el refugio de Calderón para superar la tragedia, si es que alguna vez la llegó a superar.

7

Los años 1990, entre España y América

Myriam Hernández

Myriam Hernández es una de las voces más conocidas en América Latina por su talento y su contribución al género de la balada romántica. En 1991 la cantante chilena, que compartió una gran amistad con el compositor, le pidió un tema en honor a su abuela paterna recién fallecida y Calderón encontró el momento oportuno para volcar el dolor de la muerte de su hijo y así nace "Se me fue", una balada grabada por la cantante como parte de su tercer disco y el primero con proyección internacional. Myriam recuerda en una entrevista el día de la grabación:

> De ese álbum fue la última canción que quise grabar y estábamos con Jorge, mi marido, bajamos a las ocho y él (Calderón) no aparecía. De repente, se abre el ascensor y aparece vestido casi de esmoquin, como para ir a un Grammy... nos fuimos al estudio de grabación... empecé a cantar la canción y había muchas emociones juntas compartidas entre él y yo. Yo lloré en la canción e incluso en el final de la grabación dejaron parte de los suspiros... Él se va al lugar donde estaba grabando dentro del estudio, me abraza y nos pusimos a llorar los dos. Fue muy fuerte ese momento, luego él se seca sus lágrimas y se va... Se fue a un bar en Los Ángeles, entró, pidió una botella de champán, se tomó una copa y brindó. Luego regresó al estudio.[1]

El elegante arreglo de cuerdas y la gran expresividad de Myriam se mezclan perfectamente con una letra que describe los sentimientos del que pierde lo más preciado:

1. Entrevista en directo de Myriam Hernández, concedida a un canal de televisión de Perú tras la muerte de Juan Carlos Calderón. <https://www.youtube.com/watch?v=tJDJMJoXfHc&ab_channel=fansmyriam>.

Se me fue con el sol,
sin hablar, sin un adiós,
no recuerdo ni su cara ni su voz.

Se me fue con timidez,
con la luz de anochecer,
ahora sé que no le supe comprender.

Se me fue sin avisar,
no le pude acompañar
a su cita con la oscuridad.
Yo no sé si me extrañó,
si al final me perdonó,
solo sé que ya no está.

Se me fue tan normal,
una tarde, un día más,
tan fugaz que no le pude perdonar.
Me miró, sonrió,
cómo iba yo a saber
que tal vez, su sonrisa era un adiós.

Se me fue sin avisar…

Se me fue tan natural,
como el río al mar se va,
se me fue de aquí a la eternidad.
Yo no sé si me extrañó,
si al final me perdonó,
solo sé que ya no está,
lo que es peor,
no volverá.

Desde su lanzamiento, esta canción se ha convertido en una de las más interpretadas en los conciertos a lo largo de su carrera musical. De las doce canciones del LP, once son compuestas por Calderón y este álbum, titulado *Myriam Hernández*, obtuvo un disco de oro en diversos países latinoamericanos como Venezuela, Ecuador, Perú o Chile. Además, se editó también en otros países como Japón, Taiwán, Tailandia o Emiratos Árabes Unidos.

Al principio, Myriam no estaba del todo conforme con las letras que Calderón escribía: "Ella me indicó que esas situaciones no iban con su forma de pensar, de vivir, y al principio me chocó un poco porque es difícil de cambiar mi forma de escribir. Después me ayudó mucho porque saqué otra nueva faceta mía, bastante más poética", cuenta Calderón en el documental rodado por la discográfica para la promoción. Así surgen canciones destacadas, como "Un hombre secreto" y "Si no fueras tú", con las que Myriam logró situarse entre los primeros puestos de las listas Billboard, siendo la primera artista chilena que consigue entrar en el *ranking*.

Bonitos arreglos de guitarras acústicas que entrelazan con las cuerdas y el piano es lo que ofrece "Un hombre secreto", una historia de amor platónico hacia un amante inexistente que representa un soplo de ilusión en una pareja cuya relación está totalmente apagada:

Entre el amor y el desamor
se me ocurrió que entre los dos
faltaba vida, tal vez color,
faltabas tú, faltaba yo.
Y me inventé un ideal,
alguien en quien poder soñar,
y desde entonces te he sido infiel,
solo en mi mente, no en mi piel.

Un hombre secreto, un soplo de ilusión,
un grito de mi corazón,
un amante inexistente, un escape de mi mente,
una forma de vivir
cuando no te siento en mí
cómo se puede amar así.

Él duerme ya entre tú y yo,
entre el deseo y lo que soy,
entre mis sueños y lo que tengo,
entre el amor y el desamor.

Una de las razones por las que Calderón estaba enamorado de Los Ángeles se evidencia en este disco, pues cuenta con la participación de grandes músicos con los que ya trabajaba desde su llegada a la ciudad, como el bajista Abraham Laboriel, el pianista Randy Waldman, el percusionista Luis Conte o el saxofonista Dan Higgins, además de Benny Faccone, que se encarga de la grabación. En una entrevista, Faccone aporta su opinión sobre Calderón:

> Lo conocí cuando era joven, en 1982, y me impresionó porque me contaba historias muy interesantes. Después descubrí que él era el compositor de "Eres tú", la primera canción en español en alcanzar el puesto número 1 en las listas del Billboard americano, algo que no se había logrado antes. En su rol como productor no he conocido a nadie como él en el lado latino, alguien tan bueno como lo era Juan Carlos, especialmente en esos días. Él sabía cómo hacer a un

cantante cantar y también sabía lo que deseaba como productor. Fue un gran amigo y un buen hombre.[2]

Nuevas producciones y nueva ayudante

En 1990, Juan Carlos Calderón asume tres producciones de gran calado, la primera de ellas junto a Bertín Osborne, para el que compone y produce un álbum titulado *Acuérdate de mí,* también un álbum para Alejandra Ávalos y otro para Luis Miguel, dos artistas de los que hablaremos más adelante.

Y en esta intensa etapa de la larga trayectoria de Juan Carlos Calderón se incorpora Cristina Abaroa, productora musical, arreglista y compositora. Recién graduada en el Berklee College of Music, comienza colaborando como copista y asistente personal de Calderón en 1991 y su relación profesional y de gran amistad continúa hasta la muerte del compositor. Su primera colaboración como ayudante y arreglista es en el tema "Yo soy la única", para el disco de Myriam Hernández. Cristina recuerda en su blog el momento en que Calderón la invita a hacer el arreglo de la canción:

> El día a día era increíble. La cita era poco antes de la hora de la comida en el Hotel Mondrian. Luego decidir a dónde ir a comer entre los sitios favoritos de Juan Carlos: Le Dome, Le Petit Four, el Sushi, el Thai o el Gaucho Grill. Por alguna razón, casi siempre terminábamos en Le Petit Four y no hacíamos más que hablar de música, música y más música. En la tarde, yo regresaba al Mondrian, en donde Juan Carlos tenía un teclado, papel para partituras, un borrador y un par de lápices para escribir los arreglos. Estuve ahí todas las tardes durante el proceso de los arreglos, escuchando la genialidad de Calderón. Y entre acordes increíbles y una cuerda maravillosa, de repente se escuchaba una voz que me decía: "Hijina, qué acorde te gusta más... este... o este". Para mí era igual, los dos sonaban espectaculares. Entre plática y plática durante un *lunch,* Juan Carlos me invitó a hacer el arreglo de "Yo soy la única".

Abaroa hizo bien su trabajo y a partir de ese disco Juan Carlos Calderón le pidió que se encargara de preparar todos los *music charts* de sus siguientes producciones.

El primer encuentro entre Cristina y Juan Carlos tiene lugar en el citado Hotel Mondrian de Sunset Boulevard, junto con José Quintana y la cantante Alejandra Ávalos, con motivo de la preparación del disco *Amor sin dueño.* Cristina Abaroa lo recuerda así:

> Era la hora de comer, nos fuimos al Thai de al lado. Nunca olvidaré que Juan Carlos dijo: "yo me siento con los músicos" y entonces se sentó frente a mí. A partir de ese momento estaba yo totalmente intimidada. No sabía qué pregun-

2. *Latin Notes,* producción de Cristina Abaroa para www.moonmusic.com <https://www.youtube.com/watch?v=b3btlGW9cO8&ab_channel=LatinNotes>.

tarle. Creo que hasta me olvidé de cómo hablar. Recuerdo que a un volumen dos dije: "Me llamo Cristina... acabo de terminar la carrera de arreglos en Berklee". Nunca supe si me escuchó, ni tampoco insistí en confirmarlo. Pasaban por mi cabeza títulos de canciones de una gran cantidad de éxitos y me empezaba a marear con solo recordar las frases, las intros, melodías, *hooks* y los *chord changes* más hermosos que hasta entonces había yo escuchado en la música pop y de las cuales Juan Carlos era el autor.

Después de comer nos despedimos. En la tarde recibí un par de recados de Juan Carlos para avisarme de que estaría grabando bajos con Abraham Laboriel y que yo no me podía perder eso. Por supuesto que pregunté en qué estudio se encontraban y por ahí llegué. Me moría de ganas de conocer a Abraham. Lo había escuchado miles de veces en muchos de mis LP favoritos y me fascinaba su sonido. La sesión fue impresionante. Yo no podía creer que estaba ahí, en una grabación en vivo con los grandes de grandes.

Al día siguiente se grababan coros con K. C. Porter, Kenny O'Brian, Isela Sotelo, María del Rey y Leyla Hoyle y ya nunca más dejé de ir. Por cierto, en la canción "Como puedes saber" terminé grabando coros con ellos. Sin darme cuenta, yo ya era parte del maravilloso mundo de L. A. y me estaba convirtiendo en la asistente personal de Juan Carlos Calderón.

Amor sin dueño es el tercer disco de la carrera discográfica de la cantante y actriz mexicana y, según Cristina Abaroa, la falta de promoción provocó que no llegara a alcanzar el mismo éxito que su segundo álbum, *Amor fascíname*, también compuesto, dirigido y producido por J. C. Calderón. La cantante se había puesto en manos de Calderón para intentar su lanzamiento internacional en 1990, tras convertirse en una artista relevante en México. *Amor fascíname* fue uno de los discos de más éxito de la cantante y consiguió cierta proyección internacional con las siguientes canciones: 1. "Amor fascíname" (J. C. Calderón); 2. "Casualidad" (J. C. Calderón / Luis Gómez-Escolar); 3. "Contigo o sin ti" (J. C. Calderón); 4. "Lo que pasó pasó" (J. C. Calderón / Luis Gómez-Escolar); 5. "Por fin" (J. C. Calderón); 6. "Ámame" (J. C. Calderón); 7. "Si supieras" (J. C. Calderón); 8. "Tres veces no" (J. C. Calderón); 9. "Nada nuevo bajo el sol" (Enrique Cahero / Olga Cassab); 10. "Dos veces" (Alejandra Ávalos).

El título del álbum se extrae del primer corte, una composición de Calderón donde vuelca su creatividad en unos versos cargados de metáforas para describir una obsesión por el amor:

Son tus dedos plumas que pasean por mi piel,
son tus ojos luces que alumbran mi desnudez,
es tu olor la chispa que me enciende la pasión,
eres todo tú la imagen del amor.
Son tus brazos olas que me arrastran hacia ti,
es tu piel mi cárcel y mi forma de vivir,

es tu cuerpo el gozo donde pierdo la razón,
eres todo tú la imagen del amor.

Amor fascíname,
cierra los ojos, descúbreme,
busca mis labios, sedúceme,
si te huyo, convénceme,
amor fascíname,
toma mi piel, enamórame,
ven a mi cuerpo, domíname,
cuando vaya a morir de amor, tú sigue amándome.

El tema había sido grabado previamente por Calderón en versión de jazz instrumental y posteriormente formó parte de la legendaria película mexicana *Perdóname todo,* protagonizada por una de las grandes voces de México, José José (en el papel de Ricardo Alfaro) y Alejandra Ávalos, interpretando a la joven cantante Teresa. La trama gira en torno a un compositor y cantante fracasado por culpa del alcohol y todo empieza a cambiar cuando conoce a la joven Teresa, para la que escribe canciones y surge el amor. En esta película aparecen otros temas firmados por Calderón: "Como puedes saber", "Contigo o sin ti" y el que fue el tema central del film *Te quiero así,* cantado a dúo por José José y Alejandra Ávalos.

La tercera colaboración de Cristina Abaroa con Juan Carlos Calderón es una producción para el disco *Encadenado* del cantante mexicano Mijares, octavo álbum con el sello EMI, publicado en 1993. Fue grabado en Londres y Madrid y mezclado en Los Ángeles por Benny Faccone y cuenta con once temas, de los cuales siete son composiciones de J. C. Calderón. La canción que da título al álbum, "Encadenado", había sido compuesta para Pablo Abraira[3] en 1978, pasando totalmente desapercibida, a pesar de la calidad vocal del cantante. La versión de Mijares tiene pequeñas variaciones orquestales y una instrumentación detallista y supuso un gran éxito para el cantante mexicano junto con "Volverás", otra composición de Calderón que abre el disco. Como es habitual, el amor y el desamor protagonizan las canciones firmadas por el compositor santanderino, con títulos como "Ahora se me va", "Qué puedo hacer yo con tanto amor", "Él" y "Amanecer en tu cuerpo". Y de nuevo, Calderón vuelve a expresar versos que definen el sentimiento de la soledad, a la que ya ve como una amiga y así titula "Mi amiga soledad":

3. Calderón compuso varias canciones para Pablo Abraira: en el álbum *Visiones* (1978), además de "Encadenado" aparecen "Rezaré", "Eva sin nombre" y "Amor marinero", esta última junto a Julio Seijas. También, para el álbum *Vida* (1981) compone "Solos tú y yo" y "Despiértate", esta última junto a J. A. Martín.

Llueve sin parar
y la noche se despierta
y vuelve a mí la soledad.
Paso sin pasar,
no me sigue ni mi sombra
con la cual solía hablar.
Sabes qué, amiga soledad,
que te odio y te extraño a la vez.
Sabes qué, me he acostumbrado a ti,
ya tienes cuerpo de mujer.

Solo soledad,
pues las horas pasan muertas
sin que el sol llame a mi puerta,
huyo de la luz,
de la gente, de mí mismo,
del amor, de la verdad.

Llueve sin parar
y la noche se despierta
y vuelve a mí la soledad.
Llueve sin parar
y mi vida está dormida,
pues sin ti no hay nada más.

Y es en este disco donde aparece la primera composición de su hijo Jacobo Calderón, una canción titulada "La duda".[4] Se inicia así la relación profesional entre padre e hijo y continuará en diversos trabajos hasta la muerte de Juan Carlos. Treinta años después, el *Huffington Post* (22/05/2022) refleja así los primeros momentos juntos:

> El maestro Juan Carlos Calderón, que por esos años trabaja mucho en América, asiste con respeto al crecimiento artístico del hijo. No le da clases ni consejos ni interviene directamente en su formación, pero sigue de cerca el proceso. Los caminos de ambos se cruzarán en 1992. Al productor le gusta "La duda", una de las primeras canciones de Jacobo, y se la ofrece al mexicano Mijares, que no duda en incluirla en el álbum que está grabando.

Meses después de finalizar el proyecto con Mijares, Calderón se encarga de la dirección y realización de un proyecto para el cantante Marcos Llunas. Supone el

4. En la contraportada del CD, debajo del título *La duda* aparece acreditado Juan Carlos Calderón Jr. Se trata de un error, pues el autor es Jacobo Calderón y así viene reflejado en el interior del libreto.

segundo disco de la carrera del hijo de Dyango, con quien Calderón había colaborado en 1968 cuando el compositor comenzaba su andadura en la música pop. Marcos Llunas graba el álbum *Piel a piel*, con nueve composiciones de Calderón de las once que conforman el álbum. "Guapa" es una balada hecha a la medida para realzar las cualidades vocales de Marcos Llunas, quien expresa una letra que se detiene en la belleza personificada del amor, matizando las contradicciones propias del sentimiento:

Guapa,
ni siquiera el sol te roza cuando pasas,
más que blanca, eres luz, hueles a malva,
a madrugada.
Guapa,
quiero amarte con las yemas de mis dedos,
con mi aliento, con la luz de mi mirada,
sin tocarte, sin romperte, con mi cuerpo.
Guapa,
es tu piel de una belleza que mata,
yo no sé por qué me excitas y me amansas,
eres bruja, eres tú, solo tú.
Eres guapa,
quiero amarte en una noche de plata
y al amanecer besar tu vientre ámbar,
eres mía, guapa.
Guapa,
abrazarte es abrazar espuma blanca,
cuando creo que te tengo, te me escurres
como un sueño que se escapa de mi almohada.
Guapa...

Los arreglos de "Guapa" están hechos con buen criterio, destacando la progresión armónica que se incluye entre los dos estribillos finales. Fue el primer *single* lanzado con dos meses de anterioridad y la canción más recordada del álbum. El resto de las composiciones de J. C. Calderón son: "Amigos", "Estoy cansado de esperar", "Mañana", "La de siempre", "No me digas", "Sobredosis de ti", "Algo de ti" y "Sedúceme", todo un catálogo de sensaciones, reproches y experiencias amorosas.

Calderón le pide a Cristina Abaroa que asuma el rol de administradora del proyecto para Marcos Llunas, además de sus actividades como asistente personal, coordinadora y copista. Abaroa relata en su blog que quedó muy sorprendida con la petición, pues era la primera vez que se enfrentaba a una tarea similar. Se puso manos a la obra y preparó una lista de gastos, distribuyéndolos por cada etapa del proyecto: preproducción y materiales (alquiler del teclado de Juan Carlos, cintas, *dats*, y casetes), grabación (ingeniero, estudio, músicos, partituras, transporte de instrumentos, *catering* y alquileres), *Overdubs*, sección vocal, sección de cuerdas, mezclas, *mastering*, etc.

Una vez más, asiste a la grabación un despliegue de músicos de primera división, como Robbie Buchanan (teclados), John Jr. Robinson (batería), Abraham Laboriel y Neil Stubenhaus (bajos), Mike Landau (guitarra eléctrica), George Doering (guitarras acústicas), Dan Higgins (saxos y flautas) y Luis Conte (percusión). Además, cuenta con unos coros espectaculares grabados por Leyla Hoyle, Francis Benítez, Isela Sotelo y Kenny O'Brian. Una de las tareas más difíciles de Cristina Abaroa fue cuadrar las agendas de todos los músicos que intervinieron para coincidir en la grabación, sin embargo, encontró la solución. La producción fue publicada en enero de 1995 y dio como resultado una proyección internacional para el cantante español.

El lanzamiento de Ricky Martin

Uno de los artistas que más éxito ha alcanzado en las tres últimas décadas en todos los países de habla hispana es Ricky Martin, y Juan Carlos Calderón es el artífice de su lanzamiento internacional. Tras convertirse en una estrella con la banda infantil Menudo, el puertorriqueño inicia su carrera en solitario (1991) con un álbum de título homónimo que sienta las bases de lo que será su trayectoria artística. Guapo, buen cantante y excelente bailarín, el éxito estaba asegurado si conseguía que alguien le hiciera canciones a su medida. A finales de 1992, Calderón se encarga de crear para él *Me amarás*, un álbum más personal y romántico que su disco debut, con el que logra vender 700.000 copias y una nominación a los premios Billboard en la categoría "Mejor artista latino". Ricky Martin confiesa en sus memorias que su incursión en el estudio discográfico para grabar este álbum fue muy gratificante al lado de Juan Carlos Calderón por su experiencia y profesionalidad y por la belleza de las composiciones, con las que se sintió cómodo.

El álbum fue publicado en mayo de 1993 y solo con escuchar los sonidos de teclados y los fraseos de los bajos es suficiente para comprender que Calderón se esmeró en hacer una fantástica producción de lo más vanguardista en el momento. Contiene ocho composiciones propias y dos adaptaciones de temas famosos: una adaptación latina, "Hooray! Hooray! It's a Holi-Holiday", de los alemanes Boney M y otra adaptación al español de "Self Control", muy conocida por la versión de la estadounidense Laura Branigan y realizada por Mikel Herzog.

Del álbum se extrajeron ocho *singles*, el primero, "Me amarás", una canción muy rítmica hecha a propósito para que Ricky Martin demostrara sus irresistibles contoneos de caderas y conquistara los escenarios. Calderón escribe una letra en la que el intérprete está convencido, desde la primera estrofa, en lograr sus propósitos en eso de la conquista amorosa: "Me amarás / aunque tenga que rogarte, me amarás / aunque tenga que obligarte, me amarás, / eres cosa mía". La determinación por conseguir el amor deseado tiene un lado un tanto perverso, pues algunos versos resultan demasiado incisivos: "Aunque tenga que domarte, / aunque tenga que raptarte". El cantante está dispuesto a humillarse para conseguir sus fines, incluso llega a hacer juramentos: "Ahora te juro que tú me vas a amar", concluye el último verso. En definitiva, licencias poéticas que las fans de Ricky Martin aceptaron con agrado.

Otra inspiración de Calderón, más por la letra que por la música, es el tercer *single* y segundo corte del disco, "Es mejor decirse adiós". Narra la triste historia de un amor que se terminó y ya no tiene sentido seguir. Los versos hablan por sí solos:

Es mejor a veces un adiós
que ver cómo llega el desamor
y prefiero recordar lo que fuimos
que continuar viviendo casi como enemigos.
Para qué soñar, se fue el calor,
no es culpa de nadie y de los dos.

Es mejor decirse adiós
que seguir sufriéndonos
y asistir a este naufragio entre tú y yo.
Y aunque nada quede ya,
ni siquiera la amistad,
cuando menos que nos quede un buen sabor.

Sé que volveremos al error
de intentar dar vida a un viejo amor,
pero entonces ya será tan distinto,
jamás despierta una pasión cuando se ha dormido.
Para qué soñar, acéptalo,
se nos ha escapado el corazón.

Es mejor decirse adiós...

La nostalgia nos engañará,
pero sabes cuál es la verdad.
Es mejor decirse adiós...

Cristina Abaroa se encarga de todos los *music charts* (base rítmica, doblajes y cuerda), además de su labor de asistente de producción y copista. Calderón elaboraba las partituras desde Madrid y se las enviaba a Cristina por fax, "era un trabajo enorme", recuerda Cristina. La preproducción del disco se realizó en los Estudios Sintonía de Madrid con el ingeniero de sonido José Vinader y el resto se grabó en Los Ángeles, con Benny Faccone como ingeniero de grabación. Cristina Abaroa apunta lo encantador y educado que fue en todo momento Ricky Martin, así como la profesionalidad y la puntualidad a la hora de llegar al estudio de grabación, con los deberes hechos según la planificación que se había estipulado para grabar cada día.

El éxito del álbum *Me amarás* dio lugar a una intensa gira por varios países de Latinoamérica. Una vez finalizada, Ricky Martin se apea de la industria discográfica durante tres años para luego retomar con grandes éxitos más que conocidos. Las trayectorias de Ricky Martin y de Juan Carlos Calderón tomaron caminos distintos y no volvieron a trabajar juntos, sin embargo, el respeto y la admiración entre ambos nunca se perdió.

Chavela Vargas y José Augusto

La costarricense nacionalizada mexicana Chavela Vargas y el cantautor brasileño José Augusto estaban en la cúspide de sus carreras artísticas cuando decidieron grabar un disco producido por J. C. Calderón, con algunas composiciones propias.

En 1995, dos años después de encargarse del disco de Ricky Martin, Calderón es seducido por la sensibilidad vocal del cantautor brasileño José Augusto y para él produce, dirige y realiza los arreglos del disco *Corpo & Coraçâo*, grabado por el sello Polygram. De los doce temas del álbum, encontramos cuatro composiciones de Calderón, la primera "Lo que nos pase, pasará", canción que había grabado Ricky Martin y lanzado en *single*. Calderón hace una nueva versión con aires de *bossa nova* adaptada al estilo de José Augusto, quien se encarga de traducir la letra al portugués con el título "O que tiver que ser, será". También incluye una nueva versión de "Te amaré", grabada por Miguel Bosé en 1980 y traducida al portugués por José Augusto con el título "Eu te amei". Y para cerrar la cara A encontramos una nueva versión de "Eres tú", también en portugués, con el título "Vocé".

Como novedad, Calderón aporta en la cara B la composición titulada "Adivinha", una canción en la que vale la pena detenerse y prestar atención a sus múltiples detalles. Contiene un magnífico arreglo instrumental en el que dialogan con madurez las guitarras con el piano eléctrico, sobre un bajo que marca los pulsos en sintonía con las percusiones; y todo ello muy bien ensamblado para que las cuerdas adornen los silencios y la emotiva voz de José Augusto, convirtiendo la canción en una de las baladas más bonitas y sensibles que ha compuesto desde que comenzó su etapa americana.

Y si el arreglo instrumental de "Adivinha" la convierte en una de sus mejores baladas de esta nueva etapa, dos años después Calderón escribe para Chavela Vargas los más selectos versos volcados en una canción. La personalidad de la gran Chavela Vargas, en la que el amor y la rebeldía se dan la mano, inspira a Juan Carlos Calderón y para ella compone "En mi terreno". El arreglo instrumental no es cualquier cosa, pues, aunque sigue siendo una balada en compás binario, sin artificios, contiene fraseos pentatónicos al piano y adornos de guitarra tocada con *slide*, que le dan un aire de blues. La magia de la canción está en la letra. Con desgarro y emoción, Chavela nos hace partícipes de una historia de amor en la que ella pasa de ser sumisa (casi esclava) de un amor, a empoderarse y tomar las riendas, hasta revertir la situación. Ni un solo verso está de relleno:

Quién te ha visto y quién te ve,
ayer eras mi dueño,
ahora me mendigas,
eres mi territorio.
Te juro, no te odio,
más bien me da la risa.

Y pensar que yo vivía
implorándote caricias
refugiada en tu querer.

Quién te ha visto y quién te ve,
si esta historia ha terminado
ya pa qué quieres volver.

Estás en mi terreno,
qué quieres que te diga,
que no te quedan besos.
¡Qué poco te cotizas!

Quién te ha visto y quién te ve,
dominante, dominado
cuando un día me planté.
Si me quieres, lucha pues,
pero ahora no te olvides
que ya soy otra mujer.
Quién te ha visto y quién te ve.

Desde su estreno ocupó un lugar notable entre las grandes canciones del repertorio de Chavela durante su carrera musical. Fue grabada en 1997 e incluida en el álbum titulado *Chavela Vargas*, que se convirtió en uno de los discos más emblemáticos al contener duetos con Ana Belén ("Sombras"), Armando Manzanero ("Encadenados"), Joaquín Sabina ("Nosotros") y Lucrecia ("No te importe saber"). Calderón, además de la notable composición, asume la producción del álbum y se encarga de grabar los teclados y de hacer unos magníficos arreglos de todas las canciones, excepto en "La bien pagá". Aparte de los duetos, también incluye las canciones solistas "He perdido contigo", "Angelitos negros" y "Mi segundo amor".

Chavela admiraba a Juan Carlos y con este disco se sentía implicada y emocionada, pues con él anuncia su retirada de los escenarios tras cumplir setenta y ocho años. Aún grabará algunos discos más y el público pudo disfrutar de varios conciertos en directo, aunque la colaboración entre ambos no se volvió a repetir.

Más duetos

Calderón se había convertido en todo un especialista en la grabación de duetos rescatando voces de artistas fallecidos, comenzando con Nino Bravo y su doble disco *50.º aniversario* (1995), continuando con Cecilia en *Desde que tú te has ido* (1996) y regresando con Nino Bravo en *Duetos 2* (1997). En esta línea de recuperar voces perdidas, uno de los proyectos que más ilusión le hacía a Calderón era llegar a realizar un álbum de duetos en español con Nat King Cole, "la voz más maravillosa que ha existido", citaba Calderón en algunas entrevistas. A mediados de la década, y coincidiendo con los discos de duetos mencionados, Calderón elabora las partituras y pone toda la maquinaria en marcha para grabar temas emblemáticos como "Aquellos ojos verdes" o "Solamente una vez", entre otros. Las grabaciones se llegaron a materializar con diferentes artistas, sin embargo, el disco no se llegó a editar por diferencias entre los distintos sellos discográficos, en concreto, por intereses de la planificación patrimonial de Nat King Cole.[5] Y es que, en ocasiones, los intereses económicos y los artísticos van por caminos distintos. Una lástima.

Esta experiencia lleva a Calderón a embarcarse en un nuevo proyecto en el que rinde homenaje al actor y cantautor mexicano José Alfredo Jiménez, fallecido en 1973 y autor de canciones emblemáticas como "Si nos dejan", "El rey", "La media vuelta" o "El jinete", por mencionar solo algunas de esas canciones de amor que son para compartir y que, en palabras de Joaquín Sabina, "te ponen un hombro donde llorar".

"He tenido muchos fracasos y cuando más convencido estaba de que iban a ser un éxito. Pero no me culpo a mí, culpo a los que no han entendido", afirma Calderón en una de sus últimas entrevistas para *La Información* (17/02/2010), recordando que uno de sus discos favoritos, *Homenaje a José Alfredo Jiménez*, "salió a la venta de puro milagro".[6] Este disco se publica en 1997 con diecisiete canciones icónicas del repertorio del cantautor, arregladas y producidas por Calderón. En los duetos participan Julio Iglesias, Rocío Dúrcal, Jorge Negrete, Cristian, Pancho Céspedes, Plácido Domingo, José Luis Rodríguez "El Puma", Alexandre Pires, Pedro Vargas, Thalía, Lucero y José Feliciano. La dificultad de poner en marcha un proyecto con artistas de primera línea internacional es grande, pero no por culpa de los artistas, pues en la mayoría de las ocasiones aceptan encantados, el engorro tiene que ver con los contratos en exclusiva que cada uno de ellos tiene con su discográfica. Por suerte para el público, el proyecto llegó a ver la luz y al año siguiente se publica un doble disco con el título *Y sigo siendo el rey.*

El primer disco del doble CD contiene once canciones dirigidas y realizadas por Calderón, con producción ejecutiva de Óscar López. Los arreglos son obra de

5. Entrevista personal con Cristina Abaroa.

6. "Juan Carlos Calderón asegura: seguiré haciendo música hasta que me muera", *La Información* (17/02/2010).

Calderón, a excepción de "Extráñame", realizados por Jacobo Calderón, donde José Alfredo Jiménez hace un dueto con Alexandre Pires, líder del grupo brasileño So Pra Contrariar. En el segundo disco, Calderón se encargó de la selección del repertorio y de la asesoría artística, mientras que la producción fue dirigida por Óscar López. El álbum, sin apenas repercusión en España, tuvo muy buena acogida en países de habla hispana.

Alejandra Guzmán

De las múltiples producciones que llevó a cabo desde que comenzó su etapa americana, uno de los discos que más llama la atención es el álbum *Algo natural*, realizado para la cantante y actriz mexicana Alejandra Guzmán. En 1999, Calderón compone siete de las catorce canciones que conforman el álbum y los arreglos que realiza son bastante alejados de la línea tradicional del compositor. Basta escuchar el primer tema de su autoría, "Paloma herida", con las guitarras rítmicas iniciales inspiradas en un pop más británico que latino. Es interesante la base armónica sostenida por dos guitarras: una de ellas juega con notas pedales mientras que la otra va cambiando los acordes. La densidad instrumental va *in crescendo* y en la segunda mitad de la canción se vuelve muy compacta entre pianos, guitarras rítmicas y guitarra con distorsión (con un buen solo terminando en *fade out*). Para la letra, Calderón, una vez más, se inspira en la protagonista, una artista con enorme personalidad y una mujer con coraje, que sobrevive a las "putadas de la vida" causadas por cuestiones que tienen que ver con el amor. Por su parte, Alejandra Guzmán defiende los versos con su característica voz desgarrada, haciéndolos suyos:

Vivo desnuda ante la vida,
lamiendo las heridas
que me dejó el amor.
Vivo bailando con la muerte,
jugando con la suerte,
buscando un corazón.
Desnuda ante la vida, así soy yo,
bailando con la muerte, así soy yo,
tentándole a la muerte,
por eso me revelo y piso fuerte el suelo
y digo lo que siento, así soy yo, así soy yo.
Cosas del corazón, putadas de la vida,
han hecho que me sienta una paloma herida.
Vivo retándole a la gente,
gritando con mi vientre
señores aquí estoy.

El resto de las canciones también se adaptan perfectamente al estilo roquero de la exitosa cantante mexicana. De sus composiciones, destacan la sinuosa "Me perdí en tu cuerpo" o el rock latino "Qué más da", en el que hay un guiño al estilo de Carlos Santana.

Notable es la balada "Por qué tengo que amarte", con una estructura que divide la canción en dos partes y un arreglo armónico muy interesante entre el piano de Calderón y el acordeón de Frank Marocco, uno de los acordeonistas de sesión más importantes del mundo. El título es una pregunta que hace la cantante a su amante. No hay respuesta, pues la relación entre ambos fue solo física, sin usar el corazón: "Fuimos amantes, jamás amor, / lo nuestro fue contacto, fascinación, / tan solo cuerpo, tan solo olor, / lógicamente se acabó. / Fuimos amantes, llegó el adiós, / hay cosas que se olvidan, / tu cuerpo, no, / pero en el fondo nada pasó". Después de situar al oyente en la narración, aparece un puente con versos hexasílabos que definen lo que fue la relación y elevan la intensidad de la canción: "Si solo fue gozar, / si solo fue pasión, / si solo fue jugar, / amarnos sin amor". Todo el arreglo va *in crescendo* hasta desembocar en el estribillo: "Por qué tengo que amarte, / dímelo, / si nunca hemos usado el corazón, / si nunca me quisiste, / pienso yo, / por qué tengo que amarte, / dímelo".

Las voces se grabaron en los estudios de Miami, mientras que la música se grabó en Los Ángeles. El álbum fue Disco de Oro en México y obtuvo una nominación al Grammy Latino en el año 2000.

En la carrera de Luis Miguel

Caso aparte es Luis Miguel, quien no necesita presentaciones, pues su vida, sus éxitos y sus fracasos han sido narrados por todos los medios e incluso se ha hecho una serie de televisión autorizada por el cantante y emitida por Netflix y Telemundo.

El encuentro entre Juan Carlos Calderón y Luis Miguel comenzó con la mencionada canción "Me gustas tal como eres", interpretada a dúo con Sheena Easton, por la que consiguieron un Grammy, siendo el primer cantante hispano tan joven en obtener uno. Era el año 1984 cuando grabaron esta canción y Luis Miguel tenía catorce años; dos años más tarde comienzan a colaborar en las producciones discográficas. Luis Miguel se había convertido en todo un ídolo infantil y su padre, el cantautor español Luis Rey —personaje polémico y de honorabilidad muy cuestionable—, era seguidor de Calderón y quiso que se encargara de la prometedora carrera de su hijo con la idea de que aportara una imagen más romántica en la etapa del cambio de niño a hombre. Calderón era la persona adecuada para el cambio de voz de Luis Miguel y no solo por su talento musical. Tal y como han manifestado varios artistas que hemos visto hasta ahora, Calderón respetaba a los cantantes, no los forzaba, era cariñoso y dulce y, sobre todo, un enamorado de las grandes voces. Luis Miguel era, quizás, la voz más privilegiada del mercado latino y se adivinaba un tándem perfecto entre compositor y cantante.

Luis Rey contactó con Juan Carlos Calderón a través del abogado de ambos, Peter López, y el encuentro ocurrió en un momento dramático de la vida del compositor, pues acababa de fallecer su hijo y no se sentía con fuerzas para componer. Por ese motivo en el primer disco hay muy pocas composiciones suyas:

> Luis Miguel me hizo una llamada muy cariñosa e inmediatamente nos pusimos manos a la obra e hicimos un disco tipo recopilatorio. [...] Yo estaba en Los Ángeles y él tenía una casa en Madrid, en frente de una casa que tengo yo en Las Matas [...]. En Los Ángeles, mi abogado de allí, Peter López, me dijo que Luis Rey quería hablar conmigo y fui a cenar; estaba Luis Miguel, encantador, era muy tierno y habían hecho un proyecto de un productor y cantante español, que no quiero decir quién es, que no querían, con otra compañía, y andaba Warner detrás y CBS que es Sony. Entonces fui a la cena, me cayó muy bien y yo a ellos, al padre y a él. [...] Después de cenar se proyectó vernos y nos vimos ya en Madrid. [...] y ya quedamos en hacer un disco, pero lo necesitaban ya porque habían dicho que no a un disco entero terminado, entonces yo no tenía canciones por el motivo que he contado, pero su padre dijo: haz al menos tres y hacemos duetos.[7]

Así surge *Soy como quiero ser*, un disco grabado en el famoso Record One Studio en California y publicado por WEA. Es el primer álbum que graban juntos en el que Calderón se encarga de la producción y la dirección, además de las tres composiciones, el clásico "Eres tú" y dos nuevas: "Sin hablar" (a dúo con Laura Branigan) y "No me puedo escapar de ti" (a dúo con Rocío Banquells).

En la biografía de Luis Miguel, *Oro de Rey*, se cita que:

> Este disco requirió del apoyo constante de Juan Carlos Calderón al joven artista. En todo momento animaba a Micky y le espantaba los miedos que le atenazaban a consecuencia del cambio de voz. Adivinó los tonos exactos que debía usar, les costó en el estudio por la inseguridad del cantante, que poco a poco y de la mano del maestro fue dándose cuenta del potencial tan enorme que tenía en su voz, lo cual fue dándole seguridad progresivamente.

El éxito de *Soy como quiero ser* sobrepasó las expectativas y obtuvo cinco Discos de Platino y ocho Discos de Oro. Al año siguiente se publica un nuevo álbum, el sexto en la carrera discográfica de Luis Miguel. Después de haber estado más de seis meses de reuniones y diálogos entre los dos para darle forma al nuevo álbum, nace *Busca una mujer*, en el que está impregnado el sello del compositor, con ocho composiciones de las diez canciones del disco. Las voces fueron grabadas en el Estudio Mediterráneo de Ibiza y fue un disco en el que el cantante requirió del apoyo constante de Calderón, pues aún no había superado sus inseguridades por el cambio de voz. La experiencia de Juan Carlos Calderón logra los objetivos y da en el clavo con las tonalidades exactas que requiere la voz de Luis Miguel. Siete *singles* ocuparon el primer puesto en el Hot Latin Tracks de Billboard durante más de

7. Entrevista de Carlos J. Rubio a Juan Carlos Calderón realizada en 2005.

un año, obteniendo cuatro Discos de Platino y una gira por los mejores recintos de toda Latinoamérica. Calderón recordaba que fue un disco millonario: "Quise hacer una carrera con Luis Miguel, pero con el sonido que a mí me gustaba, incluso hubo gente que lo llamó «Sonido Californiano»... Fue increíble de ventas... y, además, salió muy fácil".[8]

El disco incluye "La incondicional", tema que se convirtió en uno de los más famosos de toda la discografía de Luis Miguel y de Calderón. De hecho, el siguiente disco contiene una dedicatoria en la contraportada firmada por Luis Miguel que dice: "Quiero dedicar este disco a todas mis Incondicionales", pasando a denominarse así a las fans del cantante. La composición está cuidadísima y tiene una gran dificultad para cantar porque Calderón exprime al máximo la tesitura de Luis Miguel, sobre todo en la segunda parte de la canción en la que está largo tiempo girando por los agudos, llegando hasta el límite de sus facultades. Hay que tener en cuenta que en 1988 todavía no existían programas informáticos que pudieran corregir pequeños desafines y en caso de repetir había que hacerlo por bloques enteros, se grababa tal cual y el cantante demostró su calidad vocal.

Pedro Torres, director del famoso videoclip de "La incondicional", relata que había apremio por cerrar el disco y Calderón no acababa de terminar la composición, por lo que alguien del equipo le puso una muñeca inflable en el estudio y esa es la inspiración que da lugar a la letra de "La incondicional":

Tú, la misma, siempre tú,
amistad, ternura, qué sé yo.
Tú, mi sombra has sido tú,
la historia de un amor que no fue nada.
Tú, mi eternamente tú,
un hotel, tu cuerpo y un adiós.
Tú, mi oculta amiga tú,
un golpe de pasión, amor de madrugada.
No existe un lazo entre tú y yo,
nada de amores, nada de nada.

Tú, la misma de ayer,
la incondicional,
la que no espera nada.
Tú, la misma de ayer,
la que no supe amar,
no sé por qué.

Calderón recuerda que no era consciente de la magnitud de su composición:

8. *Ibidem.*

> "La incondicional" yo la escribí en plena tristeza de la muerte de mi hijo y como que no le daba bola y de repente hice una letra que, aunque es muy real, es un poco fría, pero me di cuenta, cuando la estaba mezclando, de la magnitud de esa canción. Antes yo nunca me había dado cuenta, empezaba a estar un poco mejor, [...] es costosa de cantar.[9]

Otro de los éxitos de este disco es la canción "Culpable o no", más conocida por el verso del estribillo "Miénteme como siempre", una balada que lleva el sello de Calderón, con los sonidos de teclados característicos de la época que se fusionan con las guitarras y los arreglos de cuerdas. A algunas canciones del álbum se les atribuyó un motivo sentimental en la interpretación de Luis Miguel. Así, la mencionada "Culpable o no" se achaca a su malograda relación con Mariana Yazbek y "Fría como el viento" con el desamor entre el cantante y la actriz mexicana Lucía Méndez. Aunque no dejan de ser estrategias para alimentar el morbo y vender más discos, bien es cierto que, como se ha mencionado anteriormente, Calderón tenía la capacidad de ponerse en la piel de los cantantes y hacer las letras a su medida. Permanecía semanas de estancia en Acapulco compartiendo muchas horas de convivencia con Luis Miguel y llegaron a conocerse muy bien.

De las composiciones de Calderón, tres de ellas llevan la letra de Luis Gómez-Escolar: "Un hombre busca a una mujer" (de la que se extrae el título del álbum), "Separados" y "El primero". Gómez-Escolar lo recuerda así:

> Él estaba abordando proyectos muy importantes, de muchas canciones y con muchos artistas, y yo le echaba una mano con las letras. Me llamaba y me decía, "Micky (Luis Miguel) me ha pedido una canción", y entonces me metía por línea la música desde Los Ángeles, yo lo grababa con un sistema que tenía instalado en casa y con eso escribía la letra.[10]

El álbum se completa con las composiciones de Calderón "Esa niña" y "Por favor señora", añadiendo "Pupilas de gato", de Luna Fría, y "Soy un perdedor", de Tito Duarte.

Afrontar un repertorio así no es fácil, pues en todas las canciones del álbum la tesitura se mantiene hasta límites francamente extremos, pero la carrera de Luis Miguel ya es imparable, él se siente cómodo en ese nivel de exigencia y no hay tiempo que perder. En 1990 sale a la venta *20 años*, uno de los discos de más éxito en su carrera, con canciones inolvidables surgidas en el momento de la ruptura profesional y personal del cantante con su padre. La inspiración del álbum surge en Villa Antonia, Acapulco, lugar donde pasaron semanas enteras hasta que se dio forma al nuevo álbum con diez títulos, ocho de ellos de autoría calderoniana: 1. "Entrégate" (J. C. Calderón); 2. "Oro de ley" (J. C. Calderón / letra: L. G.

9. *Ibidem.*

10. Martínez, Borja, "10 años sin Juan Carlos Calderón, el genio oculto del pop español que conquistó el mundo", *El Mundo* (25 de noviembre de 2022).

Escolar); 3. "Tengo todo excepto a ti" (J. C. Calderón); 4. "Será que no me amas" (M. Jackson / D. Jackson / E. Krohn / J. C. Calderón); 5. "Amante del amor" (J. C. Calderón); 6. "Hoy el aire huele a ti" (J. C. Calderón); 6. "Cuestión de piel" (J. C. Calderón / letra: L. G. Escolar); 7. "Más allá de todo" (J. C. Calderón); 8. "Alguien como tú" ("Somebody In Your Life") (Buchanan / Warren / Márquez); 9. "Más" (J. C. Calderón).

Calderón opinaba que Luis Miguel era la mejor voz latina con diferencia y su pronunciación en inglés era muy buena. Por ello, apostaba porque cantara en inglés para conquistar el mercado americano, como lo había hecho anteriormente con el italiano. "Entrégate" es la canción que abre el álbum y tuvo un importante éxito en castellano y también fue grabada en inglés con el título "Before the Dawn". Se grabó en Londres con la intención de introducirla en el mercado inglés y posteriormente dar el salto al mercado norteamericano, sin embargo, Luis Miguel no tenía confianza en el proyecto y no obtuvo el éxito deseado. Así es que el cantante no volvió a grabar ningún disco en inglés.

"Amante del amor" fue adaptada para Luis Miguel a partir de la canción "Nacida para amar", defendida un año antes en Eurovisión por Nina. Para el arreglo musical realiza algunos cambios, sustituyendo el piano acústico por teclados grabados por Calderón junto con el canadiense Robbie Buchanan. También realiza pequeños cambios en la sección de cuerda y en las percusiones. En cuanto a la letra, aunque en esencia el mensaje o la intención de cantarle al amor es la misma que la versión de Nina, los versos son totalmente diferentes, mucho más incisivos:

Mi prisión, mi libertad, mi oscuridad y mi lucero,
mezcla de brisa y tempestad, así te quiero.
Mi pasión, mi corazón, lluvia de mayo, sol de invierno,
¿qué me estás dando? ¿Qué tendrás?
Tal vez encanto, veneno.

Amante del amor,
quisiera ser la enredadera
que sube por tu piel de seda,
beberme tu pasión,
amarte entera,
amante del amor.

Mi placer, mi dolor, mi sensatez y mi locura,
lo has sido todo para mí,
amor violento, ternura.

A fuego lento
yo te quisiera amar,
amante del amor,

quiero quererte dulcemente
y beso a beso hasta vencerte
muy poco a poco,
profundamente,
amante del amor.

Luis Miguel era un admirador de Michael Jackson y se empeñó en incluir una adaptación al castellano del tema "Blame It On the Boogie", popularizada en 1978 por The Jacksons. Las negociaciones para la cesión de los derechos no fueron fáciles y todo dependía de la voluntad de Michael Jackson, quien accedió gustosamente e incluso cedió a J. C. Calderón un porcentaje de los derechos por la adaptación. La frase del estribillo "Será que no me amas" le dio título a la canción y fue grabada en Los Ángeles con Michael Jackson presente en el estudio. Es una de las canciones rápidas más populares en los conciertos de Luis Miguel, junto con "Oro de ley", otra composición de Calderón con letra de Gómez-Escolar en la que el ritmo es similar a "Será que no me amas".

Otra de las canciones más importantes del disco es "Hoy el aire huele a ti". Contiene una melodía y un solo de trompeta grabado por Herb Alpert sobre una base rítmica a medio tiempo, donde destaca el dibujo del bajo con sus toques de *slap*. La letra trata del recuerdo de una relación desde el primer encuentro, donde la amada pierde la virginidad: "Apagué la luz, / se encendió el amor, / nos amamos sin más, / llovía, / te pregunté es hoy / la primera vez, / me dijiste que no, / mentías". La intensidad del estribillo se logra con las notas largas y densas de la sección de cuerdas y la melodía de la voz, que alcanza registros bien agudos: "Hoy el aire huele a ti, / a complicidad, / a hierba fresca y besos, / a pasión y oscuridad. / Hoy el aire huele a ti, / pero ya no estás / para recordarlo junto a mí". La melodía de trompeta de Herb Alpert antecede a la estrofa donde llega la ruptura. Calderón está inspirado en la composición de versos y si la canción comenzó apagando la luz para que se encendiera el amor, para plasmar la ruptura le da la vuelta a las metáforas: "Te dejé inventar, / te volví a amar / hasta que se asomó el día, / se encendió la luz, / se apagó el amor / pero aún llevo tu olor a niña".

El álbum fue grabado y mezclado en los estudios Sunset Sound de Hollywood, con el ingeniero Bennie Faccone y José Quintana como coordinador de producción. Este disco vende en una semana más de 600.000 copias y seis *singles* entran simultáneamente en el Top 100 de México. Es premiado con dos Antorchas de Plata en el Festival de Viña del Mar, con lo que Luis Miguel se consolida como el artista joven más importante de Latinoamérica. También recibe el premio Excelencia Europea en España y su primer World Music Award en Mónaco.

Vale la pena recordar la opinión de Calderón sobre Luis Miguel durante una entrevista de radio:

> Las canciones que le visten de verdad, que le convierten en Luis Miguel pop, son las mías, porque soy una especie de masoquista que se tortura componiendo

y haciendo trajes a la medida para las personas que se lo hago. [...] Creo que le he hecho las mejores canciones porque yo, una canción para Luis Miguel o incluso para otras personas, tardo a lo mejor quince días cada una o veinte. Nadie tarda tanto.

En 1991 Luis Miguel graba el disco *Romance*, producido por Armando Manzanero sin la colaboración de Calderón, que explica en una entrevista que en aquel momento se sentía muy estresado y, además, tampoco creía en el proyecto. A Luis Miguel le gustaba cantar boleros y fue su mánager Hugo López quien le animó a explorar terrenos nuevos y a hacer un disco de estas características. El álbum consta de una recopilación de boleros clásicos que tuvo un éxito de ventas sin precedentes, con más de siete millones de copias y más de setenta Discos de Platino.

En 1994 graba *Segundo romance* y en esta ocasión sí cuenta con la colaboración de Calderón como arreglista y como coproductor, junto con el propio Luis Miguel y Armando Manzanero, motivo por el que se creó cierta controversia entre Juan Carlos Calderón y Luis Miguel. De hecho, llegaron a tener una pequeña discusión en Acapulco, porque Calderón llevaba muchos años siendo productor y autor de sus discos y le gustaba tener el control del sonido final, sin embargo, Luis Miguel, tras la publicación del disco *Romance,* decide formar parte de la producción de toda su discografía. Previamente, ya habían tenido ciertas disputas para la grabación del disco *Aries* (1993): la discográfica apostó por la producción de Calderón junto con algunas composiciones que había hecho especialmente para el cantante, pero a última hora Luis Miguel quiso contar con Kiko Cibrián, alegando que las canciones de Calderón no le acababan de convencer.

La preproducción de *Segundo romance* se llevó a cabo en México, montando el estudio de grabación en la propia casa de Luis Miguel, y el guitarrista y compositor Kiko Cibrián se encargó de la dirección musical. Finalmente, la grabación se materializa en los estudios Record Plant de Los Ángeles, con los mejores músicos, entre ellos Robbie Buchanan, Paul Jackson Jr., George Doering, Kiko Cibrián, Ramón Stagnaro, Neil Stubenhaus, Luis Conte, Jeff Nathanson, Pancho Loyo, Ramón Flores, Dan Higgins y Coco Trevisono. Se cita en la biografía de Luis Miguel, *Oro de Rey*, que el arreglo de "El día que me quieras" fue impresionante y puso la piel de gallina de todo el mundo en el estudio. "Imagínate ver grabar en vivo el tema con un arreglo monstruoso de Juan Carlos y ver a Luis Miguel como se emocionaba, fue increíble, no sé cómo explicarlo, la emoción, llegas al cielo en un segundo, es como la emoción de meter un gol, fantástico". Y sigue relatando el buen compañerismo que allí se respiraba con un Luis Miguel amable y caballeroso con todo el mundo. La sección de cuerdas se grabó en Capitol Records y como se puede apreciar no se escatimaron medios para grabar boleros tan conocidos como "Sin ti", "Somos novios", "La media vuelta", "Solamente una vez", "Como yo te amé" o "Delirio", entre otros. Cristina Abaroa explica en qué consistió su labor como ayudante:

> Mi participación en este disco fue la preparación de partituras para toda la grabación. Te cuento un poco lo que es este proceso. El arreglista (en este caso Juan Carlos) escribe los arreglos en un *score*. El *score* es el papel grande con el que un arreglista puede dirigir a toda la orquesta y saber exatamente lo que escribió a cada instrumento y lo que cada músico debe tocar en cada compás. En un *score* existe un pentagrama por cada instrumento. Depende de la orquestación la cantidad de pentagramas y depende del gusto de cada arreglista si cada página es de cuatro compases o de ocho.
>
> El copista (en este caso yo) copia lo que está escrito en cada pentagrama del *score,* preparando así una copia individual para cada músico. Este trabajo requiere de un conocimiento básico de cada instrumento. Hay instrumentos que son de transposición, es decir, que su sonido real es diferente al sonido escrito.

El éxito supera al primer *Romance* entrando directamente en el lugar más alto de los Top 200 de Billboard y el artista obtiene su tercer Grammy. Entre otros muchos premios, consigue conquistar el deseado mercado norteamericano con el reconocimiento de la Asociación de la Industria Discográfica de Estados Unidos (RIAA), siendo el primer extranjero cantando en su propia lengua que obtiene esta distinción. Este hecho facilita que Luis Miguel sea invitado a participar en el álbum *Duets II* de Frank Sinatra, interpretando "Come Fly With Me".

El equipo directivo de la compañía de Luis Miguel estaba muy interesado en que el cantante entrara en el mercado estadounidense y para ello llegaron a estar en tratos con el productor Quincy Jones, aunque el proyecto finalmente no salió adelante. En esta apuesta por la conquista de los angloparlantes, Calderón preparó unos magníficos arreglos para el famoso bolero "Somos novios", de Armando Manzanero, grabado a dúo entre Celine Dion (en inglés) y Luis Miguel (en castellano). También se grabó un videoclip promocional con un gran despliegue de medios, sin embargo, la canción no fue publicada en ningún álbum porque las discográficas de ambos artistas (Warner y Sony Music) no llegaron a un acuerdo. La canción y el videoclip no vieron la luz hasta el año 2020, momento en que se publicó en las redes sociales y en la web oficial de Luis Miguel.

A estas alturas, Calderón considera que el éxito que está teniendo la carrera discográfica de Luis Miguel no es una cuestión de suerte: "Lo de la suerte hay que deseárselo a la gente de segunda fila. Micky es un cantante de primera fila, de primerísima fila. Creo que es un gran disco, que Micky se lo merece. Es un disco de boleros creo que antológico. Creo que va a durar muchos años este disco".[11]

A pesar del éxito conseguido con *Segundo romance* y con los discos anteriores que se habían grabado desde que Calderón tomó las riendas de la carrera de Luis Miguel, las desavenencias entre ambos hicieron que se distanciaran durante cuatro

11. Documental sobre la grabación de *Segundo romance* publicado en el canal de YouTube oficial de Luis Miguel.

años. En 1998 Luis Miguel inicia la gira más extensa de su carrera hasta el momento, *Romances Tour*, comenzando en Estados Unidos y terminando en España, después de haber girado por diversos países de Latinoamérica. En el mes de mayo aterriza en España para ofrecer nueve fechas en las principales ciudades españolas, tras seis años de ausencia en este país. El cantante incluía en su repertorio un *medley* con varios temas compuestos por Calderón y desde el primer concierto en Madrid, Luis Miguel captó que estas canciones eran las favoritas del público. Juan Carlos Calderón estuvo presente en los conciertos del Palacio de Congresos y Exposiciones de Madrid y tras el último concierto Luis Miguel se puso en contacto con él para retomar la colaboración.

Amarte es un placer es el disco que se extrae de este nuevo encuentro entre ambos. De las doce canciones que conforman el álbum, cuatro composiciones son íntegramente de Juan Carlos Calderón y una en coautoría con Luis Miguel, Alfredo Loyo y Arturo Pérez. Tres de estas cuatro canciones son las que más éxito obtienen de todo el álbum, como el caso de la balada "O tú o ninguna",[12] que fue nominada como canción del año en la primera edición anual de los Grammy Latinos. "Reconozco que es una canción atípica en mí porque yo me llamo el escritor del desamor pero, claro, en el desamor siempre ha habido amor y es una canción absolutamente positiva. Es un caso raro para mí".[13] Calderón se esmera en una letra que supone toda una declaración de amor:

Esas manos que me llevan, por las calles de la vida,
esa cara que me obliga a mirarla de rodillas,
solo hay una, solo hay una, o tú o ninguna.

Esa voz que me aconseja, no creer en las sonrisas,
ese pelo que me cubre, como lluvia de caricias,
solo hay una, solo hay una, o tú o ninguna.

O tú, o ninguna, no tengo salida,
pues detrás de ti, mi amor, tan solo hay bruma.
Si no existieras, yo te inventaría,
como el sol al día, o tú o ninguna.

Esa que de puro honesta, en el fondo te molesta,
esa que te admira tanto, que te obliga a ser un santo.
solo hay una, solo hay una, o tú o ninguna.

Confidente de mis sueños, de mis pasos cada día,
su mirada mi camino, y su vida ya mi vida.

---

12. El pianista Richard Clayderman hizo una versión instrumental de "O tú o ninguna" y se convirtió en uno de sus temas habituales en los conciertos por países de habla hispana.

13. Rodríguez, "Última entrevista a Juan Carlos Calderón", 2007.

El 5 de abril del 2000 se entregaron los Premios de la Música en Madrid y, ese mismo día, Beatriz Cortázar reseña en *ABC* la indignación de Juan Carlos Calderón con la SGAE por haber ignorado la canción "O tú o ninguna" entre las candidaturas: "Me duele esta falta de reconocimiento —el disco lleva vendidos más de 700.000 ejemplares en España—, cuando ese tema ha sido la canción del año. Lo más gracioso es que la ASCAP de los Estados Unidos la ha elegido como la mejor del 99".

La complicada vida de Luis Miguel, comenzando por su infancia y su entorno familiar, cuyas traiciones son más que conocidas, y siguiendo por todo un elenco de profesionales que supuestamente están a su servicio y no siempre de buena fe, provocan la desconfianza del cantante hacia todo lo que le rodea y agudizan su carácter. También Juan Carlos era desconfiado, sin embargo, como él mismo expresó, que le traicionen no le afecta demasiado, al contrario de lo que le ocurre a Luis Miguel. Este sentimiento de desconfianza que sufre Luis Miguel cada día inspira a Calderón y escribe una balada titulada "No me fío". Comienza con una desgarradora melodía de guitarra interpretada por Michael Landau y reforzada por la contundente batería en las manos de Vinnie Colaiuta, uno de los mejores baterías del mundo. Luis Miguel hace suyos los primeros versos de rima consonante:

No me fío jamás de las miradas,
de los brazos que abrazan sin razón,
no me gustan las frases regaladas
que me llenan de nada el corazón.
No me fío de aquel que me conoce,
ni siquiera recuerdo bien su voz,
de esa niña que dice haber besado
esos besos que jamás me dio.

Después de haber indagado en la trayectoria de Luis Miguel y comprender que hay muchas personas a su alrededor que encajan con las descripciones maquiavélicas que apunta la serie de Netflix, podemos sentir cierta empatía y llegar a ponernos en la piel del cantante, hasta el punto de comprender cómo se siente cuando expresa esa desconfianza y soledad que manifiesta en el estribillo:

No me puedo fiar,
el miedo me ha hecho frío,
compréndeme,
si ya ni en mí confío.
Mi soledad,
tal vez la adulación,
me han roto el corazón
y siento hastío,
no me fío.

Conmovedor resulta el arreglo final, con pocos instrumentos y un *ritardando* muy apropiado para expresar el vacío que llega tras la verdad, tal y como concluyen los últimos versos:

No me puedo fiar,
pues tras la vanidad
llega la verdad,
luego el vacío,
no me fío.

El tema más movido del disco es "Te propongo esta noche", con un ritmo funk, cuyo peso instrumental principal recae en el bajista Lalo Carrillo y los hermanos Loyo, Víctor (batería) y Francisco (teclados), tres grandes músicos habituales de las giras de Luis Miguel.

"Amarte es un placer" es otra composición de Calderón que da título al álbum. Esta canción fue motivo de acusación de plagio por parte del compositor mexicano Marcos Lifshitz, quien afirmó que el director de Warner, con quien tenía amistad, le pidió canciones para Luis Miguel y le envió quince composiciones sin letra, ya que Luis Miguel quería poner sus propias letras. Según Lifshitz, la canción de su autoría había sido registrada en 1997 con el título "Siento nuestro aliento" y tras reconocerla en la voz de Luis Miguel e intentar negociar con la discográfica, sin éxito, Lifshitz decidió poner una demanda en los juzgados acusando a Juan Carlos Calderón, a Luis Miguel y a la discográfica Warner de plagio. Tras seis años de proceso legal, el 23 de abril de 2007 los tres demandados fueron declarados culpables por un juez de México y condenados a hacer partícipe al compositor agraviado con el cuarenta por ciento de los beneficios generados por el tema. En una entrevista radiofónica emitida en 2007, Calderón opinaba al respecto:

> Es el primer caso que tengo yo después de treinta y tantos años de carrera. [...] Cuando llegas a tener éxito siempre aparece un trepa que dice que le han copiado una canción. Yo ni la oí en mi vida, porque no es autor de letra, hace una melodiita. Cuando hice "Amarte es un placer" estaba en Acapulco con Luis Miguel y esto no ha acabado porque pensamos todos que la decisión del juez no es justa, porque a estas alturas de mi vida no lo necesito. Tengo un cuidado enorme cuando voy a grabar, [...] cuando llego al estudio, si hay algo que me suena y no lo ubico [...] o retiro la canción y no se graba o cambio la canción, [...] Hay mucho trepa que saca el dinero y que vive de esa forma.

La sentencia fue recurrida y resuelta definitivamente en marzo de 2022. Juan Carlos Calderón, Luis Miguel y Warner Music fueron absueltos de toda acusación.

"Amarte es un placer" es una balada en compás ternario, con unos arreglos épicos y cuidados al detalle que la convierten en una de sus canciones más emblemáticas. La letra también le hace justicia a los arreglos y narra una historia de amor, deseo y admiración, sin repetir ningún verso, excepto el estribillo:

El vino es mejor en tu boca,
te amo es más tierno en tu voz.
La noche en tu cuerpo es más corta,
estoy enfermando de amor.
Quisiera caminar tu pelo,
quisiera ser noche en tu piel,
pensar que fue todo un sueño,
después descubrirte otra vez.

Y amarte como yo lo haría,
como un hombre a una mujer,
tenerte como cosa mía
y no podérmelo creer.
Tan mía, mía, mía, mía,
que eres parte de mi piel.
Conocerte fue mi suerte,
amarte es un placer, mujer.

Quisiera beber de tu pecho
la miel del amanecer,
mis dedos buscando senderos,
llegar al final de tu ser,
bailar el vals de las olas
cuerpo a cuerpo, tú y yo,
fundirme contigo en las sombras
y hacerte un poema de amor.

Su cuarta composición se titula "Te propongo esta noche", un tema en el que el fraseo del bajo de Lalo Carrillo, apoyado por el ritmo de batería de Víctor Loyo, lo convierten en el tema más interesante del álbum, en lo que a música se refiere.

Para presentar el nuevo trabajo se organizó una intensa gira que comenzó en Gijón el 9 de septiembre, cuatro días antes de la publicación del álbum, y durante nueve meses recorrió los estadios y teatros más importantes de España, Hispanoamérica y Estados Unidos, siempre con lleno absoluto. El álbum obtuvo numerosos Discos de Oro, Discos de Platino, un Billboard y tres Grammy Latinos, entre otros premios.

En el año 2001, aparece en el mercado otro disco de boleros titulado *Mis romances,* en el que Calderón se encarga de los arreglos rítmicos y los arreglos de la sección de cuerdas, grabada por la Royal Philharmonic Orchestra. El álbum incluye boleros tan conocidos como "¿Qué sabes tú?", "Tú me acostumbraste", "Perfidia", "Volver", "La última noche" o "Toda una vida", entre otros. La ruptura de la relación sentimental que mantenía Luis Miguel con la cantante Mariah Carey, iniciada en plena gestación de "Amarte es un placer", favoreció la venta del disco recién lanzado al mercado, sin embargo, posteriormente, es de los discos menos exitosos de su carrera.

El último disco que grabaron juntos fue *Navidades,* en 2006, para el que Calderón adapta al español varios clásicos navideños, orquestando una *big band* con canciones como "Santa Claus llegó a la ciudad", "Te deseo muy Felices Fiestas", "Navidad, Navidad", "Blanca Navidad", "Estaré en mi casa esta Navidad", "Mi humilde oración" y "Noche de paz". Las discrepancias entre Juan Carlos Calderón y Luis Miguel les habían mantenido alejados, sin embargo, para este disco Luis Miguel pensó que necesitaba algo distinto y, de todos los compositores con los que había trabajado, Calderón era el más idóneo para encargarse tanto de los arreglos como de la dirección musical. Fue lanzado simultáneamente en veintitrés países en octubre de 2006 y se convirtió en uno de los más vendidos del año y también en años sucesivos, pues cada Navidad las emisoras de radio hacen uso de algunos temas, como los que fueron *single*: "Mi humilde oración" y "Santa Claus llegó a la ciudad". Desde el momento de su publicación hasta la actualidad es el álbum de villancicos en español más escuchado en España y Latinoamérica. De todas las colaboraciones con Luis Miguel, Calderón manifestó ser el álbum que más disfrutó y del que más orgulloso se sentía: "El disco de Navidad de Luis Miguel fue la culminación de mi ambición con *big band* en vivo haciendo swing, con setenta músicos y dieciséis voces góspel. Son presupuestos que yo ni soñaba".[14]

Después de *Navidades* no volvieron a colaborar juntos en ningún álbum, aunque Calderón siguió componiendo canciones para él, porque seguía creyendo que Luis Miguel era el mejor cantante latino de todos los tiempos. La última vez que estuvieron juntos fue a finales de 2009, sin embargo, según Teresa Calderón, que además del vínculo familiar se encargaba de los asuntos profesionales de su padre, al final no llegaron a nada.

Finalizado el disco Calderón habla de sus siguientes proyectos:

> Voy a sacar un disco, *Al fin en casa*, donde habrá temas comerciales antiguos y alguno jazzeado. Porque si Irving Berlin o Cole Porter nunca hicieron jazz y todo el mundo tocó sus temas en jazz, por qué no voy a hacer yo lo mismo. No he tirado nunca la toalla, cada disco que hago es un reto. He grabado dieciocho maquetas que serán para el siguiente de Luis Miguel, cuatro meses acostándome a las cuatro. Creo que estoy completamente al día, cada vez mis intérpretes son más jóvenes, estreno ahora un niño Abraham Mateo,[15] a un grupo mejicano, La Posta. Nunca me he dejado, me entra depresión cuando no hago nada.[16]

---

14. Delgado, "Juan Carlos Calderón", p. 34-35.
15. Finalmente, será Jacobo Calderón quien se encargue de la prometedora carrera de Abraham Mateo.
16. Delgado, "Juan Carlos Calderón", p. 34-35.

8

El siglo XXI

Vocación didáctica

En 1999, tras la grabación de los discos *Amarte es un placer* (Luis Miguel) y *Algo natural* (Alejandra Guzmán), Juan Carlos Calderón pasa más tiempo en Madrid que en tierras americanas y su inquietud le lleva a fundar una escuela de canto en Madrid con su propio nombre, cuya finalidad es descubrir nuevos talentos. Se trata de una escuela de *performance* basada en un concepto americano en la que se organizan conciertos privados, se comparten experiencias, tertulias y debates. Una vez a la semana, los lunes, le cedían un espacio en la tienda de música Real Musical, en la plaza de Oriente, y daba clases de interpretación. Calderón relata en una entrevista con Luis Lapuente (*Efe Eme*, abril de 2003) las dificultades del proyecto:

> Llevo embarcado en este proyecto dos años y pico, aunque a veces pienso que lo único que hago es perder dinero. Estoy un poco cansado de hacer tantas cosas, pero me he comprometido con esto y me ilusiona porque hay gente buenísima que no conocería de otro modo. Es duro de mantener, no tenemos ningún patrocinio público ni privado. Y, claro, es absurdo esperar que gente que está empezando vaya a pagarte, así que ahora ya no me está pagando nadie. Van allí cuando quieren, cantan y se acabó.

Económicamente, no fue productivo y en 2002 llegó a su fin, sin embargo, este proyecto se materializa en el 2003 con la publicación de un álbum que firma como Miryam & Calderón, junto con una de sus alumnas, la cantante Miryam Domínguez. *Riviera* es el título del disco y "Miryam es la voz que necesitaba para esta aventura; *Riviera* no existiría sin ella", expresaba Calderón, con motivo de la presentación del disco. Miryam explicaba cómo surgió:

La verdad es que yo me moría de ganas de cantar jazz en un escenario, en un disco o donde fuese. Y un buen día le pedí a Juan Carlos que me consiguiera un pianista a quien no le importara perder el tiempo conmigo. Entonces, para mi sorpresa, él me dijo: "Pues yo, yo mismo". Y probamos, interpretamos clásicos del jazz y aquello fue tomando forma poco a poco. Entonces apareció el productor, Luis Miguel Fernández, y nos animó a grabar un disco entero de jazz en castellano.

Abre el disco una nueva composición lanzada en *single* con el título "Sé", con un arreglo interesante, donde se mezcla la *bossa nova* con fraseos de jazz. Aparte de la música, otra nueva cara del hectaedro del amor y del desamor es lo que aporta Calderón, con versos que hablan de una ruptura amorosa que está a punto de suceder: "Sé que me dejarás, / sé que te has vuelto a enamorar, / sé que preguntarás / qué tal me irá sin ti / y a ti qué más te da". Lo tajante que suena el último verso se contradice con la siguiente estrofa, donde Miryam confiesa que no puede vivir sin él: "Sé lo feliz que estás, / sé que también la olvidarás, / sé que no sé vivir sin ti, / que eres todo para mí, / no volverás". Entre la voz sensible de Miryam y el suave ritmo se quita dramatismo a la narración, pues en los últimos versos confiesa que aunque siga enamorada no está dispuesta a perdonar: "Sé que regresarás, / sé que diré que es tarde ya, / sé que después me moriré, / pues viniste y yo te eché, / no volverás".

Las diez canciones restantes del disco *Riviera* son versiones de grandes temas que Juan Carlos Calderón había escrito a la medida de sus intérpretes. Así encontramos una mezcla de ritmos tropicales, *bossa nova*, baladas y jazz, que visten canciones como "Entre dos amores" (Ana Belén), "Había olvidado", "Me perdí en tu cuerpo" y "Por qué tengo que amarte" (Alejandra Guzmán), "Es mejor decirse adiós" (Ricky Martin), "Tómame o déjame" (Mocedades), "Agua" (Sergio y Estíbaliz), "Un hombre secreto" (Myriam Hernández), "Te amaré" (Miguel Bosé) y "Estás en mi terreno" (Chavela Vargas). En esta última también añade una pista de audio que había grabado Chavela (un tono más alto) y la mezcla con la voz de Miryam Domínguez a modo de dueto.

En una entrevista para *ABC,* Calderón explica su intención y lo que significa el disco para él: "Realmente no es todo jazz, porque sería mucha música y pocas canciones. Este disco es como un camino intermedio [...] Sin seguir las modas, sabía que tenía que tener una serie de sonidos y compases concretos". La define como música "intemporal" y sentencia diciendo "este disco es un capricho. Es también comercial, pero rompiendo modas comerciales, porque este va por otro camino".

Aunque la idea inicial era grabar con una orquesta de cuerda de Bratislava, fue grabado en España con músicos españoles y mezclado en Londres: "No suelo trabajar así, prefiero, siempre que puedo, grabar fuera, porque, en general, en Inglaterra o Estados Unidos hay mejores músicos y mejores técnicos". A pesar de que no todo fue como a él le hubiera gustado, confiesa que se lo pasó muy bien y así lo expresaba: "Me lo he pasado tan bien con Myriam que he olvidado componer las dos canciones que le había prometido a Luis Miguel para su próximo disco. Y eso que Luismi es un tipo duro que se toma las cosas muy mal".[1]

Paralelamente a *Riviera,* Calderón afirmaba estar preparando un disco tributo para grabar algunas de sus canciones en estilo sinfónico en colaboración con la Fundación Autor: "no sé cómo voy a terminarlo, es un trabajo ímprobo, bastante más difícil que componer una canción sin más".[2] El proyecto no llegó a materializarse, probablemente por falta de tiempo, ya que en la década del 2000 aún mantiene su agenda colapsada y, además de los mencionados, sigue colaborando con otros grandes artistas, encargándose de la dirección y producción de sus discos.

Homenaje a Cantabria con Bustamante

"Hacía tiempo que yo necesitaba expresarme por Cantabria pero no había un cántabro que cantara", expresaba Calderón y en el 2002 aparece David Bustamante, también cántabro y recién salido de la primera edición del programa de máxima audiencia Operación Triunfo. El éxito mediático de los concursantes de OT, sin precedentes, provoca que toda la maquinaria de la industria discográfica se ponga manos a la obra bajo el sello Vale Music (creado a raíz del programa televisivo). Calderón conoció a Bustamante a través del productor artístico y cantante Miguel Gallardo, quien se encarga de materializar el primer disco titulado *Bustamante* con once temas en tiempo récord, contando con profesionales de primer nivel. Calderón encuentra en Bustamante la voz perfecta para rendir homenaje a la tierra que le vio nacer y compone "Cantabria". TVE organiza una gala en Santander en honor a Bustamante y Juan Carlos Calderón aparece como invitado explicando los motivos:

> Es un deber que tengo yo, porque, aunque no venga mucho por aquí, siempre necesito hacer algo por esta tierra. He venido muchas veces tocando jazz y haciendo muchas cosas pero la verdad es que esta vez, teniéndole a él (Bustamante) [...], necesitaba hacer una canción para expresarme de alguna forma, aunque estuviera en otro sitio. La he hecho para él y para Cantabria.

"Cantabria" es una pseudo salsa o pop latino —estilo muy en boga a principios del siglo XXI—, con unos arreglos y una dirección artística impecable a cargo de Jacobo Calderón, cuyo estribillo rinde homenaje a esa provincia del norte de España donde nacieron Juan Carlos Calderón y David Bustamante:

Cantabria,
la tierra que me vio nacer,
crecer y enamorarme.
Cantabria,
el trigo que llevo en mi piel

1. Lapuente, Luis: "Las palabras de Juan Carlos Calderón", *Efe Eme* (abril de 2003).
2. *Ibidem.*

y siembro en todas partes,
mi Cantabria.

Otra composición de Calderón que aparece en el disco *Bustamante* es "Además de ti", una gran balada muy del estilo de Calderón que, a esas alturas, ya tenía más que sobrada experiencia en sacar partido a una de las voces más jóvenes y talentosas de la época en la canción pop. "Además de ti" se convirtió en uno de los himnos habituales del repertorio de David Bustamante y hoy en día todavía la mantiene en sus giras. La letra habla de un amor idealizado y Bustamante la hace suya cantándola con mucha expresividad, de manera que ninguna de sus fans se podía resistir a versos como los del estribillo: "Además de ti, / qué puede haber más, / mi prisión, mi estrella, / mi mujer más bella, / qué puedo soñar que no tenga ya, / además de ti no hay más".

El Consorcio

En 1993 la cantautora Rosa León propone a Amaya Uranga un proyecto para rememorar canciones de las décadas treinta, cuarenta y cincuenta. Amaya, que había participado en otros proyectos con Rosa León en su etapa de solista después de Mocedades, decide llevarlo a cabo contando con sus hermanos Estíbaliz e Iñaki Uranga y también con Sergio Blanco y Carlos Zubiaga, todos ellos excomponentes de Mocedades en alguna de sus etapas. Así surge el quinteto llamado El Consorcio, grabando el álbum *Lo que nunca muere* (1994), título inspirado en un serial radiofónico de posguerra, con dieciséis canciones de la época, entre ellas "El Chacachá del tren", su *hit* más popular. Surgen numerosas galas de la mano del representante Emilio Santamaría (hermano de Massiel) y tras el éxito obtenido vuelven a grabar dos álbumes seguidos: *Peticiones del oyente* (1995) y *Programa doble* (1996). En sus conciertos en directo, además de las canciones del disco, se incluyen grandes éxitos de la época de Mocedades y de Sergio y Estíbaliz, que su público conocía perfectamente. El éxito de la formación es imparable tanto en España como en Hispanoamérica y graban cuatro álbumes más con distintas temáticas: *Programa doble* (1996), *Cuba* (1998), *Las canciones de mi vida* (2000) y *De ida y vuelta* (2005).

En 2008 publican su séptimo álbum, titulado *Querido Juan,* con la discográfica Sony BMG Music Entertainment, con canciones compuestas por J. C. Calderón. La idea inicial partió de Emilio Santamaría y así lo cuenta con su particular buen humor:

> Yo vivía a escasos trescientos metros de Juan (Calderón) y todas las tardes me iba a su casa, tomábamos unos chupitos y charlábamos, mientras él tocaba el piano haciendo todo tipo de cosas maravillosas e íbamos hablando. A base de presionarle para hacer un reencuentro con El Consorcio, surgió *Querido Juan.* Por presión y pesadez mía e insistencia de amigo y vecino pesado. [...] No me

da ningún pudor decir que soy el culpable de que se volviera a producir el reencuentro entre ellos y lo tengo como medalla.[3]

Así surge un álbum con doce temas de corte romántico, en la línea de las grandes canciones de Mocedades y Sergio y Estíbaliz, la mayor parte de ellas inéditas y alguna nueva versión. Los títulos son: 1. "Vencedor o vencido"; 2. "O tú o ninguno"; 3. "Jugar a amar"; 4. "Él"; 5."Caminito de Cuba"; 6. "Se me fue"; 7. "Brindo por mí"; 8. "Estás en mi terreno"; 9. "Un amor herido"; 10. "Quisiera"; 11. "Había olvidado"; 12. "Tómame o déjame".

Desde los primeros compases de "Vencedor o vencido" se advierte una gran evolución en la producción sonora respecto a todos los discos anteriores, tanto de Mocedades como de Sergio y Estíbaliz. Hay un gran salto en el tiempo, recordamos que han pasado veinticinco años desde la última grabación de Calderón para Sergio y Estíbaliz (*Agua*), y también hay un gran salto cualitativo en cuanto a la producción musical, a la que contribuyó Emilio Santamaría hijo, quien no puso reparos en gastos:

> En ese caso yo cogí el testigo de las obras de mi padre, asumí la producción y a buscarme la vida como pude. A Juan Carlos no se le negó nada y usó los estudios que quiso y músicos de donde quiso. La parte vocal se grabó en España, en un estudio que había muy cerca de la casa de Juan que era supercómodo y la parte musical se grabó en varios sitios, había sección de cuerda de Alemania, de Chequia, músicos de Estados Unidos... en fin, de todos lados, porque se usó la gente que él quiso. La ventaja de ahora es que se puede grabar en cualquier sitio y luego se vuelcan las mezclas en Madrid. [...] Yo, como buen inconsciente, no reparé en los gastos. Yo quería darme el gustazo de hacer un discazo, que es lo que se merecían Juan Carlos y El Consorcio.[4]

"Vencedor o vencido" es una canción del estilo gran balada o, en palabras del propio Calderón, "gran pop", cantada principalmente por Amaya con acompañamiento de batería, percusión, bajo, guitarra, piano y sección de cuerdas. El contenido de la letra (de amor y desamor) y la estructura de la canción recuerda a "Tómame o déjame". Dice así:

Lo que más me asusta del amor
es amar y salir herida
de esa guerra sin cuartel
que es a veces nuestra vida.
Tú y yo suena a puro amor,
tú o yo es lo que sentimos

3. Entrevista personal con Emilio Santamaría.
4. Entrevista personal con Emilio Santamaría.

y no hay más, tan solo recordar
y luego olvidar lo que fuimos.

Él o yo, no hay más camino,
él o yo, no hay otra solución,
así es el amor,
vencedor o vencido.

Lo que más me asusta del amor
es luchar para no ser vencida,
qué será que siempre hay que llorar
para poder ser una misma.

Él con su soledad,
yo con mis fantasías,
él buscando la paz,
yo la vida.

"O tú o ninguno" es una adaptación de la canción que había sido grabada por Luis Miguel, incluida en el álbum *Amarte es un placer* (1999). La voz principal es cantada por Estíbaliz, y en cuanto a arreglos es prácticamente igual que la versión de Luis Miguel, salvo diferencias de timbres orquestales: en la versión de Luis Miguel se utilizaron instrumentos acústicos, mientras que en la versión de El Consorcio se recurre a librerías de sonidos digitales. Además, la sección de cuerda tiene menos protagonismo que en la versión de Luis Miguel, debido a la inclusión de los arreglos de coros, motivo por el que la canción adquiere identidad de grupo.

Juan Carlos Calderón no podía dejar pasar la ocasión de unir su propia voz al grupo que le abrió las puertas internacionales y en "Jugar a amar" podemos escuchar su voz cantando varias estrofas, alternando con la voz de Amaya. Por otra parte, este arreglo contiene una gran cantidad de matices orquestales que hacen de la balada un gran tema. En tonalidad de Do menor y compás de 4/4 destaca la introducción a base de arpegios en los que se combina el timbre de la guitarra acústica con los coros masculinos y femeninos, creando un efecto de arpegios en estéreo sobre el acorde Do menor, alternando la quinta justa con la quinta aumentada, mientras va surgiendo lentamente un colchón a modo de cuerda y breves notas de piano. Este efecto de arpegios en las voces se registra varias veces a lo largo del tema.

Para esta canción, Calderón compone un precioso poema de versos cortos que hablan de amor, jugando con la fonética de las palabras, sonoridad que encaja perfectamente con el arreglo. Comienza Amaya recreándose con la palabra *amor* y expresando: "Amor, amar, / amor, llorar, / amor que viene y va, / amor, placer, / amor de hiel, / amor sin más". En la segunda estrofa interviene Calderón con su timbre cálido y cansado (ya son setenta y dos años), arropado por un fantástico arreglo coral y acompañamiento orquestal: "Amor de piel, / amor sin ley, / sin riendas ni porqués, / amor tal vez, / solo adicción, / a cuál jugamos, / tú y yo". En el estribillo Calderón juega con la métrica, haciendo que el último verso de la estrofa (*Tú y yo*) adquiera función de enlace con el estribillo cantado por todas las voces. Una vez más es un gustazo escuchar todo el armazón vocal al que se une la voz de Calderón: "Jugar a amar / es como navegar, / nadar en una nube sin saber / nunca a dónde vas". Prosiguen dos estrofas en las que Amaya y Juan Carlos alternan sus voces con más orquestación:

Estrofa tres, voz de Amaya	Estrofa cuatro, voz de Juan Carlos
Amar tan solo por amar, *un juego sin final,* *amar y no querer amar,* *una forma de odiar*	*Amor casero,* *amor de dos,* *amor de luna a sol,* *amor peligro,* *amor dolor,* *a cuál jugamos*

Continúan más estrofas alternando las voces y para finalizar se produce un *rallentando* que prosigue durante la coda, la cual es como la introducción con arpegios de guitarra, pero en este caso sustituyendo las notas de las voces por el piano. Sin duda, uno de los mejores temas de todo el álbum.

En un disco tan personal no podía faltar la canción que Juan Carlos Calderón compuso en honor a su hijo fallecido y que había grabado la cantante chilena Myriam Hernández en 1992. La canción "Se me fue" tiene una letra que expresa la tristeza por la pérdida de un ser querido y se construye con un motivo melódico de tres notas (Sib-Do-Reb), por supuesto, en tonalidad menor (Sib menor) como recurso que expresa tristeza y emoción. Las tres notas coinciden con las tres sílabas del título y cada estrofa comienza con el mismo verso ("Se me fue"), excepto la última. En esta nueva versión la voz principal es la de Estíbaliz, mientras que el resto de las voces hace coros de apoyo a modo de sección de cuerdas. En el último verso ("No volverá") se produce un *rallentando* con el que consigue enfatizar el mensaje.

Y para cerrar el álbum, rememora Emilio Santamaría que cuando Calderón propuso volver a grabar "Tómame o déjame" Emilio le dijo: "«Juan, solo lo grabamos si tú participas». Se lo puse como condición, porque se habían hecho muchas versiones y tenía que ser algo especial". Así grabaron "Tómame o déjame" con una nueva versión en la que escuchamos la voz de Calderón en el prólogo recitando: "Han pasado los años y aún sigue viva aquella historia de amor que decía", dando paso a la voz de Amaya cantando la letra original. Introduce un pequeño cambio de letra al final de la canción: en el último verso "Si es mejor que yo podré entonces llorar" cambia la palabra "mejor" por "peor". En el aspecto musical el arreglo es diferente a la versión registrada en el álbum *Mocedades 5* en cuanto a coros y discurso instrumental: cambia el ritmo de batería, el piano eléctrico está muy presente, carece de sección de metales y la sección de cuerdas es sustituida por sonidos de sintetizador a modo de colchón, ofreciendo una versión más calmada y plana respecto a la primera grabación. Gran trabajo de Carlos Zubiaga, quien se encarga de los arreglos de las voces cambiando totalmente la idea del tema original.

"Querido Juan" es el último disco que graba El Consorcio con temas inéditos de J. C. Calderón y con este se cierra una etapa de colaboración de casi cuarenta años de composiciones, primero para Mocedades, Sergio y Estíbaliz y, finalmente, para El Consorcio. En la contraportada y en el interior del álbum, Juan Carlos Calderón aparece fotografiado como un miembro más del grupo.

En el año 2010, el quinteto publica un doble álbum titulado *De Mocedades a El Consorcio, 40 años de música,* grabado en directo con la Orquesta Filarmónica de Costa Rica, en el que se recopilan gran parte de sus grandes éxitos, la mayoría de Calderón.

El Consorcio anunció su gira de despedida en 2014, sin embargo, esa despedida todavía no ha llegado y actualmente la formación, sin la presencia de Sergio Blanco (fallecido en 2015), continúa vigente, actuando por todos los escenarios de España y Latinoamérica. A pesar de las dificultades, sobre todo por los largos viajes, el enorme cariño y respeto que muestra su público cada noche hace que no sientan ganas de apearse de los escenarios.

Nuevas versiones y *covers*

En 2003, el mismo año en que sale publicado el disco *Riviera,* de Miryam & Calderón, la cantante mexicana Edith Márquez graba un disco con nuevas versiones de algunos de los temas más famosos de Juan Carlos Calderón: "Tómame o déjame" (Mocedades), "Noche de copas" (María Conchita Alonso), "Incondicional", "Tengo todo excepto a ti" y "Culpable o no" (Luis Miguel), "¿Quién te cantará?" (Mocedades), "Rómpeme, mátame" (Trigo Limpio) y "Acariciame" (María Conchita Alonso), junto con dos temas nuevos: "Enamorada" y "El primero, el último, el único". Los arreglos de los temas "Noche de copas", "Rómpeme, mátame" y "El primero, el único, el último" fueron realizados por Jacobo Calderón y este último tema fue extraído en *single* y grabado en videoclip, en el cual aparece Juan Carlos Calderón con Edith Márquez durante el proceso de grabación en un estudio de Los Ángeles. El álbum lleva por título *¿Quién te cantará? La música de Juan Carlos Calderón,* y fue el disco más internacional de la cantante. Su presentación en directo en el Teatro Metropolitan de Ciudad de México fue grabada y editada en formato DVD con el título *Edith Márquez, en concierto desde el Teatro Metropolitan,* contando con Calderón como invitado.

La cantante y presentadora Elsa Ríos se había convertido en uno de los rostros más populares del Canal Sur de Andalucía. Calderón presenció una actuación de la cantante a través de la televisión y lo que vio le gustó. Rápidamente, se puso en contacto con ella y graba su álbum debut *La incondicional* (2007), con nuevas versiones de éxitos como "Amarte es un placer", "Nada de nada", "Inestabilidad",

"Entre dos amores", "No, no...", "Enamorada", "El primero, el único, el último", "Quiero una tregua" y "Había olvidado", esta última a dúo con Armando Manzanero. Incluye una nueva versión de "Por qué tengo que amarte" y esta vez a dúo con el propio Calderón. El álbum fue un gran éxito tanto en España como en México, y según figura en la contraportada del disco, Calderón opinaba de Elsa Ríos: "Lo tiene todo, una voz impecable, se entrega, es artista, emocional, trabajadora... Gracias a Dios aún no estoy ciego, cuando vi a Elsa Ríos dije: ahí hay una estrella".

La cantante Noemí Puga, junto con el dúo Angels, formado por los hermanos guatemaltecos Max y Jimmy Saravia, habían grabado en 2005 la composición de Calderón "Simplemente tú", incluida en el primer álbum de Angels, *Siguiendo el camino*. En 2008, Noemí Puga graba un disco completo producido por Calderón y formado por varios de sus grandes éxitos musicales, titulado *10 canciones de amor y una nana*, publicado por la discográfica Gaby-Music. Este álbum incluye temas tan conocidos como "Tómame o déjame", "Frío como el viento", "Te amaré", "Soy" o "Amarte es un placer" junto con la nana "Drume Negrita", que Calderón había versionado en 1972 para Elsa Baeza. Además, aparecen nuevas canciones como "No tengo novio" a ritmo de funky y las baladas "Cuanto más" y "Naufragio", esta última con una estructura poética y armónica compleja que merece ser rescatada. El álbum se caracteriza en su mayoría por unos arreglos más crudos, donde el piano es el principal instrumento, interpretado por el propio Calderón con su particular forma de tocar. El compositor elaboró este disco con mucho cariño, considerándolo como un trabajo íntimo, familiar y artesanal.

La Posta fue un grupo de *casting* que se creó con concursantes de un programa de TV Azteca llamado *La Academia*, en la línea de *Operación Triunfo* en España. Por iniciativa de Juan Carlos Calderón grabaron dos álbumes con canciones suyas de éxito, entre otras, "Eres tú", "Te amaré", "Un hombre busca una mujer", "La otra España", "La incondicional", "O tú o ninguna", etc.: "Son tres chicas y tres chicos increíbles que van a hacer un *pack* de tres discos con temas míos de todas las épocas, incluso canciones nuevas con arreglos nuevos de las canciones antiguas y lo va a distribuir EMI en México".[5]

Sus ganas de trabajar y su afán por descubrir nuevos talentos le llevaron a impartir clases en la Academia de Arte, un pequeño local enfrente de su casa en la calle Génova (Madrid). En 2010, entre los nuevos talentos, se hizo una selección de cantantes y se creó un grupo llamado SEIB, con quien grabó un disco llamado *Eres tú*. Salvador Ortega, Elisabeth Guillén, Isabel Tostón y Bárbara Molina eran los cuatro componentes del grupo y, entre sus cortos logros, llegaron a representar a España en una edición especial del Festival de Viña del Mar con motivo de la celebración del bicentenario de Chile. En esta edición especial los representantes de otros países competían con una nueva versión de los temas más importantes de

5. Entrevista a Juan Carlos Calderón realizada por Carlos J. Rubio, emitida en Radio Fanática.

su historia y España seleccionó "Eres tú". El terremoto de Chile del 2010 impidió la celebración de la última gala y los cuatro participantes regresaron a España junto con su representante, Emilio Santamaría, sin haber llegado a actuar.

Teresa Calderón recuerda cómo se grabó el disco: "Como no encontró apoyos, lo grabó con programaciones y un técnico de sonido. Nunca vio la luz salvo en las plataformas musicales como Spotify y Apple Music y el grupo se desintegró".

Desvelando sus secretos

> Cuando dejas de componer y vuelves, después de quince o veinte días, todo lo que compones no vale. Componer es un músculo, tienes que ir al gimnasio de la inspiración para volver a coger la marcha.
>
> JUAN CARLOS CALDERÓN

Después de España, México ocupa un lugar preferente en la trayectoria de Juan Carlos Calderón. Adoraba al país y a sus gentes y se sentía como en casa cada vez que iba a trabajar con algunos de los artistas que tuvieron el privilegio de dar vida a las creaciones del compositor. El respeto y la admiración fueron mutuos. De hecho, en México consideran a Juan Carlos Calderón como uno de los compositores más grandes de todos los tiempos. En marzo del 2005, en la ciudad de México D. F., se inaugura una escuela de música que lleva su nombre y, con motivo de la apertura, Calderón es invitado a dar una conferencia. Como muestra de agradecimiento, desvela a los asistentes muchos de sus secretos profesionales ilustrados con anécdotas y, para no olvidarse de nada, escribe un largo texto a modo de guion titulado *Mi aventura musical*. Documento muy valioso, sin duda, pues a través de este escrito relata sus técnicas y trucos para componer y construir una canción. También aporta su opinión sobre los estudios musicales, el significado de la palabra *profesional*, por qué le gusta más componer en España que en cualquier país de América, qué es para él un artista o qué es la inspiración, entre otros detalles. Su labor como productor le lleva a desarrollar toda una serie de técnicas anímicas y artimañas con el fin de extraer el máximo rendimiento de los cantantes. Todos estos trucos y otros detalles se exponen a continuación tal y como lo dejó escrito:

Mi aventura musical

Dedicado a mis colegas, los músicos.

No sé cómo empezar, pues mi método es no tener método y mi orden es no tener orden, o sea que lo que salga. No soy profesor de teorías, pero la experiencia y la vida me han enseñado más que las escuelas.

Soy músico porque, después de no terminar mis estudios de leyes ni los de medicina, me di cuenta de que solo podía ser músico, mejor dicho, ser la música.

En EE. UU., David Foster un día me dijo que estaba loco por ser intérprete, arreglador, pianista, autor de música y letra, director de orquesta y productor.

Creo más en el talento, la sensibilidad y la inspiración que en las carreras y los diplomas, pues no hay mal método o profesor con un buen alumno. Por supuesto, esto os lo dice un alumno del conservatorio que soy yo que, aunque encuentro muy imperfecta y poco personalizada la enseñanza de un centro como este, al fin y al cabo es estudiar una técnica obsoleta, pero una técnica.

1.º Hablar de las carreras (lo que opino de ellas sin dejar mal a las escuelas). Por supuesto, hay que estudiar técnicas, vengan del profesor o sistema que vengan, pues sin ellas no se dominan ni instrumentos, ni voz, pero, repito, lo más importante es el talento. (Contar lo de mis dos condiscípulos de derecho, el estudioso y el vago). (Comentar que en las reuniones de músicos no se aprende nada, pues todos ocultan su sistema).

2.º La palabra *profesional.* ¡Cómo cambia con o sin talento! (Hablar de mis colegas). Los hay buenos, que es lo que yo llamo profesional, y los hay solo correctos, a los cuales llamo artesanos. (Contar cuánto saben estas dos personas a las que he aludido).

3.º La honestidad musical y la afición son vitales para llegar a ser un buen músico, pero también ser persona, que no tiene que ver con personalidad, pues esta entra ya dentro de la acepción de artista. Para mí, ser persona es más importante que la propia música, pues de ello depende el éxito. Los que no llegan a una talla personal, no llegan tampoco a ser músicos de talla. (Explicarlo).

4.º Ser artista: puedes ser un buen músico, pero si no eres artista no llegas lejos. (Explicar lo que es para mí un artista, ese que le ves por primera vez entrando en un local y te impacta). Si no eres artista no irradias, no reflejas luz, te quedas solo en músico. (Poner ejemplos de gente que tiene mucha más técnica que otra y se quedan en el anonimato, las coristas que acompañan a las grandes cantantes. Por lo general, cantan mejor que estas, pero no son artistas y se quedan en versioneros y culpan a la mala suerte de su fracaso). (Contar el caso de Sandoval y de Miles Davis o Monk). En la época de Bach o Debussy había otros músicos de su talla pero no de su talento e inspiración, por eso no fueron conocidos.

5.º La individualidad, el elitismo: no se debe pertenecer a la masa. (Explicarlo en el ejemplo de una *big band* o una orquesta sinfónica en las cuales solo eres un elemento, no el solista).

6.º Formación clásica de hoy o formación pop. (Sacar lecturas).

CÓMO COMPONGO

Mi sistema es la falta de sistema y lo importante es la persona para la que compones y la motivación positiva o negativa que irradie. La tortura es componer solo por componer, cuando no existe todavía intérprete: es escribir a ciegas. (Hablar de la tremenda soledad que debe acompañar al compositor en su creación y explicar mis métodos de concentración al componer, sobre todo, letras). Paradójicamente, no busco un ambiente de soledad ni concentración, incluso a veces me ayuda poner la televisión u oír conversaciones y ruidos. La soledad del aislamiento, como ir a un sitio ex profeso para trabajar, me horroriza porque siento como si tuviera que ir al colegio, me siento trabajador, obrero de la música.

En caso de falta de inspiración, yo me obligo como una gimnasia a componer cuatro compases u ocho cada día, que no tienen por qué ser ni la estrofa ni el coro. Esto es lo que hago yo cuando hace mucho tiempo que no escribo: las ocho o diez primeras canciones no suelen valerme (en mexicano significa "importarme"), son para ir calentando los motores (el sistema de cuatro u ocho compases diarios). Estudiar tu instrumento, estar en dedos, ayuda a componer. La inspiración es un músculo, hay que hacer gimnasia. Por eso, como digo, las primeras canciones que escribo para un proyecto no suelo aceptarlas. (A veces es buena la primera canción, pero es un caso raro). A veces cambio de sistema; descansar, dejar reposar dos o tres días la mente, sin sentirte culpable al hacerlo y sin oír las canciones, pues te puedes llevar sorpresas a veces positivas, a veces negativas. Si no tienes suerte con temas en tono menor, cambiar a tono mayor o viceversa, cambiar de estilo, pues cuando escribo una balada, siempre a piano, hago varias del mismo tipo, en busca de la mejor, por eso digo que es bueno cambiar de estilo. Es conveniente escuchar buena música.

Para escribir letras el sistema es totalmente diferente. Hay muchas formas: pensar en un título brillante utilizando cuatro o cinco sílabas musicales de lo que ya es estribillo. Otro sistema es inspirarte en tu propia vida, lo cual es peligroso pues tal vez lo que a ti "te va" no le va al cantante. Escribir letras e historias con colorido, trucos y claridad. Un día me dijo Luis Miguel: "Lo bueno de tus letras es que no hay que explicarlas antes de cantarlas". Estoy en contra de las letras metafóricas, obscuras o pseudopoéticas, si no se domina el léxico: son mejores las historias.

Ambientes para escribir letras: no importa la hora, ni el sitio, puede ser bueno llevar a la calle o al coche una libreta o una pequeña grabadora para apuntar ideas, pero es curioso que cuando no llevas contigo estos dos objetos es cuando se te ocurre todo y entonces tienes que memorizarlo hasta llegar a casa. Suelo escribir las letras sin sentarme al piano a tocar la melodía. ALGO IMPORTANTÍSIMO: No escuchar las canciones terminadas (instrumento y letra con tu voz) hasta pasados dos días, cuando ya has empezado otra canción.

La inspiración es una bella mujer coqueta, infiel, desleal y huidiza.

Dos cosas importantes: 1.º una canción tiene que ser inspirada (la inspiración es todo) y bella solo con tu instrumento y tu voz, aunque no seas cantante, sin maquetar; 2.º tener cuidado de escribir las canciones en el sitio donde se van a grabar o todo lo contrario. (España es un país más tenso, el ambiente musical no te ayuda —halaga—). Tienes que luchar más para inspirarte al escribir una canción en España, pero cuando atraviesas el océano Atlántico y llegas a

EE. UU. o México a grabar, esa fuerza que has tenido que darle a la canción, por este entorno escéptico de mi país, se conserva íntegra. México y EE. UU. son países más abiertos, más alegres, les gusta más la música. Digamos que es un poco de masoquismo en España para luego gozar en América, pero España me da suerte, pues me supero más al no recibir halagos. (Ejemplo: en Miami no he escrito canciones, las he grabado).

Al componer para un artista tienes que ser un poco sastre, pero no pensar todo el rato en su voz, pues te puedes copiar a ti mismo, si has trabajado con él antes: es mejor recordar su voz y su tesitura y basta. En el caso de que todavía no hayas grabado con él, pedir un CD para saber cómo canta, pero nunca que cante en vivo delante de ti, pues te sientes en la obligación de decirle si te gusta o no, lo cual es muy violento (contar que los artistas siempre insisten en oír su CD contigo), y por otra parte te puede influir emocionalmente (sobre todo si es del sexo contrario y atractivo). Es mejor que ÉL se adapte (después de oír el CD) a tu estilo de componer, pues para eso te han llamado a ti y no a otro.

(Explicar la importancia que tiene el componer con alicientes, o no, como la bebida o las drogas. No creo en las drogas, te reblandecen).

Por supuesto, siempre hablo de mi experiencia y no sé si se debe tomar como consejo o escucharlo como algo que le pase a otro compositor.

El músico no debe ser solo músico, como antes dije, tiene que ser la música él mismo, tiene que llevar los sonidos con él, el buen gusto, la personalidad, la sensibilidad y volcarlo todo sobre el instrumento y la canción.

Otra sensación terrible es cuando me siento al piano y me digo: "Es una locura, ¿qué estoy haciendo? ¿Para qué vale esto?, etc.". (Explicar esta sensación: piensas que la música no tiene ni aplicación práctica ni sentido. Ampliar la explicación, suele ser un estado depresivo o de sequedad mental o tal vez una época en la que no te quieres).

Problemas secundarios que se presentan al "VENDER" al cantante tus canciones. Gracias a Dios, he tenido suerte, pues han creído en mí como autor casi desde mi primer disco, pero he encontrado bastantes cantantes con desconfianza, rechazos a la letra, palabras que no quieren decir, palabras tabú (explicarlo), cambios que quieren hacer sin aportar soluciones y si las aportan PEOR, sensación de desilusión, cuanto tú basas todo el éxito de una canción en un trozo de letra, casi siempre es lo que quiere quitar (explicar mis experiencias) y la mejor canción, según mi criterio, es la peor para él. (Explicar problemas de este tipo, con anécdotas, enfados, crisis, etc.).

Incompatibilidad de caracteres, de musicalidad y de sensibilidad con el cantante. (Explicar casos contrarios). Luchar hasta el fin por tus ideas, pues tienes que estar convencido, no obcecado, de que lo que has compuesto es bueno para el cantante, que lo defiendes por su bien. En situaciones extremas se puede presentar el caso de o lo tomas o lo dejas e irte o quedarte. Es muy importante conocer el entorno del artista, pues a veces sus "amigos" o mánagers artísticos, por intereses creados, por hacerse los entendidos o por ganar su confianza, le aconsejan contra ti. Tratar de dialogar A SOLAS con el cantante, lo cual es muy difícil, pues su seguridad podría peligrar sin esa camarilla de "amigos" en los que se apoya y se sentiría indefenso sin ellos.

CONSTRUCCIÓN DE UNA CANCIÓN: Cuando hago una canción y la grabo simplemente con mi piano y mi voz, la construyo como va a ser después el arreglo. De hecho, muchas veces he utilizado como base definitiva del arreglo mi piano. Suelo construir una canción de esta forma:

1.º La "intro" suele ser un instrumental del estribillo o coro, de forma que al escuchar lo primero, el coro ya sea familiar para cuando llegue su momento, o sea un *flash in*.

2.º El puente instrumental entre el final del primer coro y la siguiente estrofa puede ser igual a la "intro", o puede ser un trozo de la estrofa o algún motivo nuevo.

3.º El final o coda de la canción, con modulación o sin ella, suele ser el mismo motivo del *coro* sobre la última nota cantada de la canción. Con este sistema hago que las partes más salientes de la canción se vuelvan a oír de una forma subliminal. A veces la "intro" puede ser unas notas de la 1.ª estrofa, como pasa en mi canción para Luis Miguel "Amantes del amor", que repite tres veces este motivo; depende del estilo, que tengan más belleza las estrofas que el coro, pero siempre meto tres instrumentales en cada canción y jamás hago *FADE OUT*, la canción termina, por supuesto, ya en el disco, lo cual es una gran ventaja para el cantante, que no tiene que inventarse un final en sus actuaciones. No me gustan los *fade out,* pues son muy poco musicales, a no ser que los haga intencionalmente y, aun así, siempre intento terminar mis canciones, y es que no es fácil hacer un final en un *fade out* para actuar pues puede sonar a *JINGLE.*

Siempre he sido arreglador de mis canciones, como Burt Bacharach, pues es la única forma de que suenen totalmente al compositor. La concepción de mis arreglos suele ser piramidal, como un solo de jazz: empieza con muy pocos medios y crece claramente en el coro con toda la orquesta o la programación orquestal, desciende de nuevo casi a la nada para las siguientes estrofas, después del primer coro, pero estas ya tienen algún elemento más sonoro porque ya pasó la sorpresa de la primera estrofa, por ejemplo, manteniendo el golpe de caja (TAROLA) en *FULL SNARE*, creciendo hasta el coro y terminando prácticamente con un solo instrumento y con mucha paz. O sea, como se verá, son dos pirámides.

El tipo de arreglo depende de la voz del artista. Yo uso un sistema que es dejar lo que se llaman "ventanas" para que a la voz no se le sumen frecuencias que la molesten. Normalmente, si quiero que, por ejemplo, en una mezcla, la cuerda se oiga solo como un sutil PAD, la escribo en las frecuencias medias y con la baqueta de la batería en el R. S., de forma que la voz sea arropada pero no cubierta. Si quiero que en una mezcla la cuerda sobresalga de la voz, la escribo en notas muy distantes a esta, intentando no reiterar (o RUBB) las notas de la melodía. Pienso que la mezcla se concibe ya al escribir el arreglo en casa, pues no hay que luchar por sacar lo que no tiene por qué salir demasiado y tampoco hay que luchar por algo que sale por sí solo. En mi experiencia, la voz femenina es más fácil de mezclar, por su brillo natural, que la masculina (contar anécdotas disco Emmanuel).

Si queréis que hablemos de orquestación, lo hacemos, pues he sido arreglador antes que autor, y sigo siéndolo, o sea que preguntad si queréis saber algo pues todos tenemos nuestros trucos. El método con el que yo aprendí a hacer arreglos fue la lógica musical, pues nadie me enseñó. Cuando leí los libros de Henry Mancini o Don Sebesky yo ya tenía un estilo. (Contar primer encuentro con Mancini en su oficina de L. A.).

Es curioso que el metal de una *big band* con arreglos tipo Nelson Riddle o Count Basie por ejemplo, muy fuertes y sonoros, "molesten" menos a la voz en mezcla que la cuerda: es porque al metal no le hace falta ayuda para sobresalir, pues sus frecuencias son diferentes a las de la voz, y a la cuerda sí. Lo más difícil de mezclar (depende de la cantidad de voz que se quiera, o si es pop o rock la canción) son las guitarras, los teclados, todos esos instrumentos usados en los *up tempos* más que la misma batería, porque están en las mismas frecuencias del cantante. (Hablar de timbres de voz, de la obsesión de subir a notas muy agudas. Poner el ejemplo contrario, Nat King y Carpenter. Otra obsesión de los cantantes es cantar muy "busy", como Mariah Carey y deformar la melodía, yéndose fuera de la escala). (Hablar de los cantantes acrobáticos y de lo difícil que es cantar sencillo y con buena dicción).

Hay muchas técnicas de voz y todas son buenas y tienen algo en común: tener la voz caliente y preparada y como dije, no hay mal profesor con buen alumno: desde una técnica lírica hasta los métodos modernos de SETH RIGGS o John [*sic*] Anderson.[6] Repito, todas son válidas, depende del talento, el buen gusto y sobre todo de las facultades del artista y los discos que oye. Por ejemplo, Ray Charles o Louis Armstrong no son "grandes cantantes según los cánones de técnica lírica" pero su arte, su "falsete" y su genialidad son lo más importante: no hay que ser Pavarotti o Bocelli para ser un buen cantante.

No puedo dejar de hablar, al referirme a la voz humana, de producción, de estudios de grabación y de la realización de un disco, aunque sea someramente. Analicemos primero las palabras *VOCAL COACH*. Todos los productores hemos tenido que ser en algunos casos *vocal coaches*, pues aunque no sepamos enseñar técnicas somos "entrenadores de voz" a la hora de grabar. Vuelvo a mis experiencias, no sé cuántas voces he grabado en mi vida pero sé mucho de tesituras, problemas técnicos o personales, ronqueras, afonías, malos rollos y, ¿por qué

6. En el texto de Calderón figura el nombre de John Anderson y así se ha transcrito, sin embargo, por el contexto y por sus influencias es más lógico que se refiera a Ron Anderson, uno de los entrenadores de voces más importantes de las últimas décadas.

no?, de soluciones para estos problemas; es otra manera de saber técnicas de voz. He tenido que ser foniatra, enfermero, amigo, creador, casi fontanero de las cañerías de una voz humana. Sé tratar una voz y cómo puede dar su máximo brillo, expresividad, calor, dicción, sentimiento, incluso llanto para conseguir su máximo rendimiento, en fin, treinta y cinco años grabando. (Anécdota de Quincy Jones cuando al final de "Out of My Life" consiguió que Michael Jackson llorara de verdad, esto entra ya dentro del *performance*).

Os voy a contar algunos trucos comunes de emergencia en un estudio, pero que dependen de que el artista sea hombre o mujer. En el primer caso, son casi impracticables dado el frecuente machismo de los artistas masculinos. El artista, hombre o mujer, en el estudio casi siempre saca a flote todos sus atavismos, dulzuras, frustraciones, debilidades y complejos, miedos, arrogancias, ternura, inteligencia, desequilibrios, amores y odios, en pocas palabras: sale todo lo que es una persona, pero triplicado, por el compromiso y la responsabilidad de "cantar a través de un micro", casi siempre enemigo del artista y del productor, pues salen a flote todos los defectos amplificados. Es un "sálvese quien pueda", a veces un duelo en el que el cantante o el productor ganará. Puede estar a la defensiva y es un momento muy delicado e interesante al mismo tiempo para los luchadores de retos como yo. Hay que cuidar mucho estos episodios de la grabación.

<u>TÉCNICAS PRÁCTICAS CON EL INTÉRPRETE</u>: desde no beber agua en medio de la grabación de una canción o una toma, pues cambiaría el timbre de su voz, hasta casi no comer antes de la sesión. No tomar alicientes como el alcohol o drogas si no se está acostumbrado, y aun estándolo, mejor evitarlos. No carraspear o, en ocasiones, tomar un inocente "rayo veloz" (explicar lo que es), una buena postura, conocimiento del micro (<u>esto es vital</u>), horas lógicas para cantar, luces, ambiente, retos sanos, etc., buen sonido en los cascos y, dependiendo del artista, grabar su voz en varias pistas, o trabajar solo con dos pero pinchando, volumen del *play back* en los cascos "a la carta", comunicación y diálogo fácil desde el control a sus audífonos, etc. (Anécdotas, historias, aventuras de treinta y cinco años de grabar con voces). (Hablar del Protools, sea o no H2, Out of Tune y Prosonic). Es importante que el productor pruebe el sonido de los cascos del artista, animarle, incluso "engañarle", que no se venga abajo por cosas como un sonido no óptimo de cascos, cambiárselos si es necesario y, sobre todo, buscar el micro idóneo para su voz. <u>Importantísimo</u> tener un buen asistente en el estudio que sepa solucionar <u>rápidamente</u> cualquier percance y llegue a un entendimiento, desde el principio, de la cantidad de eco que necesita el artista para escucharse a gusto, fuente de enormes problemas en caso contrario. (La *reber* camufla los defectos).

<u>TÉCNICAS ANÍMICAS</u>: sin ánimo de parecer arrogante, <u>yo he creado voces y estilos, he hecho cantantes y artistas vendedores</u>, cosa que para un profesor de canto es difícil, pues él se dedica a enseñar técnicas y nosotros, los productores,

a utilizarlas a la hora de grabar. Hablando de grabar, en un estudio no puedes expresarte lo mismo con un cantante mexicano que con uno español o norteamericano (explicar mi primer disgusto con Luis Miguel, el tipo de expresiones que hay que emplear con unos y otros). Mis sistemas o trucos anímicos tienen mucho que ver con la nacionalidad del cantante. No es lo mismo grabar en España que en México que en EE. UU., tiene que ver mucho con mi comentario de "cómo vender una canción" a un cantante. En este caso sería "cómo hacer a un cantante" y que no deje de sentir al tiempo toda su dosis de "*divismo* natural" que necesita todo artista, incluyéndome a mí, discutiendo lo menos posible.

Mi seguridad es la inseguridad, enfermedad de todos los artistas. Por eso una grabación entre un cantante y un productor y en mi caso, autor, es una lucha para disimular la inseguridad del uno ante el otro. Trucos inductores, coactivos, dulces sonrisas, o energía, aparente humildad o dominio. Un "muy bien" cuando todo va mal y un "muy mal" cuando todo va bien, si el artista es una persona segura de sí misma; en el fondo, son pequeños engaños, como cuando un médico no te dice la gravedad de tus análisis o hemografías, pues sabe que eres hipocondríaco, o te dice "lo mal que estás" cuando sabe que eres fuerte y necesitas cuidarte, pues puedes tener una buena salud. Para un cantante ante el micro, tan mala es una excesiva euforia o "*happy* depresión" o estado *hyper*, como un estado depresivo o *down*.

En los estudios se acentúan los desequilibrios y todo lo que es inestabilidad o autosuficiencia y, aunque exista la magia lógica de la situación, es muy peligroso: conozco cantantes que dicen "yo grabo esta canción en veinte minutos" y tardamos siete u ocho horas y los que dicen "no puedo cantar" y te la graban en treinta minutos. El llanto que se produce a veces, sobre todo cuando la cantante es mujer, ante su productor y autor masculino, no es negativo, pues relaja los nervios, y digo mujer, pues el hombre por machismo no suele permitirse llorar en una grabación. El reírse, simple risa, no es malo, pero el paroxismo, o las carcajadas, te agarrotan la garganta. De hecho, cuando veo que no hay "mucho que hacer" en una sesión, porque es tarde o es mal día o simplemente porque se nos fue la inspiración y el diálogo a la hora de grabar, hago una pequeña maldad: provoco carcajadas para acabar la sesión hasta el día siguiente, sin que el artista se sienta culpable. En la mujer, como todos saben, los días problemáticos del mes son más psíquicos (alteraciones del carácter, depresión, susceptibilidad a flor de piel, etc.) que físicos. Tienden a desafinar porque "saben que tienen el periodo" pero, de todas formas y como sí es cierto que el abdomen se reblandece, si no se puede evitar el grabar en una fecha dada, por la salida del disco, una gala, etc., lo mejor es que compre una faja PlayTex que le ajuste el abdomen. En estos casos de prisas inevitables, hay que ser muy amable, evitar herir su susceptibilidad, ser condescendiente, porque es verdad que en esos días la mujer, por falta de control del abdomen, tiende a desafinar, pero si se siente cómoda, lo superará. Hay que darse cuenta de que la voz sale del bajo abdomen.

En lo que no creo es en esa leyenda de que no se puede cantar por la mañana: depende de la hora a la que te acuestes, la cantidad de horas que duermas (deben ser ocho, mínimo) y de si has hecho ejercicios de calentamiento antes de ir al estudio.

TESITURAS: Lo más importante para que un cantante se encuentre en óptimas condiciones es cantar en su tesitura. Yo, a base de años, he logrado tomar el tono a un cantante hasta por teléfono, o simplemente hablando con él. Es vital que se sepan, al menos, las notas de las canciones a la hora de grabar. (Explicar que saberse demasiado bien la canción, con letra y todo, podría ser perjudicial, pues se corre el peligro de viciarla). Los artistas con experiencia no necesitan tantos cuidados pero, por otro lado, se confían y a veces el resultado de su interpretación no es todo lo bueno que se esperaba, pero como tienen ya la voz y el estilo muy formados, no importa demasiado: no hay nada más fácil y difícil para un productor que dirigir a un artista con gran experiencia porque, a veces, o discutes con él, o te callas y dejas que se produzca él mismo, pues al fin y al cabo va a decir que así se ha hecho.

Acompañar a un cantante con tu instrumento. Hay que acompañar con sentido de arreglador, seguirle, o que él crea que le sigues, dejar espacios "muertos" o silencios místicos, como diría Thelonious Monk, para que se oigan sus matices y apoyar con fuerza y dramatismo cuando el énfasis de su voz está en la "cresta de la ola". No importa si te vas del tempo, si tocas *ad libitum*, lo importante es crear climas alrededor de su voz. Es como un coqueteo, un vuelo de tus notas desgranadas, enfáticas, pero sutiles volando en torno al artista: hacer eficaces y bellísimas introducciones y codas. NO INTENTAR que el artista se ajuste a ti y a tus notas (ejemplos prácticos con piano y voz). El excesivo protagonismo de un instrumentista puede destruir toda una *performance*. Cuando acompañas tienes que ser eso, un acompañante, un servidor del artista, olvidar tu técnica, en fin, ayudarle, no ser su enemigo.

Cómo trabajar tu instrumento como solista, como productor y como compositor. Estudié Chopin, Bach, Debussy, etc., pero yo lo que quería era componer y escribir. Compuse a los dieciocho años un concierto de flauta y orquesta de cámara que nunca estrené ni grabé, fantasías, valses, en fin, lo que me motivaba de la gran música y que me ha servido para la música de cine y, por supuesto, estudié obras clásicas, escalas, arpegios, posición fija, ejercicios, etc., pero llegó el jazz a mi vida y me inoculó su veneno. Me hice adicto a él, pero nunca olvidé lo sinfónico, pues es la base de toda la música, jazz, pop, etc. Empecé con un sexteto de jazz en Madrid; después monté una *big band*; dirigí orquestas convencionales (cuerda, metal y ritmo) en varios festivales por todo el mundo, compartiendo escenario con Lalo Schifrin, Henry Mancini, Count Basie, Duke Ellington; y acompañé a solistas de jazz como Grapelli, Jean Luc Ponti, Donald Byrd, Carmen MacRae, etc.; hice música de teatro, cine, TV, publicidad; actué en los clubs más *underground* y en los teatros más emblemáticos de las ciudades más importantes de Europa, Japón, América y, por supuesto, México. En todas estas aventuras o experiencias (exceptuando cuando marcaba el "one, two, three, four" a las orquestas) fui siempre pianista solista e intérprete. Por eso saco el tema de cómo hay que trabajar el instrumento dependiendo del fin para el que interpretes.

1.º Como solista soy todo, puedo tocar la melodía, dejar a la orquesta que se luzca, interpretar solo una frase o todo el tema. Para esto tienes que estudiar el instrumento de una forma diferente que cuando eres acompañante, como antes apunté.

2.º Como productor, acompaño solamente como una base, apuntando los acordes y el ritmo, como si fuera la base rítmica de un arreglo orquestal.

3.º Como compositor, ya dije, dejando espacios para la voz, como una cama armónica y guiándole en la melodía con mi propia voz, si es necesario. (Preguntas).

El piano jazz no se estudia igual que el piano clásico y, aunque puedes usar la misma técnica, el jazz tiene diferentes ejercicios y progresiones. Vuelvo a repetir que lo importante no es la escuela, sino la inspiración y el talento del alumno. Yo no sé enseñar, solo puedo transmitiros unas experiencias y a veces, como dicen algunos jóvenes a los ya expertos músicos, "tu experiencia no me vale", o sea que tomad mis palabras no como consejos, sino como "anécdotas" de un músico que más que músico es "música" y que ha entregado su vida al arte.

Tengo muchos premios importantes, Billboards, Grammies, Ascaps, cine, etc., pero mi premio es poder hablaros a vosotros y seguir escribiendo canciones y tocando jazz para los que sois los músicos de "la ilusión", "los soñadores", y poderme sentir como uno de vosotros, pues no he dejado de soñar, ni de construir felicidad para quien haya querido escuchar mi trabajo.

He tenido mucha suerte pero me lo "he currado", como decimos en España.

JUAN CARLOS CALDERÓN (marzo 2005)

En total plenitud

En el año 2010 trabaja en las grabaciones del último disco que lleva su firma como coproductor y arreglador: "En México estoy trabajando con Marco Antonio Solís, que es muy grande en ese país, donde está considerado el artista de la década, aunque aquí no es conocido".[7] El cantautor mexicano lanza su disco *En total plenitud*, publicado por Fonovisa Records, en octubre del 2010, con diez temas de los cuales cinco son arreglos de Calderón: "De regreso a casa", "Deséame suerte", "Hay de amores a amores", "Para vivir sin ti" y "Te me olvidaste". El resto de las canciones son arreglos de Pablo Aguirre y, una vez más, cuentan para la grabación

7. DELGADO, "Juan Carlos Calderón. La dualidad".

con los mejores músicos de estudio,[8] además de Benny Faccone como ingeniero de grabación y mezclas y Cristina Abaroa, que se encarga de todo el trabajo de coordinación y preparación. Es el noveno disco y el más importante del cantautor hasta ese momento y Marco Antonio lo define como "el año dorado", tras conseguir una estrella en el paseo de la fama de Hollywood. En la contraportada, Marco Antonio dedica unas palabras de agradecimiento al compositor: "Quiero destacar de manera especial mi agradecimiento al maestro Juan Carlos Calderón, quien con su participación ha coronado desde ya este proyecto como algo muy especial en mi corazón. Gracias querido maestro por dejar plasmadas sus huellas en cada nota de sus maravillosos arreglos".

Homenajes

En el año 2010, J. C. Calderón es galardonado con el Premio de Honor de la XIV Edición de los Premios de la Música, otorgado por la Academia de las Artes y las Ciencias de la Música, uno de los premios más prestigiosos concedido en España a un artista. La junta directiva de la academia decidió concederle el premio por unanimidad y la entrega se realizó en el Teatro Häagen Dazs Calderón de Madrid el 4 de marzo del mismo año. La gala fue presentada por la cantante Alaska, contando, entre otros, con la actuación de El Consorcio en homenaje al compositor.

Meses después, el 10 de noviembre de 2010, recibe otro gran premio internacional, el Grammy Latino a la Excelencia por toda su carrera. Fue Paloma San Basilio la encargada de entregarle el prestigioso galardón que ella misma había recibido el año anterior: "Me sentí muy orgullosa, porque realmente le admiraba mucho y creo que fue un reconocimiento muy merecido", recordaba San Basilio en *El Mundo* (25/11/2022), sentenciando que Juan Carlos Calderón "ha sido uno de los grandes músicos españoles de las últimas décadas del siglo xx".

En 2011 se celebró en Santander una exposición que hace un recorrido por la memoria y la obra artística de los tres hermanos Calderón (Fernando, Ramón y Juan Carlos), titulada "Calderón inaudito" y expuesta en la sede de la Fundación Fraile y Blanco durante cuatro meses. Con motivo de la clausura, el jueves 2 de junio Calderón ofreció un concierto de piano en directo acompañado de la cantante de jazz Susana Sheiman.

Dos días después de la clausura de la exposición, Calderón aprovecha la estancia en Santander para asistir a la grabación del tema "Última versión de ti", del grupo

8. John Robinson (batería), Neil Stubenhaus, Abraham Laboriel y Nathan East (bajos), James Harrah, George Doering y Ramón Stagnaro (guitarras), George Doering (mandolina y *pedal steel*), Randy Kerber y Mitchel Forman (piano acústico y Rhodes), Carlos Murguía (órgano Hammond B-3), Luis Conte y Víctor Aguilar (percusión), Enrique Martínez y Sergio Bustamante (acordeón), Dan Higgins (flautas), Chris Bleth y Bernardette Ávile (oboe y corno inglés), Gayle Levant (arpa), Chuck Findley, Arturo Solar, Wayne Bergeron, Dan Higgins, Brian Scanlon y Alejandro Carballo (sección de metales).

pop barcelonés Ruidoblanco, cuyos arreglos fueron hechos por Calderón para ser interpretados y grabados por la Orquesta Sinfónica del Conservatorio Jesús de Monasterio de Santander. También en 2011, por mediación del cantante Juan Coloma, se encarga de hacer los arreglos de dos villancicos para un concierto de la Fundación Padre Arrupe que tuvo lugar en el Auditorio. El concierto fue dirigido por Inma Shara y Juan Carlos Calderón fue invitado a subir al escenario para dirigir sus composiciones. "Para él fue muy emocionante, hacía años que no sentía el calor del público de esa manera", recordaba su hija Teresa.

Últimos proyectos

A pesar de que su salud empieza a flaquear, las ganas de emprender nuevos caminos no permiten que el compositor se relaje y pocos meses antes de su muerte todavía tiene muchos proyectos en mente. Entre los trabajos que no vieron la luz, hay varias composiciones inéditas sobre poemas de García Lorca que Calderón ofreció a Isabel Pantoja, tal y como se refleja en la carta que le escribe a la tonadillera, fechada el 1 de agosto del 2011:

> Querida Isabel:
>
> Tal como quedamos, te envío un CD con nueve maquetas de los poemas de García Lorca. Tengo compuestas otras tres canciones más que te prepararé con más calma si te gustan estas. Perdona la tardanza, he tenido que buscar una cantante para repetir las maquetas, ya que estaban cantadas por mí. Por otro lado, hace dos semanas te lo mandé a tu finca, pero Seur lo devolvió. Al parecer no dieron con nadie que pudiera recogerlo. Finalmente, conseguí el teléfono de María Navarro, que me ha aconsejado como hacértelo llegar, espero que no te importe.
>
> Me gustaría mucho haber podido hablar estos días contigo, ni siquiera he podido tomarte la tesitura, pero no ha podido ser. Te agradecería mucho que me llamaras en cuanto lo recibas y vayas a ponerte con ello, quisiera comentarte algunas cosas.
>
> Como verás, las maquetas son muy rudimentarias, grabadas con pocos medios, ya que está todo el mundo de vacaciones, pero estoy seguro de que tu profesionalidad te permitirá hacerte una idea.
>
> He querido hacer algo diferente, que no suene a cantautor, ni a poemas musicados, quiero que suene a disco, a Isabel Pantoja y Juan Carlos Calderón con letras de García Lorca. Creo que tienes una voz increíble que podría hacer de este un disco muy importante.
>
> En fin, tengo mucha ilusión y fe en este proyecto, espero que te guste lo que he preparado hasta ahora.
>
> Un abrazo,
>
> Juan C. Calderón

Las maquetas de estas composiciones son verdaderas joyas que conserva Teresa Calderón y merecería la pena que alguien quisiera afrontar este proyecto.

Martín Monguzzi fue el último hallazgo de Juan Carlos Calderón. El cantante argentino —también golfista profesional— reunía una serie de cualidades vocales y estéticas que encajaban con la línea de composiciones que maceraba Calderón y su intención era producir un álbum con nuevas canciones. La muerte del compositor impidió la finalización del proyecto, aunque se llegaron a grabar dos de sus composiciones: "Enamórate" y "Mucho más que amor", publicadas en el álbum *Reflejo* (2014). Martín Monguzzi cuenta cómo surgió:

> Realmente es un verdadero lujo poder contar con dos canciones inéditas del maestro Juan Carlos Calderón en mi disco, un sueño cumplido y que jamás imaginé. Juan Carlos siempre ha sido un gran referente para mí con sus letras, la armonía en sus canciones, etc. Desde muy chico me identifiqué con su estilo, es más, cantaba también muchas canciones de él escritas para distintos artistas y, cuando llegó la posibilidad de conocernos personalmente en Madrid, obviamente, no lo dudé un segundo. Creamos una muy linda relación junto a su querida hija Teresa. Fue una semana inolvidable en lo personal, y ¡ni qué decir en lo profesional! Aprendí muchas cosas que estarán en mí para siempre. Fue algo mágico lo que pasó; él estaba muy entusiasmado en ser el productor de este disco. En fin, y yo siento que lo fue a pesar de su desaparición física. Está presente en todo momento, en mi disco hay una foto y una dedicación especial para él. Desde el primer momento que empezamos a trabajar en este disco, Juan Carlos estuvo. Cuando volví de Madrid hablábamos todos los días por teléfono, estábamos en pleno contacto trabajando ya en el disco y en las canciones que compuso para mí especialmente. Es por eso que "Enamórate" y "Mucho más que amor" son muy especiales y es un verdadero privilegio que sean parte de *Reflejo.*[9]

La última composición de Juan Carlos Calderón en vida es la canción "Qué tal te fue la vida", que escribe junto a su hijo Jacobo para la cantante María Dolores Pradera y la termina en sus últimas semanas. La emocionante balada está construida sobre una delicada y compleja armonía, expresada por los instrumentos que definen la esencia de Juan Carlos Calderón: el piano, su instrumento vital, y la sección de cuerdas, su arma más potente. De hecho, la mayor parte de los músicos que han sido entrevistados para la redacción de esta publicación coinciden en destacar la belleza de los arreglos de cuerdas que ha hecho a lo largo de su vida. Y si la composición musical es de lujo, la letra no lo es menos. Narra una historia de dos personas que han sido amantes en un pasado lejano y se reencuentran en la última etapa de sus vidas. Los versos, en su mayoría asonantes, están construidos con algunas metáforas y rimas nada forzadas, pues lo importante es el mensaje:

9. Información contrastada con Teresa Calderón y publicada en el blog entrevistaslaguaridamusical.blogspot.com.

Qué sorpresa encontrarnos de nuevo,
hace tanto que no sé de ti.
Te ves guapo, de plata es tu pelo,
tal vez tú ya no te acuerdes de mí.
Eran tardes de amor y hojas secas,
aprendiendo a sentir piel con piel,
fantasías y caricias nuevas,
te juro que yo jamás te olvidé.

Qué tal te fue la vida, bala perdida,
dónde has estado escondido tantos años.
Qué tal te fue la vida, alguna herida,
donde hay amor, hay siempre desengaño.
Qué sorpresa de nuevo encontrarnos,
estar vivos y guapos los dos,
recordar esos días dorados,
un café y de nuevo decirnos adiós.

Qué tal te fue la vida, bala perdida,
dónde has estado escondido tantos años.
Qué tal te fue la vida, alguna herida,
donde hay amor, hay siempre desengaño.

Aunque todo aquello acabó,
antes de irme quisiera saber
si me amaste como yo te amaba
y guardaste mis besos como yo los guardé.

Juan Carlos Calderón falleció en la madrugada del 26 de noviembre del 2012 por una insuficiencia cardíaca en la clínica Quirón de Pozuelo de Alarcón (Madrid), en la que llevaba un mes ingresado. Según su hija Teresa, el último año tuvo algunos problemas de salud, con distintos achaques que en principio no parecían graves. Se operó de la vesícula y no se recuperó al cien por cien. Después del verano se le descubrió un cáncer de esófago y el tratamiento le dejó muy débil. Le afectó al corazón y empezó a fallarle todo.

El funeral se celebró el jueves 29 de noviembre en la parroquia de Santa Bárbara de Madrid y sus restos fueron incinerados. Su muerte fue noticia en todos los medios de comunicación españoles y americanos y numerosos artistas y personalidades de la cultura le rindieron homenaje a través de cartas, comunicados y redes sociales.

El día de su funeral, el diario *El Mundo* publicó una emotiva carta de despedida redactada por su hijo Jacobo Calderón, quien, en esos momentos de dolor por la pérdida, fue capaz de exponer, de manera sucinta, la figura de Juan Carlos Calderón como artista y como persona:

La música secuestró a mi padre un buen día de su infancia y no le liberó hasta el último minuto de su vida. Se hace difícil distinguir al Juan Carlos compositor del Juan Carlos persona, ya que por sus cuatro costados destilaba música y a esta dedicaba la mayor parte de su actividad vital. Personalmente, he conocido a pocas personas tan enamoradas de su labor artística.

Pero para aquellos que mejor le conocíamos, hoy también quiero recordar al Juan Carlos de los detalles. Mi padre no solo era una institución en la industria musical y la cultura, también era un tipo muy querido en el barrio, ya fuera este el de Chamberí, el de Puerto Chico de Santander, por las calles de Las Matas o paseando por Sunset Boulevard. En su día a día tejió una red de costumbres y pequeños quehaceres que eran el escenario perfecto para que su cabeza creara una nueva melodía, una bella letra o una idea genial.

Juan Carlos Calderón era una de esas pocas personas libres de verdad, sin formalismos, sin ataduras. Admiraba profundamente la sinceridad de los niños y la sencillez de los animales y en esa línea era como a él le gustaba vivir.

Lo que mi padre deja para todos nosotros es un legado monumental. Primero fue pionero del jazz en un país y unos tiempos en los que lo único que se escuchaba por la radio era copla. Más tarde ayudó a construir el género de la música pop melódica en español y la difundió por todo el mundo. Sin él las letras de amor que escuchamos en la radio no serían tan de amor y todos seríamos un poquito menos románticos.

"Eres tú", papá, la persona que, con tu amor "Incondicional" a la música compusiste parte de la banda sonora de nuestras vidas y, aunque tu partida nos deja un vacío "Frío como el viento" y aunque ahora "Es mejor decirse adiós", he de decir que la "Fiesta no terminó" en absoluto, que tu música seguirá sonando en nuestro corazón. Gracias por ser una persona "Nacida para amar" la música.

Jacobo Calderón. Hijo de Juan Carlos Calderón.

Conclusiones

Recientemente, Teresa (hija de Juan Carlos Calderón) compartía conmigo un vídeo de Instagram en el que se mostraba una de las calles más céntricas de Madrid y, tras una panorámica, la imagen se detenía en un balcón desde donde se escuchaba un gran coro cantando "Eres tú", todo afinadísimo y armonizado con muy buen criterio. Impacta comprobar que cincuenta años después "Eres tú" todavía sigue viva y capaz de emocionar a personas mayores y a jóvenes generaciones en cualquier rincón de España.

¿Cómo ha logrado Calderón tener una obra tan fecunda y a qué se deben tantos éxitos? La respuesta tiene múltiples aristas. La primera de ellas, por supuesto, es su indudable talento y el ambiente familiar en el que creció, favorecedor para el desarrollo de su potencial artístico. A esto hay que añadir la capacidad infatigable de trabajo, pues nunca decía que no a nada y esta peculiaridad le llevó a afrontar múltiples colaboraciones y proyectos muy diversos. También la oportunidad que tuvo de aprender con los mejores, comenzando por los artistas con los que tocó cada noche en el Drink Club, en el Bourbon Street y en el Whisky Jazz. El hecho de adaptarse a las peculiaridades de cada artista, en muchas ocasiones teniendo que acoplarse a repertorios desconocidos e improvisar según el momento, son circunstancias que le hicieron crecer, pues no hay nada más enriquecedor para un músico que tocar música en directo.

Los arreglos realizados durante los primeros años de dedicación a la música pop para el Dúo Dinámico, Aute, Serrat, Víctor Manuel, Dyango, Voces Amigas, Nino Bravo o Raphael, entre otros, son una gran escuela de formación en la que absorbe diferentes personalidades y particularidades de cada artista: estructuras, formas, armonías, letras, elección de timbres, etc. Además, tuvo la oportunidad de trabajar para grandes discográficas como Zafiro, Belter, CBS, RCA, Philips, A&M, Sony, WEA, etc. Esto sucede en una etapa en la que los sellos discográficos contaban con grandes medios, disponían de su propia orquesta y se podían permitir contratar a los mejores ingenieros, letristas, compositores y a los mejores músicos, con los que Juan Carlos Calderón alternaba a diario. En este aspecto, trabajó mano a mano con grandes profesionales que suelen estar a la sombra de cantantes con los que compartía producciones, como es el caso de Manolo Díaz, Maryní Callejo, Alfonso Sainz, Plinio Chiesa, Juan Vinader, Bryan Stott, Juan Carlos Ramírez, Luis Gómez-Escolar, Gian Piero Reverberi, Armando Manzanero, Augusto Algueró, Antoni Ros-Marbà, Herb Alpert, José Quintana, Herrero-Armenteros, Benny Faccone y un largo etcétera de profesionales de la industria discográfica que hemos ido desgranando a lo largo de estas páginas.

El jazz fue su verdadera pasión y Juan Carlos Calderón ha hecho grandes aportaciones a este estilo de música. Desde su primer disco junto con Elia Fleta, el álbum *Juan Carlos Calderón presenta a Juan Carlos Calderón*, sus grabaciones para RNE o su participación en el disco *Vlady Bas en la universidad*, son lo suficientemente importantes como para tenerlo en cuenta como pionero en el género. Sin embargo, su hazaña más importante en este sentido es haber sido protagonista y artífice de uno de los hitos inéditos de la historia del jazz en España, al lograr reunir a trece músicos para formar una *big band* y ofrecer dos conciertos históricos: el primero en el Auditorio del Ministerio de Información y Turismo y el segundo en la III edición del Festival Internacional de Jazz de Barcelona. Como consecuencia, graba el disco *Bloque 6*, por el que obtiene un premio al Mejor Disco de Jazz Extranjero en EE. UU. (1968), reeditado por el sello Blue Note en 1996.

La concepción sonora y el dominio del lenguaje y la armonía quedan sobradamente probados desde sus primeros discos (*Bloque 6* y *Juan Carlos Calderón presenta a Juan Carlos Calderón*), compuestos y producidos paralelamente con dos maneras totalmente diferentes de hacer jazz. En *Bloque 6* se observa una concepción ambiciosa al frente de una *big band* con músicos de primer nivel, para los que escribe puntillosamente todas las voces, formando armonías complejas, manejando cómodamente las escalas modales, tonales y la escala de blues y explorando sustituciones armónicas coherentes, puesto que en las progresiones armónicas que se repiten hace pequeñas variaciones de acordes con distintas tensiones. Calderón tiene muy clara la esencia del jazz y el sentido de la improvisación, cediendo protagonismo a sus músicos y dejándoles libertad para hacer solos. *Bloque 6* abarca gran cantidad de técnicas y estilos de jazz y Calderón consigue unificarlos creando un estilo homogéneo.

En cuanto al disco *Juan Carlos Calderón presenta a Juan Carlos Calderón,* se observa una forma más intimista de hacer jazz, a modo de música de cámara más cercana a Bill Evans, con un concepto armónico basado en fórmulas melódicas sutiles y un refinamiento de la armonía. En este disco se muestra la capacidad de improvisación de Calderón, dotado de una gran musicalidad y destacando la belleza melódica a la hora de concebir los fraseos. Como elementos comunes entre *Bloque 6* y *Juan Carlos Calderón presenta a Juan Carlos Calderón,* destaca la preferencia por las formas cíclicas, las estructuras formales, el trabajado desarrollo motívico con una anotación puntillosa de cada uno de los elementos que quiere que suenen, mostrando así que tiene muy claro el resultado que pretende obtener sin dejar nada al azar, excepto las improvisaciones centrales. Tanto la dinámica como la textura están muy cuidadas y denotan su amplia formación académica y su gusto por la perfección formal. También hay que destacar la humildad del compositor, manteniéndose en un segundo plano al ceder protagonismo a otros músicos mientras realizan improvisaciones. En cuanto a su manera de concebir el desarrollo musical, quizás el ejemplo más claro lo encontramos en el tema "Bloque núm. 6" perteneciente al disco *Juan Carlos Calderón presenta a Juan Carlos Calderón* y el tema "Bloque 6" del disco homónimo, pues es la misma base compositiva con otra forma de desarrollar los fraseos y la estructura en general, dando como resultado dos piezas totalmente diferentes.

Por todo ello, considero que Juan Carlos Calderón, sin llegar a ser un pianista virtuoso, fue un gran creador y un gran arreglista y ha aportado mucho a la historia del jazz en España. En parte por las grabaciones comentadas y también, y no menos importante, por sus conciertos en directo durante la década de los sesenta y principios de los setenta para un público que pudo disfrutar cada noche de su buen hacer, pues la esencia del jazz se basa en la improvisación y ningún concierto es igual al anterior.

¿Cuándo, cómo y por qué Juan Carlos Calderón inicia su transición del jazz al pop? Si bien no estaba interesado en este género, su motivación al hacer los primeros arreglos para el Dúo Dinámico fue la posibilidad de escribir música para una gran orquesta, oportunidad que le brindaban los sellos discográficos en un momento en el que no existían los bancos de sonidos o las bases programadas en los estudios de grabación y estos contaban con una orquesta para las grabaciones. Las primeras experiencias en la música comercial no fueron de su agrado por la simplicidad de las armonías y porque era un tipo de música que no solía escuchar y no podía evadirse del jazz, sin embargo, tras escuchar algunas canciones de Los Beatles, se interesó por arreglar y componer canciones pop. Pronto las ofertas comienzan a proliferar por parte de las discográficas y de otros artistas que confían en su talento musical.

Comienza así una nueva etapa profesional que le convierte en un autor imprescindible para la cultura popular española. Son muchas las facetas de Calderón que podemos destacar, siendo la primera de ellas la forma de adaptarse a las peculiaridades de cada cantante. Como primer ejemplo, podemos citar las canciones "Rosas en el mar" y "Aleluya N.º 1", compuestas por Aute y grabadas casi simultáneamente en dos versiones diferentes, una por Massiel y otra por el propio Aute, destacando la capacidad de Calderón para ofrecer distintos arreglos, utilizando diferentes instrumentos y ritmos, adaptándose a la personalidad de cada cantante y a las necesidades de dos discográficas diferentes. El caso contrario lo presentan los arreglos del disco *Verde* de Víctor Manuel y el primer disco de Ana Belén, titulado *Tierra*. Los dos álbumes fueron paralelos y en ellos se puede ver cómo hace arreglos totalmente diferentes utilizando la misma paleta tímbrica: guitarra, bajo, batería y sintetizador *mellotron*.

La capacidad de trabajo y el afán por la experimentación y por probar cosas nuevas en la década de los setenta lo llevan a grabar varios discos instrumentales, en los que mezcla el sonido pop con influencias de soul y funk, una gran hazaña al conseguir situar alguno de sus temas en los primeros puestos de las listas de éxitos, ya que la música instrumental nunca estuvo de moda en España. Uno de los ejemplos es "Bandolero", considerado por la crítica como representante del "sonido Filadelfia". En sus discos instrumentales también vuelca sus influencias de compositores clásicos, como J. S. Bach, Beethoven, Ravel o Tchaikovsky. Otra de sus aportaciones más destacadas es la composición de *Soleá*, el álbum más singular de toda su discografía por la fusión de estilos. La calidad de la grabación, las armonías, las composiciones y la forma de estructurar los temas señalan la capacidad de Calderón para explorar nuevos terrenos con un resultado alabado por la crítica, a pesar de ser un fracaso de ventas.

Otro de sus proyectos más audaces por la gran dificultad de ejecución y el éxito conseguido fue lograr recuperar voces de cantantes fallecidos, haciendo duetos y mezclándolos con las voces de cantantes de actualidad, como es el caso de los discos de duetos de Nino Bravo, Cecilia y José Alfredo Jiménez, un trabajo inédito en España.

En 1981 se va a vivir a Estados Unidos, colabora con la discográfica A&M Records y se convierte en compositor y productor internacional de referencia para grandes artistas de Hispanoamérica, como Myriam Hernández, Alejandra Ávalos, Alejandra Guzmán, Emmanuel, etc. Calderón es artífice del lanzamiento musical de artistas que han tenido una gran trayectoria, como es el caso de Ricky Martin y, principalmente, Luis Miguel: la colaboración entre Juan Carlos Calderón y el cantante mexicano Luis Miguel tiene suficiente recorrido para abordar una futura investigación.

Una de las facetas más conocidas de Juan Carlos Calderón es su participación en distintos festivales, como es el caso de varias ediciones del Festival de Eurovisión, bien como arreglista o como compositor. Además, sus canciones representaron a España en varias ediciones del Festival de la OTI, en el Festival de la Canción de Viña del Mar, en el Festival Internacional de la Canción Costa del Sol, en el Yamaha Music, en el Festival de San Remo, en el Tokyo Music Festival, en el Festival Musical Mallorca y en el Festival Folklórico de Dublín.

Es en la música de cine donde el compositor vuelca sus ideas musicales mezclando jazz, blues, funk, soul, música clásica y canciones pop en una veintena de películas para las que compuso la banda sonora, abordando una gran cantidad de géneros fílmicos como el drama, terror, policiacas, documentales, comedias y películas con números musicales con la finalidad de promocionar cantantes.

Dentro de las películas con números musicales destaca *Carola de día, Carola de noche*, último largometraje dentro del género, para el que Calderón compuso la banda sonora y los arreglos de las canciones. Se puede apreciar que Calderón conoce los códigos de composición cinematográfica, comenzando por la elaboración de las *cue list* con todos los datos que deben contener y las *timing notes* (guion detallado de lo que ocurre en cada bloque por tiempo). Además, hace uso del *leitmotiv* para identificar situaciones o personajes y establece una diferencia clara entre la música incidental y la música diegética, pues el desarrollo del guion del film exige componer una serie de números musicales muy variados.

La variedad de géneros fílmicos a los que se enfrenta el compositor, así como la diversidad de directores con los que trabaja, no nos permiten establecer una identidad sonora homogénea entre todas sus composiciones para el cine, ni quizá tenga sentido planteárselo siquiera. Sin embargo, sí encontramos una forma de concebir parte de las bandas sonoras: es el caso de películas como *Las adolescentes* (Pedro Masó, 1975), *La familia, bien, gracias* (Pedro Masó, 1979), *La violación* (Germán Lorente, 1977) y *Los ojos azules de la muñeca rota* (Carlos Aured, 1973). Para estas películas, Calderón realiza la composición de una canción o una pieza instrumental única que presenta durante los créditos y sirve para articular la mayor parte de los bloques musicales con otros arreglos diferentes, complementando la banda sonora con música preexistente. A través del análisis de la banda sonora de *Las adolescentes*, se ha visto cómo secciona el primer bloque musical en fragmentos, ofreciendo distintos arreglos para los que varía la orquestación, los ritmos y los géneros con la finalidad de cumplir las distintas funciones que requiere la trama, dando como resultado una banda sonora coherente de principio a fin.

Sin duda, la apuesta de Juan Carlos Calderón por Mocedades supone el lanzamiento internacional, tanto para el compositor como para el grupo. Calderón se convierte en el compositor, arreglista y productor de uno de los grupos más importantes de la música popular española, con una producción de once álbumes, un espectáculo musical pionero (*América negra*) y numerosos éxitos que formaron parte de la banda sonora de distintas generaciones durante la década de los setenta y ochenta y aún perduran hoy en día, bien como Mocedades (con sus dos vertientes) o bien como El Consorcio.

"Eres tú" es su canción más famosa pero, como se ha visto a lo largo de estas páginas, son muchas, muchísimas, las canciones de éxito que ha cosechado. Por ello ha conseguido tantos premios, entre ellos Billboards (EE. UU.), Grammys (EE. UU.), Grammys Latinos, ASCAP (EE. UU.), Premios Ondas, Long Play de Oro, Premios de la Música de SGAE, Premios Amigo, BMI... Todos ellos muy merecidos, aunque nunca son suficientes para reconocer la labor que ha hecho este gran compositor. Y está más que probado que Juan Carlos Calderón sabe fabricar éxitos, pero medir la calidad musical del compositor por sus éxitos es simplificar demasiado y es injusto, porque hay cientos de canciones y de temas creados por Calderón que alcanzan un significado muy grande para las personas que los escuchan.

En definitiva, Juan Carlos Calderón es una figura clave en la cultura popular española y el estudio de su trayectoria artística nos desvela su pasión por la música, una gran capacidad de trabajo y una mente brillante en constante evolución que ha dejado un legado monumental, siendo artífice de la banda sonora de las vidas de varias generaciones. Y después de haber recorrido puntillosamente toda su trayectoria artística, se verifica que Juan Carlos Calderón es el compositor más completo y más internacional de música popular que ha habido en España a lo largo de la historia.

Por último, hago mías las palabras de Emilio Santamaría con las que comienza esta narración y me atrevo a afirmar que Juan Carlos Calderón es el genio desconocido que cambió la música en España, yo diría que el mayor genio de la música popular española en los últimos tiempos.

Epílogo

Qué puedo decir sobre mi padre...

Hace unos meses quedé con Mar y con su amigo Carlos para comer y hablar sobre este libro. Habíamos estado juntas poco antes en Oviedo, cuando asistimos a la defensa de su tesis que, por cierto, fue estupenda. Las personas que formaban el tribunal estuvieron de acuerdo en que hay muy poca documentación escrita sobre la carrera profesional de Juan Carlos Calderón y la tesis era la base perfecta para un libro.

Mar me tenía preparadas una serie de preguntas sobre cosas nuevas que había encontrado últimamente y que no había podido incluir. Al parecer, tuve un día inspirado, con ellos me sentí "en casa" y no paré de hablar, estábamos en el barrio de mi padre y aún todo me recuerda a él. Me dijeron que eran muy interesantes las anécdotas que estaba contando y me animaron a escribir algo para el libro. Nunca he escrito y de primeras me pareció imposible siquiera pensarlo, pero Mar se lo merece todo y de pronto pensé: ¿Por qué no lo intento? Si no sale, no pasa nada. Y ¡aquí estoy! Me pierde la pasión por mi padre, pero trataré de no resultar demasiado cursi.

Tuve la suerte de crecer junto a una persona muy especial que, además, supo encontrar en su camino a alguien no menos especial y buena, que es Tota, mi madre, quien, sin pretenderlo y discretamente, fue su apoyo, estabilidad y el pilar de la familia durante toda su vida. Se enamoraron en Santander y cinco años después se casaron y formaron su familia en Madrid. Tuvieron tres hijos: yo, la mayor, Juan Carlos y Jacobo, "el pequeñín".

Mi padre nació y vivió en una casa muy bonita en Santander, con un gran jardín detrás, en el seno de una familia acomodada y muy vinculada a la cultura, pero debido a la guerra llegaron a pasar estrecheces y él y sus hermanos tuvieron que espabilar. Traían dinero a casa como podían, sobre todo Fernando, que era el mayor y era pintor. Su madre montó un taller de costura en casa junto con Petra, la costurera, y se pusieron a hacer muñecas y ratitas de fieltro. Todos colaboraban como podían, mi padre pintaba ojos. Creció viendo cómo sus hermanos mayores pintaban y él también dibujaba muy bien y a veces les ayudaba. Pintó los decorados de una obra de teatro, bisontes en piedras que se vendían como *souvenirs* en las Cuevas de Altamira e incluso llegó a hacer por encargo dos bodegones que han estado durante años en un restaurante de Santander y que no hace mucho recuperamos. Nunca decía que no a nada, hasta llegó a dar clases de escaparatismo. Haber visto apuros económicos en casa y trabajar desde tan joven forjó su carácter, y por eso siempre fue muy trabajador y luchador.

Durante sus primeros años en Madrid echaba mucho de menos Santander y viajábamos siempre que no había colegio y su trabajo lo permitía. Íbamos todos en el coche, mis padres, mi hermano Juan y yo de pequeños, la chica, y a veces llevábamos alguna jaula con algún pájaro o incluso una vez un loro suelto. No sé cómo cabíamos. Nunca fue muy buen conductor y le agobiaba la responsabilidad de llevarnos a todos en el coche, a veces en malas condiciones, como cuando en invierno teníamos que pasar por el puerto de El Escudo, llegando a Cantabria, y había niebla o incluso nieve. Yo era muy pequeña pero aún recuerdo el trauma de oír a mi padre diciendo que no veía nada y nos íbamos a matar. Por suerte, nunca nos pasó nada y una vez superado El Escudo se ponía muy contento y abría la ventanilla para que pudiéramos oler la humedad y los eucaliptos. Lo hacía en verano y en invierno, daba igual. Un día, ya de mayor, después de que le pedí que nos llevara a mis hijos y a mí a Las Matas en su coche, cuando nos bajamos dijo: "Me voy a comprar un biplaza" y así lo hizo.

No había cumplido los cuarenta y ya habían fallecido, primero, su madre y, después, su padre, por lo que siempre disfrutó mucho teniendo cerca a sus suegros y cuñados, muchos de los cuales, además, vivían en Madrid. Dicho por su hermana Teresa, fue muy mimado por ser el pequeño de la casa y la verdad es que también su familia política le mimó mucho de mayor. Con eso de que era "famoso" le aguantaban todas sus manías y caprichos. Se sentía muy a gusto con ellos y los quería mucho.

Mi padre no era un padre tradicional. Decía que ir al colegio era una tontería, que allí solo cogíamos enfermedades, tampoco quería que fuéramos al extranjero a aprender idiomas, no quería que nos fuéramos nunca de su lado y probablemente tampoco que creciéramos. Jugaba mucho con nosotros y le gustaba también grabarnos hablando o cantando pequeñas canciones mientras nos acompañaba al piano. A mi madre le tocó hacer de contrapeso, porque, que no fuéramos al colegio ni aprendiéramos inglés no era negociable.

En 1969 pudieron comprarse su primera casa en la zona de Arturo Soria de Madrid y en ella están mis primeros recuerdos. Allí mismo, en "el cuarto del piano", recibía a muchos de los cantantes famosos de la época. Por allí, además de pasar los Mocedades, que eran ya casi "de casa", desfilaron muchos artistas: Massiel, Mari Trini, Raphael, Serrat, Cecilia, La Achilipú, Peret, etc. Recuerdo especialmente a Mari Trini porque me decían que si no comía me quedaría bajita como ella, y también que Amaya de Mocedades me enseñó a hacer barquitos de papel. Mi madre nos tenía muy bien educados a mi hermano Juanín y a mí para que no hiciéramos ruido por la casa mientras trabajaban, pero a veces sí estábamos con ellos. Recuerdo también con mucho cariño las horas que pasaba Javier Iturralde (hermano de Pedro) copiando los arreglos que mi padre, con prisas y en el último momento, iba terminando. Era entrañable, para mí como si fuera mi tío. Ahora, cuando coincido con algunas de esas personas, me hace gracia que aún siguen llamándome Teresina.

Desde siempre fue muy noctámbulo y, salvo lo que no podía evitar hacer de día, como reunirse con los artistas, y cuando "le pillaba el toro" con algunos arreglos, trabajaba mejor de noche. Lo bueno de eso era que durante el día era un padre accesible que estaba mucho en casa y con quien pasábamos mucho tiempo. En Navidad nos llevaba a mi hermano Juanín y a mí a las discográficas y nos regalaban muchos discos, sobre todo de niños. Teníamos todas las bandas sonoras de las películas y nos sabíamos las canciones de memoria. Recuerdo especialmente "Chitty Chitty Bang Bang" y "Oliver".

Tiempo después nos cambiamos a nuestra casa de Las Matas, en la que vivimos seguido durante doce años y después conservamos para los fines de semana. La compraron en 1976, cuando tuvieron un poco de dinero después del éxito de "Eres tú". No es una gran casa, pero tiene un jardín muy bonito y, como estaban muy preocupados por la contaminación de Madrid, a mis padres les pareció el lugar perfecto para vivir. Crecimos allí, allí llegó Jacobo de casi bebé y fuimos muy felices. En el jardín se construyó una casa individual que fue su estudio, en el que continuó recibiendo a muchos artistas como Mocedades, Emmanuel, Miguel Bosé, Ana Belén y Luis Miguel. Allí tenía un poco más de privacidad.

Le encantaba pasear por los alrededores, que entonces estaban casi sin urbanizar, era todo campo y no era raro ver algún conejo y, de noche, ciervos y jabalíes. Hacía *footing*, "gimnasia sueca" y en verano, nadaba y tomaba mucho el sol. También le encantaba caminar hacia el pueblo de Las Matas, parar en los bares de la zona y comprarse varios periódicos y revistas. Era una persona sencilla y cercana y hablaba con todo el mundo. Alguna vez llegaron a decirle cosas como que le habían visto en televisión y que cuánto perdía al natural. A pesar de que era presumido, se lo tomaba muy bien, nos lo contaba muerto de risa.

Adoraba a los animales, especialmente a los perros, que es de lo que más hay. Casi siempre hemos tenido hembras y a todas las quiso y cuidó mucho y cuando morían lo pasaba fatal. Cuando ya no vivíamos juntos y se volvió vago para ocuparse él solo de un perro, se dedicaba a acariciar y besar en el morro a todos los que veía por la calle. ¡No sé qué pensarían sus dueños! Un día, en tiempos de Las Matas, se presentó en casa con una mona africana, dijo que la traía solo para que la viéramos y se quedó tres años. Fue una locura, atacaba a todos menos a mi padre y a mí. A Jacobo, que era pequeño, le tenía frito y llegó a morderle un día en la cara.

En los ochenta llegaron los viajes a Estados Unidos. Un año, en 1982-1983, nos desplazamos toda la familia a Los Ángeles, experiencia que fue muy especial y que recuerdo con mucho cariño ya que, al estar solos y lejos de casa, hacíamos muchas cosas en familia. Lo que más le divertía a mi padre era ir a los cementerios y ver las tumbas de los actores de cine a los que tanto admiraba: Rodolfo Valentino, Tyrone Power, Marylin Monroe, Nathalie Wood, etc. Fuimos varias veces y, cuando vinieron a visitarnos de España, volvimos a hacer el "tour" para enseñárselos a la familia, como si fuera lo más importante que hay que ver en Los Ángeles.

Algunas veces le acompañábamos a los estudios A&M que estaban en la calle La Brea y fueron anteriormente la propiedad en la que Charles Chaplin tenía su estudio y las caballerizas. Especialmente para mi padre, que era un grandísimo admirador, pensar que ese hombre hubiera estado ahí era muy emocionante. Asistir a una grabación es muy interesante y conocer a los artistas más aún y encima en un lugar tan emblemático, era el no va más. También me llevó en alguna ocasión en que mi madre no quiso o no pudo ir, a alguna que otra fiesta y concierto. Me encantaba acompañarle.

Una vez Herb Alpert, que era el dueño de la discográfica A&M junto con Albert Moss, nos invitó a toda la familia a su casa de la playa de Malibú. Fue fantástico, a mí me tocó ir en el coche con el productor José Quintana, un Porsche precioso, yo tenía dieciocho años y, claro, iba fascinada, recuerdo que íbamos escuchando música de los Bee Gees y él me contaba anécdotas sobre ellos, ya que los conocía.

Tuvo la suerte de conocer a Michael Jackson. Hizo la adaptación de la canción de los Jackson Five "Blame it on the Boogie" para Luis Miguel, llamándose esta "Será que no me amas". Cuando se grabó allí en Los Ángeles, Michael estuvo presente en el estudio, le felicitó por los arreglos y fue muy simpático. Además, hizo algo que muy poca gente hace, le cedió a mi padre un porcentaje de derechos de autor por la adaptación. Un gran tipo sin duda, y mi padre no defraudó, porque la canción tuvo y tiene todavía un gran éxito.

Un día invitaron a mi padre a salir en un anuncio para España de champán Freixenet que realizaba el productor Hugo Stuven y se rodaba en Los Ángeles, en el barco Queen Mary. Vinieron a recogernos a casa en una limusina Cadillac cuando todavía eran difíciles de ver y en España no existían. Mis hermanos y yo estábamos emocionados, Jacobo, que era pequeño, no paraba, lo tocaba todo. Una vez allí, echamos el día entero en el barco, repetían una y otra vez las escenas, nosotros sentados entre el público. La protagonista era la actriz Cheryl Ladd y estaba bailando sobre un escenario rodeado de las mesas. En un momento dado, bajaba y se acercaba con su copa de champán a brindar con mi padre y se sonreían. Fue divertido y luego nos encantó ver el anuncio cuando volvimos a España por Navidad.

En 1986 hubo un punto de inflexión en nuestras vidas, mi hermano Juan Carlos falleció con veinte años en un accidente de coche. Hasta entonces habíamos sido muy felices, todo había ido hacia arriba, el éxito de mi padre, todo en general, y no éramos conscientes de la suerte que estábamos teniendo. Fue como si hubiera que pagar una especie de peaje por tantas cosas buenas que la vida nos estaba dando. Mi padre encajó como pudo el golpe. Así como mi madre se recogió más en su dolor y volvió a ir a la iglesia, él es como si hubiera creído que podía escapar. Trató de seguir con su vida como si no hubiera ocurrido, nunca quiso que nadie le compadeciera. Años después, hemos sabido por personas ajenas a la familia que llevó muy mal ese dolor y que le acompañó siempre. En 1992 la cantante chilena Myriam Hernández grabó una canción que él compuso, dedicada a ese momento, esa noche de julio en que todo cambió para siempre. El título era "Se me fue" y la letra describe perfectamente cómo se sintió.

La vida siguió, así va esto... y él siguió componiendo, trabajando mucho y teniendo éxitos. Vivía en Madrid, donde escribía las canciones y luego, siempre que podía y había dinero para la producción, viajaba a Los Ángeles y se quedaba allí algunas semanas para grabar como a él le gustaba, con músicos fantásticos. Yo creo que lo que más feliz le hacía en el mundo era grabar y escuchar sus arreglos tan bien tocados. Era muy exigente, hacía repetir muchas veces las cosas por lo que con frecuencia se salía de los presupuestos y le tenían que llamar la atención, pero al final le quedaban unas producciones magníficas.

Una de sus aficiones favoritas era hablar por teléfono. Pasaba horas y horas al teléfono llamando por trabajo, pero sobre todo para hablar de nimiedades y tenernos a todos "controlados". El problema vino cuando empezó a tener tanta relación con Los Ángeles y México, ya que las cuentas de teléfono que llegaban eran terroríficas y mi madre, que era quien se ocupaba de esas cosas, le tenía que echar de cuando en cuando una bronca.

Llegó el nuevo milenio y, con él, el otoño de su vida. Enterró a sus tres hermanos uno detrás del otro: Teresa en el 2000, Fernando en el 2003 y Ramón, con el que tenía más afinidad quizás por estar más cerca en edad, en el 2004. Esta última muerte fue ya un mazazo del que no levantó cabeza. No solía verlos mucho, la verdad es que cada uno vivía su vida y casi no hacían por verse, pero se querían y admiraban y en los últimos años se unió mucho más a ellos, hablaban durante horas por teléfono. Le encantaba tenerlos ahí, entre otras cosas, para preguntarles sobre el pasado y la familia ya fallecida, y cuando faltó Ramón sintió un vértigo y una tristeza infinitos.

Con nosotros era también un poco así. Era muy solitario, le gustaba mucho estar solo, de hecho, los últimos años de su vida se separó físicamente de mi madre. Pero estaba pendiente de todos, nos necesitaba cerca, se preocupaba y nos llamaba constantemente. Era también el nexo entre nosotros, nos contaba a unos y otros cómo estaba el resto. Se fue a vivir muy cerca de casa, a un pequeño ático que tenemos en la calle Blanca de Navarra y yo le veía casi todos los días. Entre otras cosas, porque en 2002 dejé mi trabajo en un banco y me convertí en su asistente. Ahí estaba yo 24/7 para ocuparme de las cosas que él no sabía o no quería hacer. Me encargaba de registrar las nuevas canciones, de las relaciones con SGAE y con las editoriales e iba de mi casa a la suya a cualquier hora del día para llevarle CD con las maquetas que estaba preparando con su fiel amigo el ingeniero Arturo Pérez, desde Miami, ya que no se hacía con el ordenador para escucharlas directamente.

A veces me interrumpía para que le llevara algún CD en medio de una cena en fin de semana. Yo refunfuñaba, pero procuraba estar ahí, a la hora que fuera y luego ¡cuánto he echado de menos aquellos paseos nocturnos!

Otra cosa que le encantaba era comprar y lo hacía compulsivamente, probablemente era por alguna carencia... Compraba ropa en todo tipo de tiendas, algunas baratas, pero otras muy caras. Hubo una época, cuando vivíamos en la calle Hermanos Bécquer, en que se compraba *blazers* de todos los colores en Fancy Men, que estaba muy cerca de casa. Se ponía una, bajaba a hacer algún recado, al cabo de un rato subía a casa, se cambiaba y volvía a bajar con otra de otro color, todo un desfile. Compraba y compraba libros, discos y DVD de cine antiguo, el que a él le gustaba, no quería saber nada de lo nuevo. También le daba por comprar adornos para la casa, algunas veces bastante feos, y cuando descubría algo que le parecía especial nos lo regalaba a todos. Lo último que le dio por comprar fueron unos gatos que parecen disecados y que, por pena de tirarlos, tenemos por todas las casas.

Con los años y viviendo solo se acentuaron sus manías, ya no tenía a nadie al lado que le frenara, que se quejara si hacía ruido por la noche, ni que le molestara a él temprano mientras dormía, así que dio rienda suelta a su "yo" y empezó a vivir como le gustaba. Se despertaba pronto (estaba obsesionado con el sueño) pero se quedaba hasta cerca de las diez zanganeando en la cama, luego perdía la mañana entera como decía él "arreglando la casa".

Ya hacia la una y media salía a pasear, le gustaba hacerlo cerca, por el barrio. Hacía sus recados y paraba en algún que otro bar a tomar una caña y una tapita, en los últimos tiempos, de percebes en la Cervecería Santa Bárbara, su segunda oficina, en la que le encantaba quedar y a donde le gustaba que le mandaran los paquetes, a pesar de que tenía portero en casa. Prefería los bares clásicos, los de toda la vida, no los bonitos de ahora, y comer todo tipo de tapas como oreja de cerdo, sangrecilla y cosas así, que no le venían bien por el colesterol. Aunque estuviera en pleno mes de julio e hicieran casi cuarenta grados, no cambiaba sus costumbres y salía a pasear a la peor hora, yo le reñía porque me daba miedo que le diera un golpe de calor.

Comía tarde, entre las tres y media y las cuatro, siempre en los restaurantes de debajo de su casa y casi siempre solo, por lo que yo a veces iba a charlar con él. Echaba una buena siesta, luego se daba un baño caliente y sobre las siete de la tarde empezaba su vida productiva. Componía y hablaba por teléfono con Estados Unidos, así todas las noches y, sabiendo que yo apagaba el móvil para acostarme temprano, acostumbraba a llenarme el contestador de mensajes. Algunos de trabajo, para que recordara hacer ciertas cosas por la mañana mientras dormía, otros lamentándose, ya que era muy infeliz cuando no le salían producciones. No podía dejar de crear, componía y componía y luego trataba de que le cantaran sus canciones, pero cada vez le resultaba más difícil.

En 2010 tuvo el consuelo de recibir dos premios honoríficos a toda su carrera: el de la Academia de la Música de SGAE y un Grammy Latino. Este último se lo entregaban en Las Vegas en noviembre y allá que me fui con él a recibirlo. También fue mi hermano, pero él iba un poco más a su aire. Fue muy especial, hacía muchísimos años que no viajaba con él, ya que no le gustaba viajar y lo hacía solo por trabajo. Nos trataron muy bien en los diferentes actos a los que estuvimos invitados pero lo que recuerdo con más cariño fueron las horas libres que pasamos mano a mano paseando por la ciudad y comprando vitaminas y ropa. A pesar de su edad, todo le sentaba bien y se compró un montón de cosas. Tuve que tirar un poco de él porque iba muy lento y estaba acostumbrado a llegar siempre un poco tarde a todas partes y con lo puntual que soy yo, no se lo podía permitir. Cuando volvimos a Madrid me mandó un ramo precioso de flores con una tarjeta en la que me daba las gracias.

En octubre de 2012 ya sabíamos de su enfermedad y estábamos muertos de miedo. Quiso ir a Santander y nos pareció muy buena idea, pues aún se encontraba bien. Fuimos en coche, mi madre, él y yo y quiso alojarse en Villa Asunción, la casa de sus padres, de su niñez y juventud, la casa cubierta de hiedra, esa hiedra que aparecía tanto en sus canciones. Fue a visitar a su primo Dito a quien tanto quería y a quien llevaba tiempo sin ver, pues él también estaba enfermo y casi no salía de casa. Fuimos al bar de El Puerto a tomar unas rabas, al Solorzano a tomar quisquillas y al Drink Club. No podía pasear porque ya le fallaban las fuerzas, pero pudo hacer todas las pequeñas cosas de su querido Santander. De vuelta a Madrid pasamos por Soto Iruz, pueblo en el que teníamos una casa de campo en la que pasó mucho tiempo al final. Le encantaba estar solo ahí y componer con una vieja pianola americana. No llegamos a entrar, no habíamos llevado las llaves, pero se bajó del coche y se despidió con la mano. Todo fue muy triste pero muy bonito y natural y eso que no imaginábamos lo cerca que estaba el final, o tal vez sí...

Dos semanas después de que todo ocurriera, nuestra querida amiga Cristina Abaroa, a quien conoció muy jovencita, recién terminados sus estudios en Berklee y que fue su copista, asistente y avisadora en las grabaciones en Los Ángeles, y que ahora es compositora, cantante y productora de prestigio, le organizó un sentido homenaje en Eastwest Studio, uno de sus favoritos en dicha ciudad. Fuimos mi madre y yo, fue muy bonito. Reunió a varias de las cantantes con las que había trabajado en la división latina de A&M, a algunos de sus músicos y también a amigos, estuvo nuestro querido José Quintana. Muchas de estas personas salieron a contar anécdotas y cantaron sus canciones. La celebración fue en la sala grande en la que se graban las cuerdas, especialidad de mi padre, y como decoración, una foto suya grande que aún conservo, y montones de hojas blancas de papel por todas partes con frases de sus canciones, fue impresionante.

Allí en Los Ángeles, Cristina se ocupó de nosotras y nos paseó por nuestra antigua zona, nos llevó a visitar la casa en la que vivimos en 1982, todo había cambiado mucho, pero nos traía tantos buenos recuerdos... Estaba en Encino muy cerca de donde vivía entonces Michael Jackson. Otro día, mi madre y yo nos acercamos a su cementerio favorito, Westwood Village Memorial, que estaba muy cerca de nuestro hotel y allí, discretamente, debajo de un árbol, cerca de Marilyn Monroe, Nathalie

Wood y Farrah Fawcett Majors, esparcimos unas pocas de sus cenizas. Fue muy emocionante, no solo por lo tristes que estábamos sino también por la nostalgia de recordar los tiempos felices que vivimos allí cuando aún estábamos todos.

Para mí fue un honor vivir con mi padre y trabajar con él su última década, con todas sus excentricidades y manías. Además, me permitió aprender todo lo que sé sobre los derechos de autor. Con los años, cada vez le entiendo mejor y me arrepiento de no haberle hecho más caso. Cuántas veces decimos ahora: "¡Qué razón tenía papá!", en muchas cosas. Era un hombre inteligente, culto y tenía un grandísimo sentido del humor y una gran memoria, y yo tuve la suerte de tener una relación muy estrecha con él durante cuarenta y ocho años. Más no le pude querer y admirar, y le sigo echando de menos. La vida sin él se ha vuelto mucho más aburrida.

Teresa Calderón

Catálogo discográfico

Año	*Intérprete*	*Título del álbum*	*Sello* *Formato* *Referencia*	*Créditos*
1965	Dúo Dinámico	*11.000 bikinis*	EMI *Single* 7 PL63106	Arreglos.
1965	Dúo Dinámico	*El mensaje*	La Voz de su Amo *Single* 7PL 63112	Arreglos.
1966	Dúo Dinámico	*Galileo*	La Voz de su Amo EP EPL 14270	Arreglos.
1966	Tito Mora	*No quiero / ¡Hay que ver!*	RCA Víctor *Single* 3-10176	Arreglos y dirección.
1966	Elia Fleta	*Elia Fleta y el Jazztet de Madrid*	Columbia EP SCGE 81132	Dos composiciones, arreglos y dirección.
1967	Luis Eduardo Aute	*Diálogos de Rodrigo y Gimena*	RCA Víctor LP LPM 10353	Arreglos y dirección.
1967	Dúo Dinámico	*Coplas*	La Voz de su Amo *Single* EPL 14375	Arreglos.
1967	Don Felipe	*Hastío / Quiero felicitarte, amor.*	Polydor *Single* 80017	Arreglos y dirección.

Año	*Intérprete*	*Título del álbum*	*Sello* *Formato* *Referencia*	*Créditos*
1967	Massiel	*Rosas en el mar / Las estrellas lo sabrán / Hasta mañana*	Novola EP NV 124	Arreglos, dirección y producción.
1967	Luis Aguilé	*Nuevamente entre nosotros*	CBS LP 8826	Una composición y arreglos.
1967	Mari Trini	*El alma no venderé / Guitarra*	RCA Víctor *Single* 3-10253	Arreglos y dirección.
1968	Juan Carlos Calderón	*Bloque 6*	Hispavox LP HHS 11-162	Tres composiciones, arreglos y dirección.
1968	Juan Carlos Calderón	*Juan Carlos Calderón presenta a Juan Carlos Calderón*	Polydor LP 902 FLP	Siete composiciones, arreglos y dirección.
1968	Juan Carlos Calderón	*Juan Carlos Calderón y su orquesta. La, la, la / El titiritero*	Novola *Single* OOX-194	Arreglos y dirección.
1968	Mari Trini	*No sé qué pasará / Algo así*	RCA Víctor *Single* 3-10292	Una composición, arreglos y dirección.
1968	Donna Caroll	*Almas perdidas / Con un poco de ingenio*	CEM *Single* 1609	Composición y arreglos.
1968	Los Banzos	*Quiero creer / Margarette*	Polydor *Single* 80 019	Arreglos y dirección.
1968	Isasi	*Cantándole al viento / Mississippi*	RCA Víctor *Single* 3-10350	Arreglos y dirección.
1968	Alberto Bourbón	*El metro / La nana*	CEM *Single* 1607	Arreglos y dirección.
1968	Alberto Bourbón	*Un domingo en mis calles*	CEM *Single* 1615	Arreglos.

Año	*Intérprete*	*Título del álbum*	*Sello* *Formato* *Referencia*	*Créditos*
1968	Joan Manuel Serrat	*Manuel*	Novola *Single* NOX-74	Arreglos.
1968	Joan Manuel Serrat	*El titiritero / Poema de amor*	Novola *Single* NOX -55	Arreglos y dirección.
1968	Massiel	*Las rocas y el mar*	Novola *Single* NOX - 59	Arreglos y dirección.
1968	Dyango	*Dalila / Son cosas*	Novola *Single* NOX - 66	Arreglos y dirección.
1968	Massiel	*Niños y hombres*	Novola *Single* NOX- 78	Composición y arreglos.
1968	Massiel	*Deja la flor*	Novola *Single* NOX 81	Arreglos y dirección.
1968	Voces Amigas	*Canta con nosotros / Suena un reloj*	Novola *Single* NOX - 80	Arreglos.
1968	Maysa Matarazzo	*Pálida ausencia / Reza*	RCA Víctor *Single* 3-10366	Arreglos y dirección.
1968	Raphael	*La primera piedra*	La Voz de su Amo *Single* EPL-U 14.402	Arreglos.
1968	Koldo	*Se fue mi niña / Discman*	CEM *Single* 1608	Dos composiciones, arreglos y dirección.
1968	Koldo	*Lucy, ojos azules / La yerba cubrirá nuestro nido*	CEM *Single* 1617	Una composición, arreglos y dirección.
1968	Rocío Dúrcal	*Banda original de Cristina Guzmán*	Philips P633413	Un arreglo
1969	Mocedades	*Mocedades – Pange Lingua*	Novola LP NL 1018	Cuatro composiciones, arreglos, producción y dirección.

Año	*Intérprete*	*Título del álbum*	*Sello* *Formato* *Referencia*	*Créditos*
1969	Voces Amigas	*Fin de semana / Qué más da*	Novola *Single* NOX - 85	Arreglos y dirección.
1969	Voces Amigas	*Ayer soñé / Mundo de amor*	Novola *Single* NOX- 94	Arreglos y dirección.
1969	Massiel	*Amén / Al volar*	Novola *Single* NOX - 99	Arreglos y dirección.
1969	Voces Amigas	*Un lugar en mi mente / Mi cabaña*	Novola *Single* NOX - 106	Arreglos y dirección.
1969	Voces Amigas	*Jamás la olvidaré / Un mundo mejor*	Novola *Single* NOX -112	Arreglos y dirección.
1969	Marisol	*Carola de día, Carola de noche*	Zafiro LP ZL-115	Diez composiciones, arreglos y dirección.
1969	Marisol	*Perdóname*	Zafiro LP ZL-121	Tres composiciones, arreglos y dirección.
1969	Olga Guillot	*Dos estrofas*	Zafiro EP MZ-40	Composición y arreglos.
1969	Julio Ramos	*Amapolas y espigas / Hola, hi, hello*	Acción *Single* AC-5	Arreglos, dirección y producción.
1969	Los Tamara	*Verte y no hablarte / Leonor*	Zafiro *Single* OOX -208	Una composición y arreglos.
1970	Julio Ramos	*Novia para Miguel / Analía*	Acción *Single* AC-11	Una composición y arreglos.
1970	Peque	*Llegué a ti en el verano*	Movie Play *Single* SN 20.357	Arreglos.
1970	Marisol	*Mamy Panchita*	Zafiro LP ZL-126	Dos composiciones, arreglos, producción y dirección.

Año	*Intérprete*	*Título del álbum*	*Sello* *Formato* *Referencia*	*Créditos*
1970	Voces Amigas	*Quiero verte feliz / The War*	Novola *Single* NOX - 121	Arreglos y dirección.
1970	Voces Amigas	*Voces amigas*	Novola LP NL. 1024 S	Dos composiciones, arreglos y dirección.
1970	Micky	*Publicidad S.A. / De golpe ¡zas!*	Novola *Single* NOX -123	Una composición, arreglos y dirección.
1970	Los Tamara	*Si te vas de mí / Un loco como yo*	Zafiro *Single* OOX - 216	Arreglos, dirección y producción.
1970	Aguaviva	*Cada vez más cerca*	Acción LP AC-1-LP	Arreglos.
1970	Mocedades	*Mocedades – Más allá*	Novola LP NL 1025	Tres composiciones, arreglos, producción y dirección.
1970	Elsa Baeza	*No te mires en el río / No me dejes*	RCA Víctor *Single* 3-10507	Arreglos y producción.
1970	Julio Ramos	*Vendo muñecos / Rosina*	Acción *Single* AC-22	Arreglos y dirección.
1971	Mocedades	*Mocedades – Otoño*	Novola LP NL 1033	Cuatro composiciones, arreglos, producción y dirección.
1971	Julio Ramos	*El entierro del pastor / Pueblo marinero*	Acción *Single* AC- 21	Arreglos y dirección.
1971	Manuel Eduardo Soto	*Qué pena / La felicidad está más arriba*	Novola *Single* NOX - 165	Arreglos y dirección.
1971	Nuevos Horizontes	*Buenos días, viejo sol*	Columbia *Single* MO 1091	Composición y arreglos.
1971	Joan Manuel Serrat	*Mediterráneo*	Novola LP NLX 1031S	Arreglos y dirección.

Año	*Intérprete*	*Título del álbum*	*Sello* *Formato* *Referencia*	*Créditos*
1971	Elia y Elizabeth	*Fue una lágrima / Cae la lluvia*	Novola *Single* NOX 156	Composición, arreglos, producción y dirección.
1971	Dolores Vargas "La Terremoto"	*Anana – Hip*	Belter *Single* 07-920	Composición.
1971	Diana María	*Adiós / Un río amargo*	Novola *Single* NOX - 146	Dos composiciones.
1972	Cecilia	*Cecilia*	CBS LP S 65019	Arreglos y dirección.
1972	Marcos	*Canción de amor y de paz*	Philips *Single* 60-29-124	Arreglos.
1972	Manuel Eduardo Soto	*¡Oh, no! / Agua y champagne*	Novola *Single* NOX -171	Una composición, arreglos y dirección.
1972	Sam	*I Don't Trust You / Loneliness*	Top Records *Single* MO 1247	Arreglos y dirección.
1972	Sam	*It Never Was My Style / There Was a Time*	Top Records *Single* MO 1272	Arreglos y dirección.
1972	Elsa Baeza	*De tus besos yo vivía*	RCA Víctor *Single* 3-10722	Composición, arreglos, producción y dirección.
1972	Mocedades	*Mocedades - Eres tú*	Novola LP NLX 1035	Cinco composiciones, arreglos, producción y dirección.
1972	Donna Hightower	*If You Hold My Hand / I Made My Bed*	Decca *Single* 105/26.356-Y	Arreglos y dirección.
1972	Nino Bravo	*Un beso y una flor*	Polydor LP 23 85 037	Dos composiciones y arreglos.
1972	Nino Bravo	*Mi tierra*	Polydor LP 23 85 049	Dos composiciones y arreglos.

Año	*Intérprete*	*Título del álbum*	*Sello* *Formato* *Referencia*	*Créditos*
1972	Juan Bau	*Pequeñas cosas / Tú no comprendes*	Novola *Single* NOX - 183	Arreglos.
1973	Nino Bravo	*...Y Vol. 5*	Polydor LP 23 85 058	Una composición y arreglos.
1973	Sergio y Estíbaliz	*Sergio y Estíbaliz*	Novola LP NLX-1039	Seis composiciones, arreglos, producción y dirección.
1973	Víctor Manuel	*Verde*	Philips LP 63 28 108	Arreglos y dirección.
1973	Ana Belén	*Tierra*	Philips LP 64 99 758	Arreglos y dirección.
1973	Camilo Sesto	*Algo más*	Ariola LP 82211	Arreglos.
1973	Rocío Jurado	*Soy de España*	Columbia LP CPS 9250	Dos arreglos.
1973	Juan Bau	*Dentro de mi alma*	Novola *Single* NOX- 191	Arreglos.
1973	Juan Carlos Calderón	*Calderón y su Orquesta*	CBS LP S 65 681	Cinco composiciones, arreglos, producción y dirección.
1973	Vlady Bas	*Vlady Bas en la universidad*	Acción LP AC- 30.016	Pianista.
1974	Mocedades	*Mocedades 5*	Novola LP NLX 1041	Seis composiciones, arreglos, producción y dirección.
1974	Juan Carlos Calderón	*Juan Carlos Calderón y su Taller de Música*	CBS LP S 80 436	Ocho composiciones, arreglos, dirección y producción.

Año	*Intérprete*	*Título del álbum*	*Sello* *Formato* *Referencia*	*Créditos*
1974	Peret	*Canta y sé feliz*	Ariola *Single* 11656	Arreglos.
1974	Tradición	*Fuimos y somos*	Ariola LP 87921-I	Dos composiciones.
1974	Sergio y Estíbaliz	*Piel*	Novola LP NLX-1046	Ocho composiciones, arreglos, dirección y producción.
1974	Simone	*Simone*	CBS LP S 80 144	Tres composiciones, arreglos y dirección.
1975	Cecilia	*Amor de medianoche*	CBS LP S 81 094	Arreglos y dirección y una composición.
1975	Juan Carlos Calderón	*Calderón y su Taller de Música Vol. 2*	CBS LP S 81074	Ocho composiciones, arreglos, dirección y producción.
1975	Mocedades	*La otra España*	Novola LP NLX 1049	Siete composiciones, arreglos, dirección y producción.
1975	Sergio y Estíbaliz	*Tú volverás*	Novola LP NLX-1050	Diez composiciones, arreglos, dirección y producción.
1975	Juan Bau	*Penas*	Zafiro LP ZLP 501	Arreglos.
1975	Cecilia	*Un ramito de violetas*	CBS LP S 80830	Arreglos, dirección y producción.
1976	Manolo Otero	*Bella mujer*	EMI-Odeón 11487	Una composición.
1976	Cecilia	*El viaje / Lluvia*	CBS *Single* 4740	Arreglos.
1976	Juan Bau	*Fantasía*	LP NLX -1064	Arreglos.

Año	*Intérprete*	*Título del álbum*	*Sello* *Formato* *Referencia*	*Créditos*
1976	Juan Carlos Calderón	*Juan Carlos Calderón y su Taller de Música Vol. 3*	CBS LP S 81739	Seis composiciones, arreglos, dirección y producción.
1976	Paco Martín	*Añoranzas*	Novola LP NLX 1069	Arreglos, dirección y producción.
1976	Mocedades	*El color de tu mirada*	Novola LP NLX 1060	Nueve composiciones, arreglos, dirección y producción.
1976	Sergio y Estíbaliz	*¿Quién compra una canción?*	Novola LP NLX-1061	Seis composiciones, arreglos, dirección y producción.
1976	Sergio y Estíbaliz	*Queda más vida*	Novola LP NLX-1075	Ocho composiciones, arreglos, dirección y producción.
1977	Lolita	*No notas que estoy temblando*	CBS *Single* 5250	Una composición.
1977	Mocedades	*Mocedades 8*	Novola LP NLX 1082	Nueve composiciones, arreglos, dirección y producción.
1977	Trigo Limpio	*Trigo limpio*	Philips LP S 63 28 234	Cuatro composiciones, arreglos, dirección y producción.
1977	Camilo Sesto	*Entre amigos*	Ariola LP 25600	Tres composiciones y arreglos.
1977	José José	*Reencuentro*	Ariola 82322	Una composición.
1977	María Veranes	*María*	CBS *Single* 5189	Una composición.
1977	Sangría	*España cañí / El gallo*	RCA Víctor *Single* PB-7602	Producción y arreglos.
1977	Paolo Salvatore	*Abrázame y quiéreme*	RCA Víctor PL-35156	Dos composiciones.

Año	*Intérprete*	*Título del álbum*	*Sello* *Formato* *Referencia*	*Créditos*
1977	Set 96	*Bang Bang Bang / Niña esperanza*	Novola *Single* NOX 282	Dos composiciones, arreglos, dirección y producción.
1978	José José	*Lo pasado pasado*	Ariola 18-0231-00043	Una composición.
1978	Hernaldo	*Cancionero*	Zafiro LP ZLP 517	Una composición, arreglos, dirección y producción.
1978	Juan Carlos Calderón	*Soleá*	CBS LP S 82609	Cinco composiciones, arreglos, dirección y producción.
1978	Trigo Limpio	*Desde nuestro rincón*	Philips LP 63 28 251	Seis composiciones, arreglos, dirección y producción.
1978	Mocedades	*Kantaldia*	Novola LP NLX 1097	Arreglos, dirección y producción.
1978	Sergio y Estíbaliz	*Canciones sudamericanas*	Novola LP NLX-1098	Arreglos, dirección y producción.
1978	Pablo Abraira	*Visiones*	Movie Play LP 17.1389	Cuatro composiciones y arreglos.
1978	Mocedades	*Mocedades 10*	Novola LP NLX 112	Siete composiciones, arreglos, dirección y producción.
1978	Mocedades	*Mocedades 11/12*	Zafiro LP ZND 812	Once composiciones, arreglos, dirección y producción.
1979	Juan Carlos Calderón	*Disco*	CBS LP S 83849	Cinco composiciones, arreglos, dirección y producción.
1979	Mocedades	*II*	Zafiro LP NLF 1802	Seis composiciones, arreglos, dirección y producción.

Año	*Intérprete*	*Título del álbum*	*Sello* *Formato* *Referencia*	*Créditos*
1979	Ana Belén	*Ana*	CBS LP S 83937	Una composición.
1979	Juan Bau	*Soñaré*	Zafiro LP ZLS 107	Arreglos y dirección.
1980	Mocedades	*Amor*	Zafiro LP ZL 337	Cinco composiciones, arreglos, dirección y producción.
1980	Miguel Bosé	*Te amaré*	CBS *Single* S 8816	Una composición.
1980	Camilo Sesto	*Amaneciendo*	Ariola LP I-202.417	Una composición.
1981	Ángela Carrasco	*Con amor*	Ariola LP I 203.822	Siete composiciones, arreglos, dirección y producción.
1981	Rafaella Carrá	*Caliente, caliente*	Hispavox EP CP-375	Una composición.
1981	Rocío Jurado	*Como una ola*	RCA LP PL-35359	Un arreglo.
1981	Rocío Dúrcal	*Una noche loca*	Ariola *Single* 0274	Composición.
1981	Mocedades	*Desde que tú te has ido*	CBS S85127	Una composición.
1981	Massiel	*Tiempos difíciles*	Hispavox S-90.456	Dos composiciones.
1981	Estela Núñez	*...Te quiero todo*	Ariola LP Lan 365	Once composiciones, arreglos, dirección y producción.
1982	Marlene	*Ámame*	Sono- Rodven LP SN- 009	Diez composiciones, arreglos, dirección y producción.

Año	*Intérprete*	*Título del álbum*	*Sello* *Formato* *Referencia*	*Créditos*
1982	Herb Alpert	*Fandango*	A&M Records LP LA 37810	Seis composiciones, y arreglos.
1982	Lani Hall	*Lani*	A&M Records LP AMLH 20124	Ocho composiciones, arreglos, dirección y producción.
1982	Amaia	*Autorretrato*	Ariola 102.13195	Cuatro composiciones.
1982	José José	*Mi vida*	Ariola LAN- 492	Una composición.
1982	Mocedades	*Amor de hombre*	CBS S25090	Una composición.
1982	Sergio Mendes	*Sergio Mendes*	A&M Records LP AMLH 64937	Una composición.
1983	Cecilia	*Canciones inéditas*	CBS LP S 25392	Arreglos, dirección y producción.
1983	Sergio y Estíbaliz	*Agua*	RCA LP PL-35407	Diez composiciones, arreglos, dirección y producción.
1983	Amanda Miguel	*El sonido vol. 2*	WEA MITV 007	Una composición.
1983	Sergio Mendes	*Sergio Mendes*	A&M AMLH 64937	Una composición.
1984	María Conchita Alonso	*María Conchita*	A&M Records LP 7093	Ocho composiciones, y arreglos.
1984	Sheena Easton	*Todo me recuerda a ti*	EMI Odeón LP EMS 91089	Dos composiciones, adaptación, arreglos y producción.
1985	María Conchita Alonso	*O ella o yo*	A&M Records LP SP-37013	Cinco composiciones, arreglos y producción.
1985	Hermanos	*Cantaré, cantarás*	CBS *Single* A 6298	Composición y arreglos.

Año	*Intérprete*	*Título del álbum*	*Sello* *Formato* *Referencia*	*Créditos*
1985	Paloma San Basilio	*La fiesta terminó*	Hispavox LP 190 167	Cinco composiciones, arreglos, dirección y producción.
1986	Paloma San Basilio	*Vuela alto*	Hispavox LP 6153	Nueve composiciones, arreglos, dirección y producción.
1986	Emmanuel	*Desnudo*	RCA Víctor LP PL 71246	Cinco composiciones, arreglos, dirección y producción.
1987	Luis Miguel	*Soy como quiero ser*	WEA LP LDWI-6610	Tres composiciones, arreglos, dirección y producción.
1988	Luis Miguel	*Busca una mujer*	WEA LP LDWI-6795	Ocho composiciones, arreglos, dirección y producción.
1989	Nina	*Nacida para amar*	Emi Odeón *Single* 006 1223007	Composición y producción.
1990	Luis Miguel	*20 años*	WEA LP LPXI- 6958	Nueve composiciones, arreglos, dirección y producción.
1990	Alejandra Ávalos	*Amor, fascíname*	WEA LP LPXM-6929	Nueve composiciones, arreglos, dirección y producción.
1990	Bertín Osborne	*Acuérdate de mí*	WEA LP LPXI-7052	Cinco composiciones, arreglos, dirección y producción.
1991	Alejandra Ávalos	*Amor sin dueño*	WEA LP CDXN-7158	Diez composiciones, arreglos, dirección y producción.
1991	Simone	*Simone*	CBS/ SONY COL 468431	Una composición.
1992	Myriam Hernández	*Myriam Hernández*	WEA CD 4509-90123-2	Once composiciones, arreglos, dirección y producción.
1993	Mijares	*Encadenado*	EMI CD 218 781474-2	Siete composiciones, arreglos, dirección y producción.

Año	*Intérprete*	*Título del álbum*	*Sello* *Formato* *Referencia*	*Créditos*
1993	Ricky Martin	*Me amarás*	CBS / Sony CD COL474335	Ocho composiciones, arreglos, dirección y producción.
1994	Luis Miguel	*Segundo romance*	WEA CD 4509-97234-2	Arreglos y dirección.
1995	Marcos Llunas	*Piel a piel*	Mercury CD 314 526 222-2	Nueve composiciones, arreglos, dirección y producción.
1995	Nino Bravo	*50 aniversario*	Polydor CD 527 129-2	Arreglos, dirección y producción.
1995	José Augusto	*Corpo & Coraçao*	Polygram CD 528493	Cuatro composiciones, arreglos, dirección y producción.
1996	Cecilia	*Desde que tú te has ido*	Sony Music CD EPC 486766	Una composición (solo música), arreglos, dirección y producción.
1996	Verónica Castro	*La tocada*	EMI H 554591	Una composición.
1997	Chavela Vargas	*Chavela Vargas*	WEA CD 963018555	Una composición, arreglos, dirección y producción.
1997	Ana Belén	*Mírame*	BMG / Ariola CD 74321468722	Una composición.
1997	José Alfredo Jiménez	*Homenaje a José Alfredo Jiménez*	CBS LP DCS-463731	Arreglos, dirección y producción.
1997	Mocedades	*Mocedades canta a Walt Disney*	Walt Disney Records LP 060-526	Arreglos, dirección y producción.
1997	Nino Bravo	*Duetos 2*	PolyGram CD 539145-2	Cuatro composiciones, arreglos, dirección y producción.

Año	*Intérprete*	*Título del álbum*	*Sello* *Formato* *Referencia*	*Créditos*
1998	José Alfredo Jiménez	*...Y sigue siendo el rey*	BMG RCA CD 74321-63088-2	Arreglos, dirección y producción.
1998	Clara Montes	*Canta a Antonio Gala*	Hispavox 724349563384	Una composición, solo música.
1999	Alejandra Guzmán	*Algo natural*	BMG CD US Latin/RCA	Siete composiciones, arreglos, dirección y producción.
1999	Luis Miguel	*Amarte es un placer*	WEA CD 3984 29288-2	Cuatro composiciones, arreglos y dirección.
2001	Alicia Villarreal	*Soy lo prohibido*	Universal CD 440014824	Una composición.
2002	David Bustamante	*Además de ti*	Vale Music *Single* VLDP -082-6	Composición y arreglos.
2002	David Bustamante	*Bustamante*	Vale Music LP VLCD- 156-1	Dos composiciones y arreglos.
2003	Miryam & Calderón	*Riviera*	WEA CD 5046637472	Once composiciones, arreglos, dirección y producción.
2003	Edith Márquez	*¿Quién te cantará?*	Warner Music CD 6075621	Diez composiciones, arreglos, dirección y producción.
2004	Ricardo Montaner	*Con la London Metropolitan Orchestra, vol. 2*	Warner Music CD 2564-61655-2	Dos composiciones, arreglos, dirección y producción.
2005	Angels	*Siguiendo el camino*	Warner Music CD PDC-011	Una composición.
2006	Luis Miguel	*Navidades Luis Miguel*	WEA CD 64038-2	Siete adaptaciones, arreglos y dirección.
2006	Carlos Rivera	*Carlos Rivera*	Sony BMG CD 886970181129	Dos composiciones.

Año	*Intérprete*	*Título del álbum*	*Sello* *Formato* *Referencia*	*Créditos*
2007	Elsa Ríos	*La incondicional*	Universal Music Group CD 0602517230507	Once composiciones, arreglos, dirección y producción.
2008	El Consorcio	*Querido Juan*	Sony BMG CD 8869 727070 2	Trece composiciones, arreglos, dirección y producción.
2008	La Posta	*La Posta*	Sony BMG CD 886973248423	Diecisiete composiciones, arreglos, dirección y producción.
2008	Noemí Puga	*10 canciones de amor y una nana*	Universal Music Group CD 02517 65010	Diez composiciones, arreglos, dirección y producción.
2010	Marco Antonio Solís	*En total plenitud*	Fonovisa Records 0883 54569-2	Cinco arreglos y dirección.
2014	Martin Monguzzi	*Reflejo*	Warner Music Argentina	Dos composiciones.

Catálogo de bandas sonoras

Año	*Título*	*Director*	*Género*	*Créditos*
1966	*Una chica para dos*	León Klimovsky	Comedia / Musical	Música incidental y arreglos de canciones.
1968	*Cantando a la vida*	Angelino Fons	Comedia / Musical	Banda sonora musical
1968	*La chica de los anuncios*	Pedro Lazaga	Comedia / Musical	Canciones: "Quiero vivir" y "ayer Soñé"
1968	*En vísperas de la Olimpiada México 68*	Julio Coll	Documental	Banda sonora musical
1969	*Carola de día, Carola de noche*	Jaime de Armiñán	Comedia / Musical	Música incidental y canciones.
1969	*El mejor del mundo*	Julio Coll	Drama	Banda sonora musical
1970	*Crisis mortal (La sombra del girasol)*	Luis Revenga	Policiaca	Banda sonora musical
1972	*Mañana en la mañana*	Luis Revenga	Drama	Banda sonora musical
1973	*Los ojos azules de la muñeca rota*	Carlos Aured	Terror	Banda sonora musical
1973	*La rebelión de las muertas*	León Klimovsky	Terror	Banda sonora musical
1975	*Atentado en Sarajevo*	Veljko Bulajic	Drama basado en hechos reales	Banda sonora musical en colaboración con Libus Fiser
1975	*Las adolescentes*	Pedro Masó	Drama erótico	Banda sonora musical
1976	*La historia y la vida extraterrestre*	Juan García Atienza y Álvaro Saavedra	Documental	Banda sonora musical
1977	*La violación*	Germán Lorente	Drama erótico	Banda sonora musical
1979	*La miel*	Pedro Masó	Comedia erótica	Banda sonora musical
1979	*La familia, bien, gracias*	Pedro Masó	Comedia	Banda sonora musical
1980	*La ingenua amoralidad de Juan Gomila*	Luis Revenga	Cortometraje / Documental	Banda sonora musical
1980	*El divorcio que viene*	Pedro Masó	Comedia	Banda sonora musical
1981	*Puente aéreo*	Pedro Masó	Comedia erótica	Banda sonora musical

Bibliografía

Abella, Rafael: *La vida cotidiana en España bajo el régimen de Franco*, Barcelona: Argos Vergara, 1985.

Alonso, Celsa *et al.*: *Creación musical, cultura popular y construcción nacional en la España contemporánea*, Madrid: ICCMU, 2010.

Álvarez Vaquero, Alicia: "Cuando la música desapareció de televisión. Historia, evolución y análisis narrativo del periodismo musical en TVE y TV3 (De Último Grito a Ritmo Urbano)", dirigida por Jaime Radigales, Universidad Ramon Llull, 2017.

Ample Candel, Pedro: *Pedro Ruy-Blas. A los que hirió el amor*, Lleida: Milenio, 2023.

Anderson, Paul Allen: "My Foolish Heart: Bill Evans and the Public Life of Feelings", *Jazz Perspectives*, 7 (3), 2013, p. 205-249.

Antón, Vicente J. Ruiz: "Juan Carlos Calderón: «Más allá del Eres tú»". *Popular Music Research Today: Revista de Música y Educación*, 2019, 1 (1), p. 103-119.

Arbide, Joaquín: *Sevilla en la copla y el cine*, Córdoba: Editorial Almuzara, 2022.

Arce, Julio: "Juan Carlos Calderón", *Diccionario de la Música Española e Hispanoamericana,* Madrid: Sociedad General de Autores y Editores, 1999, tomo 2, p. 917.

Arce, Julio: "Con «S» de sexo. Representaciones musicales en el cine erótico de la transición", *Quaderns de Cine. Cine y músicas populares urbanas*, n.º 9. Alicante: Vicerectorat de Cultura, Esports i Política Lingüística, Universitat d'Alacant, 2014, p. 97-106.

Arce Lago, Manuel; Martínez Cerezo, Antonio; Zamanillo Peral, Fernando: *Museo Redondo. Bodega del Riojano*, Universidad de Cantabria, 2011.

Arcusa, Ramón: *Soy un truhan, soy un señor (o casi)*, Barcelona: Planeta, 2020.

Arias Corcho, José: "Revista del Centro de Estudios Montañeses", *Altamira,* vol. 1, Santander: Diputación Provincial de Santander, Institución Cultural de Cantabria, CSIC, 1978.

Audissino, Emilio. *Film/music analysis: A film studies approach*. Springer, 2017.

Bargueño, Miguel Ángel: *Las chicas son guerreras: El poder femenino en la música*, Editorial Libros Cúpula, 2019.

Barreiro, Javier: *Pepa Flores frente a Marisol*, Barcelona: Plaza & Janés Ediciones, 1999.

Benet, Vicente: *El cine español. Una historia cultural*, Barcelona: Paidos Comunicación, 2012.

Berendt, Joachim E.: *El Jazz: De Nueva Orleans al Jazz Rock*, México: Fondo de Cultura Económica, 1986.

Bracket, David: *Interpreting Popular Music,* Londres: Cambridge University Press, 1995.

Burns, Gary: "A Typology of «Hooks» in Popular Records", *Popular Music*, 6 (1), Cambridge University Press, 1987.

Calderón, Fernando: *Regreso a Bestiápolis, Fragmentos de la Memoria*, Ediciones Valnera, 2003.

Calderón Inaudito, Catálogo de la Exposición comisariado por Luis Monzón, Santander: Espacio Fraile & Blanco, 28 de enero al 31 de mayo de 2011.

Casas, Ángel: *45 revoluciones por minuto en España (1960-1970*), Barcelona: Dopesa, 1972.

Castro, Ruy: *Bossa Nova: La historia y las historias*, Madrid: Editorial Turner, 2008.

Chion, Michel: *La música en el cine*, Barcelona: Paidós, 1997.

— *La audiovisión: introducción a un análisis conjunto de la imagen y el sonido*, Barcelona: Paidós, 1998.

Covach, John Rudolph; Boone, Graeme MacDonald (ed.): *Understanding rock: Essays in musical analysis*, EE. U.U: Oxford University Press, 1997.

Crespo López, Mario: *El Ateneo de Santander, 1914-2005*, Santander: Centro de Estudios Montañeses, 2006.

Davis, Miles y Troupe, Quincy: *Miles. La autobiografía*, Alba Editorial, 2016.

De Wilde, Laurent: *Monk*, Editions Gallimard, 1997.

Depestre Catony, Leonardo: *Protagonistas de la música cubana*, Editorial Verbum, 2020.

Díaz López, Javier: *Elementos para un diagnóstico del Sistema Cultural de la ciudad de Santander*, Universidad de Cantabria, 2014.

Domínguez, Salvador: *Bienvenido Mr. Rock. Los primeros grupos hispanos, 1957-1975*, Madrid: SGAE, 2002.

— *Los hijos del rock. Los grupos hispanos, 1975-1989*, Madrid: Fundación Autor, 2004.

Ellis, Lucy: *Tom Jones, Close up*, Omnibus press, 2009.

Espín, Manuel: *La España resignada. 1952-1960: la década desconocida*, Arzalia Ediciones, 2020.

Everett, Walter: *The Beatles as Musicians. Revolver Through the Antology*, Nueva York: Oxford University Press, 1999.

Fabuel Cava, Vicente: *Las chicas son guerreras: Antología de la canción popular femenina en España*, Lleida: Milenio, 1998.

Fernández, Luis: *Guateques, tocatas y discos. Una historia de la música pop de 1954 a 1970*, Madrid: Santillana, 2004.

Fernández, Miguel: *Desafiando al olvido. Waldo de los Ríos, La Biografía,* Roca Editorial, 2020.

Fons, Angelino: *Conversaciones con Angelino Fons: la necesidad de la memoria,* Primavera Cinematográfica de Lorca, 2005.

Fraile, Teresa: "El rock en el cine español" en Kiko Mora y Eduardo Viñuela (eds.): *Rock Around Spain. Historia, industria, escenas y medios de comunicación,* Lleida: Edicions de la Universitat de Lleida, 2013, p. 215-229.

— "Libertad provisional: la convulsión musical del cine español en los años 70", *Musiker. Cuadernos de música,* vol. 20, 2013, p. 187-205.

Gamboa, José Manuel: *Una historia sobre el flamenco*, Madrid: Espasa, 2005.

Gámez, Carles: *Al Vent. Crònica d'una nova cançó,* Universidad de Valencia, 2011.

García Gil, Luis: *Serrat, canción a canción*, Ronsel, 2005.

— *Serrat, cantares y huellas,* Lleida: Milenio, 2010.

— *Mediterráneo: Serrat en la encrucijada,* Colecciones Elepé, Grupo Midons, 2016.

— *Aute. Lienzo de Canciones,* Lleida: Milenio, 2016.

— *Marisol-Pepa Flores: Corazón rebelde,* Lleida: Milenio, 2018.

García Martínez, José María: *Del fox-trot al jazz flamenco. El jazz en España, 1919-1996,* Madrid: Alianza Editorial, 1996.

García Salueña, Eduardo: "El rock español desde sus inicios hasta la experimentación progresiva", en Kiko Mora y Eduardo Viñuela (eds.), *Rock around Spain, Historia, industria, escenas y medios de comunicación*, Lleida: Ediciones de la Universitat de Lleida, 2013, p. 25-37.

García Salueña, Eduardo: *Música para la Libertad. Nuevas tecnologías, experimentación y procesos de fusión en el rock progresivo de la España de la Transición: el eje noroeste,* Norte Sur Discos, 2017.

García Sarabia, Marta: *Jesucristo Superstar. Ópera rock. La pasión de Camilo Sesto*, Lleida: Milenio, 2016.

Gioia, Ted: *El canon del Jazz,* Madrid: Turner Publicaciones, 2013.

— *Historia del Jazz,* Madrid: Turner Publicaciones, 2002.

González Lucini, Fernando: *Veinte años de canción en España, 1963-1983. Vol. 1,* Ediciones de la Torre, 1989.

— *Crónica cantada de los silencios rotos: Voces y canciones de autor 1963-1997,* Madrid: Alianza Editorial, 1998.

— *...Y la palabra se hizo música: La canción de autor en España*, Fundación Autor-Sociedad General de Autores, 2006.

González, Manolo: *Fernando Arbex. Un mundo diferente*, Lleida: Milenio, 2019.

Gubern, Román: "Teoría y práctica del «star-system infantil», *Archivos de la Filmoteca. Revista de estudios históricos de la imagen,* 38, 2001.

Hancock, Herbie y Dickey, Lisa: *Herbie Hancock. Possibilities*, Nue-

va York: Penguin Random House, 2014.

Harrison, Daniel: *Pieces of Tradition: An Analysis of Contemporary Tonal Music*, Londres: Oxford University Press, 2016.

Huerta Floriano, Miguel Ángel y Pérez Morán, Ernesto: *El cine popular del tardofranquismo: Análisis fílmico*, Salamanca: Editorial Los Barruecos, 2012.

Icaza, Claudia de: *Luis Miguel, el gran solitario... 24 años después*, Madrid: Urano, 2018.

Iglesias, Iván: "La hibridación musical en España como proyección de identidad nacional orientada al mercado: El Jazz-Flamenco". *Revista de Musicología*, 28 (1), 2005, p. 826–838. JSTOR, www.jstor.org/stable/20798104.

— *La Modernidad Elusiva. Jazz, baile y política en la Guerra Civil Española y el Franquismo (1936-1968)*, Madrid: Consejo Superior de Investigaciones Científicas, 2017.

Irles, Gerardo: *¡Solo para fans! La música yeyé y pop española de los años 60*, Madrid: Alianza Editorial, 1997.

Juan Pastor, Antoni: *Juan Claudio Cifuentes. Una vida de jazz, una vida con swing*, Barcelona: Editorial Naaxpot, 2017.

Kahn, Ashley: *Miles Davis y Kind of Blue. La creación de una obra maestra*, Madrid: Alba Editorial, 2020.

Kelley, Robin D. G.: *Thelonious Monk. The Life and Times of an American Original*, Nueva York: Free Press, 2010.

Ledesma de Castro, Darío: *Nino Bravo, voz y corazón*, Lleida: Milenio, 2022.

León Herrera, Javier y Navarro, Juan Manuel: *Oro de rey. Luis Miguel, la biografía*, Aguilar, 2021.

López Ruíz, Luis: *Guía del Flamenco*, Akal Ediciones, 2007

Llaudes, María Isabel: *Karina, El baúl de mis recuerdos*, Barcelona: Editorial Planeta, 2014.

Lloret, Luis: *¿Para qué te cuento?: Biografía autorizada de José Luis López Vázquez*, Madrid: Ediciones Akal, 2010.

López Cano, Rubén: "Más allá de la intertextualidad. Tópicos musicales, esquemas narrativos, ironía y cinismo en la hibridación musical de la era global", *Nassarre: Revista aragonesa de musicología*, 21, 1, 2005, p. 59-76.

Lluís i Falcó, Josep: "Paràmetres per a una anàlisis de la banda sonora musical cinematogràfica", *D'art*, Barcelona: 1995, p. 169-186.

Madrid, José: *El Equilibrista, La vida de Cecilia*, Madrid: Editorial Ocho y Medio Libros de Cine, 2011.

Martínez, Gabriel: "Música popular", *Enciclopedia temática de Asturias, cap. XI, tomo 9. Etnografía y folklore II*, Gijón: Silverio Cañada, editor, 1981.

Martínez Torner, Eduardo: *Cancionero musical de la lírica popular asturiana*, Oviedo: Real Instituto de Estudios Asturianos, 2000.

Martínez Torres, Augusto: *Diccionario Espasa: cine español*, Madrid: Espasa Calpe, 1999.

MÉNDEZ, Antonio: *Guía del pop y el rock 70,* Madrid: Aloha Poprock, Editorial Vision Net, 2007.

MOORE, Allan F. y MARTIN, Remy: *Rock: The Primary Text: Developing a Musicology of Rock*, Routledge, 2018.

MORENO, Fidel: *¿Qué me estás cantando?: Memoria de un siglo de canciones*, España: Penguin Random House, 2018.

NAVARRO, Javier: *Así empezó todo, el origen de la música pop en Madrid,* Salamanca: Editorial Amarante, 2020.

NETTL, Bruno y RUSSELL, Melinda (ed.): *En el transcurso de la interpretación. Estudios sobre el mundo de la improvisación musical*, Madrid: Ediciones Akal, 2004

NIETO, José: *Música para la imagen: la influencia secreta,* Madrid: Sociedad General de Autores y Editores, 2003.

OLARTE, Matilde: "¿Existe una frontera en la música como elemento expresivo y como elemento estructural aplicado a la imagen?", *Campos interdisciplinares de la Musicología*, Madrid: Sociedad Española de Musicología, 2001, p. 745-759.

OLIVER, Paul; HARRISON, Max y BOLCOM, William: *Gospel, Blues & Jazz, Colección New Grove*, Barcelona: Muchnik Editores, 1990.

OLMO CANO, José: "Los números musicales del cine pop. La negociación del discurso juvenil en la España del aperturismo a través de Los Bravos", *Sineris, Revista de Musicología*, 29, 2017.

ORDOVÁS, Jesús: *Historia de la música pop española*, Madrid: Alianza Editorial, 1987.

— *Viva el pop*, Barcelona: Lunwerg, 2013.

OTAOLA GONZÁLEZ, Paloma: "La música pop en la España franquista: rock, yeyé y *beat* en la primera mitad de los años 60", *ILCEA, Revue de l'Institut des langues et cultures d'Europe, Amérique, Afrique, Asie et Australie*, 16, 2012.

PANCANI, Dino; CANALES, Reiner: *Los necios, conversaciones con cantautores hispanoamericanos*, Lom Ediciones, 1999.

PARDO, José Ramón: *Historia del pop español,* Madrid: Rama Lama, 2005.

— *Aquellos años del guateque. Historias y recuerdos de la generación del tocata*, Madrid: La Esfera de los Libros, 2015.

PAVLOVIC, T.: "Child Stars: Pablito Calvo, Joselito, Marisol, Pili and Mili, Rocío Dúrcal", en J. LABANYI y T. PAVLOVIC (eds.), *A Companion to Spanish Cinema*, Hoboken: Wiley-Blackwell, 2013, p. 320-342.

PEDRERO ESTEBAN, Luis Miguel: *La Radio Musical en España: historia y análisis*, Madrid: IORTV, 2000.

PÉREZ DE ZIRIZA, Carlos: *Música disco: Historia, cultura, artistas y álbumes fundamentales,* Barcelona: Redbook Ediciones, 2019.

PETTINGER, Peter: *Vida y música de Bill Evans*, Global Rhythm Press, 2007.

RADIGALES, Jaume; LLUÍS I FALCÓ, Josep; LÓPEZ GONZÁLEZ, Joaquín y FRAILE PRIETO, Teresa: "Música y cine en España: inventario documental-analítico (1989-2005)", *Revista de Musicología* (Sociedad Española de Musicología), XXXII, 2009, p. 665- 673.

Rivière, Margarita: *Joan Manuel Serrat. A los 60 años,* Madrid: Algaba Ediciones, 2003.

Romaguera i Ramio, Joaquim: *El Jazz y sus espejos, vol. 2*, Ediciones de la Torre, 2003.

— *El lenguaje cinematográfico: gramática, géneros, estilos y materiales*, Madrid: Ediciones de la Torre, 1999.

Ruíz, Nolo: *Filosofía del Flamenco*, Sevilla: Editorial Samarcanda, 2019.

San Basilio, Paloma: *La niña que bailaba bajo la lluvia*, Madrid: Penguin Random House, 2014.

Serra i Fabra, Jordi: *Mitología pop española*, Madrid: Marte, 1973.

Silva, Diego: *El pop español*, Barcelona: Teorema, 1984.

Swenson, J.: *The Rolling Stone Jazz Record Guide*, EE. UU.: Random House/Rolling Stone, 1985.

Toro, Carlos: *Dúo Dinámico*, Madrid: La Esfera, 2001.

Torrego Egido, Luis Mariano: *Canción de autor y educación popular (1960-1980)*, Ediciones de la Torre, 1999.

Trecet, R. y Moreno, X.: *Me queda la palabra*, Madrid: Dédalo, 1978.

Uribe, Matías: *Polvo, niebla, viento y rock: cuatro décadas de música popular en Aragón: de Rocky Kan a Labordeta, Bumbury y Amaral,* Ibercaja, 2003.

Vázquez Montalbán, Manuel: *Cien años de canción y Music Hall*, Barcelona: Nortesur, 2014.

Víctor Manuel, *Antes de que sea tarde: Memorias descosidas,* España: Penguin Random House, 2015.

Villena García, Miguel Ángel: *Ana Belén, desde mi libertad,* Madrid: La Esfera de los Libros, 2016.

Viñuela Suárez, Eduardo: "La música pop en los medios audiovisuales durante los últimos años del franquismo: un debate entre tradición y modernidad", *EtnoFolk: Revista de Etnomusicología*, 16-17, 2010, p. 505-518.

Vogel, Adrián: *Bikinis, Fútbol y Rock & Roll. Crónica pop bajo el Franquismo Sociológico (1950-1977)*, Madrid: Ediciones Akal, 2017.

Yglesias, Manolo: *El toque flamenco*, Barry Editorial, 2006.

Agradecimientos

A Celsa Alonso, por inspirarme y creer en mí.

A José Ramón Pardo, por concederme el honor de hacer el prólogo, por sus detalladas aportaciones y por su trato en el curso de la UIMP.

A Julio Arce, Diana Díaz, Teresa Fraile y Lidia López porque no se puede tener mejor tribunal. En especial a Eduardo Vinuela por el apoyo y por compartir tantos conciertos.

A Teresa Calderón y a Tota, por la impagable aportación de materiales inéditos, por el trato personal y por todo el cariño que ha ido creciendo durante estos años.

A Cristina Abaroa, Andrés Aberasturi, Ramón Arcusa, Vlady Bas, Jacobo Calderón, Luis García Gil, Iván Iglesias, Tony Menguiano, José Nieto, Emilio Santamaría, Fernando Ortiz de Urbina, Laura Pardo, Rafael Pérez Botija, Juan Carlos Ramírez, Julio Ramos (D. E. P.), Pedro Ruy-Blas, Miguel de los Santos, Carlos Toro, Amaya Uranga, Estíbaliz Uranga, Izaskun Uranga... Gracias por el tiempo robado al otro lado del teléfono, por las entrevistas y conversaciones entre cañas y cafés, que de alguna manera me han ayudado a discernir entre los datos reales y los relatos subjetivos.

A mis colegas musicólogos y músicos. En especial a Eduardo G. Salueña y Marga G. Sarabia, por sus aportaciones y contactos.

A mis compañeros de la Sociedad Filarmónica de Gijón, por compartir tanta música.

A todos mis amigos, en especial a mi "compi" Juan Carlos González, un lujo de amigo.

A Luis Mayo, por acordarse de J. C. Calderón a la hora de rebuscar vinilos en mercadillos.

A mi familia. En primer lugar, a mi madre, trabajadora incansable y el mayor ejemplo de entrega incondicional a su familia. A mis hermanos y hermanas, sobrinos, cuñados, primos y toda mi larga familia, de la que me siento orgullosa. A Rafa, por el apoyo, por el cariño y por el tiempo robado. A mi hija Silvia, por su preciosa sonrisa y por ser el motor de mi vida.